广视角·全方位·多品种

权威·前沿·原创

皮书系列为
"十二五"国家重点图书出版规划项目

中国社会科学院创新工程学术出版资助项目

经济蓝皮书春季号

BLUE BOOK OF
CHINA'S ECONOMY(SPRING)

2014年
中国经济前景分析

ANALYSIS ON THE PROSPECT OF CHINA'S
ECONOMY(2014)

主　编/李　扬
副主编/李　平　李雪松　张　平

社会科学文献出版社
SOCIAL SCIENCES ACADEMIC PRESS (CHINA)

图书在版编目(CIP)数据

2014年中国经济前景分析/李扬主编. —北京：社会科学文献出版社，2014.5
（经济蓝皮书春季号）
ISBN 978-7-5097-5861-8

Ⅰ.①2… Ⅱ.①李… Ⅲ.①中国经济-经济预测-研究报告-2014 ②中国经济-经济发展趋势-研究报告-2014 Ⅳ.①F123.2

中国版本图书馆CIP数据核字（2014）第067175号

经济蓝皮书春季号
2014年中国经济前景分析

主　　编／李　扬
副 主 编／李　平　李雪松　张　平

出 版 人／谢寿光
出 版 者／社会科学文献出版社
地　　址／北京市西城区北三环中路甲29号院3号楼华龙大厦
邮政编码／100029

责任部门／皮书出版分社 （010）59367127　　责任编辑／安　蕾　王凤兰　彭　战
电子信箱／pishubu@ssap.cn　　　　　　　　　责任校对／张成海
项目统筹／邓泳红　　　　　　　　　　　　　　责任印制／岳　阳
经　　销／社会科学文献出版社市场营销中心　（010）59367081　59367089
读者服务／读者服务中心 （010）59367028

印　　装／北京季蜂印刷有限公司
开　　本／787mm×1092mm　1/16　　　印　张／26.5
版　　次／2014年5月第1版　　　　　　字　数／340千字
印　　次／2014年5月第1次印刷
书　　号／ISBN 978-7-5097-5861-8
定　　价／79.00元

本书如有破损、缺页、装订错误，请与本社读者服务中心联系更换
▲ 版权所有　翻印必究

中国经济形势分析与预测
学术委员会

主　任　李　扬

副主任　刘树成　吕　政

委　员（按姓氏笔画排序）

王国刚　王洛林　田雪原　朱　玲　刘国光
李　平　李　周　李京文　李雪松　杨圣明
汪同三　张　平　张车伟　张卓元　张晓山
张晓晶　金　碚　周叔莲　殷剑峰　高培勇
黄群慧　蔡　昉　裴长洪　潘家华　魏后凯

编　辑　组

组　长　李金华

副组长　彭　战

成　员　韩胜军　张　杰　陈星星　王喜峰

主要编撰者简介

李 扬 1981、1984、1989年分别于安徽大学、复旦大学、中国人民大学获经济学学士、硕士、博士学位。1998~1999年，美国哥伦比亚大学访问学者。

现任中国社会科学院党组成员、副院长。中国社会科学院首批学部委员。研究员，博士生导师。十二届全国人大代表，全国人大财经委员会委员。中国博士后科学基金会副理事长。第三任中国人民银行货币政策委员会委员。2011年被评为国际欧亚科学院院士。

中国金融学会副会长。中国财政学会副会长。中国国际金融学会副会长。中国城市金融学会副会长。中国海洋研究会副理事长。

曾五次获得"孙冶方经济科学奖"著作奖和论文奖。已出版专著、译著23部，发表论文400余篇，主编大型金融工具书6部。主持国际合作、国家及部委以上研究项目40余项。

李 平 中国社会科学院数量经济与技术经济研究所所长、研究员，中国社会科学院重点学科技术经济学学科负责人和学科带头人。中国社会科学院研究生院教授、博士生导师，中国数量经济学会理事长、中国技术经济学会副理事长、中国区域经济学会副理事长。长期从事技术经济、产业经济等领域研究工作，主持参与多项国家重大经济问题研究和宏观经济预测，包括"我国未来各阶段经济发展特征与支柱产业选择（1996~2050）""中国能源发展战略（2000~2050）"等项目研究；参加"三峡工程""南水北调工程""京沪高速铁路工程"等国家跨世纪重大工程的可行性研究和项目论证，国家南水北调工程审查委员会专家，起草南水北调综合审查报告，国家京沪高速铁路评估专家组专家，代表作有《特大型投资项目的区域和宏观经济影响分析》《中国工业绿色转型》《"十二五"时期工业结构调整和优化升级研究》等。

李雪松 经济学博士，中国社会科学院数量经济与技术经济研究所副所长、研究员，中国社会科学院研究生院教授、博士生导师，中国数量经济学会副理事长。曾在荷兰经济政策分析局、美国芝加哥大学经济系做访问研究。主要研究领域为经济形势分析与预测、经济政策的宏观与微观效应评价。在《中国社会科学》《经济研究》《数量经济技术经济研究》《人民日报（理论版）》等报刊发表论文论著百余篇。编著及合作编著有《加入WTO与中国经济前景》《宏观经济效应及前景分析》《经济政策与模拟研究报告》《高级经济计量学》《数量经济学研究及应用》《数量经济前沿方法与实证研究》等。曾获中国社会科学院研究生院"优秀教学奖"、中国社会科学院优秀科研成果奖、中国社会科学院优秀对策信息奖、孙冶方经济科学奖，入选"新世纪百千万人才工程"国家级人选、国务院政府特殊津贴专家。

张　平 中国社会科学院经济研究所副所长，研究员，中国社会科学院研究生院教授，博士生导师。1988年在中国社会科学院经济研究所从事研究工作至今，曾经参加和主持与世界银行、亚洲开发银行、世界劳工组织等多项国际合作；两次主持社科基金重大招标课题、社科院重大课题和国家交办的课题。在理论研究和调查的基础上写出了很多文章和论著，主要涉及的研究领域为中国经济增长、宏观政策和收入分配。合作三次获得孙冶方经济科学奖，独立完成《增长与分享》和合作完成《中国经济增长前沿》均获得中国社会科学院专著二等奖。

2009年入选人力资源与社会保障部百千万人才工程国家级候选人。2011年获得国务院颁发的表彰为发展我国社会科学研究事业做出突出贡献专家的政府特殊津贴（政府特殊津贴第2010-293-001号）。

摘　要

当前，世界经济复苏依旧缓慢，发达国家新的增长动力尚未明朗，新兴经济体面临增长动力疲弱、结构性矛盾突出等压力，同时美国缩减 QE3 带来的更多不确定性，需要中国保持高度警惕。

2013 年中国经济运行平稳，产业结构优化，投资增速放缓，企业效益趋稳；物价保持稳定，资金流动偏紧；外需弱势复苏，国际收支趋于平衡。受制于产能过剩、债务风险等问题，2014 年固定资产投资增速将放缓，消费虽然依就稳定增长，但仍然难以成为拉动经济的主导因素，货物和服务贸易净出口将进一步减少。

中国经济经过 30 余年接近 10% 的平均增长，经济总量已经跃居世界第二，目前正转向"结构性减速"时期。2014 年及今后一段时期中国经济将在较过去 30 年平均水平略低的、7.5% 左右的平台上运行。预计 2014 年中国经济增长 7.4% 左右，增速比上年稳中略降。

当前各项稳增长措施需要温和持续，过度的刺激性政策可能带来负面影响，改革红利的释放也难以立竿见影。突出就业优先，各项宏观调控可以适当放宽经济增速的下限，使经济运行的合理区间更富弹性，以便为结构调整和改革创新留出空间。

未来中国经济长期增长仍具有较大潜力，但当前财政收入增速进入明显放缓的转型阶段。2014 年积极财政政策要加大支出结构调整力度，着力提高资金使用效率；进一步推进和完善"营改增"，减轻小微企业财税负担；加快建立中央和地方财力与事权相匹配的财税体制。货币政策应适当定向宽松，以维护金融稳定，防

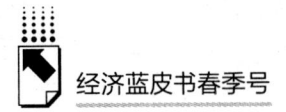

范金融风险。灵活调整流动性操作的方向和力度,防止出现流动性风险;警惕可能集中出现的企业债务违约问题,防止发生系统性和区域性金融风险。

保持经济长期稳定增长需要推进可持续型的基础设施和新型城镇化建设,大力发展具有高附加值的现代服务业和高端制造业。要创新投融资模式,引入长期权益性社会资本,推进可持续型的基础设施和新型城镇化建设。同时打破垄断,放松准入,积极发展混合所有制经济,大力发展具有高附加值的现代服务业和高端制造业。

目 录

前言　经济增速趋降　应对还须改革 ·················· 李　扬 / 001

B.1 中国经济形势分析与预测
　　——2014年春季报告 ·················· 课题组 / 001

B.2 2014年：中国经济增长预期目标不变 ········ 刘树成 / 029

B.3 重视目前经济社会发展中存在的矛盾和
　　问题 ·························· 汪同三 / 038

B.4 2014年中国宏观经济波动及走势的分析与
　　预测 ··············· 孔宪丽　高铁梅　张同斌 / 050

B.5 2014年农业发展的评价与思考 ············ 李　周 / 072

B.6 工业经济形势及趋势分析 ········ 金　碚　原　磊 / 090

B.7 现阶段我国产能过剩的特征、发展趋势与政策
　　建议 ··············· 李　平　江飞涛　李晓萍 / 112

B.8 深化财税体制改革基本路线分析 ·········· 高培勇 / 130

B.9 2014年中国金融状况分析与展望
　　······························ 陈守东　易晓溦 / 154

B.10 汇率改革以来中国外贸数据分析
　　······························ 裴长洪　沈　嘉 / 172

001

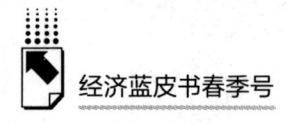

B.11 中国金融形势与货币政策 ………… 彭兴韵 董 昀 / 197

B.12 2014年中国商品市场新动力 …………… 陈克新 / 232

B.13 论中国对外贸易十大关系 ………… 金柏松 刘建颖 / 240

B.14 欲速则不达
　　——超越增长能力的劳动力市场后果 …… 蔡 昉 / 272

B.15 工资应该上涨吗
　　——对我国工薪劳动者工资水平变化的观察
　　　与分析 …………………… 张车伟 赵 文 / 291

B.16 新型城镇化进程中面临的资源环境挑战与化解
　　途径 ……………………… 潘家华 张 莹 / 326

B.17 中国节能减排与环境保护形势分析
　　…………………………… 齐建国 尤 完 / 352

B.18 以开放促进改革
　　——中国（上海）自由贸易试验区相关回顾
　　　和展望 …………………… 李刘阳 朱平芳 / 367

Abstract ……………………………………………… / 380
Contents ……………………………………………… / 382

前　言
经济增速趋降　应对还须改革

李　扬

一　危机仍未有尽期

2007年初从美国开始的金融危机，在短时期内迅速席卷全球，演变成一场百年不遇的全球灾难。如今，七年初度，我们总的估量是，危机远未逝去，只是进入了一个新的阶段。

作出这一论断的根据是，酿成危机的基本因素并没有消失，其中，尤以过度消费、过度福利和过度负债为主要表现的经济发展方式扭曲，以服务业过度发展、产业空心化为主要表现的经济结构扭曲，以过度杠杆化和对实体经济"疏远化"为表现的金融体系"去功能化"，以政府赤字率和债务率长期居高不下为特征的财政危机等导致危机发生的关键因素，基本都未去除。更有甚者，各国在反危机过程中采取的那些超常规刺激政策，在阻止危机恶化的同时，也弱化了危机自身的净化和调整作用，进而为复苏增添了新的障碍。如今，由巨量QE导致的货币供应洪水泛滥，以政府债台高筑为主要表现的"财政悬崖"，以市场纪律混乱为表现的经济运行体制机制的破坏，以及由这些问题引发的社会动荡愈演愈烈等，都成为阻碍危机恢复的新因素。

伴随着发达经济体开始退出量宽，广大新兴经济体的问题开始凸显，这构成危机新阶段的又一大特征。危机以来，一度出现发达经济体和新兴经济体的增长速度拉开距离且互不关联的"双速脱钩"现象。然而，正当人们乐观地宣称"这一次不同了"之时，2013年发生的新兴经济体经济增长普遍下滑的情形却冰冷地提醒我们，所谓"双速脱钩"，只是危机过程中的一个阶段性现象。新兴经济体在危机最初几年中增长迅速，主要得益于发达经济体数量宽松政策导致大量资本流入这些国家。然而，由于国内经济结构和经济发展方式未得到有效调整，一旦发达经济体实施量宽退出，一个相反的过程就会出现：大量资本外流，继而导致股市狂泻，汇率急贬，经济增长率下滑。这种状况充分说明：在全球化条件下，世界各国是密切联系在一起的，而且，这个世界仍然由美国等发达经济体主导；至于大部分新兴经济体，则并未根本摆脱储蓄与外汇"双缺口"的钱纳里符咒。

发达经济体自顾不暇，新兴经济体再度深陷传统发展困局，使得当今世界出现了治理真空，这也是危机仍在继续的明证之一。几年来，我们见证了二战后由美国等发达经济体主导建立的全球治理体系"一顶顶皇冠落地"，联合国、世界银行、国际货币基金、国际清算银行、世界贸易组织、世界能源署、世界劳工组织等传统全球治理机构，既不能有效应对传统挑战，更无法对日趋复杂的非传统挑战适时应变。然而，危机中产生的新的治理机制，如二十国集团、金砖国家等，虽然一度风光无限，但危局稍缓之后，随即被各种狭隘的国家和地区利益挤压，发展势头不再。与此同时，我们倒是看到了全球多边主义的迅速发展。各方根据专门议题形成网络或者伙伴关系，凭借特定共同利益、价值观及能力形成合作，已经蔚然成风。其未来发展方向，依然难以预测。

在全球化背景下，任何国家都不可能独善其身，中国也不例外。从2009年开始，中国经济便已进入"结构性减速"通道。从经济结构变动看，由于我国服务业劳动生产率远低于制造业，当经济结构从制造业为主向服务业为主转变时，中国的总体劳动生产率必然下降，并累及经济增长率下降。从生产要素结构看，在科技进步缓慢的背景下出现的劳动力和资本投入增长率的下降，同样塑造了我国经济增长率下降的格局。与此同时，随着人口老龄化日趋严重并导致人口劳动参与率下降，随着农村向城市转移的人口规模渐趋缩减，与摩擦性失业和结构性失业同时并存的，将是劳动力成本的刚性上升。以上种种导致经济减速的因素，既非周期性，更非政策性，都是发生在实体经济层面上的自然过程；我们如果不愿被动接受，只能依靠深层次结构性改革和大力推进创新战略，方能对其发展趋势施以影响。

在结构性减速的大环境下，中国经济出现了若干值得关注的隐忧。其一，尽管7.5%左右的增长速度令其他国家艳羡，但2~3个百分点的增速下落，无疑会带来大量复杂且意外的冲击，这些冲击可能需要数年才能消化。因此，如何将增长速度控制在由潜在增长率确定的合理区间，同时促进结构优化和发展方式转变，将考验我们的智慧和定力。其二，房地产业中潜在的风险不容忽视。当城镇化战略被在城乡一体化的大框架下重新设置，当全国房地产登记系统于2014年6月开始启动，当中国城市发展的区域化特征日趋明显，并已显出清晰的层次差别和分化趋势之时，中国房地产市场无疑将迎来新的局面。其三，产能过剩严重存在。虽然产能过剩是市场经济国家共有现象，但规模如此之大，覆盖面如此之广，持续时间如此之久，显然为中国独有。我们必须以壮士断腕的决心消弭产能过剩，否则，未来的发展将缺乏坚实的实体经济基础。其四，相比于发达国家的宽货币、低利率、紧信用的组合，中国的金融业呈现的是宽货币、高利率、贷款难、贷款贵的怪异组合，加上金融机构自我服务倾向日趋明显，人们有理由怀疑，乱象丛生的中国的金融业还能为中国经济稳定增长提供多少正能量。其五，地方政府

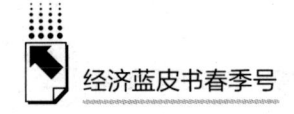

债务风险。总体上看，中国地方政府债务不存在大问题，但是局部存在隐患，却也不容忽视。尤为重要的是，经济增长速度下滑，城镇化战略转型，房地产市场的调整，都可能压缩地方政府的还债空间，使部分地方政府债务趋于恶化。

全球危机深重到百年不遇的程度，无疑是全球实体经济出了大问题。因此，危机的治本之策，是对行之多年的经济发展方式进行战略性调整，对高度扭曲的经济结构进行根本性改革。在这个意义上，改革是当今世界的主旋律，是任何一个负责任的政府都必须认真采取的战略。毫无疑问，哪个国家对改革的认识更深刻、策略更完备、决心更大、效果更明显，这个国家就将在未来全球新发展中抢占先机。我们欣慰地看到，在新的全球改革大潮中，中国再次成为最勇敢的弄潮儿。

二　稳增长仍然靠投资

在2014年3月召开的"两会"上，中国政府为2014年的经济确定了7.5%的增长目标。如今，一个季度已经过去，初步的数据显示，经济下滑的趋势日渐明显，要完成预定增长目标，客观上存在着困难。为防止增长率的下滑突破底线，我们需要制定若干稳定经济的预案。

分析近年来消费、投资和净出口（外需）对国民经济增长的贡献率及其变化轨迹，有助于我们精准寻找实施调控的入手处。

2006年以来，在一系列强刺激政策作用下，国内消费对经济增长的贡献率曾有过稳定增长。但是，在2011年达到55.5%的高峰之后，其贡献率一路下滑，两年跌落5个百分点，2013年降至50%。这说明，最终消费作为慢变量，其规模相对稳定，急切间难有作为。再考虑到某些领域的公共消费受到抑制的情形，消费对经济的拉动作用短期内更难大幅提升，无法成为促进经济稳定增长的主导力量。同期，净出口对增长的贡献率更是急剧下挫。在2009年创纪录的-37.4%之后，除了2010年略升为正，其余三年均呈负值，2013年贡献率仍为-4.4%（见图1）。考虑到2013年初部分地区和部分行业出现较大规模虚假套利贸易，导致外贸数据扭曲的因素，外需（净出口）的贡献或将进一步降低。相比而言，投资的贡献率虽有波动，但却呈稳定增长态势：从2006年的43.6%提升至2013年的54.4%，7年内跃增10个百分点以上，2013年，它更是再次超过消费对GDP的贡献率。上述图景告诉我们，至少在中期内，稳定经济增长的动力，仍然主要来自投资。

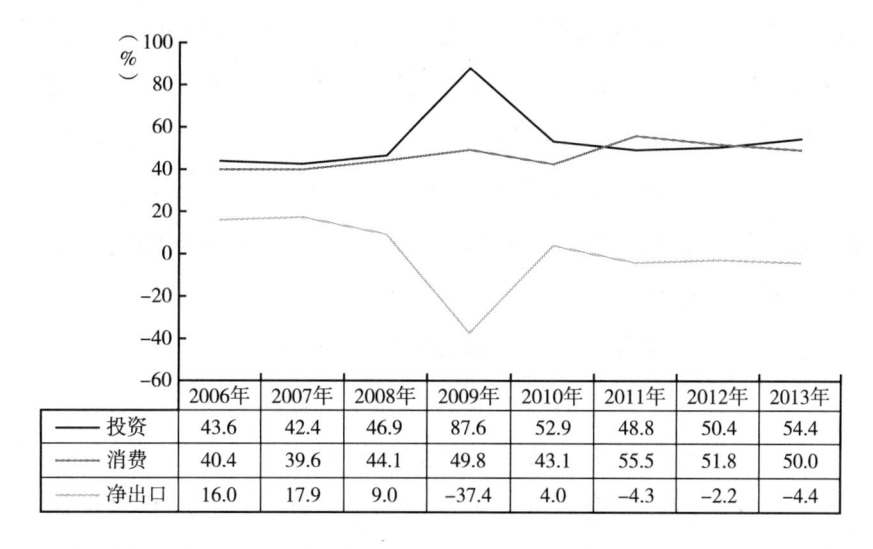

	2006年	2007年	2008年	2009年	2010年	2011年	2012年	2013年
投资	43.6	42.4	46.9	87.6	52.9	48.8	50.4	54.4
消费	40.4	39.6	44.1	49.8	43.1	55.5	51.8	50.0
净出口	16.0	17.9	9.0	-37.4	4.0	-4.3	-2.2	-4.4

图1 消费、投资和净出口对经济增长的贡献

资料来源：国家统计局。

然而，改革开放以来的中国经济史同时也明白无误地告诉我们：依靠投资来主导经济增长，很容易助长唯GDP倾向，恶化国民收入分配，忽略环境资源约束，造成生态破坏，并形成产能过剩。这意味着，如果我们不得不依赖增加投资来稳定经济，那么，

能否高度警惕并认真防止那些已经被历史证明的投资弊端，关乎政策的成败。于是，认真研究投什么、谁来投以及怎样投的问题，便成为政策的关键。换言之，沿用传统的工具来从事宏观经济调控的前提，是这种工具自身首先需要深度改革。

三 投什么[*]

应当看到，经过长达30余年高强度的工业化，在传统商业环境下可创造较大利润的工业投资项目已基本被挖掘殆尽；基础设施中的经济基础设施，主要包括公用事业（电力、管道煤气、电信、供水、环境卫生设施和排污系统、固体废弃物的收集和处理系统），公共工程（大坝、灌渠和道路）以及其他交通部门（铁路、城市交通、海港、水运和机场）等，经过2009年"四万亿刺激计划"的横扫，也已没有多少有利可图的空间。因此，要想启动投资引擎，我们必须寻找新的领域，同时，要为这些领域的投资创造必要的商业化环境。

就投资领域而言，有三个领域需要重点关注。

其一，有利于促进消费增长的社会基础设施领域，主要包括教育、文化、医疗保健等。应当认识到，进一步加大对教育、医疗卫生等社会性领域的投资力度，不仅增加了当期投资，而且对长期拉动消费具有积极的正面效应。一方面，可以降低居民的远期支出预期，减少预防性储蓄，提高居民的消费倾向；另一方面，可以促进人力资本积累，提高劳动者的"可行能力"和在初次分配中的"议价能力"，改变居民部门在国民收入分配中的不利地位。同时，也可以有效解决农民工及其家庭的市民化问题，促进农民工进城定

---

[*] 常欣研究员为本文提供了第三、四、五小节的初稿。

居，充分释放城市化对扩大消费需求的促进作用。在加强社会基础设施投资的过程中，特别要关注健康服务业这一新兴服务业所蕴涵的巨大需求。该产业覆盖面广，产业链长，对经济增长的拉动作用显著，在一些发达经济体已成为现代服务业的重要组成部分，如美国健康服务业规模占 GDP 的比例超过 17%，其他 OECD 国家一般也达到 10% 左右。2013 年 10 月，国家出台了促进健康服务业发展的指导意见。可以预期，随着居民收入和消费水平的提高，特别是老龄人口不断增多，健康服务业蕴涵着极大的投资潜力和空间。

其二，有利于技术进步的更新改造投资。在推动经济增长由要素投入驱动转向技术进步或全要素生产率驱动的过程中，迫切需要加大企业设备更新和技术改造升级的力度。从外部增加此类投资的常规路径固然可循，但更应该考虑通过加速折旧的方法，内在地调动企业设备投资和更新改造的积极性。特别是对于高新技术企业、改造升级的传统产业和战略性新兴产业，为避免无形损耗可能带来的损失，应允许它们以更大幅度加速折旧。与基于预计可使用年限的平均折旧法（所谓直线折旧法）相比，加速折旧法（递减折旧法）能更快地摊销应折旧金额，使固定资产的价值在使用期内尽快得到补偿，加快设备投资的现金回流，更有利于企业的固定资产更新改造。从经济本质看，加速折旧是一种"税式支出"，较之政府直接支出，它除了对国库不产生直接压力之外，更有激励企业自主投资和自主创新的积极作用。从国际上看，美国等发达经济体总是将加速折旧作为走出危机的强力措施来采用，借以提高投资率，进而提高劳动生产率和国际竞争能力。这些经验值得借鉴。

其三，有利于可持续发展的节能环保产业。在资源环境约束不断增强，特别是以雾霾为代表的各种环境污染问题频现的新形势下，发展节能环保产业，能为切实解决高耗能、高排放的问题提供治本路径。节能环保产业已被列入国家加快培育和发展的七大战略

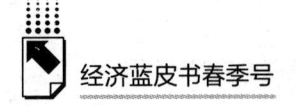

性新兴产业之一，2013年8月，国家又发布了加快该产业发展的指导意见，提出"十二五"期间节能环保产业产值年均增长15%以上，到2015年行业总产值达到4.5万亿元，成为国民经济新的支柱产业的目标。目前来看，大气污染治理、水污染治理、生态修复以及资源循环利用，都是节能环保产业的投资重点。

然而，在现行的商业环境下，更新改造投资得不到足够的刺激，而对社会基础设施和节能环保产业的投资，则难有可持续的商业价值。这都会成为制约投资增长的硬约束。为稳定经济增长，我们必须迅速落实十八届三中全会决定："凡是能由市场形成价格的都交给市场，政府不进行不当干预。推进水、石油、天然气、电力、交通、电信等领域价格改革，放开竞争性环节价格。更多转向市场化的价格形成机制"，使企业获得足够的收入以弥补成本并得到合理的回报，从而形成稳定的投资行为。

四　谁来投

在传统上，基础设施和公共服务领域是政府投资的天然领域，原因在于，这些领域突出地存在着自然垄断性、公共性和外部性。然而，随着市场不断发展和实践不断深入，特别是，随着现代科技尤其是信息技术对上述领域的全面渗透，这些影响社会资本进入的障碍，或者渐次消失，或者可以通过一定的制度安排予以克服。基于这些实践，经济理论对自然垄断性、公共性和外部性有了新的概括，从而为在这些领域进一步改革投融资体制开拓了可行的空间。

首先看自然垄断性。社会资本的进入可以在两个层面上实现。一是可采取资本形式进入。自然垄断性不应成为产权独占的依据。即使是具有整合效应的网络基础设施，也可将投资环节与运营环节分开，形成投资主体多元化和经营主体一元化并存的格局。二是可采取经营权形式的进入。在某些具有网络特征和自然垄断特性的领域和环节，尽管通过"市场内的竞争"方式实现进入难度较大，但通过政府特许经营、委托经营或承包经营等制度安排，仍可确保社会资本通过"争夺市场的竞争"方式实现有效进入。此外，随着技术创新、市场容量扩大和金融创新的出现，基础设施中某些原来被认为具有自然垄断性的业务或环节，其进入壁垒和退出壁垒被逐渐克服，成为能够引入社会资本的非自然垄断性业务或环节。

其次看公共性。社会资本的进入可以基于两个方面的因素。一是公共产品属性的变异。随着需求水平的提升和需求弹性的增大，随着技术的发展特别是排除性量化技术的出现，纯粹公共性正经历着向非纯粹公共性或准公共性的转变。这为社会资本以市场化方式提供产品开辟了广阔的空间。二是灵活的制度安排。对于某些商业性不足的准公益性项目，可以通过多种方式（如土地综合开发利用、公益性环节财政补贴等）改善投资的预期收益，吸引社会资本进入。即使是某些纯粹公共产品以及外部性相当显著的纯公益性项目，也可通过政府采购制度、经营权拍卖、招投标制度以及承包和委托经营等形式，实现（纯粹）经营权方式的社会资本参与。

最后看外部性。社会资本之所以能够进入存在外部性的领域，主要是因为政府的责任事实上是有限的。在社会生活中，某些优效品与服务，由于存在着消费上的正外部性，需要且应该由政府补贴或免费提供。但这种提供责任，主要强调的是政府在消费环节上的支付责任，而不是其在生产环节上的供给责任。特别是教育、健康服务这类准公共产品，完全可以不要求由政府直接生产，甚至可以不要求由政府直接投资。除了那些服务质量可监督程度和可立约程度比较低的领域外，政府应大规模采取服务合同外包或政府采购合同、服务管理合同、特许经营合同等，充分调动社会资本在服务供

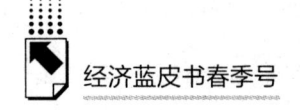

给中的作用，政府则相应地把自己的责任确立为加强监管。

为了让社会资本发挥更大作用，还应尽快改革投融资体制，着力降低行业进入门槛，逐步向社会资本让渡部分所有权或经营权，进而在基础设施和公共服务的提供上实现竞争主体多元化和股权结构多元化。应尽快改变政府主导投资特别是基础设施和公共服务领域投资的局面，更多采用公—私合作伙伴关系投融资模式，加强政府公共投资与民间投资的合作。

为有效动员、吸引社会资本进入基础设施和公共服务领域，应确保新进入企业和原有垄断企业（在位企业）之间实现公平竞争。应加强《反垄断法》的执行力度，有效控制市场关闭行为。监管部门应着力解决三个问题：一是接入政策特别是接入定价问题，二是网络租借或网间互联互通问题，三是普遍服务与交叉补贴问题。特别地，为尽快改变不对等竞争局面，对原有垄断企业和新进入企业可实行不对称监管，管住大的，扶植小的。当真正形成有效竞争局面后，可改为中性的干预政策，以充分发挥市场竞争机制的调节功能。

确保政府承诺的可信性以及政策的稳定性具有同等重要性。由于基础设施的资本密集度高，资产专用性和资本沉淀性强，加上合同的不完备，潜在的投资者往往担心利益被侵占。这就需要创造相对可信的投资政策环境。要保证政府和民间部门所订立的合同内容明晰且切实可行，并保持政府相关政策的稳定性和连贯性，使民间资本的参与建立在一个可预见的制度框架下；同时，要在法律框架下约束政府未来的行动，保证其对民间部门的承诺得以兑现，使投资者得到应有的回报；当政府不能履行承诺而给投资者带来不必要的损失时，也要给予其相应的经济补偿。从而稳定投资预期，正向强化投资激励，动员和吸引更多的民间资本进入基础设施领域扩展投资。

五　如何投

中国是当今世界上少有的高储蓄率国家，2013年底，国内部门总储蓄率超过了50%。就此而论，中国国内投资的资金约束，并不体现为有无，而是体现在用何种方式将储蓄转化为投资。实在说，这是我国金融领域长期存在且始终未能解决的问题。

关于"如何投"，有以下两个关键问题亟须解决。

一是债务依存度过高。在我国目前固定资产投资资金来源中，债务性融资占据首位。一般而言，随着传统银行系统以外的金融中介活动快速发展和金融脱媒趋势加速，债务性融资比重将逐步下降，股权性融资相应上升。中国的情况则不然。金融的脱媒并没有如欧美等发达经济体那样，导致股权融资比重上升，多数情况下，只是改变了间接融资的路径。通过信托贷款、委托贷款等金融机构表外融资，中国的间接融资依然保持着绝对的统治地位。加之公司信用类债券（包括企业债券、短期融资券、中期票据、公司债券等）发行规模不断上升，中国经济过分依赖负债融资的格局近年来似有恶化之势。资本金或所有者权益在融资结构中的比例过低，加重了企业资产负债表的资本结构错配风险，也提高了全社会的债务水平和杠杆率，加剧了风险的积累。我们的测算表明，金融危机以来，全社会杠杆率呈现较为明显的上升趋势，各部门（居民、非金融企业、政府与金融机构这四大部门）加总的债务总额占GDP的比重从2008年的170%上升到2012年的215%。其中，企业部门债务总额占比高达113%，远远超过OECD国家的风险阈值。

为分散过度依赖债务融资带来的风险，我们需要认真推动中国金融结构从债务性融资向股权融资格局转变，优化投资的资金来源结构。为此，应大力发展多层次资本市场，创造有利于股权资本形成的机制，多渠道增加股权性投资比重。应鼓励将债务性资金转变为股权性资金的金融创新，特别是应推行公用事业项目的证券化进程，为城市基础设施建设以及医疗教育等公共服务供给解决长期资金筹集问题。通过提供稳定持续的中长期资金，我国资产负债表中的期限错配问题，方能得到解决。

二是资金成本上升。近一段时期以来，我国资金价格上行的态势凸显。据估计，从2013年6月至今，市场资金成本平均上升了2个百分点左右。在我们看来，这主要是我国金融市场存在严重扭曲所致。

从资金供给侧看，在货币信贷存量较高、社会融资规模较大的情况下，资金成本的上升，反映了部分空转资金在金融部门内部的自我服务和自我循环。最近两年以来，商业银行资产负债结构的一个重要变化，是同业业务增长迅猛。以16家上市银行为例，其同业资产规模由2010年底的5万亿元提升至2012年底的11万亿元；同业资产占银行业总资产的比重，则由2010年的8%上升至2012年的12%，有些股份制银行已经超过25%。同业业务的快速扩张，凸显了我国金融抑制的恶化，以及在此环境下的"创新异化"，体现了监管套利严重存在（金融机构试图避开带有行政色彩的金融监管，包括信贷额度配给制和限制对地方政府融资平台和房地产业提供贷款）、资本金约束、贷存比的流动性约束，同时追逐存贷款利率分割管制所创造的息差交易机会。应对以监管套利为主要目的的同业业务的无序扩张，根本手段是进一步放松管制，特别是放松对银行体系的信贷额度控制和贷款投向管制（改用各种监管指标的管理）；应尽快改革已经跟不上形势发展的分业监管格局，同时，进一步推进利率市场化，通过体制内外资金成本的收敛来缩小利率双轨制带来的息差交易空间。

从资金需求侧看，资金成本的上升反映了广泛存在的道德风险问题。地方政府和国有经济部门作为重要的融资主体，其软预算约束问题严重存在，这是产生道德风险的最大温床。由于这些融资主体对资金价格的敏感性相对较低，对资金需求始终处于饥渴状态，其融资规模的扩大，便会推高全社会的融资成本。对此，应深入推动地方政府和国企改革，硬化它们的预算约束，减少它们对资金的无效占用。

同时，还有一类道德风险，虽然不是严格意义上的资金需求侧问题，但也与此密切相关。这就是"刚性兑付"的存在，助长了无风险的市场套利行为，加剧了投资者的道德风险。目前来看，一些金融产品（如银行理财产品）的投资者往往缺乏基本的风险意识，认为这些产品不存在违约风险，或者认为，即使存在违约风险，也会有银行或政府的隐性担保作为安全保障。事实上，虽然从法律角度说，大部分理财产品是非保本的，损失应由投资者承担。但考虑到银行自身声誉，理财产品一旦出现投资失败，导致产品违约，最终还是由银行承担还款责任。至于地方政府，出于社会稳定的需要，往往采取干预措施阻止投资产品违约。这种隐性担保的存在，使得高利率金融产品被视为"无风险"溢价的产品。投资者对低风险、高收益金融产品的特殊偏好，是推动全社会利率水平不断走高的需求面因素。为摆脱这一困局，首先应打破"刚性兑付"，允许违约事件发生，特别是应减少中央政府信用背书下的道德风险发生。当然，通过推进改革，强化市场自身的自律机制，使风险与回报相匹配，具有更根本的意义。

B.1
中国经济形势分析与预测

——2014年春季报告

"中国经济形势分析与预测"课题组*

要点提示

2013年,中国宏观经济运行呈现以下几个方面的特点。一是经济运行平稳,产业结构优化;二是投资增速放缓,企业效益趋稳;三是物价保持稳定,资金流动偏紧;四是外需弱势复苏,国际收支趋于平衡。

2014年,世界经济仍将处于缓慢复苏之中,发达国家新的增长动力尚不明朗,新兴经济体面临增长动力疲弱、结构性矛盾突出等压力以及美国缩减QE3带来的资本流出等不确定性冲击,中国需对美国缩减QE3带来的不确定性保持警惕。

预计2014年中国经济增长7.4%左右,增速比上年稳中略降。主要考虑是:中国的结构性减速具有一定的必然性,稳增长的措施将是温和的,过度的刺激性政策会带来负面作用,改革红利的释放也是难以立竿见影的,且中国经济总量已经较大。这次预测结果比上年底的预测下调了0.1个百分点,主要原因是:受制于产能过剩、债务风险等问题,固定资产投资增速将放缓,消费依然难以成为拉动经济上行的主导因素,货物和服务贸易净出口将进一步减少。产业结构将继续优化,预计2014年第三产业占GDP比重将首

---

* 课题总负责人:李扬;执行负责人:李平、李雪松、张平;执笔:李雪松、张涛、李军、樊明太、娄峰、王文波;课题组成员:李文军、张延群、刘强、蒋金荷、刘生龙、万相昱等。

次突破47%，提前一年实现"十二五"规划目标。预计2014年全社会固定资产投资名义增长18.4%，实际增长18.2%；社会消费品零售总额名义增长13.0%，实际增长11.2%；出口增长7.2%，进口增长8.6%；居民消费价格上涨2.5%，涨幅略低于上年；工业品出厂价格下降1.5%，仍处于通缩区间。

中国经济长期增长仍具有较大潜力，宏观调控要更加突出就业优先，适当容忍经济增速下限的下移，使经济运行的合理区间更加富有弹性。建议将宏观调控合理区间的下限从2013年的7.5%下移到2014年的7.0%左右，以便为结构调整和改革创新留出更大空间，着力提高经济增长的质量。

当前，在中国财政收入增速进入明显放缓的转型阶段，积极财政政策要加大支出结构调整力度，着力提高资金使用效率；进一步推进和完善"营改增"，减轻小微企业财税负担；加快建立中央和地方财力与事权相匹配的财税体制。

稳健货币政策在保持松紧适度前提下，应适当定向宽松，维护金融稳定，打破刚性兑付，防范金融风险。灵活调整流动性操作的方向和力度，防止出现流动性风险；强化金融资源的市场化调控和资产负债管理，加大对实体经济特别是薄弱领域的金融支持力度；完善人民币汇率市场化形成机制，加快推进利率市场化，健全反映市场供求关系的国债收益率曲线；高度警惕可能集中出现的企业债务违约问题，既要打破刚性兑付，又要守住不发生系统性和区域性金融风险的底线。

如果仅仅依靠宏观调控的宽松政策，即使可以实现2014年稳增长的目标，但可能会带来一些负面作用，杠杆率会抬得更高，累积的产能过剩和债务问题会更趋严重。因此，需要权衡利弊，推动更多有利于稳增长的改革措施，寻求发挥新的经济增长点的巨大潜力。当前及未来一段时期，稳增长有两大对策：一是创新投融资模式，着力引入长期权益性社会资本，推进可持续型的基础设施和新型城镇化建设；二是打破垄断，放松准入，积极发展混合所有制经济，大力发展具有高附加值的现代服务业和高端制造业。

一 2013年中国经济回顾与2014年预测

1. 2013年中国经济回顾

2013年，发达经济体缓慢复苏，但新兴和发展中经济体增速总体放缓。中国政府创新宏观调控方式，坚持稳中求进、稳中有为，加强风险防范，注重提高经济增长质量，中国经济继续保持平稳较快增长，实现了全年经济社会发展主要预期目标。2013年中国宏观经济运行呈现以下几个方面的特点。

第一，经济运行平稳，产业结构优化。在国际经济艰难复苏和国内产能过剩、新一届政府加强产业结构优化和注重经济增长质量等多种因素综合影响下，2013年中国GDP增长7.7%，与上年持平，继续保持平稳较快发展态势。从产业结构来看，2013年三次产业增加值分别增长4.0%、7.8%和8.3%，其中第一、第二产业增长速度分别比上年回落0.5个和0.1个百分点，第三产业增长速度比上年增加0.2个百分点。第三产业增加值占GDP的比重首次超过第二产业，达到46.1%，比第二产业高出2.2个百分点，成为2013年中国经济的一个重大特点。

第二，投资增速放缓，企业效益趋稳。从总量来看，2013年全社会固定资产投资名义增速为19.3%，较上年回落1个百分点，从季度数据来看，固定资产投资增速呈现明显的前高后低趋势，增速不断放缓。从投资结构来看，2013年房地产投资名义增速为19.8%，较2012年提高3.6个百分点；受产能过剩影响，制造业投资增速显著放缓，名义增速为18.5%，较2012年增速大幅回落

3.5个百分点。2013年工业企业经济效益略好于2012年，2012年受欧债危机影响工业企业经济效益在前三季度一直是负增长。2013年规模以上工业企业利润增长12.2%，高于2012年5.3%的增长率，反映出企业对中速增长的新态势有了一定的适应性。

第三，物价保持稳定，资金流动偏紧。2013年，在翘尾因素减小、内需乏力和产能过剩形势较为突出等因素影响下，居民消费价格指数（CPI）基本延续了2012年温和上涨的发展态势，同比上涨2.6%，与上年持平。需要注意的是，工业生产者出厂价格（PPI）自2012年3月起已经连续二十多个月同比负增长，处于通缩区间，反映出部分行业存在严重的产能过剩，实体经济增长动力不足。2013年初开始，金融市场中的资金流动性状况不断趋紧，其最终表现就是银行间的拆借利率不断上升，2013年6月20日银行间同业拆借利率飙涨至13.44%；银行所吸引存款利率也不断上升，部分银行长期存款利率上浮到顶，这与金融结构扭曲、金融改革滞后、资金期限错配等因素密切相关。

第四，外需弱势复苏，国际收支趋于平衡。2013年，在美国经济逐渐复苏、欧债危机略有缓解、日本实施量化宽松货币政策和新兴经济体增长放缓的复杂因素作用下，中国进出口增长7.6%，贸易总额首次超过4万亿美元，超过美国成为世界第一贸易大国，其中出口增长7.9%，与上年增速持平；进口增长7.3%，较上年增加3个百分点。当前，在中国资本项目未实现可兑换情况下，2013年中国经常项目顺差与GDP之比已降至2.1%，经常项目的国际收支趋于平衡。尽管货物贸易顺差2592亿美元，较上年增长12.5%；但服务贸易逆差1185亿美元，较上年增长32.1%，增长更快。自2009年以来，中国服务贸易逆差年均增长41.5%，远高于货物贸易顺差增速。如果未来中国货物贸易顺差增长缓慢，而服务贸易逆差与海外投资负收益显著扩大，那么中国经常项目顺差将会进一步下降。

2. 2014年国际经济环境

当前,世界经济仍处于缓慢复苏之中。发达国家新的增长动力尚不明朗,造成这次经济危机的基本因素,即发达国家债务率仍然处于高位。区域冲突和政治动荡同样导致不稳定性。新兴经济体面临增长动力疲弱、结构性矛盾突出等压力,以及美国缩减QE3带来的资本流出等不确定性冲击。因此,世界经济整体仍然处于脆弱的再平衡调整周期中,即使2014年全球经济增长率高于2013年,但仍将低于国际金融危机之前世界经济的潜在增长水平。

当前,美国房地产市场有所好转,房价平均回升20%左右,但仍未恢复到金融危机前的水平,股票价格指数显著回升,居民消费和公司盈利缓慢回升。美国这些年正在经历着深度调整与经济转型,这种转型是漫长和痛苦的。受页岩气、页岩油等能源新技术的影响,能源成本降低,从而提升了工业竞争力。美国的失业率有所下降,但是美国结构性失业问题依然严重。目前美国正在逐步缩减QE3规模,同时根据经济发展变化调整了与加息有关的前瞻性指引,将考虑金融市场、通胀预期及劳动力市场等更为广泛的因素,而非只依失业率6.5%的目标来决定。预期2014年美国经济增长将高于上年水平,但美国缩减QE3规模的节奏及未来加息的时间仍具有不确定性。

欧元区各国经济受稳定政策影响,政府财政赤字率降低,银行体系和金融稳定性好转,重债国的国债收益率降低,国际资本回流、出口数据出现好转。但南欧国家较高的失业率仍然是难以解决的问题。未来的宽松政策仍将持续。预计2014年欧元区经济有所回升,增长率将略高于上年水平,但长期仍将处于低速增长态势。

日本经济在宽松货币政策和积极财政政策的刺激下持续增长,但随着2014年4月新消费税推出,第二季度经济可能出现负增长。

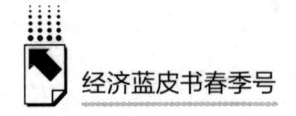

下半年日本消费能恢复到何种程度、经济能否达到预期的增长存在不确定性，预计未来仍然维持宽松货币政策。

新兴和发展中经济体增长动力不足，增速预计继续放缓。部分新兴市场经济体增长潜力下降。由于美国开始缩减量化宽松政策的规模，国际收支与财政收支双逆差的国家，面临货币高估压力或者房地产泡沫压力的经济体，可能出现资本外流或流入减少、货币贬值、股市下滑、债券收益率攀升、融资成本上升的局面，面临着金融市场剧烈震荡的风险。中国必须对美国缩减 QE3 带来的不确定性保持高度警惕。

3. 2014 年中国经济主要指标预测

2014 年是中国全面深化改革、推动体制机制创新的元年，随着改革红利的逐步释放，中国经济面临的许多深层次的矛盾和问题将不断得以解决，经济复苏和增长力量仍然正在逐渐积聚，经济运行的内在稳定性也会进一步得到巩固和加强。

经济增速稳中略降。面对经济下行压力，要继续坚持稳中求进、稳中有为。通过采取积极的财政政策和稳健的货币政策，加快推动基础设施建设，无疑是有利于经济稳定增长的。但中国的结构性减速具有一定的必然性，稳增长的措施将是温和的，过度的刺激性政策反而会带来负面作用，改革红利的释放也是难以立竿见影的，并且中国经济总量已经较大，预计 2014 年中国经济增长 7.4% 左右，经济增速比上年稳中略降。数据预测结果比上年底的预测下调了 0.1 个百分点，主要原因是：受制于产能过剩、债务风险等问题，固定资产投资增速将放缓，消费依然难以成为拉动经济上行的决定因素，而货物和服务贸易净出口将进一步减少。

产业结构继续优化。预计 2014 年三次产业增加值将分别增长 3.9%、7.4% 和 8.1%，分别比上年回落 0.1 个、0.4 个和 0.2 个百分点。三次产业分别拉动 GDP 增长 0.3 个、3.7 个和 3.4 个百分点，其中第一产业的拉动与上年持平，第二、第三产业的拉动分别比上年回落0.2个和0.1个百分点。三次产业对GDP增长的贡献率分别为4.2%、49.7%和46.1%，第三产业的贡献率比上年增加1.0个百分点。"十二五"规划中提出，要将第三产业增加值占GDP的比重从2010年的43%提升到2015年的47%，预计2014年第三产业占比将首次突破47%，提前一年实现"十二五"规划目标。

固定资产投资增速放缓。目前，新开工项目和企业新增订单较上年同期均有所下滑；房地产市场销量迟滞及房企资金压力使房地产投资力度逐渐减弱；制造业投资出现分化，部分产能过剩行业投资下滑，成长性行业对投资稳定增长的支撑作用尚不足，且融资成本较高；随着卖地收入的放缓，地方基础设施投资增长也会受到影响。预计2014年全社会固定资产投资52.9万亿元，名义增长18.4%，实际增长18.2%。虽比上年有所回落，但仍保持较快增长态势。

消费增长平稳。在消费刚性和"调结构、促内需"的政策推动下，近年来，中国消费一直保持平稳较快增长态势，而且消费的波动性远远小于投资和进出口的波动性，近年来网购等新型消费业态发展迅猛，信息、文化、教育、健康、旅游等消费热点不断涌现，近期高端餐饮娱乐场所正在向大众型消费转变，消费结构逐步改善。预计2014年社会消费品零售总额近26.9万亿元，名义增长13.0%，实际增长11.2%，延续上年的平稳增长态势。

货物和服务贸易净出口进一步减少。2013年中国已经成为世界最大的贸易国，随着贸易保护主义的盛行和贸易摩擦的不断加剧，中国进出口两位数的高速增长难以再现。近几年随着中国劳动力成本的上升，中国产品价格的国际竞争力有所下降。尽管2014年全球经济增长率可能略高于2013年，但仍将低于国际金融危机之前世界经济的潜在增长水平，考虑到2013年初中国虚假出口推高基数的情况，预计2014年中国出口增长7.2%，进口增长8.6%，货物贸易顺差2506亿美元，略低于2013年。2014年服务贸易逆差将继续扩大，货物和服务贸易净出口1042亿美元，较上年降低25.9%，货物和服务贸易净出口对中国经济增长的拉动力继续为负。

物价上涨温和。2014年美联储逐渐缩小QE规模，对国际大宗商品价格形成制约，国内输入型通胀压力不大；国内投资增速放缓，产能过剩仍较为突出，压抑工业品价格；2013年中国粮食继续增产，近期猪肉价格有所下降，物价缺乏快速上涨的支撑；2014年居民消费价格指数的翘尾因素为0.9%，比上年减弱0.1个百分点。2014年推高物价涨幅的因素主要是水、电、气、运等基础价格的改革以及劳动力成本的上涨。预计2014年居民消费价格上涨2.5%，涨幅略低于上年；工业品出厂价格下降1.5%，仍处于通缩区间。

收入增长稳定。预计2014年城镇居民人均可支配收入实际增长7.1%，增速有望略高于上年；农村居民人均纯收入实际增长8.9%，农村居民人均纯收入实际增速持续第5年高于城镇居民人均可支配收入实际增速；财政收入近14万亿元，增长8.3%，财政支出15.3万亿元，增长10.3%。

货币供应适度。预计2014年末广义货币M2余额125.4万亿元，增长13.3%；居民储蓄存款余额50.8万亿元，增长13.6%；年末人民币各项贷款余额81.5万亿元，增长13.3%，新增贷款9.6万亿元；全年社会融资总额19万亿元。

总体而言，2014年中国经济仍将保持稳定增长态势，同时改革开放不断深化，产业结构继续优化，增长质量有所提高。表1列出了2014年国民经济主要指标的预测结果。

表1 2014年中国经济主要指标预测

指标名称	2013年统计值	2014年预测值
1. 总量		
GDP增长率(%)	7.7	7.4
2. 产业		
第一产业增加值增长率(%)	4.0	3.9
第二产业增加值增长率(%)	7.8	7.4
其中:重工业增长率(%)	8.0	7.7
轻工业增长率(%)	7.2	6.7
第三产业增加值增长率(%)	8.3	8.1
其中:批发零售业增长率(%)	10.1	9.9
第一产业对GDP增长的拉动(个百分点)	0.3	0.3
第二产业对GDP增长的拉动(个百分点)	3.9	3.7
第三产业对GDP增长的拉动(个百分点)	3.5	3.4
第一产业贡献率(%)	4.3	4.2
第二产业贡献率(%)	50.7	49.7
第三产业贡献率(%)	45.1	46.1
3. 投资		
全社会固定资产投资(亿元)	447074	529340
名义增长率(%)	19.3	18.4
实际增长率(%)	18.9	18.2
资本形成率(%)	49.2	48.9
4. 消费		
社会消费品零售总额(亿元)	237810	268730
名义增长率(%)	13.1	13.0
实际增长率(%)	11.5	11.2
5. 外贸		
出口总额(亿美元)	22096	23690
出口增长率(%)	7.9	7.2
进口总额(亿美元)	19504	21180
进口增长率(%)	7.3	8.6
外贸顺差(亿美元)	2592	2510

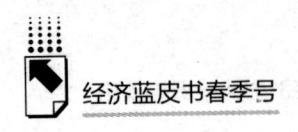

续表

指标名称	2013年统计值	2014年预测值
6. 价格		
居民消费价格指数上涨率(%)	2.6	2.5
工业出厂品价格指数上涨率(%)	-1.9	-1.6
投资品价格指数上涨率(%)	0.3	0.2
GDP平减指数(%)	1.7	1.6
7. 居民收入		
城镇居民人均可支配收入实际增长率(%)	7.0	7.1
农村居民人均纯收入实际增长率(%)	9.3	8.9
8. 财政收支		
财政收入(亿元)	129143	139860
财政收入增长率(%)	10.1	8.3
财政支出(亿元)	139056	153360
财政支出增长率(%)	10.9	10.3
9. 货币金融		
新增贷款(亿元)	89090	95880
新增货币发行(亿元)	3899	3880
居民储蓄存款余额(亿元)	446902	507680
居民储蓄存款余额增长率(%)	14.0	13.6
M2(亿元)	1106509	1253720
M2增长率(%)	13.6	13.3
各项贷款余额(亿元)	719000	814750
各项贷款余额增长率(%)	14.1	13.3
社会融资总额(亿元)	172900	190030

二 宏观调控要更加突出就业优先，适当容忍经济增速下限的下移

1. 当前中国经济与投资增长面临下行压力

当前，中国经济自主增长动力不足，经济增速下行压力较大。从供给方面看，中国许多行业产能仍然过剩，工业生产者购进价格

和出厂价格继续下降，而国内供给的创新驱动和结构调整缓慢。从需求方面看，国内需求中的公共消费由于中央八项规定而受到抑制，企业投资由于保留收益率下降而存在不确定性，居民消费和公共投资增长平稳，国际需求增长由于不确定性存在隐忧，中国外贸稳增长仍然面临较大挑战。

当前中国经济增长面临下行压力，集中体现为投资面临下行压力。投资增长面临下行压力的主要因素有：一是部分采矿业与制造业产能过剩，投资回报下降，压抑了投资需求；二是当前房地产市场面临分化和调整，部分房地产企业资金压力加大，房地产投资面临下滑压力；三是具有较高投资回报率的部分高端制造业与现代服务业准入门槛过高，民间投资积极性难以有效发挥；四是中国投资基数已经很高，2013年投资占GDP的比重已经达到78%的水平，很多省份的投资占其GDP比重已经超过80%，但投资效果系数即单位投资所增加的GDP却不断下降。

从2012～2014年三年来看，大部分省份经济增长目标都已经下调，甚至经过两年持续下调，下调幅度比较大的是内蒙古、四川、吉林、黑龙江和山西。西部、中部、东部都有省份经济增长目标下调幅度达到或超过3个百分点。许多省份下调经济增长目标的原因是下调了投资增长目标。多数省份下调了2014年投资增长目标，主要是因为现在严控地方债，债务存量与融资成本也比较高，而且投融资渠道狭窄。全国有接近一半省份将2014年投资目标定在18%或以下，这是主动调整的结果。

2014年第一季度，经济与投资增长延续了惯性下滑的趋势：1～2月，全国固定资产投资同比增长17.9%，增速比上年同期回落了3.3个百分点，比上年底回落了1.7个百分点。其中，占投资比重近三分之一的制造业投资增速从上年底的18.5%回落到1～2月的15.1%；占投资比重近四分之一的房地产开发投资增速从上年底的19.8%小幅回落到1~2月的19.3%。目前支撑经济与投资稳定增长的因素主要来自占投资比重约五分之一的基建投资，1~2月份，基建投资仍保持着较高增速，其中，交通、仓储和邮政业投资增速为21.1%，比上年同期增加了5.4个百分点；水利、环境和公共设施管理业投资增速为24.1%，尽管比上年同期回落了2.8个百分点，但仍处于较高水平。

2. 当前中国的结构性减速具有一定的必然性

与印度、巴西、俄罗斯等新兴经济体不同，中国经济减速的原因主要是结构性的。

从生产要素结构方面看，由于中国劳动投入和资本投入增长率已经开始下降，而技术进步是一个慢变量，这三个因素叠加，导致未来我国的潜在经济增长率趋于下降。不少学者认为，未来一段时期，中国经济将从国际金融危机之前10%左右的潜在增长水平降低到7%~8%。

从产业结构方面看，当前中国传统制造业部门的就业已经达到峰值，进一步的发展就必须从传统制造业转到现代服务业和高端制造业。但是在目前的状况下，中国制造业的劳动生产率高于传统服务业的劳动生产率，因此传统制造业向传统服务业的大规模转移就意味着劳动生产率的下降和经济增长率的下行，尽管这种转移对吸纳更多就业无疑具有十分重要的意义。中国传统服务业的劳动生产率只相当于制造业的70%左右。在发达经济体，他们的服务业的劳动生产率是高于制造业的，因为他们是高端的服务业为主，而我们是低端的服务业为主。目前我们转移的多是低端服务业，因此传统制造业向传统服务业转移越多，我们的经济增长率就下降得越快。

中国经济已经进入结构性减速通道。这种结构性变化，是经济成长阶段推移的结果。它区别于周期性，更区别于政策性。这是发生在实体经济层面上的自然过程。

2013年中国经济的一个重大特点是第三产业增加值在GDP中的比重首次超过第二产业，达到46.1%，比第二产业高出2.2个百分点。第三产业的就业吸纳能力是显著高于第二产业的，第三产业的快速发展，为促进中国就业提供了有利条件。2013年中国新增就业1310万人，GDP每增加1个百分点，新增就业达170万人，创历史新高，就印证了这一点。但是，目前中国就业市场上结构性问题仍然十分突出，大学生就业难与民工荒共存，劳动力供给结构与产业结构不匹配，人力资本供给不足与供给过剩并存。劳动力市场的结构性问题必须主要依靠调整教育供给的结构、加快发展现代服务业等结构性政策去解决，而不能简单地依靠扩张性的总量政策去解决。

2013年中国第三产业增加值在GDP中的比重首次超过第二产业，尽管具有重要意义，但在目前高附加值的现代服务业发展仍不足的情况下，服务业份额的扩大也就必然意味着经济增长速度要有所回落。如前所述，这是因为目前中国服务业的劳动生产率是低于制造业的，且服务业的产业链相对较短。这就必然带来结构性减速的问题，目前同样的投资增长速度只能带来相对比较低的经济增速，这对稳增长无疑将带来很大的挑战。

3. 中国经济长期增长仍具有较大潜力，宏观调控要更加突出就业优先，适当容忍经济增速下限的下移

尽管当前中国经济与投资增长面临下行压力，中国的结构性减速具有一定的必然性，但长期经济增长仍具有较大的潜力。十八届三中全会作出了全面深化改革的决定，深化改革的制度红利有待进一步释放。新型工业化及现代服务业的发展潜力巨大，前景广阔，需要放松准入，改革创新。新型城镇化及交通等基础设施建设的空间依然较大。中国的高储蓄率仍将维持较长时期，这些资金亟须体制机制的改革创新，以便高效、安全地转化为有效投资，降低资源配置的扭曲程度。

为了提高潜在增长水平，必须加快发展劳动生产率高的现代服务业和高端制造业，加快转型升级。然而，受制于行政垄断、技术创新体制机制不顺等因素，转型升级必然是一个痛苦且缓慢的过程。

结构性减速过程中，经济决策难度加大，需要长短结合施策，继续坚持稳中求进、稳中有为。宏观调控要更加突出就业优先，既要守住保就业、保稳定的底线，加快重点投资项目建设进度，适度加大交通等基础建设方面的投资，又要适当容忍经济增速下限的下移，使经济运行的合理区间更加富有弹性。比如说，宏观调控合理区间的下限可从2013年的7.5%下移到2014年的7.0%左右，以便为结构调整和改革创新留出更多空间，着力提高经济增长质量。与此同时，应加快推动改革创新和转型升级，积极培育新的经济增长点，提高长期潜在增长水平。

三 对2014年宏观调控政策的建议

1. 积极财政政策要加大支出结构调整，着力提高资金使用效率

当前，财政在建立国家现代治理体系、促进发展、调整结构、保障民生、维护公平等方面，发挥着十分重要的不可替代的作用。首先，中国财政资金规模已达历史新高。2013年中国公共财政收入12.9万亿元，同GDP的比率已从1994年的10.8%上升至22.7%，提高了近12个百分点。其次，财政的职能正在从过去的经济建设型转向公共服务型。1994年中国财政支出中用于经济建设的资金比重高达41.3%，而目前该比重已不超过15%。当前用于教育、卫生、医疗、社会保障、住房、城乡社区事务等社会公共服务领域的财政支出力度已大幅度提高。

然而，随着中国经济社会发展进入转型期，财政形势正出现深刻的新变化。一是财政收入增速进入明显放缓的转型阶段。2013年中国公共财政收入增长10.1%，创1994年实行分税制以来中国财政收入年度增速的新低。在1994~2011年的17年时间里，全国财政收入年均增长19.2%，2012年降至12.9%，2013年比上年进一步回落2.8个百分点。虽然主动的结构性减税是财政收入增速降低的一个原因，但是中国经济的结构性减速是导致中国财政收入增速减缓的重要基础性因素。二是税收结构呈现增值税比重大幅下降、企业所得税比重大幅上升的特征。2013年全国税收中增值税比重为26.1%，虽然仍为第一大税种，但同2000年相比，该比重下降约10.1个百分点，是比重降幅最大的税种。2013年企业所得税比重为20.3%，为第二大税种，同2000年相比，该比重上升约12.3个百分点，是比重升幅最大的税种。

（1）加大财政支出结构调整力度，为稳增长、调结构提供重要支撑

在中国财政收入增速进入明显放缓的转型阶段，积极财政政策要加大支出结构调整力度，着力提高资金使用效率。

在经济建设领域，通过体制机制创新，比如公私合作伙伴模式（PPP）等，在减少用于经济建设的财政资源的比重的同时，着力提高有限的财政资源对社会资金的引领和带动效应，支持重点领域的投资增长。中央可在棚户区改造、铁路建设、重大水利工程、节能减排工程等领域加大中央投资的力度，并以此带动更多的民间投资增长。

对于重要的基础性产业和新兴产业，要充分发挥财政贴息对吸引社会资金的翘动作用，发挥好财税政策的支持作用。

在基本建设与公共服务支出领域，应大幅减少专项经费的设

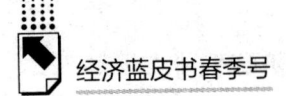

立，加强对专项经费的监管，避免专项经费设立与资金使用的主观性、随意性和低效性。

在公共服务支出领域，要盘活现有财政资源，提高财政资金使用效率，特别要注意提高科技、教育支出的科学性和有效性，避免财政资金使用不当和严重浪费。

尊重市场经济规则，财政资金应从一般竞争性领域退出。而对一些有显著公益性的重要产业如教育、医疗、老龄产业，要放松准入，营造有利的政策环境，如在财税、融资、用地、特许经营等方面制定相关的鼓励政策，以吸引更多社会资本进入现代服务业。

在控制公务员总量、遏制公务员灰色收入的同时，研究建立不同地区、不同类型、不同层级公务员收入正常增长的体制机制。

（2）进一步推进和完善"营改增"，减轻小微企业财税负担

"营改增"是1994年实行分税制以来中国最大的一次税制改革。随着试点改革的推进和试点政策的不断优化，"营改增"试点取得了积极成效，已基本解决部分现代服务业的重复征税问题，适当降低了部分服务企业的税收负担，对于促进第三产业发展和促进就业具有积极作用。"营改增"可使得原缴纳增值税的制造企业，由于从事或购买了服务而可以增加抵扣，成为直接获益者，从而有利于促进第二、三产业的融合发展。2013年中国营业税改征增值税试点共计减税1402亿元。其中，试点纳税人减税600亿元，原增值税纳税人因增加抵扣减税802亿元。

在"营改增"过程中也暴露出一些亟待解决的问题，比如：部分人力资本密集型试点企业因可抵扣进项费用较少从而使税负不降反升、异地服务的增值税不能异地抵扣、个别政策不明确导致实际操作困难以及各地相关过渡性政策不统一等。此外，目前"营改增"的行业试点范围仍然比较小，营业税的主体税目如金融保险、房地产、建筑施工以及旅店餐饮等行业因面临一些问题尚未纳

入试点范围。要通过不断完善该政策，为进一步扩大"营改增"行业试点范围创造更为有利的条件。

在进一步推进和完善"营改增"政策过程中，鉴于实体经济成本不断攀升，而小微企业可对促进就业作出巨大贡献，应简化税收征管办法，进一步减轻小微企业的财税负担。

（3）加快建立中央和地方财力与事权相匹配的财税体制

十八届三中全会对深化财税体制改革进行了具体部署。此次财税体制改革主要涉及预算管理制度、税收制度以及中央与地方事权和支出责任三大方面的问题，旨在明确事权、改革税制、稳定税负、透明预算、提高效率，加快形成有利于转变经济发展方式、有利于建立公平统一市场、有利于推进基本公共服务均等化的现代财政制度，形成中央和地方财力与事权相匹配的财税体制。按照事权优先于财权原则，重塑中央与地方、地方各级政府之间的事权责任架构。合理界定中央事务、地方事务、中央与地方共同事务、中央委托事务、中央引导和鼓励性事务的边界，规范省以下各级政府事权边界。以上划部分事权、适当扩展中央政府支出规模为重点，将基础养老金、司法体系、食品药品安全、边防等领域的管理上划为中央事权。

实行分税制以来，中央税、中央与地方共享税改革进展比较大，而地方税的改革相对滞后，不利于增加地方财政收入。"营改增"虽然有多方面的积极效应，但是直接导致地方财政丧失主体税种，而现行过渡办法又难以持续。目前地方税种只有城市维护建设税、土地增值税、契税、房地产税、城镇土地使用税、印花税等小税种，这些税种普遍收入规模小、税源零散、征收难度大，难以具备地方主体税种的地位和功能。为此，未来应在下调增值税标准税率的同同时，扩大消费税征管范围，逐步将消费税、房地产税、资源税、环境税、遗产税，作为地方主体税种，并把土地出让收入纳

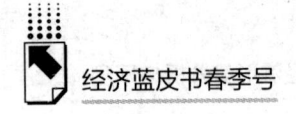

入公共财政预算，改土地财政为税收财政。

2. 稳健货币政策要适当定向宽松，稳定金融环境，打破刚性兑付，防范金融风险

当前，中国经济增长存在下行压力，通货膨胀压力不大。要把握发展主动权，促进中国经济持续健康发展和社会和谐稳定，应加强对增长、就业、物价、国际收支等短期目标的统筹平衡。稳健货币政策在保持松紧适度前提下，应适当定向宽松，加大金融对于实体经济的支持力度，打破刚性兑付，着力防范金融风险，维护金融稳定。

（1）灵活调整流动性操作的方向和力度，防止出现流动性风险

近年来美国、欧盟等发达经济体在后危机时代的货币政策调控实践基本上采取了不同形式的多元目标弹性制，尽管在货币政策规则中通货膨胀目标的相对权重是最主要的。2003~2012年中国的货币政策调控虽然没有明确采取稳定物价单一目标制，但实践中中国的货币政策调控则高度强调了通货膨胀目标。随着社会各界对土地等资源市场化、影子银行等金融创新和货币信贷市场深化的认识加深，中国货币供给量、信贷总额等传统的货币政策中介指标与通货膨胀之间的关系日益复杂且不稳定，中国的货币政策调控应该呈现一定的通货膨胀和就业目标组合弹性。2014年国务院《政府工作报告》中提出了居民消费价格涨幅控制在3.5%左右、城镇新增就业1000万人以上的预期目标组合，这与货币政策规则的目标弹性制也是一致的。

在市场深化和金融创新快速发展背景下，要发挥货币政策弹性目标制的有效性，就必须综合运用数量、价格等多种货币政策工具组合并相机创新流动性管理工具，灵活开展公开市场操作，适时运用公开市场短期流动性调节工具（SLO）、常备借贷便利（SLF）、回购、票据、再贷款、再贴现等工具组合，保证短期流动性平稳，

着力防范金融风险,维护金融稳定。在美国缩减QE3、人民币汇率浮动区间加大、利率市场化快速推进、信托等债务到期较为集中阶段,如果出现资本流入和新增外汇占款持续减少的情况,可调整公开市场上的操作策略,注意使用结构性放松的政策操作,以稳定市场预期,防止出现流动性风险,并引导货币信贷及社会融资规模合理增长。

(2) 强化金融资源的市场化调控和资产负债管理,加大对实体经济特别是薄弱领域的金融支持力度

近年来,伴随着金融市场深化和创新,中国金融体系的资产负债结构和盈利模式发生许多重大变化。其中比较引人关注的,一是中央银行的外汇储备和来自商业银行的存款准备金规模逐渐扩大,二是商业银行通过与基金、证券、保险、信托等非银行金融机构合作推进表外业务创新,影子银行通过理财服务发挥金融中介作用,互联网金融也随着IT技术支持得到突破性进展,从而使银行脱媒化发展迅速。同时,中国金融市场主体与实体经济主体相分割,资本市场结构不平衡,场外市场及资产证券化进展缓慢,也使得实体经济融资结构不合理,社会融资能力受到金融资源配置结构的制约。其结果就是使大量银行表内资金转移至表外,使得部分属于M1的活期存款流向属于M2中的信托存款等,贷款等金融资源脱离实体而在金融体系内自我循环,从而导致实体经济融资困难,社会融资成本较高。

有效引导金融机构优化金融资源配置,盘活存量、优化增量,改善和优化信贷结构和融资结构,并鼓励金融有效支持经济结构调整和转型升级,是中国金融深化中必须解决的问题之一。因此,一方面要着力创新金融调控方式、完善金融调控机制,强化金融资源的市场化调控和资产负债管理,通过窗口指导、差别化存款准备金率、差别化存贷比、监管费、财政贴息和税收激励等方式

引导金融机构优化金融资源配置，在优化增量的同时逐步调整盘活存量，并有效服务于实体经济、支持经济结构调整和转型升级，特别是加大对"三农"领域、新型城镇化和保障性住房、节能减排和低碳发展、新兴制造业、现代服务业、小微企业等领域的定向金融支持。另一方面，要有效引导金融机构优化金融资源配置、改善和优化信贷结构和融资结构，还需要加快完善金融市场建设，更充分地发挥市场在金融资源配置中的决定性作用和价格传导机制。特别地，要继续推动金融市场、金融产品、投资者和融资中介多元化发展，加快发展多层次资本市场，提高直接融资比重，推动资本市场结构创新。

（3）完善人民币汇率市场化形成机制，加快推进利率市场化，健全反映市场供求关系的国债收益率曲线

继续完善人民币汇率形成机制，逐步减少常态式外汇干预，加大市场供求决定汇率的范围和力度，增强汇率双向浮动弹性，逐步形成双向波动预期。扩大人民币在跨境贸易和投资中的使用，逐步推进人民币资本项目可兑换。

推进利率市场化，扩大金融机构利率自主定价权，必须以完善货币市场和信贷市场机制及建立健全中央银行的利率调控框架、加强由金融机构组成的市场定价自律和协调机制为条件，并在全面放开金融机构贷款利率管制的同时，建立存款保险制度，以对冲金融机构因为违约而破产，逐步扩大金融机构负债产品特别是社会存款的市场化定价范围。在利率放开初期，被长期管制的融资需求会快速反弹，这些风险在较短时间内快速积累，会加剧国内金融体系的脆弱性，当遇到外部冲击时易酿成经济动荡。

在推进利率市场化的过程中，迫切需要健全完善国债收益率曲线。由于中国国债市场的期限结构不合理、品种有限、债券市场的功能不完善等，中国当前的国债收益率难以完全地反映真实的市场

资金供求状况，从而造成了金融资源的错配，影响了整个国民经济的健康有序发展。当前迫切需要从创新发行制度、完善市场结构、丰富市场参与主体等方面完善国债收益率曲线。

（4）高度警惕可能集中出现的企业债务违约问题，既要打破刚性兑付，又要守住不发生系统性和区域性金融风险的底线

要通过深化金融改革，支持设立民营银行参与推动金融业竞争，支持互联网金融创新和风险监管，继续完善金融机构治理机制，逐步健全现代金融企业制度；探索完善金融混业监管机制。完善由中央银行牵头、金融监管机构和外汇局参加的金融监管协调机制，不断丰富和完善监管协调的合作形式和机制，着力形成防范跨境资金流动冲击的监管合力。健全宏观审慎政策框架，是完善货币政策传导机制及其财政政策、产业政策相协调机制的基础，有利于促进金融资源的合理有效配置，从而有效防范系统性金融风险。

2013年以来，房地产市场出现了比较明显的分化，2014年初，全国房地产市场出现"量跌价滞"状况。一二线城市土地和房屋销售价格已经处于高位，房屋销售成交量环比出现下降；三四线城市房地产市场出现了供大于求的局面，在房贷收紧的环境下，部分城市房价出现了下跌。中国正处于新型城镇化建设的实施和推进阶段，为房地产业未来中长期的发展提供了广阔的空间。但是，2013年以来不少房企激进扩张，高价拿地，有的房企不惜高息借贷，以信托、理财产品等方式筹措资金。2014年美国量化宽松政策的逐步退出以及近期人民币汇率的阶段性贬值将使房地产市场承压，同时增加房企海外融资的成本。当前房地产市场的风险主要来自由于房价回调、房企资金链断裂等对金融机构产生的传染效应。2014年在对房地产市场实施分类调控的过程中，部分房地产市场下滑较快的地区，不排除出台一些稳定措施，但应

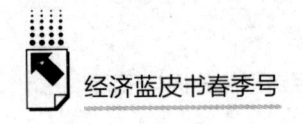

更多地采取市场化的手段。

当前,要高度警惕国内企业的高债务率和债务违约问题。由于前期产能过剩行业以及房地产企业扩张过快,近几年企业债务率攀升过快,2014年可能会有更多资不抵债的企业集中出现债务违约问题。要加快经济主体的市场化建设,打破刚性兑付痼疾,建立真正市场化的风险定价机制,让投资者自担风险,通过市场约束道德风险和信贷增长失控问题,发展健康的信贷市场,推动资金流向更优质的资产。通过公开拍卖、公开的第三方介入等方式,建立透明的、市场化的违约处置机制。鉴于中国企业之间通过漫长的信贷链条紧密相连,许多债务合同是由第三方担保的,在决定是否要拯救一家陷入困境的企业时,要把系统性因素作为最主要依据,既要允许正常违约,又要守住不发生系统性和区域性金融风险的底线。

四 稳增长两大对策:推进可持续型的基础设施和新型城镇化建设,大力发展具有高附加值的现代服务业和高端制造业

如果仅仅依靠宏观调控的宽松政策,即使可以实现2014年稳增长的目标,可能也会带来一些负面作用,杠杆率会抬得更高,累积的产能过剩和债务问题会更趋严重。因此,需要权衡利弊,推动更多有利于稳增长的改革措施,寻求发挥新的经济增长点的巨大潜力。利用当前经济增长下滑的压力,倒逼各方面的改革加速,以尽快释放改革带来的增长红利。当前及未来一段时期,稳增长有两大对策:一是创新投融资模式,着力引入长期权益性社会资本,推进可持续型基础设施和新型城镇化建设;二是打破垄断,放松准入,积极发展混合所有制经济,大力发展具有高附加值的现代服务业和高端制造业。

1. 创新投融资模式，着力引入长期权益性社会资本，推进可持续型的基础设施和新型城镇化建设

当前中国交通与城市基础设施建设存在总量不足、标准不高和运行管理粗放等问题。国际比较表明，中国基础设施依然较为落后，中国的公路和铁路密度与发达国家相比，仍有很大的发展空间。

发达国家城镇化进程表明，城镇化发展具有明显的阶段性特征，城镇化率处于30%~70%之间是城镇化中期阶段，发展速度较快。目前，中国城镇化建设正处于快速发展阶段，城镇人口的比重由1978年的17.9%提高到2013年的53.8%。从国际经验看，城镇化率只有达到70%左右，一个地区的城镇化进程才会稳定下来。

城镇化建设不仅仅是提高"城镇化率"的问题，应该注重将"城乡一体化"寓于"新型城镇化"建设之中。根据《国家新型城镇化规划（2014~2020年）》，未来6年内将努力实现规划提出的1亿左右农业转移人口和其他常住人口在城镇落户的目标，意味着每年将近1700万人要实质性融入城镇，即实现人口城镇化；过去35年城镇化进程中，城市户籍人口年均增长不超过1000万。随着城镇化水平持续提高，大、中、小城市建设将需要修建铁路、公路等交通设施，以及电力、燃气、自来水和污水处理等基础设施，需要提供养老保障、教育条件、医疗系统、住房保障等公共服务设施，户籍人口城镇化的提速势必带来巨大的投资需求。

在新型城镇化过程中，无论是交通等基础设施建设还是公共服务均等化都需要巨量资金投入。据财政部估算，2020年城镇化率要达到60%，由此带来的投资需求约为42万亿元。但在当前，并没有建立适应城镇化资金需求的多元化投融资机制，融资方式仍以银行贷款为主，最终还款来源仍是土地收入。随着地方政府财政收入减少、银行借贷困难以及地方债务凸显等问题日益突出，巨大的资金缺口成为新型城镇化面临的最直接难题。面对巨大的资金需求，如果不创新融资机制，基础设施和新型城镇化建设将是难以承受和难以持续的。

鉴于中国高储蓄率还将维持一段时期，必须根据交通等基础设施和新型城镇化建设项目进行分类，并深入推动投融资体制机制改革，着力引入长期权益性社会资本，交通等基础设施和新型城镇化建设的巨大潜力才可转化为经济增长可持续的重要动力。

（1）依法赋予地方政府适度发行市政债券权限，拓宽城市建设融资渠道

基础设施建设周期长，需要高额的初始成本，投资风险大而且产出效率相对较低，因此，必须确保政府必要的投入。借鉴发达国家利用市政债券为地方经济社会发展融资的经验，"开前门，堵后门"依法赋予地方政府适度举债权限，完善现行的地方政府债券制度，探索一般债券与专项债券相结合的地方政府举债融资办法。地方政府通过发行市政债券，能以较低的融资成本筹集基础设施建设所需资金，有利于实现公共基础设施建设的代际公平。特别是对有一定收益的公益性事业发展举借的专项债务，可通过发行市政债券等专项债券融资，并对应政府性基金或专项收入偿还。前期城投债已经出现了风险预警，未来需要把原有的地方融资平台与新建立的市政债融资切割开来，以防范和化解财政金融风险。为推动地方政府尽快实现自主发债，需要建立和健全地方债券发行管理制度，修改《预算法》，改变地方政府不能成为举债主体的规定；改革当前政府预算会计制度，研究编制地方政府资产负债表。健全偿债准备金制度，建立地方政府债务风险的监测预警系统，监控地方政府债务风险。规范地方政府举债权限和用途，对地方政府性债务实行分类管理和限额控制，在允许地方政府规范举债的同时，严禁地方

政府继续借道融资平台公司举债，抓紧剥离融资平台公司承担的政府融资职能。

（2）放宽市场准入，建立多元化、可持续的城镇化资金保障机制

推动融资结构从单一的银行贷款向多元化转变，大力发展直接融资，充分利用间接融资，积极吸引民间资本，广泛开展国际合作。理顺市政公用产品和服务价格形成机制，放宽准入，完善监管，制定非公有制企业进入特许经营领域的办法，鼓励社会资本参与城市公用设施投资运营。创新金融服务和产品，多渠道推动股权融资，提高直接融资比重。提高股权性资本的比重，利用好私募股权投资、风险投资等各种性质投资，支持债权转股权等债务重组模式。对于城市轨道交通项目，通过市场化机制引进的企业，应分享沿线土地增值收益，城市轨道沿线的土地可更多地交给轨道交通建设主体进行开发，更多实现商业化的运营。鼓励建立城市发展基金、小城镇发展基金和产业化投资基金。借鉴国外城镇化经验，地方政府承担部分资金作为种子基金，向社会发行公共投资基金券，按照市场规律解决城镇化建设资金问题，鼓励公共基金、保险资金等参与具有稳定收益的城市基础设施项目建设和运营。

（3）推进公私合作伙伴模式，提高基础设施建设质量

创新并分类使用公私合作伙伴（PPP）模式，充分调动民间资本参与城市基础设施的积极性，可有效缓解地方政府债务压力，发挥市场在资源配置中的决定性作用，打破垄断利益。政府通过特许经营权、合理定价、财政补贴等公开透明方式，事先明确收益成本机制，提高民间资本投资与预期收益的匹配程度，吸引社会资本参与城镇基础设施建设。根据具体需要采用租赁—建设—经营（LBO）、购买—建设—经营（BBO）、建设—转让—经营（BTO）、建设—经营—转让（BOT）、建设—拥有—经营（BOO）等形式与

民营企业合作,为新建基础设施融入民间资本,同时提高资金的使用效率和提高基础设施的建设质量。可考虑优先选择收益比较稳定、投资规模比较大、长期合同关系比较清楚、技术发展比较成熟的项目,如市政供水、污水处理、垃圾处理、保障房建设等,现有项目也可以引入PPP模式进行升级改造。

(4)建立服务对象明确的新型政策性金融机构

许多基础设施建设项目不以营利为目的,或者是保本微利的,这和基础设施建设具有社会性和公益性特征相一致。因此,政策性金融机构在城镇化建设中服务的对象也非常明确,即服务市场不愿意配置资源或者不能配置资源的领域。当前要发挥现有政策性金融机构的重要作用,研究制定政策性金融专项支持政策,研究建立城市基础设施、住宅政策性金融机构,为城市基础设施和保障性安居工程建设提供规范透明、成本合理、期限匹配的融资服务。

2. 打破垄断,放松准入,积极发展混合所有制经济,大力发展具有高附加值的现代服务业和高端制造业

当前,中国的一些行业、一些领域形成了较为严重的垄断,尽管在国内依靠垄断地位赚取了较高利润,但浪费严重、服务质量差等问题突出,严重制约了现代服务业以及一些垄断性行业中竞争性业务的发展。打破垄断,放松民营资本的准入门槛,积极发展混合所有制经济,既是提高中国企业国际竞争力和服务质量的要求,又是未来提高潜在增长水平的重要增长点。

从产业结构的变动来看,2013年尽管中国的第三产业增加值在GDP中的比重首次超过第二产业,但是中国第三产业发展仍然非常不足,特别是高附加值的现代服务业。行政性垄断是服务业发展滞后的一个重要原因,目前金融、电信、交通、教育、医疗等行业,准入门槛高,不利于竞争和行业整体进步。

比如在教育培训业,自1999年中国高等教育扩张之后,中国大学生入学率逐年增加，2014年中国大学毕业生规模将超过700万人，然而，中国每年新增就业岗位仅1000多万个。庞大的大学毕业生给中国的劳动力市场带来巨大的就业压力，而另一方面，随着中国人口结构转变，无数企业面临着用工不足，尤其是一些高级技术工人用工严重不足，这表明中国劳动力供给结构与产业结构不匹配程度较为严重。中国就业市场上的结构性问题必须主要依靠调整教育供给的结构、提高教育质量，加快发展现代服务业等结构性政策去解决。要加快高等教育改革转型，加快发展职业技能教育，必须放松准入，加快民营资本进入高等职业技术教育市场，鼓励企业与高等学校联办职业技术学校，不仅可以解决就业市场上的结构性矛盾，还能够缓解财政在高等教育上的投入压力。

再比如在医疗服务业，随着人民生活水平的提高，人们对医疗保健的需求不断增长，其增长速度超过了医疗卫生事业发展速度。近年来出现的"看病难，看病贵"现象表明，现有医疗服务能力特别是优质医疗资源不足，不能满足人们日益增长的医疗卫生保健需求。解决这个矛盾，参考发达国家经验，同时结合国内的实践来看，仅靠政府投入是不现实的，需要全社会参与。因此，国家鼓励社会力量办医疗，允许民营资本进入医疗服务业，尤其是高端医疗服务业，一方面让民营资本有利可图，另一方面让一些愿意多花钱看病的人享受更优质的医疗服务。当然，鉴于目前中国医疗和养生行业中的鱼龙混杂现状，鼓励民营资本进入医疗副业的同时还得强化资质的认定和完善监管。此外，随着中国人口老龄化进一步的发展，消费需求的结构会发生改变。居民购买的制成品会减少，而与健康、退休有关的产品与服务需求将会持续增加，因此未来养老与医疗健康服务业的需求将十分巨大。

随着中国人口结构转变，劳动力成本上升，传统产业利润空间越来越小。在这种情况下，即使对产能过剩产业放开民间资本准入,对拉动经济增长作用也不大。而在石油、电力、铁路、电信、资源开发、公用事业等领域中放开竞争性业务以及包含高端制造的竞争性业务,解除民营资本的进入管制将有利于更多民间投资的进入,并产生较高的资产回报率。上述行业发展潜力巨大,关键是要消除体制障碍,加快推动改革创新,打破垄断,提高劳动生产率,促进潜在增长率的提升。

十八届三中全会以后,全面深化改革成为时代的主旋律。2014年《政府工作报告》指出,要增强各类所有制经济活力,制定非国有资本参与中央企业投资项目的办法,在金融、石油、电力、铁路、电信、资源开发、公用事业等七大领域,向非国有资本推出一批投资项目。制定非公有制企业进入特许经营领域具体办法,激活民间投资增长潜力,稳定民间投资的增长。实施铁路投融资体制改革,在更多领域放开竞争性业务,为经济增长提供新动力。

除了打破垄断、放宽准入之外,还应加大财政贴息及定向金融支持的力度,大力支持引导市场主体发展节能环保、新一代信息技术、生物医药、高端装备制造、新能源、集成电路、新材料等高端制造业,促进金融、保险、现代信息和物流、物联网、文化创意、教育培训、医疗养老等现代服务业的发展。

B.2 2014年：中国经济增长预期目标不变

刘树成*

摘　要： 2014年3月全国"两会"前夕，"今年中国经济增长预期目标究竟是多少"这一问题成为国内外关注的一个焦点。本文分析了这一情况的有关背景，阐明2014年经济增长预期目标不变的必要性和可能性。这有利于稳定社会预期，有利于为转方式和调结构、为全面深化改革创造良好的宏观和微观经济环境。同时指出，实现这一预期目标必须付出艰辛的努力。

关键词： 中国经济　经济增长　预期目标　全面深化改革

一　经济增长预期目标成国内外关注焦点

2014年3月全国"两会"前夕，在本来想"淡化"GDP的背景下，有关"今年中国经济增长预期目标究竟是多少"这一问题却意外地成为国内外广为关注的一个热点、焦点。

美国彭博新闻社2014年3月3日报道说："世界各国领导人、

---

* 刘树成，中国社会科学院学部委员、经济学部副主任。

公司高管、对冲基金经理的目光，将重回一个大家集体着迷的事情：今后一年的中国经济增长目标。全世界的目光都将聚焦于中国总理李克强，看看是不是会再度将数字定在7%以上，这个数字对于从新加坡到圣保罗的各国官员们来说，是某种舒服区域。"英国《金融时报》在列出中国"两会"看点的清单上，排在第一的就是中国的增长目标。德国柏林自由大学的一位学者梅斯奈尔对中国《环球时报》记者说："今年是中国新领导层的开局之年，各方都急于从今年的'两会'上寻找中国未来发展的蛛丝马迹。"韩国《朝鲜日报》报道称：中国"两会"预计将具体讨论中国经济、社会等各领域的改革课题，而全球的关注焦点都集中在中国的经济增长目标上。美国《华尔街日报》报道称：一个数字里有什么？很多。中国领导人面临的一个问题是，如何确定经济增长目标。中国《环球时报》的综合报道说："中国2014年的GDP增长目标数字是多少？如同韩剧《来自星星的你》被多国民众痴迷一样，'来自中国的数字'连日来引发诸多媒体与战略分析家的种种猜测。"①

梳理国内外一些媒体的报道和推测，对于2014年中国经济增长预期目标是多少，大体有以下4种意见。

第一种认为，可能要下调至7%。

第二种认为，可能不再给出某一个具体数值，而是设置一个区间，如7%至7.5%。这种意见也是倾向于往下调。

第三种认为，为淡化GDP，可能取消这一目标。

第四种则认为，保持2013年目标7.5%左右不变。

2014年3月5日，在第十二届全国人大二次会议上所作的《政府工作报告》中，经济增长预期目标与2013年相同，仍为

---

① 本段内的国内外媒体的有关报道，均见《环球时报》2014年3月5日综合报道《今天，世界借两会看中国》。

"7.5%左右"不变。这是连续第三年定为7.5%左右。

这里，我们简要回顾一下1992年以来中国经济增长预期目标的变化情况。在《政府工作报告》中使用国民生产总值（GNP）或国内生产总值（GDP）当年增长目标，是从1992年开始的。1992年和1993年，使用的是国民生产总值；从1994年开始，使用的是国内生产总值。具体目标值的变化情况可分为5个阶段（见表1）。

第一个阶段，1992~1995年的头4年，其目标值各年不一，分别为6%、8%、9%、8%~9%，每年都有所调整。

第二个阶段，1996~1998年，连续3年稳定为8%。

第三个阶段，1999年亚洲金融危机之后，至2004年，连续6年稳定为7%左右（其中2000~2002年的3年，在《政府工作报告》中没有列出当年目标，而是在国民经济和社会发展计划草案报告中列出）。

第四个阶段，2005~2011年，连续7年稳定为8%左右。

第五个阶段，2012年，下调到7.5%。2013年，为7.5%左右。这样，2012~2014年，连续3年稳定为7.5%。

表1　经济增长速度目标值与实际值（1992~2014年）

年份	目标值（%）	实际值（%）	实际值与目标值之差（个百分点）
1992	6	14.1	8.1
1993	8	13.7	5.7
1994	9	13.1	4.1
1995	8~9	10.9	2.9~1.9
1996	8	10.0	2.0
1997	8	9.3	1.3
1998	8	7.8	-0.2
1999	7	7.6	0.6
2000	7	8.4	1.4

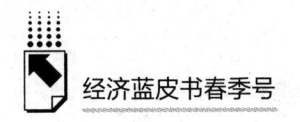

续表

年份	目标值（%）	实际值（%）	实际值与目标值之差（个百分点）
2001	7	8.3	1.3
2002	7	9.1	2.1
2003	7	10.0	3.0
2004	7	10.1	3.1
2005	8	11.3	3.3
2006	8	12.7	4.7
2007	8	14.2	6.2
2008	8	9.6	1.6
2009	8	9.2	1.2
2010	8	10.4	2.4
2011	8	9.3	1.3
2012	7.5	7.7	0.2
2013	7.5	7.7	0.2
2014	7.5		

注：1992年和1993年为GNP增长率，1994年至今为GDP增长率。2000~2002年，在《政府工作报告》中没有列出当年经济增长预期目标，而是在国民经济和社会发展计划草案报告中列出。

从表1看出，1992~2013年的22年中，除1998年外，其余21年经济增长速度的实际值均超过目标值。超过2个百分点以上的年份就有12个，占57%；超过3个百分点以上的年份有8个，占38%。超出最多的是1992年，实际值超过目标值8.1个百分点。2012年和2013年，是实际值最为接近目标值的两年，仅超过0.2个百分点。对于这种情况，美国《华尔街日报》报道说：过去20年，世界已经习惯了中国的增长模式：中国轻易地就超过了官方确定的年度经济增长目标。但是现在中国政府想让世界知道，这样的日子已经结束，现在可能到了降低预期的时候了。英国《金融时报》刊文评论称："过去十年的大部分时间里，中国的增长目标缺乏实际意义,因为国内生产总值年均增长10%,而目标一直没有超过8%。但随着中国经济在成熟中放缓,增长目标对政策意图的指示意义越发重要。"世界银行经济学家斯密茨说:"每个人都需要进行调整,不仅在结构上而且在心理上。适度的经济增长率是中国的新原则,这是个好事。"①

二 经济增长预期目标不变的必要性和可能性

2014年经济增长预期目标之所以不变,是因为既有必要性,也有可能性。

(一)有利于稳定社会预期

在应对国际金融危机严重冲击之后,针对国内外经济大环境的新变化,我国经济增长预期目标在连续7年稳定在8%不变的情况下,2012年下调到7.5%。而两年后,如果这一目标继续下调,就会影响到社会预期的稳定。在2014年我国经济运行下行压力依然较大的背景下,稳定社会预期、提振市场信心是至关重要的。在市场经济条件下,社会预期对于宏观经济运行的稳定性具有重要的先行引导作用。这是因为,预期作为一种心理因素,对实际经济行为和实际经济变量,诸如投资、产出、信贷、赢利、收入、消费等具有导向作用。人们在从事经济活动、作出经济决策时,不仅从眼前的现实环境出发,而且更重要的是考虑未来可预期的变化。如果预期不稳定、不看好,市场前景黯淡,企业就没有信心去投资和扩大生产,银行就没有信心去放贷,居民就没有信心去消费。这样,将

---

① 本段内的国外媒体和学者的有关报道,均见《环球时报》2014年3月6日综合报道《李克强报告彰显中国信心》。

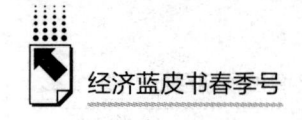

会引致悲观预期的连锁扩散效应和自我实现效应，进一步加大经济运行下行的压力。

（二）有利于为转方式和调结构、为全面深化改革创造良好的宏观和微观经济环境

经济增长预期目标具有综合性和核心性。该目标从总体上反映宏观经济运行状况和走势，它内含着国家财政收支状况及其走势、企业生产经营状况及其走势、就业状况及其走势、居民收入与消费状况及其走势、物价状况及其走势等。如果经济增长预期目标下调，那么其他各项有关目标特别是收入类指标也都会相应地跟着下调。这样，宏观和微观经济运行环境将会趋紧，国家、企业、居民的收入增长将会受到制约，相应地扩大内需（投资和消费）也将会受到限制。若国家财政收入增速连续下降，不利于需要财政支持的转方式和调结构，不利于需要财政支持的有关改革措施的出台，不利于科学、教育、文化、医疗卫生、社会保障、环境治理等社会事业的发展。若企业利润收入增速连续下降，不利于企业扩大就业，不利于企业扩大投资去进行技术改造和技术创新。若居民收入增速连续下降，不利于改善民生和扩大消费。总之，这种情况将不利于为转方式和调结构、为全面深化改革创造良好的宏观和微观经济环境。

（三）经过艰辛努力，2014年经济增长预期目标是可以实现的

当前，我国经济运行的下行压力仍然较大，主要来自以下4个方面。一是在近几年来我国潜在经济增长率下移的过程中，经济运行具有下滑惯性。二是当前经济运行面临两大"化解"任务，即化解地方政府性债务风险，化解一些重要行业严重的产能过剩。这将对信贷的增长和固定资产投资的增长带来下行的压力。三是全国

多数省份纷纷下调了2014年GDP增长预期目标，这一方面是好事，有利于各地把着力点放到提高经济增长的质量和效益上来，但另一方面也会对全国GDP增速的下滑产生压力。四是企业特别是中小企业经营困难，多种成本上升，资金紧张，出厂价格处于通缩状态，赢利困难，市场前景不佳。

在这种情况下，实现7.5%左右的经济增长预期目标并不容易，必须付出艰辛的努力。经过努力，这一预期目标是可以实现的。一是，2013年上半年，在经济增速面临有可能下滑出预期目标的情况下，中央提出确保经济运行处在合理区间的宏观调控政策规则，并采取一系列措施，稳定了市场预期，遏制住了经济下滑势头，取得了一定的经验。二是，2014年全面深化改革，有利于释放内需潜力和激发市场活力。三是，以人为核心的新型城镇化的推进，特别是解决好现有"三个1亿人"问题（即促进约1亿农业转移人口落户城镇，改造约1亿人居住的城镇棚户区和城中村，引导约1亿人在中西部地区就近城镇化），将为扩大投资和消费提供空间。四是，当前物价水平不太高，物价形势较为稳定，也为宏观调控提供了一定的余地。五是，世界经济复苏态势虽未稳定，但会有所好转，有利于扩大外需。2012年，我国GDP增长7.7%，其中最终消费支出的拉动为4.2个百分点，资本形成总额的拉动为3.6个百分点，包括消费和投资的内需拉动合计为7.8个百分点，货物和服务净出口的外需拉动则为负0.1个百分点（见表2）。2013年，我国GDP增长7.7%，其中最终消费支出的拉动为3.85个百分点，资本形成总额的拉动为4.19个百分点，包括消费和投资的内需拉动合计为8.04个百分点，货物和服务净出口的外需拉动则为负0.34个百分点。2014年，如果外需的拉动有所好转，那么主要靠内需实现GDP增长7.5%，还是有一定回旋余地的。

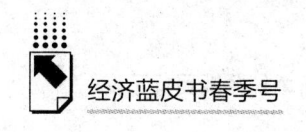

表 2　内需和外需对 GDP 增长的拉动

	2012 年	2013 年
GDP 增速(%)	7.7	7.7
最终消费支出的拉动(个百分点)	4.2	3.85
资本形成总额的拉动(个百分点)	3.6	4.19
内需拉动合计(个百分点)	7.8	8.04
外需拉动(个百分点)	-0.1	-0.34

(四) 7.5% 左右预期目标的内涵

我们不是不要 GDP，而是不要带有水分的 GDP，不要污染环境、破坏生态的 GDP。我们要的是具有很高质量和效益、清洁干净的 GDP，要贴近老百姓的 GDP。我们反对盲目崇拜 GDP，但要科学使用 GDP。7.5% 左右的经济增长预期目标的内涵，就是要求我们不能片面去追求经济增长速度，但应确保经济运行处在合理区间，特别是要把经济工作重心放到转方式和调结构上，放到提高经济增长质量和效益上，放到全面深化改革上，争取经济的长期持续健康发展。

参考文献

李克强：《政府工作报告——2014 年 3 月 5 日在第十二届全国人民代表大会第二次会议上》，《人民日报》2014 年 3 月 15 日。

李扬主编《2014 年中国经济形势分析与预测》，社会科学文献出版社，2013。

刘树成：《不可忽视 GDP——当前中国经济走势分析》，《经济学动态》2012 年第 7 期。

刘树成:《中国经济进入中高速增长阶段》,载《2014年中国经济形势分析与预测》,社会科学文献出版社,2013。

刘树成:《为什么今年经济增速预期目标不变》,《人民日报》2014年3月11日。

蓝雅歌等:《今天,世界借两会看中国》,《环球时报》2014年3月5日。

蓝雅歌等:《李克强报告彰显中国信心》,《环球时报》2014年3月6日。

B.3
重视目前经济社会发展中存在的矛盾和问题

汪同三*

摘　要：
　　我国当前宏观经济形势总体向好，呈现稳中求进的趋势，但是还有以下困难需要面对。第一，经济稳中向好的基础不牢固，增长的内生动力需增强。第二，财政、金融、房地产等领域存在风险隐患，部分行业产能严重过剩，宏观调控难度增大。第三，农业增产、农民增收难度加大。第四，部分地区污染严重，节能减排任务艰巨。第五，就业结构性矛盾突出。第六，民生问题依然突出。对此，各级政府应该针对上述问题扎实解决。

关键词：
　　经济社会　矛盾　问题

　　党的十八大以来，我国宏观经济坚持稳中求进的总基调，统筹稳增长、调结构、促改革，准确把握宏观政策要稳、微观政策要活、社会政策要托底的工作原则，创新宏观调控方式，积极探索一系列既有利于当前，更惠及于长远的政策措施，力争实现稳

---

* 汪同三，中国社会科学院学部委员，研究员。

中有为、稳中提质、稳中有进，经济社会发展取得重要成绩。在这样的形势下，我们应该对过去的成绩和成功的经验进行认真全面客观的总结。一方面，要在今后的实践中继续坚持宏观经济管理中行之有效的思路和做法，并不断完善；另一方面，更要清醒地认识到，我们前进道路上还有不少困难和问题。这些困难和问题主要有以下几个方面。

一 经济稳中向好的基础还不牢固，增长的内生动力尚待增强

我们目前面临着十分复杂的国内外形势。从国际来看，世界经济表现出某些缓慢复苏的迹象，特别是发达国家经济，由于采取了一系列超常规解救危机的措施，它们正在逐步走出危机的最坏阶段。由资本主义制度内在的基本矛盾所决定，造成这次危机的根本原因并没有消失，更重要的是西方国家在应对危机过程中采取了很多超常规的措施，这些措施虽然在一定程度上阻止了危机的恶化，但同时也加重了危机进入复苏阶段后的负担，使得当前危机复苏显得脆弱乏力，过程扑朔迷离。在实体经济方面，发达经济体经济运转依然严重偏向消费，同时存在经济高度依赖服务业、制造业空心化的结构扭曲问题。在金融方面，发达经济体去杠杆化并没有完成，在某种意义上讲它们的杠杆率还在提高，其整个金融体系尚不能有效地服务于实体经济。在财政方面，发达经济体为了救助危机，无论是财政赤字率，还是债务率都在提升，目前发达经济体的总体债务率高达107.7%，其中美国为106%，欧元区为95.7%，日本甚至达到243.5%的水平，美国2013年还向全世界上演了财政悬崖的闹剧。由于财政和金融密切关联，财政问题也导致金融领域中出现的问题迟迟不能解决。世界贸易2013年仅增长2.3%，

几近停滞，2014年亦不会有太大改变。全球经济2013年估计仅增长3%，多数机构预测2014年增长速度最多只能出现小幅上扬。据国际货币基金组织2014年1月份估计，按照购买力平价法，2013年全球经济增长3.0%；据世界银行2014年1月份估计，按汇率法，2013年全球经济增长2.4%。这两家国际机构均预测2014年世界经济增长速度最多只能出现微幅上升。总体来看，当前我国面临的国际经济环境仍然十分严峻复杂，不稳定、不确定性因素依然较多。美国等发达国家宏观经济政策调整给世界经济带来变数，同时新兴经济体国家又面临新的困难和挑战，全球经济格局正在进行深度调整，国际竞争势必更加激烈。如何应对这样复杂多变的外部经济环境，既要抓住机遇，又要避免冲击，这将是一项艰巨的任务。

从国内来看，我国经济增长正处在一个速度转换时期，近两年我国GDP增长速度虽然保持了7.7%的较高水平，但是与几年前的9%~10%的速度相比，仍然出现了较大的降幅，对经济社会各方面的影响较大，经济增长企稳状态巩固需要一定的适应时间。2013年反映实体经济增长的规模以上工业增加值实际增长速度为9.7%，比2012年又降低了0.3个百分点，这是2009年金融危机以来的新低。规模以上工业增加值实际增速的持续下降表明，我国经济稳中向好的基础还不稳固。2013年我国固定资产投资（不含农户）增长19.6%，比2012年下降了1个百分点，其中反映实体经济状况的制造业投资增长18.5%，比2012年下降了2.8个百分点，是2000年以来的新低。此外，非国有企业的投资增速（22.4%）虽然快于国有及国有控股企业投资增速（15.6%），但是与上年相比，还是下降了2.4个百分点。虽然2013年GDP增速与上年持平，但是城镇居民人均可支配收入和农村居民人均纯收入实际增长速度分别比上年下降了2.6个和1.4个百分点。2013年全社会消费品零售额实际增长11.5%，比2012年下降了0.6个百分点。从三大需求对 GDP 增长的贡献率来看，最终消费支出的贡献率为 50%，较上年下降了 5 个百分点，净出口的贡献率继续下降到 -4.4%，而资本形成总额的贡献率上升至 54.4%，比上年提高了 7.3 个百分点。如何使内需特别是消费需求成为拉动经济增长的主要力量，仍然是摆在我们面前的艰巨任务。另一个值得注意的问题是目前消费者价格指数与生产者价格指数的"剪刀差"进一步扩大，在居民消费价格指数 CPI 趋于平稳的同时，工业生产者出厂价格指数 PPI 持续下降，一直呈现负变动状态。消费价格指数与市场价格指数二者变化趋势的持续背离，显示出实体经济增长的困难程度，也反映出工业部门产能过剩问题的严重性。

我们要正视国内外环境中不利因素对我国宏观经济增长可能带来的困难，认真化解不利因素，努力转化消极因素，同时要抓住国内外环境中可能出现的机遇，努力把经济稳中向好的趋势进一步夯实，在新的一年中保持宏观经济稳定增长。

二 财政、金融、房地产等领域存在风险隐患，部分行业产能严重过剩，宏观调控难度增大

在财政方面，2013 年国家财政克服了一度增长缓慢的局面，全国公共财政全年收入增长 10.1%，2013 年 GDP 增长率与上年持平，但是财政收入增速比上年减慢了 2.7 个百分点。目前地方财政的最大风险隐患是地方政府性债务问题。国家审计署在 2013 年 12 月 30 日公布的债务数据显示，截至 2013 年 6 月底，全国各级政府负有偿还责任的债务为 20.7 万亿元（直接债务）；其中，省市县乡四级地方政府负有偿还责任的债务 10.89 万亿元（其中乡镇债务 3070 亿元）；如果计算或有债务，广义的地方债务规模为 17.8 万

亿元。从整体情况看，政府的直接债务占GDP比重大约为37.7%；如果算上"或有债务"，我国政府负债总额约为30.27万亿元，广义负债率约为55.2%。总体来看，我国政府负债率还在可控范围内，但是部分地方的政府性债务2014年和2015年两年到期率较高、债务率偏高，集中到期压力较大，存在潜在的流动性风险。同时个别地方的政府负有偿还责任的债务增速仍然比较快，政府债务增速高于政府收入增速。

在金融方面，到2013年底，我国广义货币余额（M2）为110.65万亿元，M2与GDP之比已经超过190%，已属对通货膨胀形成压力的较高水平。同时全社会融资规模总量已达到17.29万亿元，比上年增加了9.7%，但是实体经济，特别是民营经济和中小企业依然融资困难，面临融资成本不断上升的压力。2013年年中银行间同业拆借加权平均利率曾骤然跃升到6.58%的历史最高水平。这一现状一方面说明资金使用效率急需提高，另一方面说明金融对实体经济服务不到位，表明了转变经济发展方式的迫切性。

此外，在金融监管方面，目前规模不断扩张的影子银行体系对金融稳定的影响需要引起金融监管的高度重视。影子银行一方面有可能提高储蓄资金的配置效率，通过各种金融创新手段，打破金融市场人为分割和壁垒，有利于利率市场化的改革和金融体系效率的提高。但是另一方面，影子银行体系也暴露出一系列问题，特别是因其产品的期限错配（资产期限结构长、负债期限结构短）所导致的流动性风险，威胁到金融体系的稳定，导致信贷过度膨胀，进而导致对银行信贷扩张的监管政策失效，产生系统性风险，削弱传统货币政策操作的有效性。如何处理好影子银行问题是当前金融监管面临的主要问题。

在房地产方面，一方面全国房地产价格上涨虽然涨幅有所减缓，但仍然呈持续连续上涨的势态。2014年1月房价连续第13个月同比上涨。国家统计局的数据显示，2014年1月与上年同期相比，70个大中城市中，价格上涨的城市有69个。特别是，北京、上海、深圳和广州几个一线城市的房价继续较明显上涨，市场供需关系不够平衡，供不应求形势较为严重。另一方面，近期三四线城市由于过度发展房地产，又出现了楼市供给过剩现象。房地产投资和市场调控要保持政策的连续性和稳定性，同时要更加注重分类指导，做好房地产各方面工作任务。

部分行业产能严重过剩是我们目前面临的一个严峻问题。受国际金融危机的深层次影响，国际市场持续低迷，国内需求增速趋缓，我国部分产业供过于求矛盾日益凸显，传统制造业产能普遍过剩，特别是钢铁、水泥、电解铝等高消耗、高排放行业尤为突出。统计显示，我国钢铁、水泥、电解铝、平板玻璃、船舶产能利用率仅分别为72%、73.7%、71.9%、73.1%和75%，明显低于国际通常水平。钢铁、电解铝、船舶等行业利润大幅下滑，企业普遍经营困难。值得关注的是，这些产能严重过剩行业仍有一批在建、拟建项目，产能过剩呈加剧之势。如不及时采取措施加以化解，势必会加剧市场恶性竞争，造成行业亏损面扩大、企业职工失业、银行不良资产增加、生态环境恶化等问题，直接危及产业健康发展，甚至影响到民生改善和社会稳定大局。在市场经济条件下，供给适度大于需求是市场竞争机制发挥作用的前提，有利于调节供需，促进技术进步与管理创新。但生产能力严重超过有效需求将会造成社会资源巨大浪费，降低资源配置效率，阻碍产业结构升级。为了有效解决产能过剩问题，必须坚决遏制产能盲目扩张，彻底清理整顿已建成违规产能，坚决淘汰落后产能，建立长效机制，加强宏观调控，争取在一段时间以后从根本上化解产能过剩矛盾。

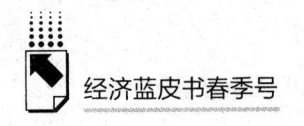

三 农业增产农民增收难度加大

2013年,农业农村发展持续向好,粮食生产实现十连增,粮食产量再创历史新高,农村居民人均收入增速高于GDP增速,城乡居民收入差距继续缩小,农村改革向纵深推进,农民生活有新的改善,农村社会保持和谐稳定。但是,农业生产依然是我国经济的薄弱环节,农业增产和农民增收难度进一步加大。

在农业生产方面,我们面临着农业竞争力下降的挑战。近些年来,我国农产品净进口趋于上升,不仅土地密集型产品大豆大量进口,玉米进口量也出现了趋于增加的趋势,此外稻谷、棉花等劳动密集型农产品的进口量也在增加。造成我国农业竞争力下降的主要原因,首先是农业劳动力成本不断提高。有研究显示,2004年我国水稻、小麦、玉米亩均劳动用工成本分别为171.44元、111.84元和140.49元,到2010年分别上升到266.58元、178.83元和235.10元,近些年继续呈现上升趋势。其次是土地成本不断提高。随着土地流转规模扩大,特别是流转需求大于流转供给引起转包价格上升,平均每公顷农田的年转包费目前已经增加到9000～12000元。此外其他要素成本也在不断增加。这些因素的存在是我国农业生产保持竞争力必须面对的一个挑战。

继续实现农业增产,必须推进中国特色农业现代化,始终把改革作为根本动力,立足国情农情,顺应时代要求,坚持家庭经营为基础与多种经营形式共同发展,传统精耕细作与现代技术装备相辅相成,实现高产高效与资源生态永续利用协调兼顾,加强政府支持保护与发挥市场配置资源决定性作用功能互补,努力走出一条生产技术先进、经营规模适度、市场竞争力强、生态环境可持续的中国特色新型农业现代化道路。

继续提高农村居民收入的一个重要方面是如何赋予农民更多财产权,提高农民的财产性收入。目前我国农民最重要的财产是以集体经济组织成员身份拥有的农村土地。《中共中央关于全面深化改革若干重大问题的决定》(以下简称《决定》)中提出,建立城乡统一的建设用地市场,兼顾国家、集体、个人的土地增值收益分配机制,合理提高个人收益。《决定》还提出,赋予农民对集体资产股份占用、收益、有偿退出及抵押、担保、继承权,保障农户宅基地用益物权。这些政策的落实还需要多方面的共同努力,认真解决政策落实过程中遇到的各种困难和问题。

我国经济社会发展正处在转型期,农村改革发展面临的环境更加复杂、困难挑战增多。工业化、信息化、城镇化快速发展对同步推进农业现代化的要求更为紧迫,保障粮食等重要农产品供给与资源环境承载能力的矛盾日益尖锐,经济社会结构深刻变化对创新农村社会管理提出了亟待破解的课题。必须全面贯彻落实党的十八大和十八届三中全会精神,进一步解放思想,稳中求进,改革创新,坚决破除体制机制弊端,坚持农业基础地位不动摇,加快推进农业现代化。

四 一些地区大气、水、土壤等污染严重,节能减排任务艰巨

当前我国环境污染状况仍然较为严重,总体呈现污染源多样化、污染范围扩大化、污染影响持久化特征。特别是雾霾天气影响范围扩大,持续时间延长,引起各方面越来越多的关注。在传统煤烟型大气污染形势依然严峻的同时,以细颗粒物、臭氧为特征的复合型污染日益严重。按照PM2.5浓度限值和臭氧8小时平均浓度限值新标准,全国有60%左右的城市空气质量不能达标。此外我

国水体污染依然突出，重点流域化学需氧量、总磷和总氮排入量居高不下，水资源安全受到威胁。一些地方水污染和土地污染的情况也比较严重：据有关部门监测，我国的江河湖泊大都存在不同程度的富营养化，62个国控重点湖泊中，Ⅰ~Ⅲ类、Ⅳ~Ⅴ类和劣Ⅴ类水质的湖泊比例分别为61.3%、27.4%和11.3%。我国7大水系中淮河、海河、辽河水系的污染比较严重，全国大多数的城市地下水存在不同程度的污染。我国还存在土壤污染日益凸显的问题。据有关统计，目前中国耕地受镉、砷、铬、铅等重金属污染的面积近2000万公顷，约占总耕地面积的1/5；其中，耕地重金属污染面积超过16%。产业发展对土壤污染的累积影响逐步显现，局部地区比较严重，部分耕地土壤污染超标。经济增长、人口增加、能源资源消耗和城市扩展对生态环境的压力进一步加大。

当前我们面对的节能减排任务十分艰巨。到目前为止，"十二五"规划纲要提出的主要目标、重点任务、重大工程实施进展顺利，24个主要指标大多数达到预期进度，少数指标已提前完成。但与之形成鲜明对比的是，能源消费强度、二氧化碳排放强度、能源消费结构、氮氧化物排放量4个节能环保方面的约束性指标完成进度滞后。由于经济增长速度超过预期、产业结构优化升级较慢、能源结构优化调整进展不快、部分企业减排力度不够，形成了"经济指标超前，环保指标滞后"的局面。

以氮氧化物排放量指标为例，"十二五"规划纲要提出，"十二五"期间全国排放量削减10%的总量控制目标。但是氮氧化物排放量指标在2011年不降反升，较前一年上升5.74%；尽管2012年这项指标下降2.77%，但综合前两年的指标数仍比2010年高出2.82%。据测算，要达到目标，"十二五"的后3年需年均下降4.3%。其他3项未达标指标的具体情况是：能源消费强度（单位国内生产总值能源消耗）前两年下降5.5%，要实现下降16%的目标，后3年需年均下降3.84%；二氧化碳排放强度（单位国内生产总值二氧化碳排放）目标是下降17%，前两年只累积下降6.6%；能源消费结构（非化石能源占一次能源消费比重）前两年只累积提高0.8%，要实现11.4%的目标，后3年还要累积提高2%。

五 就业结构性矛盾突出

当前及今后一段时期，我国就业形势依然十分严峻，就业任务依然十分艰巨。在就业总量压力和结构性矛盾并存状况下，劳动力供给结构与劳动力需求结构不匹配的结构性矛盾更加突出，突出表现为具备中高级专业技术能力的劳动力的短缺。我国职业培训基础比较薄弱，公共就业服务体系有待进一步完善，城乡基层就业服务能力尚不能满足劳动者多元化就业需求，劳动保障监督执法仲裁力量薄弱，劳动关系领域的突出矛盾尚未得到有效化解。目前就业结构性矛盾突出的主要原因是劳动者素质和能力还不能完全适应经济社会发展需要，不能适应转变经济发展方式和产业升级的要求。在全国就业人员中，初中及以下学历的比重占到70.3%，大学以上学历仅有12.94%。劳动力市场中技能人才总量不足，特别是高技能人才严重短缺。此外，我国还存在就业稳定性偏低的现象。我国员工平均流动率为15.9%，在世界范围内处于高位。流动率较高的行业，大多为劳动密集型企业，其基层员工流动性较大。有关研究表明，当前我国农民工就业呈现"短工化"趋势，表现为工作持续时间短、工作流动性高。65.9%的农民工更换过工作，25%的人在近7个月内更换了工作，50%的人在不到两年的时期内更换了工作。在目前形势下，更应该贯彻实施就业优先战略，增强经济发展对就业的拉动作用，实施更加积极的就业政策，促进重点人群就业和创业。

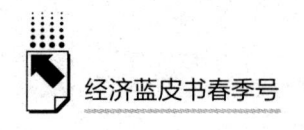

六　民生领域群众不满意的问题依然较多

改革开放以来，随着经济的持续增长，我国城乡居民的住房状况有了显著的改善，人们的居住水平得到大幅度的提高，但是仍有一部分低收入群体住房十分困难。保障性住房建设是解决低收入群体住房难的主要措施，也是解决我们民生现实问题的关键。但是目前我国的保障性住房建设仍存在很多问题，如资金缺口较大、土地供应不足、质量堪忧等。

食品药品安全是直接关系人民群众身体健康和生命安全的大事。这些年来，在各方面的共同努力下，我国食品药品安全保障水平稳步提高，形势总体稳定向好，较少出现区域性、系统性质量安全问题。在我们这样一个发展中的人口大国，在工业化、城镇化快速推进这样一个历史时期，在生产经营主体"多小散"、产业整体水平不高这样一个发展阶段，能取得这样的成绩，实属不易。但同时也要看到，食品药品安全领域存在的问题和潜在隐患不可低估，特别是食品质量安全事件时有发生，有的涉嫌严重违法犯罪，性质严重、手段恶劣，社会影响极坏。

在医疗方面所取得的成绩与人民群众的期盼相比还有一定差距。医疗卫生体系不健全，医疗资源总量不足的矛盾依然突出，特别是基层卫生服务体系不完善。"以药补医"的局面尚未根本扭转，人民群众看病难、看病贵的问题还没有根本解决。目前重大疾病预防控制任务十分艰巨，突发公共卫生事件应对能力急需进一步提高。此外，医疗卫生服务的公平性仍然不尽如人意，公众不满情绪依然存在，医患关系趋紧。实现医改的目标任重道远。

我国人口老龄化问题日趋严峻，截至2013年底，我国60岁以上人口占总人口的14.9%，65岁以上人口占总人口的9.7%。我国总体养老资源不足，特别是优质公办养老资源经常呈现一床难求的局面。截至2012年底，我国共有养老机构4万余家，全国城市各类养老机构养老床位390万张，平均每千名老人仅拥有20.5张床位，同时我国养老资源分布不均，更加重了养老问题的严重性。

此外，在教育、收入分配、征地拆迁、社会治安等方面群众不满意的问题依然较多，生产安全重特大事故时有发生。

上述这些问题，有的是在发展过程中产生的，有的是工作不到位造成的。不管什么问题政府都必须从自身找原因、想办法。民之所望是政府施政之所向。需要各级官员牢记责任和使命，增强忧患意识，敢于担当，毫不懈怠，扎实有效解决这些问题，决不能辜负人民的厚望。

B.4
2014年中国宏观经济波动及走势的分析与预测[*]

孔宪丽 高铁梅 张同斌[**]

摘　要： 在"稳增长、调结构、促改革"的政策取向影响下，2012年7月开始我国经济增长周期波动走出谷底，进入上升阶段，随后2013年9月达到峰，转入下降阶段，但是本轮景气循环波动幅度较小。在宏观调控政策无大调整的情况下，景气回落的局面将延续至2014年8~10月，下半年将触底回升，但幅度将比较平缓。预计2014年上半年经济景气将在"浅蓝灯区"上部运行，下半年将会回升到"绿灯区"。在经济平稳增长的情形下，2014年物价水平将总体保持平稳增长态势。在我国深化改革的"换挡期"，国际国内环境复杂多变，经济运行上半年具有下行趋势，为保持经济平稳增长，上半年宏观政策取向应适当宽松，同时根据经济形势变化适时适度进行调整。

---

[*] 本报告得到国家自然科学基金项目（71173029、71303035）、辽宁省高等学校优秀人才支持计划（项目号：WJQ2011043、WJQ2013025）和教育部社科规划基金项目（10YJA790021）的资助。

[**] 孔宪丽，经济学博士，博士后，东北财经大学数学与数量经济学院副教授；高铁梅，东北财经大学经济计量分析与预测研究中心副主任，东北财经大学数学与数量经济学院教授，博士生导师；张同斌，经济学博士，东北财经大学数学与数量经济学院讲师。

关键词：

经济增长周期　物价走势　景气指数　预警信号系统

2013年，金融危机和欧洲主权债务危机的影响仍然存在，全球经济复苏缓慢，增长乏力。面对复杂多变的世界经济环境和国内经济下行的压力，党中央、国务院坚持稳中求进，调结构和促改革，实现全年各季度GDP增速在7.5%~7.8%的区间内"先抑后扬"小幅波动，全年GDP增速为7.7%，超过年初确定的7.5%的预期目标。在"控通胀"宏观调控措施和经济平稳增长的影响下，2013年全年各月居民消费价格指数（CPI）涨幅在2.0%~3.2%的区间内小幅波动，CPI全年上涨2.6%，涨幅与上年持平，低于预期目标；工业品出厂价格指数（PPI）虽仍然处于负增长区间，但从2013年下半年开始呈现止跌企稳态势。2014年我国经济发展所面临的内、外部环境依然复杂，世界经济虽已呈现回暖迹象，但美国量化宽松政策的调整及其影响仍存在诸多不确定性，国内经济稳中向好的基础还不牢固，增长的内生动力尚待增强，部分行业产能严重过剩。深层次改革的不断推进在加大我国经济波动风险的同时，也为我国经济保持平稳增长提供了基础和条件。

2014年处于"转型换挡"期的中国经济能否继续保持平稳增长态势呢？全年的经济景气波动状况和物价走势如何？政府的宏观调控政策取向应如何调整？为了对这些热点问题作出比较科学和准确的回答，本文基于"经济景气分析系统"和"宏观经济监测预警信号系统"，对我国当前的经济景气状况、物价波动形态以及影响因素进行具体分析和判断，采用先行指数和多种经济计量模型对经济增长、物价等主要经济指标的走势进

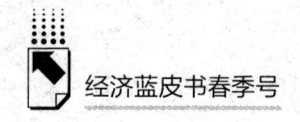

行分析和预测，在此基础上，对政府下一步的宏观调控提出政策建议。

一 利用景气指数分析法对经济景气状况的分析和预测

1. 景气指标的选取

任何一个经济变量本身的波动过程都不足以代表宏观经济整体的波动过程，而且经济指标本身所代表的经济活动是错综复杂的，可能先行、一致或滞后于经济的波动。本文采用国家统计局公布的工业增加值月度实际增长率指标作为基准指标，利用 K—L 信息量、时差相关分析等计量方法从各经济领域的大量指标中筛选出与基准指标波动对应性较好的 26 个经济指标作为中国宏观经济景气指标。由于工业增加值月度实际增长率指标是扣除了价格因素的实际增长率序列，为了使合成的指标类型一致，本文对被筛选的价值型经济指标也进行了价格平减，然后计算各景气指标的同期比增长率序列[①]，经季节调整并消除不规则因素。

本文筛选出的中国先行、一致、滞后景气指标组及与各指标相对应的 K—L 信息量和时差相关系数见表 1。从表 1 中所显示的各指标的 K—L 信息量和时差相关系数可以看出，所选指标与基准指标具有很好的对应性，其中进行价格平减后的投资类和金融类指标具有很好的先行性质，而物价指标、消费、库存等指标具有很好的滞后性质。

---

① 数据来源：中国经济信息网宏观月度库，http://db.cei.gov.cn/，数据期间为 1996 年 1 月至 2013 年 12 月。

表1 中国宏观经济景气指标组

	指标名称	延迟月数	K—L信息量	时差相关系数
先行指标	1. 金融机构储蓄存款增速*	-12	9.25	0.69
	2. 固定资产新建投资额增速*	-9,-10	38.41	0.61
	3. 金融机构各项贷款增速*	-8	12.28	0.49
	4. 固定资产投资完成额增速*	-8	8.51	0.72
	5. 地方项目固定资产投资额增速*	-8	10.72	0.73
	6. 固定资产投资资金来源中自筹资金增速*	-7,-8	29.29	0.62
	7. (广义货币供给量-M2)增速*	-9	6.91	0.49
	8. 固定资产投资本年新开工项目个数增速	-5,-6	60.22	0.50
	9. 固定资产投资施工项目个数增速	-4,-5	27.32	0.65
	10. (狭义货币供给量-M1)增速*	-4	13.04	0.51
	11. 水泥产量增速	-4	4.49	0.73
	12. 粗钢产量增速	-3	19.05	0.79
	13. 生铁产量增速	-3	16.44	0.79
一致指标	1. 工业增加值增速*	0	0	1.00
	2. 工业企业产品销售收入增速*	-1	9.67	0.87
	3. 发电量增速	-1	3.17	0.89
	4. 国家财政收入增速*	-1,-2	16.96	0.65
	5. 进口额增速*	-1	24.11	0.67
滞后指标	1. 商品房本年施工面积累计增速	+3	7.61	0.64
	2. 原材料、燃料、动力购进价格指数(上年同月=100)	+4	7.31	0.80
	3. 工业品出厂价格指数(上年同月=100)	+4	2.74	0.80
	4. 居民消费价格指数(上年同月=100)	+6,+7	2.86	0.63
	5. 社会消费品零售总额增速*	+6	5.23	0.41
	6. 出口商品价格总指数(上年同月=100)	+8	3.83	0.77

续表

	指标名称	延迟月数	K—L 信息量	时差相关系数
滞后指标	7. 建筑材料类购进价格指数（上年同月＝100）	+10	3.54	0.67
	8. 工业企业产成品增速*	+12	9.76	0.71

注：（1）表中的结果是利用 2000 年 1 月至 2013 年 12 月的数据计算的结果，各指标均为同比增长率序列，并且经过季节调整，去掉了季节要素 S 和不规则要素 I 的 TC 序列。

（2）延迟月数有两个数时，前一个是 K—L 信息量的延迟月数，后一个是时差相关系数的延迟月数。K—L 信息量越小，越接近于 0，说明指标 x 与基准指标 y 越接近。表中计算出的 K—L 信息量扩大了 10000 倍。

（3）本文利用国家统计局公布的价格月度同比（上年同月＝100）和环比（上月＝100）数据分别计算了 5 种基期价格指数（2005 年全年平均值＝1）：居民消费价格指数、商品零售价格指数、工业品出厂价格指数、出口价格指数和进口价格指数，并利用固定资产季度价格指数，通过插值方法，计算出固定资产月度基期价格指数。表 1 中带有 "*" 的指标是分别经过上述相应的基期价格指数平减得到的实际值计算的增长率序列。

2. 基于合成指数的中国经济景气状况分析与预测

景气指数方法是一种实证的景气观测方法，从各领域中选择出一批对景气变动敏感，有代表性的经济指标，用数学方法合成为一组景气指数（先行、一致、滞后），以此来作为观测宏观经济波动的综合尺度。本文采用表 1 筛选出来的景气指标组，利用美国全国经济研究所（NBER）的方法分别建立了一致、先行和滞后合成指数（Composite Index，简称 CI，各指数均以 2005 年平均值为 100）。为了能够较为准确地预测整体经济运行的走势，本文根据先行指标先行期的长短分别构建了长先行合成指数和短先行合成指数[①]，样本期间为 1996 年 1 月至 2013 年 12 月。

---

① 长先行合成指标组包含表 1 的前 8 个指标，主要是金融和投资类实际增速指标；短先行合成指标组包含表 1 的后 5 个指标，主要是 M1 实际增长率和原材料类增速指标。

从图 1 的一致合成指数曲线可以看出，我国宏观经济呈现明显的增长周期波动特征（阴影部分为剔出了小波动的景气收缩阶段）。按照谷—谷的周期计算1997年至今我国宏观经济增长率已经历了 5 次完整的景气循环，目前正处于第 6 次景气循环的下降阶段。其中始于 2005 年 2 月（谷）的第 4 轮景气循环，在 2009 年 1 月形成了 1997 年以来的最低谷。随后，景气快速回升，经 1 年的急

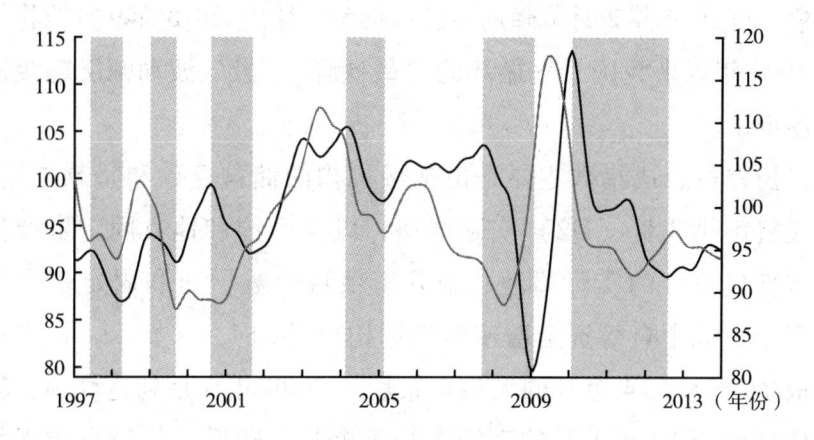

图 1 - a　一致合成指数（实线，左坐标）和长先行合成指数（虚线，右坐标）

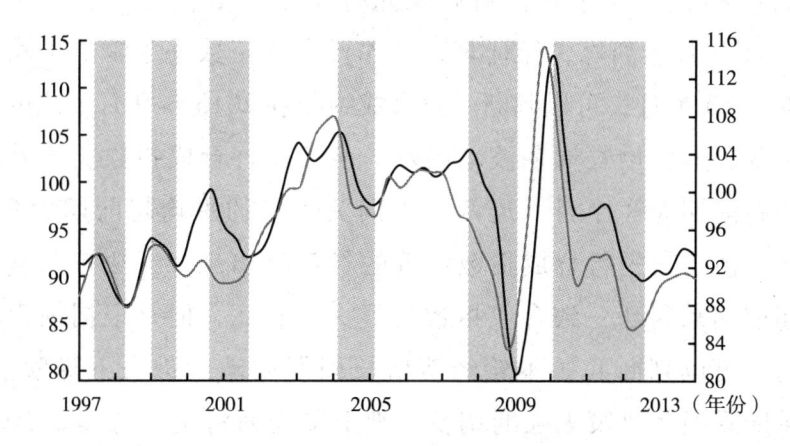

图 1 - b　一致合成指数（实线，左坐标）和短先行合成指数（虚线，右坐标）

速扩张后创出1997年以来的历史最高峰后,从2010年1月(峰)开始转入第5轮循环的下降阶段。在政府持续实施积极财政政策和稳健货币政策的作用下,始于2010年1月的长达30个月的景气回落局面于2012年7月结束。随后我国景气再次企稳回升,步入第6轮循环的上升通道,呈现缓慢复苏的弱回升态势,并在2013年初经短暂小幅波动后继续缓慢上升,2013年9月景气再次呈现回落迹象,至2014年2月下降局面已持续5个月[①]。2013年9月或将成为1997年以来我国景气循环的"最低峰",景气波动幅度趋缓迹象逐步显现。

长先行合成指数主要是由金融机构的储蓄存款和贷款增速、广义货币供应量(M2)实际增速,以及全国和地方固定资产投资和新建投资的实际增速、新开工项目个数增速和固定资产投资资金来源中自筹资金增速等指标构成的图1-a显示,长先行合成指数经过14个月的大幅扩张后于2009年6月到达峰顶,较一致指数2010年1月的高峰先行7个月;随后长先行合成指数快速下滑,并于2011年9月到达谷底,较一致合成指数2012年7月的谷超前10个月;随后长先行合成指数一路上行,又于2012年9月达到峰,经计算,长先行合成指数关于峰的平均超前期为10个月,可以判断一致合成指数在2013年9月形成的峰应是我国本轮增长周期波动的峰。而长先行合成指数关于谷的平均超前期为8个月,近两个周期关于谷的平均超前期为9.5个月。由于长先行合成指数最近的谷没有出现,无法按照其平均超前期来判断一致合成指数的下一个谷底,但是根据前面的分析,可以判断我国本轮经济增长周期波动已进入下降阶段,如果宏观经济政策无大的调整,则下降局面将至少持续到2014

---

① 根据统计局发布的部分新数据,推算2014年1~2月的一致合成指数。

年 8~10 月。

短先行合成指数主要是由狭义货币供应量（M1）实际增速、固定资产投资施工项目个数增速和原材料行业（水泥、钢铁、生铁）增速构成的，说明重要原材料行业增长的波动也领先于经济波动。短先行合成指数超前期较短，关于峰的平均超前期仅 3~4 个月。图 1-b 显示，短先行合成指数在 2013 年 8 月也呈现调头下降的迹象，这进一步说明我国经济景气应于 2013 年底达到峰，2014 年进入下降阶段。

滞后合成指数主要由各类价格指数（上年同月 = 100）、社会商品零售总额实际增速、工业企业产成品库存实际增速等构成的。图 2 显示，滞后合成指数的滞后期比较明显，历史上各个周期对应较好。滞后合成指数的一个重要作用就是确认宏观经济周期波动的转折点确已出现。从图 2 可以看出，2013 年 3 月滞后合成指数筑底回升，从而可以确认 2012 年 7 月为一致合成指数的谷底，但截至 2013 年 12 月滞后合成指数仍呈持续上升态势，一致合成指数 2013 年 9 月的峰尚无法通过滞后合成指数来确认。

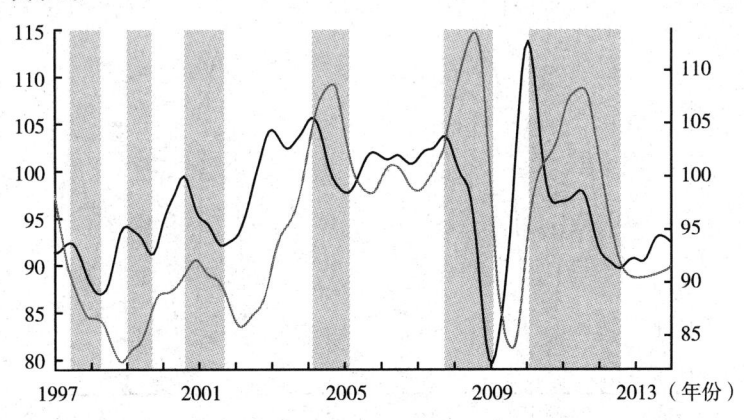

图 2　一致合成指数（实线，左坐标）和滞后合成指数（虚线，右坐标）

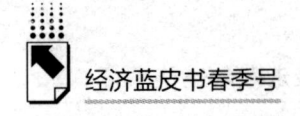

3. 基于扩散指数的中国经济景气状况分析与预测

扩散指数（Diffusion Index，简称 DI）的基本思想是把保持上升（或下降）的指标占上风的动向，看做是景气波及、渗透的过程，将其综合起来把握整个景气。本文进一步利用扩散指数方法，采用表 1 筛选出来的景气指标组分别建立了一致、先行（长、短）和滞后扩散指数。

扩散指数的值为 50% 时，就意味着经济活动的上升趋势与下降趋势平衡，表示该时刻是景气的转折点。当扩散指数由上方向下方穿过 50% 线时，取前一个月作为扩散指数峰的日期，而当扩散指数由下方向上方穿过 50% 线时，取前一个月作为扩散指数谷的日期。扩散指数的极大值点和极小值点比扩散指数的峰和谷先行一段时间，这是扩散指数的特点之一，利用这一性质，可以提前预测景气的峰、谷的出现时间。

从图 3 可以看出，一致扩散指数在 2012 年 8 月从下向上穿越 50% 线，取前一个月作为扩散指数上轮景气循环下降周期的谷底，即 2012 年 7 月为一致扩散指数的谷底；随后，一致扩散指数在 2013 年 11 月从上向下穿越 50% 线，取前一个月作为扩散指数最新一轮景气循环上升阶段的峰，即 2013 年 10 月为一致扩散指数本轮

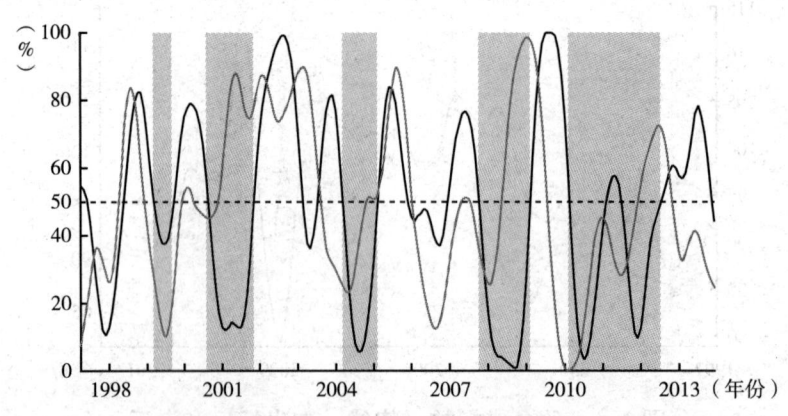

图 3　一致扩散指数（实线）和长先行扩散指数（虚线）

景气复苏所达到的峰，与一致合成指数的判断大体一致。

图3中的长先行扩散指数于2012年11月从上向下穿越50%线，取前一个月作为长先行扩散指数的峰，即长先行扩散指数的峰已于2012年10月出现，随后，长先行扩散指数呈继续回落态势，并一直持续到2013年12月，长先行扩散指数的峰相对于一致扩散指数峰的平均超前期为10个月，由此推断2013年10月应是一致扩散指数本轮上升的峰。由于长先行扩散指数还未由下向上穿过50%线，即还未达到谷，因此尚无法确定一致扩散指数下一个谷底的时间。由于长先行扩散指数关于谷的超前期是8个月，综合以上分析可以和一致合成指数得出同样结论，判断我国本轮经济增长周期波动已进入下降阶段，下降局面将至少持续到2014年8～10月。

同时从图4中滞后扩散指数的曲线可以看出，滞后扩散指数已于2012年12月从下向上穿越50%线，即已达到谷底，可以确认2012年7月确为中国宏观经济上轮增长周期波动的谷底，虽然截至2013年12月，滞后扩散指数仍未从上向下穿越50%线，但其极大值点已经出现，由于滞后扩散指数极大值点出现后，很快就会穿过50%线，即到达谷，从而可以由滞后扩散指数的谷来进一步判

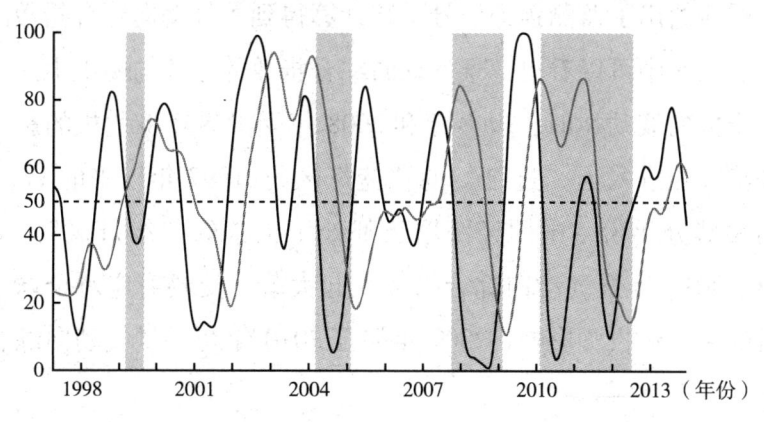

图4 一致扩散指数（实线）和滞后扩散指数（虚线）

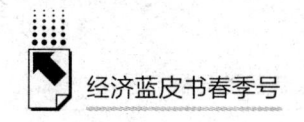

断2013年底应达到一致扩散指数本轮上升的峰。

综合以上合成指数和扩散指数的全部预测结果可以看出，我国经济增长周期波动最新一轮景气循环的峰已于2013年9月出现，2014年本轮经济增长周期波动处于下降阶段，在宏观调控政策无大调整的情况下，景气回落的局面将至少延续至2014年8~10月。

二 基于监测预警信号系统的中国景气状况分析与预测

监测预警信号系统的主要作用是，可以通过观察和分析预警信号的变动情况来判断目前经济运行态势及未来经济增长的趋势，可以为经济决策部门针对经济运行的动态采取调控措施提供依据。本文选取包含我国工业生产、进出口、投资、财政收入、金融、物价及房地产等主要经济领域的10个经济指标构成我国宏观经济监测预警信号系统[①]。

1. 基于景气动向综合指数的分析

图5给出了监测预警信号系统计算得到景气动向综合指数的走势。从图5中可以看出，景气动向综合指数的走势与图1中的一致合成指数的波动类似。1998年和2008年受世界经济危机的影响中国经济增长进入了"过冷"的"蓝灯区"。1997年以来的17年期间的大部分年份，中国经济增长都处于正常的"绿灯区"。但是2008~2012年景气动向综合指数大起大落，受政府应对全球金融危机的4万亿投资影响，2009年初至2010年初，景气动向综合指

---

① 监测预警指标名称见图6。其中的7个价值型指标分别是经过相应的基期价格指数平减得到的实际值计算的增长率序列。

数由"过冷"的"蓝灯区"迅速上升至"过热"的"红灯区",随后景气快速回落,至于2012年7月已滑落至"趋冷"的"浅蓝灯区"下部。

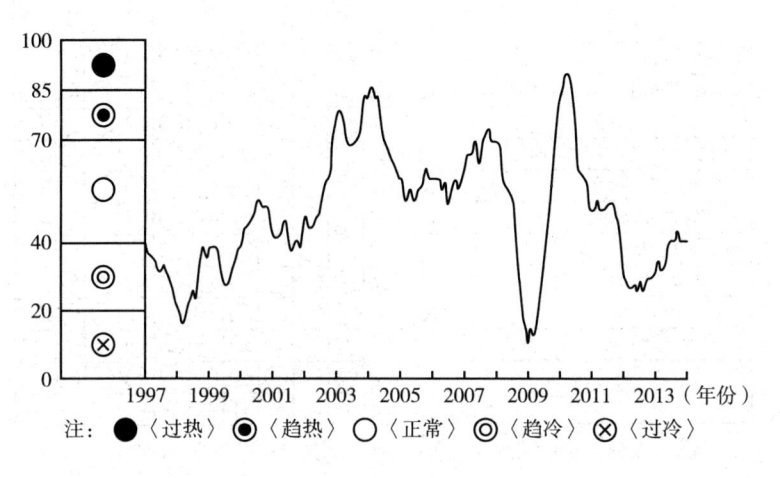

图5　景气动向综合指数

2012年8月以后景气动向综合指数出现止跌企稳回升态势,并于2013年5月回升至"正常"的"绿灯区",但回升幅度非常有限,并于2013年9月再显调头向下回落态势,2013年12月其已回落至"绿灯区"下限。在国际经济环境及国内宏观经济政策无大的变动的情况下,预计进入2014年后景气动向综合指数将延续逐步回落态势,但回落幅度不会过大,全年经济增长周期波动在"趋冷"的"浅蓝灯区"上部平稳运行的概率较大,下半年将会回到"绿灯区"。

2. 基于监测预警指标信号的分析

预警指标2013年各月的监测结果(见图6)显示,进入2013年以来,多数预警指标的景气度呈现稳中回升态势或止跌企稳迹象。截至2013年8月,除工业产品销售收入实际增速、狭义货币供给量(M1)实际增速和房地产开发综合景气指数3个指标仍然发出"趋冷"信号外，工业企业增加值等其余7个指标均已回到或一直处于"正常"的"绿灯区"。

指标名称	2013											
	1	2	3	4	5	6	7	8	9	10	11	12
1.工业企业增加值实际增速	○	◎	◎	◎	○	○	○	○	○	○	○	○
2.工业产品销售收入实际增速	◎	◎	◎	○	○	○	◎	◎	◎	◎	◎	◎
3.发电量产量增速	◎	○	○	○	○	○	○	○	○	○	○	○
4.国家财政收入实际增速	◎	◎	⊗	⊗	◎	○	○	○	○	○	○	○
5.进口额实际增速	○	○	○	○	○	○	○	○	○	○	○	○
6.出口额实际增速	○	○	○	○	○	○	○	○	○	○	○	○
7.固定资产投资完成额实际增速	○	○	○	○	○	○	○	○	○	○	○	○
8.狭义货币供给量（M1）实际增速	◎	○	○	○	○	○	○	○	○	○	○	○
9.居民消费价格指数	○	○	○	○	○	○	○	○	○	○	○	○
10.房地产开发综合景气指数	◎	◎	○	○	○	○	○	○	○	○	○	○
综合判断	◎	◎	◎	◎	○	○	○	○	○	○	○	○
	35	32	33	36	41	41	41	44	41	41	41	41

注：● 〈过热〉 ◉ 〈趋热〉 ○ 〈正常〉 ◎ 〈趋冷〉 ⊗ 〈过冷〉

图6 监测预警系统指标信号

（1）工业生产逐步回暖，但工业企业效益再次滑落至"趋冷"区

图6显示，工业增加值实际增速进入2013年后一度呈现回落态势，并在2～4月持续发出3个月的"趋冷"信号，5月后，随着新一届中央政府"稳增长、调结构、促转型"一系列调控措施的逐步实施，工业增加值实际增速再次步入"正常"的"绿灯区"，并一直持续至12月，显示出我国工业生产已开始逐步回暖。

从效益情况看，工业产品销售收入实际增速在2013年上半年延续逐步回升态势，并于2013年4月步入"正常"的"绿灯区"，2013年7月其再次掉头向下，并于2013年9月滑落至"趋冷"区。当前工业企业效益偏低既受到世界经济不振、外需持续低迷对出口导向型行业带来的冲击，又有国内有效需求不足、部分行业产能过剩造成的影响。此外，2013年我国推进的产业结构调整，也使得部分重化工行业受到一定影响。

发电量产量增速从 2012 年下半年开始便呈波浪形回升态势。进入 2013 年，在"趋冷"通道中运行 5 个月后，于 6 月再次回升到"正常"的"绿灯区"，并一直持续至 12 月，显示电力行业景气已经恢复正常。作为经济运行"晴雨表"的发电量的企稳回升，也验证了经济的稳定增长。

（2）进口全年平稳增长，出口增速下半年企稳回升，恢复至"正常"运行区间

2013 年，我国已经成为世界第一的货物贸易大国，但是出口增速波动很大，并在 6 月一度出现负增长。面对严峻的国际贸易形势，国家出台了加大对出口企业金融支持、整顿进出口环节收费、加快通关提高进出口便利、加强对出口企业退税服务以及稳定人民币汇率等一系列稳贸易增长措施。与此同时，国际贸易总体环境逐步好转，美国经济日显复苏迹象，欧元区债务危机总体有所缓解。受国内宏观政策推动和国际市场需求回暖等因素的共同作用，出口增速从 2013 年 7 月开始呈现止跌平稳回升态势。图 6 显示，剔除季节和不规则因素的出口总额实际增速在 2013 年 6、7 月发出"趋冷"信号，从 8 月开始其步入"正常"的"绿灯区"，并一直持续至 12 月。剔除季节和不规则因素的进口总额实际增速在进入 2013 年后虽也有所波动，但波动幅度较小，全年均位于正常的"绿灯区"内。

（3）财政收入增速经过短暂"过冷"后回到"正常"区间

从图 6 国家财政收入实际增速的信号来看，2013 年上半年分别处于"趋冷"的"浅蓝灯区"和"过冷"的"蓝灯区"，显示财政收入状况比较紧张。但 5 月以来，剔除季节和不规则因素的国家财政收入实际增速呈现反弹回升态势，并从 7 月开始重新回到"绿灯区"，表明从下半年开始，我国财政收入已恢复到适度增长区间。2013 年，我国持续推进取消、免征部分行政事业性收费项

目，财政收入的质量明显提高。

（4）固定资产投资增速在"正常"区间内保持平稳运行

2013年以来我国固定资产投资增速继续降中趋稳，主要是中央政府"稳增长、调结构"政策导向作用的体现。2013年3月以来，面对经济下滑的压力，我国没有采取大规模投资刺激经济的政策，强调发挥好投资对稳增长关键作用的同时，控制盲目投资，保持投资的合理增长。另外，政府还主动调控投资结构，要求将有限的投资投向经济社会发展的重点领域和薄弱环节，如向交通基础设施建设、棚户区改造和公共服务设施等民生领域倾斜。图6显示，2013年全年我国固定资产投资完成额实际增速均在"正常"区间内平稳运行。2013年11月，党的十八届三中全会通过的《中共中央关于全面深化改革若干重大问题的决定》指出，要完善城镇化健康发展体制和放宽投资准入，为我国投资增长提供了有利条件，但由于产能过剩问题对我国投资增长构成的压力尚未得到有效缓解，因此，我国固定资产投资的平稳增长态势在未来一段时期内仍将持续。

（5）货币供应增长再次步入"趋冷"

图6显示，进入2013年后，剔除季节和不规则因素影响的狭义货币供给量（M1）实际增速经2个月的"趋冷"区间运行后，于3月回升至"正常"的"绿灯区"，显示我国货币流动性偏紧状况有所缓解。此后M1增速出现小幅回调，剔除季节和不规则因素影响的狭义货币供给量（M1）实际增速从5月开始呈现回落态势，于7月再次步入"趋冷"区间，并持续运行至12月，我国流动性趋紧的状态并未根本改观。李克强总理在第十二届全国人大二次会议上的政府工作报告中指出，2014年中央政府将坚持稳中求进的工作总基调，保持宏观经济政策连续性、稳定性，货币政策要保持松紧适度，促进社会总供求基本平衡，营造稳定的货币金融环境。

加强宏观审慎管理，引导货币信贷和社会融资规模适度增长。预计2014年我国货币政策对流动性趋紧的应对会相对积极，公开市场资金投放力度会加大，准备金率有小幅下调的可能，货币供应量增速或将温和回升。

（6）房地产开发综合景气指数信号的分析

房地产开发综合景气指数是反映房地产开发即房地产供给方面的重要景气指标。受刚性需求和人们预期导致的部分一线城市房价反弹的影响，从2012年9月开始呈现逐月温和回升态势，并一直持续至2013年7月。从图6中房地产开发综合景气指数的信号来看，在政府对房地产市场持续的调控政策作用下，剔除季节和不规则因素影响的房地产开发综合景气指数在2013年全年均处于"趋冷"的"浅蓝灯区"。预计2014年中国房地产市场会稳步增长，不会出现大起大落。2014年"两会"期间的政府工作报告中，10年来首次没有提到"房地产调控"，在一定程度上说明我国政府将改变"重行政管制"的方式，更多依靠市场的调节作用。

三 2014年主要宏观经济指标预测

本文利用限界时间序列、数量化理论模型、增长曲线模型、ARIMA模型等多种经济计量模型对主要宏观经济指标的变动趋势进行预测，以进一步把握我国经济的未来走势，为政府的宏观调控政策提供参考，各指标的预测结果见表2。

1. 2014年我国经济增长速度稳定将在7.5%左右

在我国经济增速减缓、潜在经济增长下降的影响下，政府将更加注重调整经济结构，促进经济体制改革。预计2014年前三季度，季度GDP增速会持续回落，但幅度较小，至2014年第三季度达到谷底后回升，全年经济增长呈现"U"形趋势。总体而言，2014年

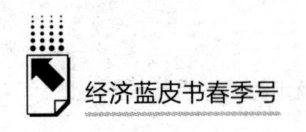

表 2 主要宏观经济指标预测结果

单位：%

指标名称	2014年第二季度	2014年第三季度	2014年第四季度	2014年全年
GDP 累计增长率（可比价）	7.4	7.3	7.5	7.5
规模以上工业增加值增长率（可比价）	9.2	9	9.5	9.5
固定资产投资（不含农户）累计增长率	19.1	19.4	19.5	19.5
社会消费品零售额增长率	13.8	13.7	13.5	13.7
出口总额增长率	9	9.6	9.7	9.5
进口总额增长率	7.5	7	7.5	7
狭义货币供应量（M1）增长率	7.5	8	8.5	8.5
广义货币供应量（M2）增长率	13.6	14.3	14.6	14.6
金融机构人民币贷款总额增长率	14.4	14.7	15	15
居民消费价格指数 CPI 上涨率	2.7	2.8	2.9	2.7
工业品出厂价格指数 PPI 上涨率	-1	-0.5	1	0

注：表中数据均为名义同比增长率，预测的样本数据截至 2013 年 12 月。

经济增长会维持在 7.5% 左右，略低于 2013 年增速。

2. 2014 年全年物价波动保持平稳，预计 CPI 全年上涨不超过 3%

在经济增速保持平稳、食品价格基本稳定和输入型通胀影响较小等背景下，预计 2014 年物价将继续在"正常"区间内运行，物价走势将保持平稳，全年 CPI 上涨 2.7% 左右，涨幅略高于 2013 年。工业品出厂价格指数（PPI）增速在产能过剩问题突出、内需不旺等多种因素的影响下，PPI 增速上半年仍将处于负增长状态，但下半年会有所回升，或将回到 0 之上。

3. 工业生产增速趋于平稳，全年增长 9.5% 左右

在"稳增长、调结构、促改革"政策的影响下，与经济增长的波动态势类似，我国工业增加值增速将在 2014 年第三季度触底后出现温和回升，在 2014 年第四季度达到 9.5% 左右，走势趋于平稳。预计 2014 年全年规模以上工业增加值增长 9.5% 左右，比 2013 年下降 0.2 个百分点。

4. 2014 年固定资产投资继续保持平稳增长

在国家控制盲目投资和低水平重复建设的政策作用下，预计 2014 年固定资产投资会继续保持平稳态势，预计 2014 年固定资产投资（不含农户）增长 19.5% 左右，在"绿灯区"正常运行。并且，与 2012 年和 2013 年相比，固定资产投资稳中趋缓的特征进一步显现。

5. 消费品零售额在 2014 年将呈现稳中有降的态势

在经济增长的内在动力不足，国家严格控制"三公"消费支出等影响下，2014 年全年消费品市场将会继续 2013 年的稳定态势，但随着人们对服务消费需求的增长，预计 2014 年全社会消费品零售额增长 13.7% 左右，比 2013 年上升 0.6~0.7 个百分点。

6. 2014 年我国对外贸易中出口增速将小幅回升，进口增速则略微回落

在欧美经济好转、全球经济复苏的影响下，2014 年我国对外贸易将有所增长，预计出口增速将从 2013 年的 7.9% 提升至 2014 年的 9.5% 左右。其中，出口额增速预计在 2014 年第二季度到达谷底 9%，此后开始回升。

在国内经济增速放缓和有效需求不足的影响下，2014 年进口增速保持平稳走势。预计 2014 年进口增长约 7%，较上年回落 0.3 个百分点。此外，国家统计局公布的 PMI 指数中的进口指数显示，进口指数已经由 2013 年 11 月的 50.5 持续回落至 2014 年 1 月的 48.2，进口的形势并不乐观。

7. 货币供应增速在 2014 年总体将保持上升态势

进入 2014 年，央行明确要继续实施稳健的货币政策，货币政策既不会收紧，也不会明显放松，因此货币供应增长走势趋稳，货币流动性有所缓和。预测 2014 年狭义货币供应量（M1）增长 8.5% 左右，广义货币供应量（M2）增长 14.6% 左右，较上年增

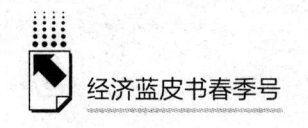

加1个百分点，并且2014年全年M2将保持逐季上升态势。预计金融机构人民币贷款增速将呈现稳中略升态势，2014年末人民币贷款将增长15%左右。

四　结论与政策建议

本文在搜集了大量宏观经济指标的基础上，筛选出26个景气指标，然后利用合成指数、扩散指数和预警信号系统等计量经济方法对我国经济增长周期态势和物价走势进行了测定和预测。得出主要研究结论如下：在"稳增长、调结构、促改革"的政策取向影响下，始于2012年7月，我国经济增长周期波动上升阶段的峰已于2013年9月出现，在宏观调控政策无大调整的情况下，景气回落的局面将延续至2014年8~10月，下半年将触底回升，但幅度将比较平缓。预计2014年上半年经济景气将在"浅蓝灯区"上部运行，下半年将会回升到"绿灯区"。在经济平稳增长的情形下，2014年物价水平将总体保持平稳增长态势。在我国深化改革的"换挡期"，国际国内环境复杂多变，经济运行上半年具有下行趋势，为保持经济平稳增长，上半年宏观政策取向应适当宽松，同时根据经济形势变化适时适度进行调整。

1. 政策取向宜继续保持"稳中求进"，同时根据经济形势适时适度进行调整

2013年我国实施的积极财政政策和稳健货币政策，对经济在适度区间的平稳增长发挥了重要作用。2014年，在保持宏观经济政策连续性和稳定性的同时，由于我国经济存在下行的压力，为避免经济的深度下滑，应根据经济运行态势，适时适度地进行调整。此外，在政策实施过程中，还应注重增强政策的前瞻性和针对性，更好地发挥政策对稳增长的作用。

具体而言，在财政支出方面，应以城镇化和城乡经济一体化建设为契机，促进政府投资稳定增长，开发居民消费潜力，不断培育新的经济增长点；货币政策方面，在营造稳定金融环境、保持货币发行和信贷规模适度增长的同时，应加强宏观审慎管理，注重引导资金流向实体经济，同时加强对"影子银行"的监管和规范，防范金融风险的扩大和传播。

2. 深化经济体制和金融体制改革，逐渐释放改革红利

"促改革"是 2014 年政府工作的重点之一，其中经济体制改革又是改革的核心。经济体制改革的财税体制改革中，一方面，应继续扩大"营改增"的试点范围，做好房产税、环境税、资源税的立法工作，建设合理的税收体系，发挥税收对经济的调节作用；另一方面，应在地方政府债务审计的基础上，合理评估地方政府的债务风险，逐步建立规范的地方政府融资体制。

金融体制改革中，要加快推进利率市场化，形成规范和完善的市场利率体系，提高利率影响货币政策传导的有效性。此外，建立规范的存款保险制度是利率市场化的前提，同时也是健全金融机构的风险处理机制、增加金融系统稳定性的重要方面。在深化经济和金融体制改革的过程中，通过逐步消除体制性矛盾和障碍，释放改革红利。

3. 稳步推进城镇化和城乡经济一体化建设

农业在我国经济和社会发展中具有基础地位，是我国扩大内需、解决有效需求不足的重要领域。稳步推进农村改革，加快农业现代化进程，增强农业综合生产能力，是解决农业问题的关键。而城镇化和城乡经济一体化是农业现代化的必经之路，是城乡二元经济结构转型的重要载体。

2014 年，在城镇化和城乡经济一体化的进程中，应重点建立统一的城乡居民基本养老保险制度，促进"新农保""城居保"两

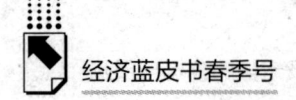

项制度的整合，使城乡居民公平地享有基本保障的同时，促进民生改善。此外，对不同地区、不同城市，应实施差异化的城镇化推进政策，例如东部地区应将优化城镇结构和提高城镇化水平作为工作重点，西部地区则应持续推进交通、市政等基础设施建设。

4. 维持物价稳定，推进资源性产品价格改革

为守住防通胀的上限，维持物价稳定，应主要从供给面进行防范。其中，食品价格是通胀形成的重要推动力，应在稳定农业生产的基础上，尽快制定农产品目标价格补贴措施，探索推进农产品价格稳定机制。具体措施如通过实施农产品的最低收购价和农产品临时收储政策，建立大宗农产品储备体系，稳定农产品供应，以避免农产品价格波动过大。

物价的稳定能够为资源性产品的价格改革提供契机。2014年，我国政府应加快推进资源产品价格改革，使市场成为调节资源型产品供给和需求的主要手段。在资源性产品价格的市场化改革中，应逐渐缩小政府定价商品的范围、扩大价格波动的幅度，对基本需求和非基本需求部分实施差异化定价，把握资源性产品价格改革的方向、力度和节奏，发挥资源性产品改革对经济结构优化的贡献。

参考文献

陈磊、隋占林：《2013~2014年经济景气和物价走势分析与预测》，载《2014年中国经济形势分析与预测》，社会科学文献出版社，2013。

董文泉、高铁梅、陈磊、姜诗章：《经济周期波动分析与预测方法》，吉林大学出版社，1998。

高铁梅、张同斌：《2013年中国经济增长周期态势和物价走势的分析与预测》，载《中国经济前景分析——2013年春季报告》，社会科学文献出版社，2013。

工业和信息化部运行监测协调局、中国社会科学院工业经济研究所：《2013年上半年中国工业经济运行报告》，网址：http：//www.miit.gov.cn/，2013年8月2日。

孔宪丽、张同斌、高铁梅：《我国固定资产投资2013年态势分析与走势展望》，载《2014：中国经济预测与展望》，科学出版社，2014。

谢鸿光：《〈2013年统计公报〉评读》，国家统计局网站，网址：http：//www.stats.gov.cn/，2014年2月4日。

张立群：《2013～2014年经济形势分析与展望——我国经济已进入7%～8%的增长区间》，《经济学动态》2014年第1期。

《物价涨势温和可控 深化改革基础稳定》，人民网财经频道，2014年2月25日，网址：http：//finance.people.com.cn/n/2014/0225/c70846-24457828.html。

《1月CPI温和开局PPI环比转负预示经济增速或继续放缓》，中国网财经频道，2014年2月15日，网址：http：//finance.china.com.cn/roll/20140215/2186776.shtml。

《央行定调马年货币政策操作调控和引导流动性闸门》，《上海证券报》2014年2月10日。

B.5
2014年农业发展的评价与思考

李 周*

摘　要:

2014年,农业生产稳中有升,农民年人均纯收入有望越过10000元台阶。在土地流转、生产分工和产业升级的拉动下,将形成家庭农场、专业大户、农民专业合作社和农业公司充分竞争、共同发展的局面。农业基本经营制度建设将取得实质性的进展,中国农业也将进一步转型。

关键词:

农业增长　农业发展　农业转型

一　2013年的农业增长

回顾2013年,我国的农业增长取得了令人满意的成绩。

(一)农产品供给稳定

2013年,全国粮食产量60194万吨,比上年增长2.1%。连续10年增产。棉花产量631万吨,减产7.7%。油料产量3531万吨,增产2.8%。糖料产量13759万吨,增产2.0%。肉类总产量8536

---

* 李周,中国社会科学院农村发展研究所所长,研究员。

万吨,增长1.8%。禽蛋产量2876万吨,增长0.5%。牛奶产量3531万吨,下降5.7%。水产品产量6172万吨,增长4.5%。

2013年,我国农产品进出口额1866.9亿美元,增长6.2%;贸易逆差510.4亿美元,增长3.7%。其中:谷物净进口1358.4万吨,增长4.8%;食用油籽进口6783.5万吨,增长8.9%;食用植物油进口922.1万吨,下降3.9%;畜产品进口195.1亿美元,增长30.9%。蔬菜贸易顺差111.6亿美元,增长16.8%;水果贸易顺差21.6亿美元,下降10.5%;水产贸易顺差116.2亿美元,增长5.8%。

(二)农产品价格平稳

2013年,农产品生产者价格上涨3.2%。食品价格上涨4.7%。其中粮食上涨4.6%,肉禽及其制品上涨4.3%,水产品上涨4.2%,鲜菜上涨8.1%,鲜果上涨7.1%,乳及乳制品上涨5.7%。

(三)农民收入快速增长

2013年,农村居民人均纯收入8896元,比上年增加979元,扣除物价指数之后,实际增长9.3%,比城镇居民人均可支配收入增长率高2.3个百分点,农民收入的增长幅度连续4年快于城镇居民的收入增长幅度,城乡居民收入的比值由2009年的3.33:1下降到3.03:1。农民工务工收入增长13.9%和农村居民的转移性收入增长14.2%,是农村居民收入快速增长的两个主要因素。

(四)农民福利得到改善

在注重制度建设、兜住民生底线和推动社会事业发展的政策推动下,农村水电路气信等基础设施进一步完善。2013年解决了6300多万人的饮水安全问题,改造农村危房260万户,改建农村公路20万公里，农村低保标准提高了17.7%。农村义务教育薄弱学校改造计划和学生贫困改善计划的实施，使3200万孩子受益，贫困地区农村学生上重点高校人数比上年增长8.5%。基本医保总体实现全覆盖，基本药物制度覆盖80%以上村卫生室，28个省份开展大病医疗保险试点，启动疾病应急救助试点。全面实施国家基本公共卫生服务项目，农村免费孕前检查使600万个家庭受益。

二 2014年"三农"的发展态势

展望2014年，农业保持健康发展的各种因素依然存在。

（一）农业生产态势良好

2014年，全国粮食的播种面积预计为1.126亿公顷，较上年增加65万公顷；如果天气正常，粮食产量有望达到6.1亿吨，粮食产量连续11年增长。如果2014年夏秋季节出现气候恶劣的情况，粮食可能减产50亿公斤左右。预计玉米播种面积36587千公顷，较上年增长0.31%，产量2.20亿吨，较上年增长2.68%。稻谷播种面积和产量分别为30692千公顷和2.09亿吨，较上年分别增长-0.12%和1.96%。小麦播种面积和产量分别为24370千公顷和1.25亿吨，较上年分别增长0.81%和4.22%。其中优质小麦8544.5万吨，增长21.90%。棉花种植面积还将继续减少，产量也将进一步下降；油料播种面积将小幅增加。如果生长期天气情况正常，预计会实现增产。

我国农业正处于由传统农业向现代农业转型的关键时期，农业微观经营规模的扩大和现代农业的加速发展，一方面，将会促进农业生产的标准化、品牌化，进而促进农业和农民收入的增加；另一方面，将为金融业进入农业提供越来越多、越来越好的机会。农业金融服务的改善，特别是农业保险向养殖、水产等领域扩展，将有利于农民和农业企业发展生产。

（二）农民收入继续增加

农民增收仍有一系列有利因素。第一，在农业综合生产能力提高、现代农业发展、技术进步和价格温和上升的共同作用下，农民的人均农业收入仍会增加。第二，在非农就业量增加和平均工资增加的共同作用下，农民的人均农业收入仍会增加。第三，在各级政府对农民增收的关注力度增强、财政支出的倾斜力度加大和农村改革不断深化的共同作用下，农民的转移收入和财产性收入也会继续增加。从地方"两会"公布的材料看，2014年只有北京（7.5%）和河北（8.5%）的农民增收目标低于10%，其他省市自治区的农民增收目标都不低于10%，如果这个目标在总体上实现，农民人均纯收入将在2014年跃上10000元台阶。

（三）城乡统筹程度进一步提高

农村饮水、电网、道路、公共交通、有线电视网和学校、医院等基础设施将会继续完善。例如农民安全饮水问题，2014年将在2013年解决6300多万人的基础上，再解决6000万农村人口的饮水安全问题，力争到2015年让所有农村居民都能喝上干净的水。农民的家居条件、出行条件和娱乐条件都有较为显著的改善。农民受教育的权利和机会基本上得到保障，而新农合、新农保制度的基本覆盖，将会使农民病有所医、老有所养的愿望逐步变成现实。

2014年，参合农民每人每年缴费70元，各级财政补助增加到每人每年320元，合计每人每年达到390元。门诊统筹每人每年报销比例由原来45%增加到100%，并且家庭成员可共用。在乡镇卫生院门诊就诊，一次就诊费用低于300元的可按照门诊报销，补偿

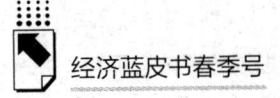

比例60%；年封顶线300元。农合报销补偿封顶线由原来的9万元增加到10万元，增加了1万元。乡村两级可用药品增加到了520种，农民群众就医用药的选择范围更宽，就医用药补偿的范围更广。

2014年2月7日国务院常务会议提出，建立统一城乡居民基本养老保险制度。城乡养老保障制度并轨后，城乡居民将享受制度模式、筹资方式、待遇支付无差别、水平大致相当的养老保障。通过推行全国统一的社会保障卡，奠定养老保险无差别转移的基础，提高养老保险的管理水平。新农保和城居保合并，迈出了公共服务体制并轨的第一步，其意义不容低估。下一步要继续推进制度并轨，逐步缩小城乡居民、城镇职工、行政事业单位等不同群体间基础养老金的差别，逐步提高养老保险水平。

三 "三农"发展若干问题的思考

（一）我国的农业基本经营制度建设

当前我国的农业基本经营制度，必须合乎农业生产特点的要求，合乎农业快速发展的要求，合乎市场经济体制的要求。基于这种认识，在论述当前我国农业基本经营制度之前，有必要对我国农业基本经营制度的变迁做一个简略的勾勒，并对农业发展的变化做一个梳理，这些铺垫对于了解当前我国农业基本经营制度的框架结构和主要特征会有一定的作用。

1. 我国农业基本经营制度的变迁

1949年以前，中国实行的是以土地私有为基础，以家庭为经营单位，与典型的自然经济相适应的农业基本经营制度。新中国成立以后，逐步建立了以土地公有为基础，以集体为经营单位，与国家工业化战略和执政党意识形态相适应的农业基本经营制度。其中，与互助组阶段相对应的是土地私有和集体生产程度很低的农业基本经营制度。1953年12月中共中央通过《关于发展农业生产合作社的决议》后，互助组很快被合作社所替代，与合作社阶段的相对应的是土地公有和集体生产程度略有提高的农业基本经营制度。从1958年8月开始，合作社很快被人民公社所替代，与人民公社初创阶段相对应的是土地公有和集体生产以大队甚至以县为基础的农业基本经营制度。该制度很快就暴露出一系列难以克服的问题。中央政府以20世纪60年代初发生三年自然灾害为契机，将其调整为土地公有、集体生产都以自然村为基础的农业基本经营制度。20年后，中央政府又以全面推广"大包干"为契机，实行了土地公有和集体生产都以农户为基础的农业基本经营制度。由此可见，虽然我们一直坚持土地公有和统分结合的双层经营制度，但意识形态对农业基本经营制度的约束有先增强、后放松的特征，农业基本经营制度中的土地公有和集体生产程度也有先增强、后放松的特征。

2. 我国农业发展的变化

1984年"大包干"全面推开之后，如何通过组织与制度创新促进农业基本经营制度建设，便成为深化农业改革的重要内容。为了开展这些探索，国家成立了一批农村综合改革试验区。1994年，中央农村工作会议正式提出了"农业基本经营制度建设"的任务。但是，最初的农业基本经营制度改革局限在村社内部和增加农民的农业收入上，很少考虑我国农业发展阶段的变化，很少考虑中国农业竞争力的提升，很少考虑适应市场经济体制要求等问题。经过30多年的发展，中国农业实际上已经发生了很大的变化。

第一，口粮田的重要性越来越低。由于农产品市场的充分发育、交通等基础设施的显著改善和农民收入来源多元化程度的提高，曾经采取的安身立命的口粮田长期不变、责任田向种田能手集

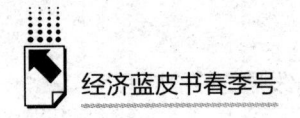

中的做法，其适用性已经越来越低了。

第二，农业收入的重要性逐步降低。随着工业化、城市化的快速推进，农民从事非农就业的比例逐渐提高，非农就业的稳定性越来越好和非农收入的增长相对更快，农户的非农收入占总收入的份额越来越大。从事农业的机会成本逐渐增大，农业收入对农户收入的重要性逐步降低。

第三，土地养老的重要性开始下降。资源养老被社会养老所替代，是社会发展的必然结果，更是农村社会保障体系逐渐完善的必然结果。对此，我们不宜以目前农村社会保障还很弱小为理由忽略它，而要根据它的成长性看到它的替代效应会越来越强的趋势。

第四，农民和地主的分化越来越明显。改革初期，农民和地主两种身份是完全合一的。在工业化、城镇化的推动下，农民和地主这两种身份出现了分离，且这种现象正在变得越来越普遍。在这种状态下，不仅土地产权越来越重要，而且土地产权的流动性也越来越重要，因为更为有效的农业经营已经越来越依赖于更为有效的土地产权流动。现在适宜的农地制度安排是：将农地承包权分散在地主手里，将农地耕作权集中到少数职业农民手里。

第五，农地的生产功能和资本功能的分化。改革初期，农地的生产功能和资本功能是完全合一的。在工业化、城镇化的推动下，农地的生产功能和资本功能出现了分离，且这种现象正在变得越来越普遍。在农地生产功能和资本功能完全合一阶段，其实物形态和资产形态是完全合一的，农地生产功能和资本功能分离后，其实物形态和资产形态会发生分离。在处理它们的关系上，最简单的做法是让农户的土地权益实物化。选择无为而治策略的政府适宜采用这种做法。这种做法的优点是不易发生权益侵犯，不会出现大的纰漏，其不足是不利于促进适度规模经济的形成和农业竞争力的提升。中国是一个拥有农地集体所有的历史遗产，具备将农户的土地权益股权化的条件的少数国家之一。选择有为而治策略的政府适宜采用这种做法。这种做法的优点是有利于职业农民加大投资力度并获得由此带来的级差收益，有利于开展土地整理，有利于较快地形成适度规模经济和提升农业竞争力；其不足是：如果土地增值评估不公、村社监管机制不当和政府保护合约不力，有可能发生权益侵犯，甚至大的纰漏。现实中究竟采用哪种做法应该让农民做选择，政府不宜做统一的规定。政府的责任是加强土地增值评估的管理、村社监管的督促和相关合约的保护。

第六，农民进入市场的组织方式多样化。虽然现实中农民进入市场的组织方式很多，但政府有推崇农民合作社的倾向。其实，农民合作社的重要性与市场经济体制的完善性有很强的负相关性。市场经济体制的完善性越弱（市场缺陷越多），农民合作社的重要性就越强，反之则相反。这也是发达国家的农民合作社的重要性随着市场经济体制完善性的提高而不断降低的主要原因。在充分竞争的市场环境中，农户有可能参加农民合作社，有可能同公司打交道，有可能同经纪人做交易。正是选择上的多样性促进了各类组织和主体的充分竞争，所以选择上的多样性是不可或缺的。鉴于这种认识，现在要建设的是以各类组织和主体充分竞争为基础的农业基本经营制度，而不是以农民合作社为基础的农业基本经营制度。

一言以蔽之，20世纪80年代以前的农业基本经营制度，是旨在集中农业剩余，加快推进工业化进程的农业基本经营制度；80年代以来的农业基本经营制度改革，是旨在解决亿万农民的生产积极性和温饱问题的农业基本经营制度；现在要建设的农业基本经营制度，是以各类组织和主体充分竞争为基础的农业基本经营制度，主要解决规模不经济对农业技术应用的制约和农业比较利益低对农民从事农业生产积极性的制约。

3. 我国农业基本经营制度建设

（1）从土地流转入手发展家庭农场

中国现有22880万个农户参与耕地承包经营。其中经营耕地10亩以下的农户占承包户总数的85%以上。除了蔬菜、花卉等高劳动密集型、高资本密集和高附加值的生产项目外，农户很难在不到10亩的土地上发展现代农业。于是，不少农民先在农村从事非农产业，[①] 接着又进城从事非农产业。随着这部分农民人数的增多，就业稳定性的增强，农村出现了土地经营权流转。从图1可以看出，1992年，流转的耕地面积占家庭承包经营耕地面积的份额还不足1%。2005年该指标为3.6%，13年增加了2.7个百分点，年平均增长0.2个百分点。2013年该指标为26%，这意味着2005～2013年的8年里提高了22.4个百分点，年平均增长2.8个百分点，流转速度显著加快。东部发达地区的耕地经营权流转率更高，上海耕地流转面积占耕地承包面积的份额已经达到60.1%，江苏和北京均达到48.2%，浙江为42.9%。

最初，土地经营权主要在亲戚朋友之间流转，转包费很低。近些年来，随着转包费的不断升高，土地经营权开始流向出价更高的家庭农场等新型微观经营主体，由此促进了家庭农场的发展。

（2）从生产分工入手发展专业大户

现实中，很多主要劳动力外出打工的农户不愿意把土地经营权流转出去，他们采取的是分别雇佣各类专业农民完成其耕地上的犁地、播种、喷药、收割等生产活动的办法。这个需求拉动了专业农

---

① 由于城市改革滞后于农村，加上要解决返城的上千万知青的就业问题，20世纪80年代中期几乎没有能力吸纳农民进城就业，所以当时国家实施的是农民可以离开土地从事非农产业但不能离开农村的政策。这与实施人民公社体制期间农民必须在农村务农的政策相比显然是一个进步。20世纪90年代实施的农民可以离开土地、可以离开农村的政策则是更大的进步。由此也可以看出中国改革的渐进特征。

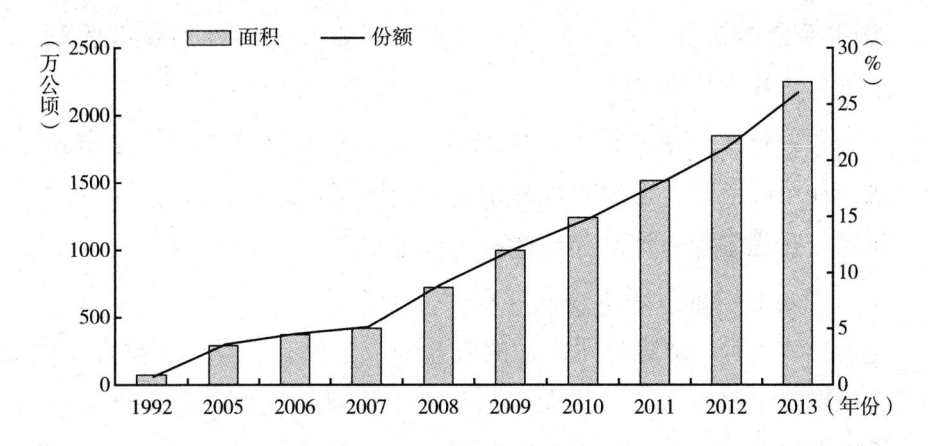

图 1　中国耕地经营权转包面积和占承包耕地总面积的份额的变化

户的发展。1990年，全国农机户经营收入593亿元，2005年增加到2606亿元，2012年增加到4479亿元（见表1）。前15年年均增加134亿元，后7年年均增加268亿元。

表1　1990年以来农机户经营收入的变化

单位：亿元

年份	农机户经营收入	年份	农机户经营收入	年份	农机户经营收入
1990	593.0	2003	2269.7	2008	3466.5
1995	1036.8	2004	2421.5	2009	3894.1
2000	2000.0	2005	2606.1	2010	4247.9
2001	2040.0	2006	2811.0	2011	4509.0
2002	2150.0	2007	2986.0	2012	4779.0

资料来源：农业部。

据调查，1996年以来，拥有联合收割机的专业农户利用从南到北小麦成熟的时间差进行跨区收割，使联合收割机的使用时间从过去平均每年7～10天增加到一个多月。农业机械利用率的显著提高，使他们能在不增加收割费的情形下提高经营效益。目前，跨区作业模式已经推广到水稻、玉米等作物的机收和其他生产环节。

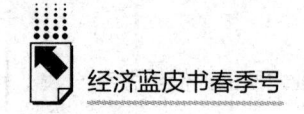

2013年全国粮食主产区共有7万多台玉米收获机参加跨区收割，平均单机作业面积915亩。

随着种植规模的扩大，采用烘干机烘干粮食的需求快速增长。这项技术的应用将会显著地减少农业的晒场占地。目前存在的问题是烘干过程中保持产品品质的技术尚不成熟。

(3) 从产业升级入手发展农业公司

总体上看，适宜公司经营的农业领域主要有三类：一是设施农业和规模化养殖业。这些农产品与大田作物相比标准化程度更高，投资密集度更高，规模经济更显著，且具有较好的成长性和盈利性。二是农产品加工业。这些农产品的附加价值提升空间大，包括粮油加工、水产品加工、果蔬加工和特色农产品加工等。三是生产性服务业。重点是良种服务、农资连锁经营、农产品现代物流、农业信息服务等。它们是具有广阔前景的产业，也是国家政策支持的重点。

鉴于中国的猪肉消费量占肉类消费总量的64%，下面以生猪生产为例分析由农业公司主导的规模化养殖的进展。直至20世纪末，中国90%以上的生猪仍由农户散养。近几年，中国生猪养殖规模化程度有较快的发展，出现了一批年生猪出栏量达到和超过10万头的农业公司，广东温氏食品集团有限公司出栏量已超过100万头。2005年，年出栏50头以上的生猪养殖户出栏生猪占全国出栏生猪总数的38%，2010年接近65%，2013年估计在70%左右。奶牛养殖也是如此。2012年，百头以上规模牧场占比已经提升至近40%，300头以上规模牧场已提升至近30%。家禽养殖的规模化进展更快。

（二）我国新型农业经营主体的发展状况

新型农业经营主体主要包括专业农户、家庭农场、农民专业合作社、农业公司等。新型农业经营主体必须具备三个条件。第一，农户人均纯收入不低于非农户。在已有研究中，只把兼业农户分为两类，其中，家庭收入以农业为主的农户为兼业农户Ⅰ，家庭收入以非农为主的农户为兼业农户Ⅱ。其实，专业农户更需要分类，其中，人均收入低于兼业农户的为专业农户Ⅰ，人均收入不低于兼业农户的为专业农户Ⅱ。专业农户Ⅰ是传统农户，专业农户Ⅱ是核心农户。一个国家或地区的农业发展水平在很大程度上要用核心农户的状况来衡量。第二，具有自生能力。其生产经营可以完全不依赖于政府补贴（不包括其提供生态服务所获得的补偿）。第三，遵守各项规则。其生产经营合乎相关法律法规的要求，合乎信守合约和承诺的市场规则、社会规则的要求。只有同时具备上述三个条件的家庭农场、提供外包服务的专业农户和农业公司，才是核心农户。

1. 专业农户

专业大户是家庭劳动时间大部分用于农业中的某一产业，且收入占全部收入80%以上的农户。虽然我国尚有1亿多农户，但专业农户Ⅱ所占的份额较少，估计不到5%。专业农户Ⅱ和专业农户Ⅰ的变化趋势有明显的不同，前者的数量逐渐增多，而后者的数量逐渐减少。

2. 家庭农场

近年来，随着农地转包费的不断升高，土地经营权开始流向出价更高的家庭农场[①]等新型微观经营主体。农业部于2013年3月开展的家庭农场调查结果显示：截至2012年底，全国30个省、区、市（不含西藏）共有家庭农场87.7万个，经营耕地面积1.76亿亩，占全国承包耕地面积的13.4%。平均每个家庭农场有劳动力6.01人，其中家庭成员4.33人，长期雇工1.68人。在全部家庭

[①] 家庭农场的基本条件是：农场经营者具有农村户籍，以家庭成员为主要劳动力，以农业收入为主，经营规模持续达到县级以上农业部门确定的标准。

农场中，从事种植业的有40.95万个，占46.7%；从事养殖业的有39.93万个，占45.5%；从事种养结合的有5.26万个，占6%；从事其他行业的有1.56万个，占1.8%。经营规模50亩以下的有48.42万个，占家庭农场总数的55.2%；50~100亩的有18.98万个，占21.6%；100~500亩的有17.07万个，占19.5%；500~1000亩的有1.58万个，占1.8%；1000亩以上的有1.65万个，占1.9%。2012年全国家庭农场经营总收入为1620亿元，平均每个家庭农场为18.47万元。

3. 农民专业合作社

截至2013年底，全国依法登记的专业合作社、股份合作社等农民合作社达到95.07万家，实有成员达7221万户，占农户总数的27.8%；联合社有5600多家，联合会有2554家。2013年，财政部安排农民合作社发展资金18.5亿元，比2012年增加10亿元，支持各地农民合作社引进新品种、推广新技术、对成员开展服务等；安排9.96亿元农业综合开发资金，扶持2425个农民合作社项目。[1] 截至2014年2月底，全国实有农民专业合作社103.88万户，出资总额2.04万亿元。[2] 在国家政策的支持下，2013年，各地农民合作社之间的联合成为普遍现象，组建联合社成为广大农民的第二次、第三次合作，这种全新的组织形式把千家万户的农民与千变万化的市场更加紧密地联系在一起，增强了农民抵御市场风险和增收致富的能力。

4. 农业公司

目前，以龙头企业为主体的产业化经营组织超过30万个，辐射带动农户1.2亿户，农户加入产业化经营年户均增收2800多元。

---

[1] 数据来自农业部。
[2] 数据来自国家工商总局。

农业产业化示范基地加快发展，集群集聚效应不断显现，逐步成为带动区域经济发展的新的增长极。全国各类农业公益性服务机构达到15.2万个，农业经营性服务组织超过100万个，在农机作业、农作物病虫害统防统治、动物疫病防控等方面发挥着日益重要的作用。

5. 发展新型农业经营主体面临的挑战

近年来，新型农业经营主体有较快的发展，但发展过程中也存在一些问题，其中一般性的问题有三个：一是土地流转的稳定性差，新型农业经营主体缺乏壮大的基础。二是合同的覆盖面小，执行力低，各种经济往来的规范性差，新型农业经营主体缺乏有效的运行机制。三是新型农业经营主体的发展缺乏相关政策扶持，难以做大做强。

（1）家庭农场和专业大户面临的挑战

从近期看，家庭农场和专业大户面临的挑战是：管理层对家庭农场和专业大户在农业经营体系中的基础地位和作用认识不够，符合条件的家庭农场和专业大户还不具有法人地位。土地流转的相对滞后限制了家庭农场和专业大户的发展。家庭农场和专业大户能够获得的技术服务、金融服务、信息服务和生产性基础设施支持不足，也制约了家庭农场的发展。从长期看，社会经济的发展和家庭内部成员观念的代际变化，会使家庭农场和专业大户的传承面临挑战；而大规模设施园艺业、集约化畜牧业、工厂化渔业的发展推动的农业经营体系变革，会使家庭农场和专业大户的比较优势面临挑战。

（2）农民合作社面临的挑战

从近期看，农民合作社面临地方政府干预过多，以及由此引发的农民自愿原则受损等一系列问题的挑战；领办的大农户操控合作社，诸多弱小农户无法通过民主机制形成相对协调的利益分配格局

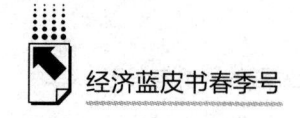

的挑战；合作社自生能力弱，必须依赖政府补贴的挑战。从长期看，农民合作社将面临市场经济体制不断完善，其运行模式需要不断创新的挑战。

（3）农业公司面临的挑战

农业公司的发展有利于改善种养业的资源配置、扩大种养业的规模和提高种养业的经营效益，促进农业的技术进步、产业链的培育和农业的合作。农业公司必然会对小农生产形成替代，在农村社会保障体系不健全的情形下，这种替代会对小农的就业和增收造成冲击。农业公司的主要责任是带动农户，而不是替代农户。由于合作社经营中可以免除增值税、企业所得税、印花税，许多公司为了合理避税，既挂企业牌子，又挂农业合作社牌子。

（三）我国农业发展的转型

1. 从追求土地生产率向追求劳动生产率转型

几千年来，中国农业一直追求土地生产率。进入21世纪后，随着农业劳动力成本的快速上升，农业机械对劳动力的替代和复种指数的下降都变得越来越显著了，有关数据的分析表明，1994~2002年，土地生产率和劳动生产率年均增长率分别为0.62%和4.10%；2003~2011年，土地生产率和劳动生产率年均增长率分别为3.17%和9.71%。这意味着中国农业正在向追求劳动生产率的农业转型。

2. 从种植业主导向养殖业主导转型

目前发达国家的现代农业是以养殖业为主的。例如，它们的食品工业原料的80%来自养殖业，15%来自水果蔬菜，只有5%来自谷物。从长远看，中国也不会成为例外。当然，这是一个循序渐进的过程。

从图2可以看出，1952年，种植业占中国农业总产值的

85.9%，养殖业仅占12.5%；2012年，种植业的份额减至52.5%，而养殖业的份额升至40.1%。变化最大的2008年，种植业和养殖业所占份额分别为48.4%和44.5%，从发展趋势看，养殖业所占份额会超过种植业，中国农业也会由此成为养殖业主导型农业。

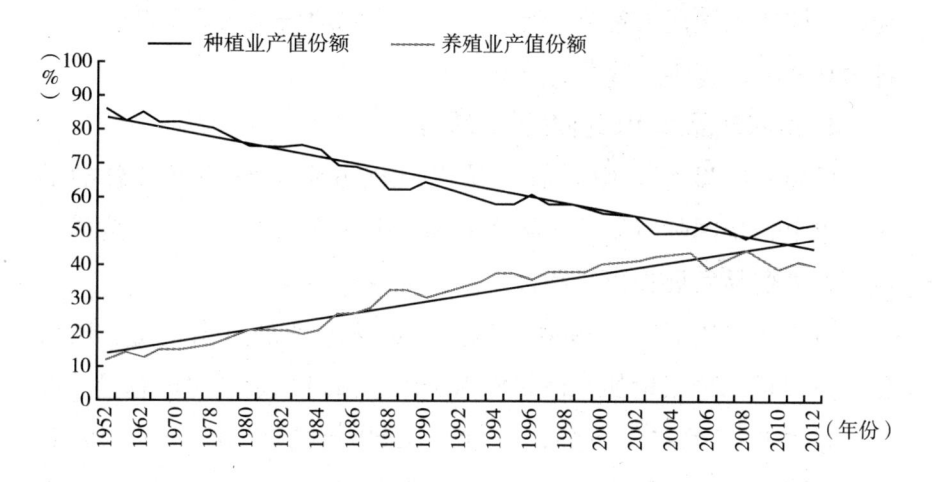

图2 中国种植业和养殖业占农业总产值份额的变化

传统农业只关注食物生产而不区分口粮与饲料粮，在种植业主导型农业中，形成的是包括口粮和饲料粮两类粮食的食物生产结构，而在养殖业主导型农业中，形成的是包括口粮、饲料粮和牧草三种粮食的食物生产结构，即它通过种植豆科牧草获得蛋白质饲料，弥补谷物饲料的蛋白质不足。牧草生产的出现有三个原因：第一，常年生长的牧草（紫花苜蓿的生长期为25年，三叶草为20年，禾本科的黑麦草为7~10年）与生长期仅为几个月的农作物相比，光合效率更高，合成的生物量更多。据统计，豆科牧草的单位面积蛋白质产量是谷物的5倍至10倍。所以，从20世纪50年代起，种草的国家越来越多。荷兰、法国、英国、德国、澳大利亚、新西兰等国家，50%以上的耕地用于种草。即使是出口谷物最多的美国和加拿大，牧草种植面积也高达40%。第二，牧草耐旱节水，可以在 200～300 毫米降雨量的半干旱地区种植。这些气候条件不适宜种植谷物的地方，却适宜牧草生长和牧草的收割、翻晒等，种植牧草使这些地区的农业比较优势得到了发挥。第三，多年生牧草是保持水土的理想作物。美国的调查表明，在 5 度的坡地上，白茬地每公顷年土壤流失量为 7 吨，一年生作物流失量为 3.5 吨，人工林为 0.9 吨，多年生牧草为 0.02 吨。

3. 从农产品净出口向净进口转型

1953～1978 年，中国农产品出口额占中国对外出口总额的 70% 以上，是国际贸易的主导产品和外汇收入的主要来源，为推动我国对外贸易发展作出了积极贡献。

从表 2 可以看出，1980 年以来，虽然农产品进出口量、出口量、进口量都趋于增加，但它们占全国进出口总量、出口总量、进口总量的份额都趋于下降，分别由 1980 年的 27.8%、34.4% 和 21.7% 降至 2013 年的 4.5%、3.5% 和 5.4%。2001 年底中国加入世界贸易组织后，农产品贸易规模迅速增长。2002 年，农产品贸易额为 306 亿美元，顺差 56 亿美元，创造了历史最高纪录。从 2004 年起，农产品贸易一直为逆差，2013 年逆差达到 510.4 亿美元（见表 2）。这意味着中国已经发生了由农产品净出口国到净进口国的转型。

出口的农产品逐渐集中于水产品、园艺产品和畜产品等劳动密集型产品，三项合计占据农产品出口总额的 65%，其中水产品占 25%，水果和蔬菜产品占 23%，畜产品约占 17%。

进口的多为土地密集型的大宗农产品。大豆等大宗农产品进口量的增加有很多好处，一是有利于发挥中国农业比较优势和促进农民增收，二是有利于减轻耕地和淡水资源压力，三是有利于抑制贸易顺差增长、促进国际收支平衡。进口农产品的实质是进口别国当年耕地、淡水资源的使用权。据测算，2010 年中国净进口的农产品若在国内生产，需要 8.7 亿亩农地，相当于中国实际播种面积的 36%。

表2　中国农产品国际贸易的基本情况

年份	农产品贸易(亿美元)				所占份额(%)		
	总额	出口额	进口额	净出口额	进出口	出口	进口
1980	105.9	62.4	43.5	18.9	27.8	34.4	21.7
1990	184.2	106.5	77.7	28.8	16.0	17.2	14.6
1997	248.9	149.3	99.6	49.7	7.7	8.2	7.0
1998	221.4	138.1	83.3	54.8	6.8	7.5	5.9
1999	216.3	134.7	81.6	53.1	6.0	6.9	4.9
2000	218.6	126.6	92	34.6	4.6	5.1	4.1
2001	279	160.7	113.8	46.9	5.5	6.0	4.7
2002	305.9	180.4	124.4	56	4.9	5.5	4.2
2003	403.6	214.3	189.3	25	4.7	4.9	4.6
2004	514.2	233.9	280.3	-46.4	4.5	3.9	5.0
2005	562.9	275.8	287.1	-11.3	4.0	3.6	4.4
2006	630.2	310.3	319.9	-9.6	3.6	3.2	4.0
2007	781	370.1	410.9	-40.8	3.6	3.0	4.3
2008	991.6	405	586.6	-181.6	3.9	2.8	5.2
2009	921.3	395.9	525.5	-129.6	4.2	3.3	5.2
2010	1219.6	494.1	725.5	-231.4	4.1	3.1	5.2
2011	1556.2	607.5	948.7	-341.2	4.3	3.2	5.4
2012	1757.7	632.9	1124.8	-491.9	4.5	3.1	6.2
2013	1866.9	678.3	1188.7	-510.4	4.5	3.5	5.4

注：由于1990年的数据不全，根据其他来源的数据做了小的调整。
资料来源：农业部发布的数据。

B.6
工业经济形势及趋势分析

金碚 原磊*

摘　要： 2013年中国工业实现了平稳较快增长，总体上呈现前低后高的走势。分产业看，不同行业增速出现分化，部分高加工度行业加快回升。分地区来看，东部地区积极回升，但增速仍低于中西部。出口增长仍较为低迷，下半年以来有所回升。工业企业效益明显好转，但工业投资增速仍处于较低水平，说明企业家信心尚未恢复。2014年中国工业面临着很多新的形势。从外部环境来看，世界经济恢复步伐加快，进出口贸易将逐步回升，但仍存在较大不确定性；全球金融环境将有所收紧，但货币供应总体依然宽松。从内部环境来看，工业经济进入"换挡"期，产能过剩等结构性问题更加突出，全面深化改革将加快工业转型升级进展。预计2014年工业经济增长仍处于总体可控范围内，维持在9.5%左右，全年呈"先抑后稳"走势。

关键词： 工业经济　产能过剩　工业转型升级

---

* 金碚，中国社会科学院学部委员，研究员；原磊，中国社会科学院工业经济研究所工业运行研究室副主任，副研究员。

当前中国工业增长面临的内、外部条件已发生根本性变化，过去驱动工业经济增长的一些因素已取减弱，新的驱动因素正在形成，世界经济也面临着西方政府加大财政整顿力度、新的增长动力源尚不明朗、高度宽松的货币政策面临着调整压力等很多新的问题。2013 年，中国工业在这种极为错综复杂的形势下，实现了平稳较快增长，规模以上工业企业增加值累计增长 9.7%。预计 2014 年工业经济仍处于总体可控范围内，维持在 9.5% 左右。为了更好地推进改革，国家可能会适当调低工业经济增长速度，加大工业结构调整力度。

一　2013 年工业经济运行回顾

1. 工业经济总体保持平稳较快增长

2013 年工业经济累计增长 9.7%，虽然相比于 2011 年和 2012 年出现了一定幅度的下滑，但仍处于较快增长区间。从趋势来看，工业经济增速总体上呈现前低后高的走势（见图 1），下半年以来工业经济增速明显加快，反映了工业经济中的积极因素正在增加。从拉动工业增长的动力来看，投资仍是拉动工业经济增长的主要动力，2013 年固定资产投资增速出现了小幅下滑，但仍接近 20%；消费是拉动工业经济增长的重要力量，2013 年社会消费品零售总额增速总体上维持在 13% 左右，比上年同期降低了 1 个百分点左右；出口增速与 2012 年基本持平，但由于进口规模同步增长，因此对工业增加值增长的拉动作用有限。

2. 不同行业增速出现分化，部分高加工度行业加快回升

2013 年中国工业中不同行业增长出现了分化。总体来看，加工度比较高的行业回升速度较快，而加工度比较低的行业回升速度较慢，甚至大幅下滑；价值链下游的企业业绩好转，而价值链上游

图例:
- 固定资产投资完成额增速（累计）
- 社会消费品零售总额增速（累计）
- 出口额增速（累计）
- 工业企业增加值增速（当月）
- 工业企业增加值增速（累计）

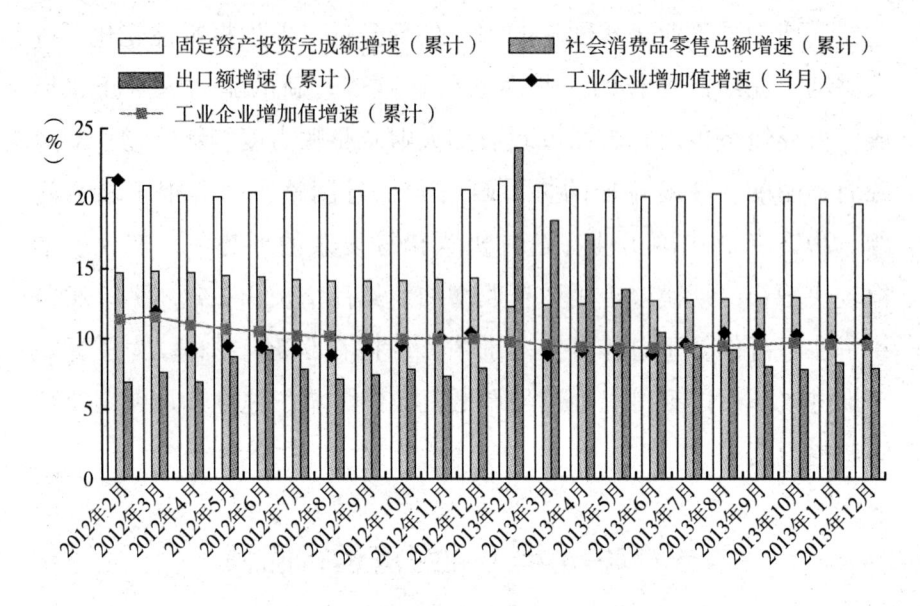

图1　2013年工业企业增加值增速

资料来源：中经数据。

的企业十分困难。（1）采矿业大幅下滑。2013年煤炭开采和洗选业、有色金属矿采选业、黑色金属矿采选业增加值增速分别为5.7%、9.5%和15%，分别比上年下滑了4.1个、5.8个和5.6个百分点。造成采矿业增速下滑的原因主要在于宏观经济的整体不景气，造成能源、原材料产品需求和价格的大幅下滑。从散点图（见图2）来看，采矿业主要分布在横轴的下方。（2）原材料工业总体运行平稳。2013年黑色金属冶炼及压延加工业、有色金属冶炼及压延加工业、化学原料及化学制品制造业、非金属矿物制品业增加值增速分别为9.9%、14.6%、12.1%和11.5%，分别比上年加快0.4个、1.4个、0.4个、0.3个百分点。原材料工业能够保持平稳运行的重要原因，在于国家基础设施建设投资和房地产投资增速的基本平稳和有所增长，同时钢铁等产业加大落后产能淘汰的政策2013年以来也初现成效，为产业发展释放了

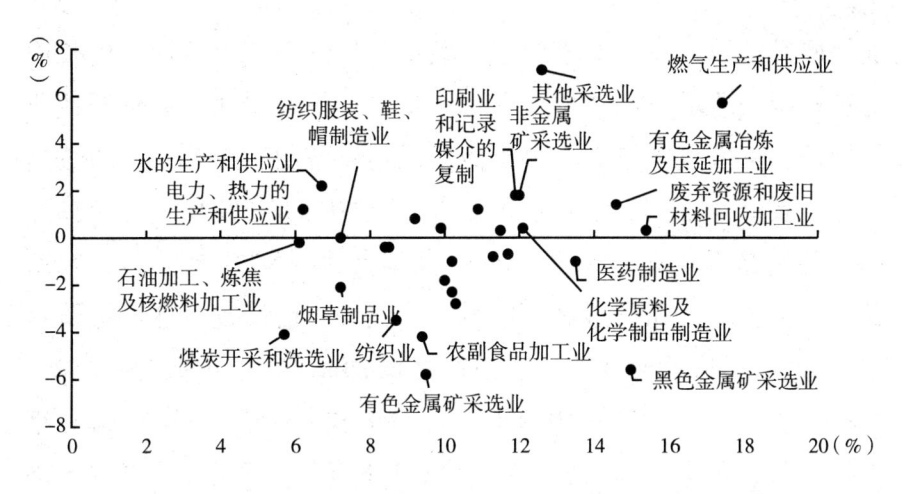

图 2　不同产业 2013 年增长情况

注：横轴为不同产业 2013 年增加值增速；纵轴为不同产业 2013 年增加值增速比 2012 年同期提高的幅度。39 个大类行业中，石油和天然气开采业，皮革、毛皮、羽绒（绒）及其制品业，文教体育用品制造业，橡胶制品业，塑料制品业，金属制品业，交通运输设备制造业，仪器仪表及文化、办公用机械制造业，工艺品及其他制造业 9 个行业数据缺失，因此未显示在图上。

资料来源：中经数据。

新的动力。从散点图来看，原材料工业主要分布在横轴的附近和上方。（3）装备制造业积极回升。2013 年通用设备制造业、专用设备制造业增加值增速分别为 9.2% 和 8.5%，分别比上年增加 0.8 个和降低 0.4 个百分点。另据工信部汇总数据，2013 年 1~11 月装备制造业增加值同比增长 10.7%，增速同比加快 2.5 个百分点，高于全部规模以上工业增加值增速 1 个百分点。交通运输设备制造业中，汽车加快增长，据中国汽车工业协会统计，2013 年 1~11 月，全国汽车累计产、销量分别为 1999 万辆和 1986 万辆，同比分别增长 14.3% 和 13.5%，增速分别比上年同期加快 9.8 个和 9.5 个百分点；相比之下，造船业生产持续低迷，2013 年 1~11 月，全国造船完工量 3886 万载重吨，同比下降 23.1%，降幅同比扩大 4.9 个百分点。装备制造业能够实现加快回升的原因主要在于两个方面：一是汽车产业的加快增长成为装备制造业增长的重要支撑；二是出口回升拉动了装备制造业的增长。从散点图来看，由于交通运输设备制造业等产业的数据缺失，装备制造业主要分布在坐标轴中间比较密集的区域。

(4) 消费品工业明显回落。2013年纺织业，烟草制品业，农副食品加工业，食品制造业，饮料制造业，通信设备、计算机及其他电子设备制造业和医药制造业增加值增速分别为8.7%、7.2%、9.4%、10%、10.2%、11.3%和13.5%，分别比上年同期降低3.5个、2.1个、4.2个、1.8个、2.3个、0.8个和1个百分点。造成消费品工业增速回落的原因主要在于外需市场的持续低迷，以及内需增长的放缓。从散点图来看，消费品工业主要分布在横轴的下方。

3. 东部地区积极回升，但增速仍低于中西部

东部地区省份是我国经济发展的最前沿，其工业经济形势变化往往领先于全国其他地区。2013年东部地区工业经济积极回升，虽然增速仍低于中西部地区，但其趋势在一定程度上反映了工业经济的回升向好。(1) 东部地区增长较慢，但相比于上年同期出现了明显的回升态势。2013年工业企业增加值增速比2012年加快的省份有5个，分别是上海、浙江、北京、广东、新疆，除新疆以外均属经济较为发达的东部地区。从散点图（见图3）来看，这些省份主要分布于坐标轴左上方。(2) 西部地区增长最快，但相比于上年同期很多省份出现了较大幅度的下滑。2013年工业企业增加值增长最快的省份，前五位分别为安徽、贵州、重庆、福建、陕西，除安徽以外均属西部地区。然而，这些省份在维持较快经济增长的同时，增速相比于上年却出现了较大幅度下滑。从散点图来看，这些省份主要分布于坐标轴右下方。(3) 中部地区增速较快，但增速慢于西部地区，且相比于上年也出现了

一定幅度的下滑。从散点图来看，这部分省份主要分布于坐标轴最为密集的区域。

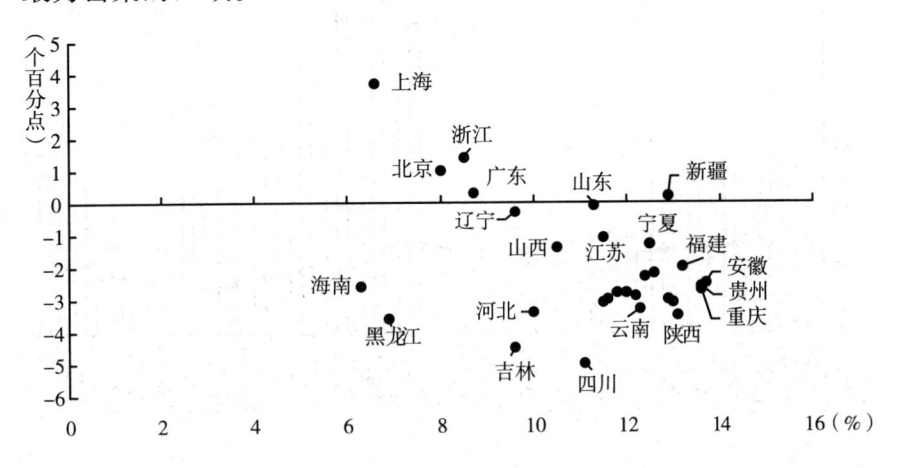

图3　不同省份2013年工业经济增长情况

注：横轴为不同省份2013年工业增加值增速；纵轴为不同省份2013年工业增加值增速比2012年提高的幅度。

资料来源：中经数据。

4. 工业品出口低迷，下半年以来有所回升

国际金融危机以来，中国工业品出口一直处于比较低迷的状态。2013年中国工业品出口交货值增长5%，比2012年下降2.1个百分点（见图4）。然而，2013年下半年以来工业品出口交货值出现了回升趋势，而这一次的回升在很大程度上是由美国、欧洲、日本等传统发达经济体经济回升所拉动的。从结构上看，中国出口快速增长的产品主要包括高新技术产品、汽车零件等，2013年这两个产业分别增长9.84%和13.27%，这在一定程度上反映了中国比较优势的转变和全球经济的变暖。

5. 工业投资增速处于较低水平，企业家信心不足

工业投资增速的变化往往反映了企业家对工业发展前景的预期。2013年我国工业投资增速为17.4%，比上年同期下降了2.75

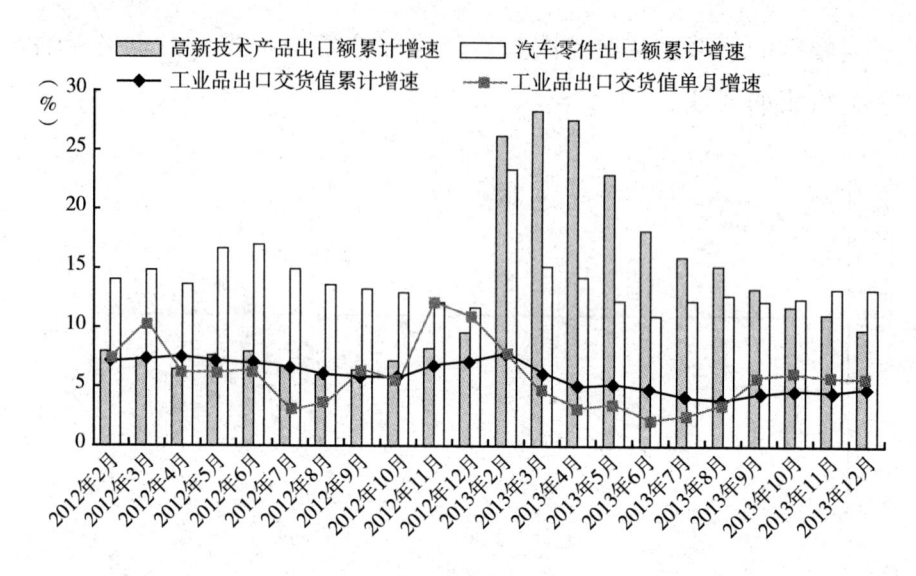

图 4　工业品出口情况

资料来源：中经数据。

个百分点。从实际利用外资金额来看，制造业和采矿业增速均出现了大幅度的下降，2013 年分别同比增长 -6.78% 和 -52.63%，分别下降 0.57 个和 78.36 个百分点。工业投资增速和实际利用外资金额增速的下降，既反映了中国工业化发展阶段的改变，也反映了当前工业经济的不景气，企业家对未来信心不足，因此减少投资，规避风险。另外，从国家统计局和中国人民银行发布的企业家信心指数来看，也能够得出类似的结论。2012 年下半年以来，企业家信心指数处于较低水平，不仅低于国际金融危机以前，而且明显低于 2010 年和 2011 年。

6. 企业效益明显好转，但主营业务利润增长放缓

2013 年工业企业效益明显好转，全国规模以上工业企业实现利润总额 62831.0 亿元，同比增长 12.2%，增速比 2012 年加快 6.93 个百分点。然而，工业企业利润总额增速大幅提升的同时，工业企业主营业务利润却没有实现同步增长（见图5）。2013 年工业企业主营业务利润总额增速同比增长4.0%，比2012年降低2个百分点。对此分析，主要反映了两个问题。一是很多工业企业将大量的资金用于房地产等领域的投资，房地产市场的趋暖带来了企业盈利水平的大幅好转。虽然企业用于投资的这部分资金的利润率并不高，甚至要低于主营业务利润率，但由于产能过剩、市场低迷等原因，企业大量资金无法用于主营业务的生产经营活动。二是工业经济形势并没有真正好转，企业仍面临着较大的经营压力。虽然相比2012年，企业盈利水平明显提高，但在产业结构调整未取得实质性进展、国内外宏观经济环境未真正改善的情况下，工业难以进入健康增长的轨道。2013年规模以上工业企业主营活动利润计算的利润率水平不仅没有提高，反而有所降低，这在一定程度上说明当前工业经济中产能过剩等结构性问题非常突出，不仅没有改善，反而有加剧趋势。

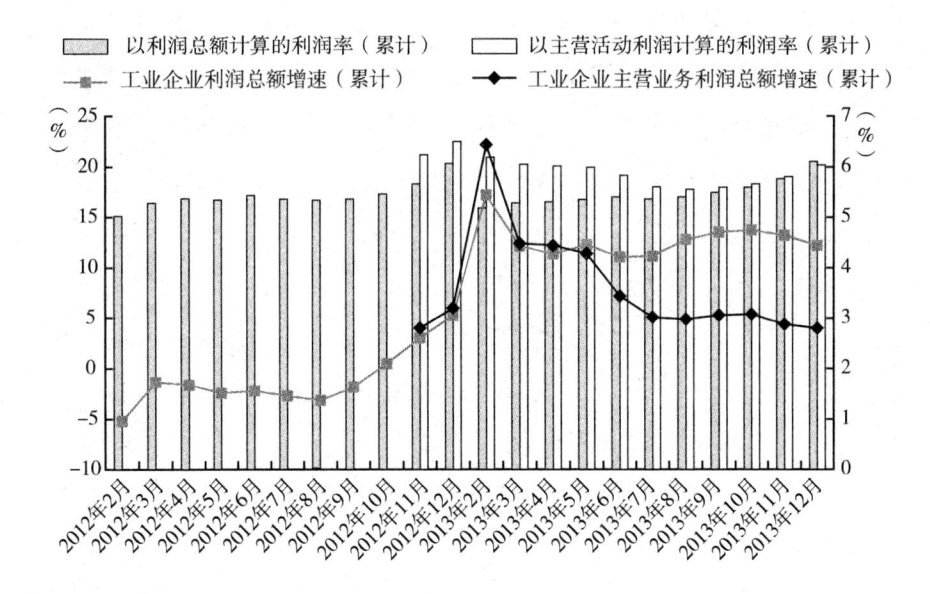

图5 规模以上工业企业利润情况

资料来源：中经数据。

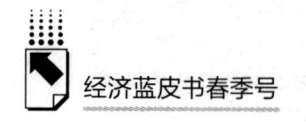

二 工业经济运行面临的内、外部环境

(一)外部环境

1. 世界经济恢复步伐加快,但仍存在较大不确定性

美国、日本、欧盟等发达经济体从 2013 年下半年开始,制造业的产能利用率明显提高。美国制造业产能利用率 2013 年下半年上升到 76.5% 左右,相比于 2012 年出现了明显提高;欧元区 17 国和欧盟 27 国制造业产能利用率均达到了 79% 以上,虽然仍低于国际金融危机前 80% 以上的水平,但已经逐步接近;日本产能利用率指数也达到了近年来的较高水平,反映了生产活动的恢复(见表 1)。在这种情况下,国际货币基金组织也对 2014 年和 2015 年全球经济增长做出了较为乐观的估计,在 2014 年 1 月 21 日发布的《世界经济展望》中相比于 2013 年 10 月发布的报告,将 2014 年世界经济增长预测值调高了 0.1 个百分点,将先进经济体经济增速预测调高了 0.2 个百分点,反映了国际货币基金组织对 2014 年全球经济乐观程度的增加。最新《世界经济展望》中预测,2014 年世界产出增长预计将达到 3.7% 左右,比 2013 年高约 0.7 个百分点。其中,先进经济体经济增速将加快回升,成为世界经济回升的主要动力,其产出的扩张速度在 2014 年预计将达到 2.2% 左右,比 2013 年高出 0.9 个百分点;新兴市场和发展中经济体经济增速将稳步回升,虽然回升幅度不及先进经济体,但增速的绝对值水平仍远高于先进经济体。

在经济恢复步伐加快的同时,也应当看到的是,全球经济增长仍存在较大的不确定性。一是国际金融危机发生的根源并没有消除,美国等西方国家中虚拟资本和实体经济之间的关系仍没有得到

表1　西方主要国家的制造业产能利用率变化

单位：%

指标名称	美国:制造业产能利用率	欧元区17国:制造业产能利用率(非季调)	欧盟27国:制造业产能利用率(非季调)	日本:产能利用率指数
2012年1月	75.85			96.40
2012年2月	76.23			103.10
2012年3月	75.74	78.70	79.00	108.80
2012年4月	76.08			97.00
2012年5月	75.78			96.20
2012年6月	75.93	79.30	79.30	101.70
2012年7月	75.97			103.70
2012年8月	75.36			91.90
2012年9月	75.31	78.80	79.00	95.00
2012年10月	74.88			95.30
2012年11月	75.83			93.40
2012年12月	76.38	77.60	78.00	90.50
2013年1月	76.20			89.50
2013年2月	76.54			91.60
2013年3月	76.26	76.90	77.30	99.20
2013年4月	75.92			92.80
2013年5月	76.05			94.50
2013年6月	76.21	77.90	77.90	98.70
2013年7月	75.72			106.40
2013年8月	76.20			92.40
2013年9月	76.28	79.30	79.00	102.20
2013年10月	76.50			102.10
2013年11月	76.64			99.20
2013年12月	76.73	79.30	79.50	98.50

资料来源：Wind数据。

理顺，新的能够引导全球经济复苏的动力并未形成，所谓的"全球经济再平衡"也没有真正实现，因此国际金融危机并没有真正过去，全球经济在近期难以重新走上健康成长的道路。二是西方国家财政整顿力度的加大将影响经济复苏。国际金融危机后，西方国家纷纷加大货币供应量，扩大财政支出，从而刺激本国经济的增长。结果就是，这些国家的财政杠杆率不仅没有下降，反而有所上升。在这种情况下，西方国家将不得不实施大规模的财政整顿，从而会对经济增长造成影响，2013年美国政府"关门"事件就是这一危机的直接反映。

2. 世界进出口贸易将趋向回升，全球经济活动更加频繁

受国际金融危机冲击，2009年世界贸易总额增速出现了大规模的下滑，随后剧烈波动，2010年和2011年出现回升，2012年和2013年处于较为低迷的状况。预计随着2014年世界主要发达国家增速回升幅度的加大，全球贸易将大幅增长，无论是全球贸易总量增速，还是全球贸易总额增速都将出现较大提升（见图6）。据国际货币基金组织估计，2014年全球货物和服务贸易总量增速将回升到4.5%，比2013年提高1.8个百分点，2015年将进一步提高到5.2%。其中，先进经济体回升趋势更为明显，2014年先进经济体货物和服务进口总量增速将达到3.4%，比2013年提高2个百分点，到2015年将进一步提高到4.1%。随着全球贸易的回升，我国工业品出口增速将加快。一方面是因为全球经济活动更加频繁，带来企业和消费者需求的回升，从而带动我国出口的增长；另一方面是因为美国、日本、欧盟等中国传统主要贸易伙伴的经济回升，使这些国家的进口大幅增长，从而带动我国出口的增长。

3. 全球金融环境将有所收紧，但货币供应总体依然宽松

国际金融危机以后，世界很多国家纷纷降低贷款利率、增加货币供应，提供宽松的货币环境，从而避免经济过度下滑。也正因如此，从2009年到现在，全球经济发展面临着前所未有的宽松环境，很多国家的目标利率和基准利率接近0，为企业融资提供了宽松的条件。2014年全球经济将逐步恢复，而美国等很多国家也在考虑

图6 世界进出口贸易增长情况

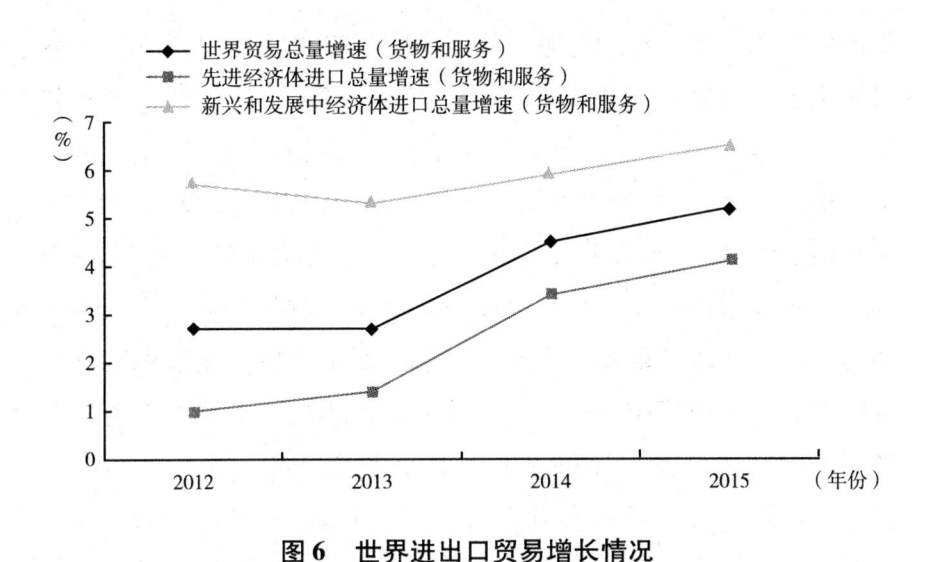

资料来源：国际货币基金组织网站。

准备退出数量放松和零利率货币政策。目前国际市场已经形成较强预期，美国货币政策正面临拐点，而这可能会导致企业资金成本的上升。金融政策具有很强的溢出效应，西方国家的政策调整会对全球经济造成一定影响。然而，预计2014年全球货币环境虽然相比于2013年有所收紧，但总体上依然宽松。

（二）内部环境

1. 工业经济进入"换挡"期

一个国家在工业经济发展的不同阶段，往往需要经历增长动力机制的转换。一般来讲，在经济总量比较低的时期，工业经济增长往往依赖于资本、劳动力等生产要素的扩张；相反，当工业经济达到一定规模，此时生产要素进一步扩张的空间有限，工业增长往往需要依赖于代表技术进步、制度优化的全要素生产率的提高，而这一转换时期被称为经济增长的"换挡"期。长期以来，中国工业经济增长主要依赖劳动力、资本存量的增长，而全要素生产率提高的作用有限。从劳动力数量来看，2011年工业部门从业人员数量相比于1979年增长了2倍多。从工业资本存量来看，1979~2011年工业部门的资本存量增长了近25倍，尤其是2003年以后，中国工业资本存量增长非常迅速，2011年工业资本存量为2003年的4倍。相比之下，全要素生产率从2005年以后，就开始负增长，且负增长的速度越来越快。到了今天，劳动力、资本存量的要素扩张型增长已经面临着巨大的制约，甚至难以为继。我国工业的传统增长动力正在丧失，而新的动力机制尚未很好形成。在这种情况下，推动工业经济增长动力机制转换，实现"换挡"已成为当前工业经济发展中的核心问题。2014年将是中国工业经济"换挡"的关键时期。为促进工业经济的换挡，国家可能重点加强三个方面的工作。一是加强经济体制改革，释放改革红利，通过制度的优化促进工业经济效率的提升。二是加强产业结构调整，通过结构优化改善资源配置，提高工业经济产出。三是促进技术创新，使技术进步成为工业经济增长的核心动力。

2. 产能过剩等结构性问题仍然突出

根据工信部数据，2012年底我国钢铁、水泥、电解铝、平板玻璃、船舶产能利用率分别仅为72%、73.7%、71.9%、73.1%和75%，明显低于国际通常水平。不仅传统产业，而且光伏、风电等战略性新兴产业同样存在着严重的产能过剩问题。目前受出口受阻等因素影响，我国多晶硅生产企业中开工的不足一半。产能过剩会对中国工业的发展造成严重的制约。一是造成工业企业之间恶性竞争，使企业丧失技术创新能力，从而被牢牢锁定于产业链低端，制约工业转型升级。在产能过剩的情况下，很多工业企业为了生存，不得不以低利润，甚至零利润的价格生产和销售大量的产品，很多企业生产规模很大，但企业效益很差。结果就是，大量企业挣扎在生存线上，而无法将更多的资源用于研发投入和组织创新，造成企业丧失可持续发展的能力，从而制约了中国工业的转型升级，削弱了中国工业的国际竞争力。二是降低了工业发展效益，造成社会资源的大量浪费，加大了资源环境压力。各地政府为引进项目，提高财政收入，往往为企业提供程度各异、方式不同的优惠政策，从而破坏了生产要素市场的公平秩序，以致企业在投资时无法根据市场信息做出正确的判断。结果是，各地产业遍地开花、无序发展，产业结构高度趋同。因为生产规模巨大、技术水平各异，缺乏统一、公平的市场竞争秩序，产业的发展往往对环境造成巨大的压力，也造成土地资源、矿产资源、智力资源等的大量浪费。三是加剧了中国经济，乃至全球经济的不平衡发展，导致了大量针对中国制造的反倾销。对于很多产业来讲，中国企业的生产规模已经超过了全球市场的需求，整个世界经济处于不平衡状态。国外企业在价格上无法与中国企业竞争，只能依靠反倾销、贸易壁垒等方式对中国企业出口进行限制。2013年，国家发布了《国务院关于化解产能严重过剩矛盾的指导意见》和《政府核准的投资项目目录（2013年本）》，明确省级政府是化解产能严重过剩矛盾工作的责任主体，并加大了落后产能淘汰力度。根据工信部《分解落实2013年工业行业淘汰落后产能目标任务》，2013年19个工业行业淘汰落后产能涉及企业1400多家（第一批），涉及企业数较多的行业有：水泥527家、造纸274家、铁合金184家、印染132家；涉及企业数较多的省份有：湖南160家、贵州112家、四川109家、山东103家、福建103家。2014年，预计落后产能的淘汰力度将进一步加强。2014年1月，工信部召开落后产能淘汰专题工作座谈会，各省份纷纷制定了落后产能淘汰目标，重点加大了对水泥、平板玻璃等严重产能过剩行业的治理。

3. 全面深化改革将推进工业转型升级

党的十一届三中全会作出了全面深化改革的重大部署，提出了一系列加快工业转型升级的重大改革措施。一是提出了市场要在资源配置中起决定性作用，这将从根本上推动生产要素市场改革。政府对市场进行直接参与，对微观经济运行管得过多、过细，特别是行政审批事项多，严重影响了经济活动的健康运行。目前，我国产品市场的发育程度相对较高，但生产要素市场的发育程度却相对较低，一些生产要素和重要的资源产品价格还没有放开，这固然是因为生产要素市场相比于产品市场更为复杂，发育所需要的条件也更为苛刻，但更主要是因为政府对要素市场的主导造成了要素市场形成了一些难以突破的制度框架，而且这种制度框架自我强化，对市场发育造成了限制。目前，能源、原材料、土地等生产要素的主要供给者均为国有企业，反映了政府对生产要素市场的高度干预。事实上，市场环境的优化必须依赖于尽可能减少政府对市场的直接参与来实现，正如李克强总理所言，"应把错装在政府身上的手换成市场的手"，只要政府仍然在资源配置中占据主导地位，那么生产要素市场改革就不可能完成。提出市场在资源配置中起决定性作用，是下决心减少政府对生产要素市场的干预，从而"加快形成企业自主经营、公平竞争，消费者自由选择、自主消费，商品和要素自由流动、平等交换的现代市场体系"。二是提出了"负面清单"的管理模式，有利于促进资源在不同产业之间的自由流动。为解决过去民营企业在进入生产要素供给行业面临的"弹簧门""旋转门""玻璃门"，进一步提出要制定"负面清单"，规定各类市场主体可依法平等进入清单之外的领域。相比于过去的"正面清单"机制，"负面清单"机制大大拓展了企业投资空间，从法律上对生产要素的自由流动提供了保障，有利于消除很多地区、很多行业中存在的行政垄断、限制竞争、限制进入等问题。三是提出要建设社会主义生态文明,有利于提高工业经济发展的效益。长期以来,很多地区在发展工业时,过度强调经济效益,而对于生态效益强调不足,因此造成工业的粗放式发展。建设社会主义生态文明强调以提高经济增长质量和效益为立足点,纠正了错误的政绩观和错误的发展观,有利于促进中国工业经济增长质量的提升。

三 工业经济运行趋势分析

(一)工业潜在产出增长率和产出缺口变化

对工业潜在产出增长率和产出缺口的测算,有助于理解工业经济运行状态,把握工业经济增长的长期趋势。潜在产出增长率的测算有着很多不同的方法,这些方法分别被不同的研究者所采用,且各自具有不同的优势和不足。本报告将采取趋势消除法和生产函数法两种方式对工业潜在产出进行测算和比较。其中,消除趋势法采取以2000年为基期价格调整后的工业增加值数据,对工业增加值产出取自然对数,并获得工业增加值对数的 HP 趋势值(取 $\lambda=25$),利用函数进行还原处理,进一步计算出工业潜在产出增长率,而利用工业增加值实际值减去工业经济潜在产出,再除以工业潜在产出即可得到产出缺口;生产函数法采用集约式柯布—道格拉斯函数 $y_t = A_t k_t^\alpha$,设资本弹性 $=0.6$[①]并获得全要素生产率,然后对全要素生产率的自然对数进行 HP 滤波处理(取 $\lambda=25$)和 EXP(·)

[①] 对资本弹性的设定采取了经验分析的方法,综合了不同学者对中国资本弹性的测算结果。不同学者对中国资本弹性的测算结果基本一致,例如,张军、施少华(2003)的测算结果为0.6029;郭庆旺、贾俊雪(2004)的测算结果为0.69;郑京海、胡鞍钢(2005)的测算结果为0.6;曹吉云(2007)的测算结果为0.557;李宾、曾志雄(2009)的测算结果为0.6;李宏瑾(2008)的测算结果为0.8136;黄梅波、吕朝凤(2010)的测算结果为0.6749;中国经济增长前沿课题组(2012)的测算结果为0.5。

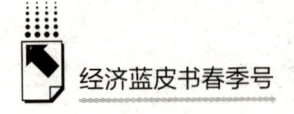

方程还原，获得趋势全要素生产率，进一步计算获得工业潜在产出增长率和产出缺口。

1. 工业潜在产出增长率正逐步下降

趋势消除法和生产函数法能够获得一个相同的结论，那就是近年来工业潜在产出增长率出现了一定幅度的下降。而且从大趋势上看，中国工业潜在产出增长率的下降是从2006年开始的（见图7）。换一句话讲，从2006年开始，中国工业经济事实上已经面临较强的下行压力，只不过是经济上的波动掩盖了这种趋势而已。从两种方法比较来看，消除趋势法获得的潜在产出增长率更为平滑，而这也是因为直接采用HP滤波进行处理后的结果；相比之下，生产函数法获得的潜在产出增长率波动更为剧烈，尤其是2008年突然降低以后，2009年又出现突然提高，而这主要是因为2009年工业领域投资的快速增长导致的。（1）资本存量增长是维持中国工业潜在产出增长的主要因素。从数据来看，1986年以来资本存量的趋势增速就一直快于劳动就业的趋势增速和全要素生产率的趋势增速，成为拉动中国工业潜在产出增长的核心力量。而且，从生产函数关系来看，资本存量增长对工业产出增长的贡献弹性也要高于劳动力就业。但是，中国投资快速增长的同时也带来了资本产出效率的降低，限制了中国工业潜在产出增长率的提高。2002年单位资本的产出为1.25，然而到了2011年下降为0.63，下降了1倍。（2）全要素生产率负增长是导致近年来潜在产出增长率下滑的主要原因。从数据来看，主要是全要素生产率的下滑和劳动就业趋势增速的下滑，尤其是全要素生产率的下滑。从全要素生产率趋势增速来看，2000年以后工业部门全要素生产率的增速开始明显下滑，从2006年以后，全要素生产率出现负增长，这个阶段以后全要素生产率对潜在产出增长率的贡献就开始为负，而这也反映了中国工业规模的扩大并没有真正带来效率的提高。

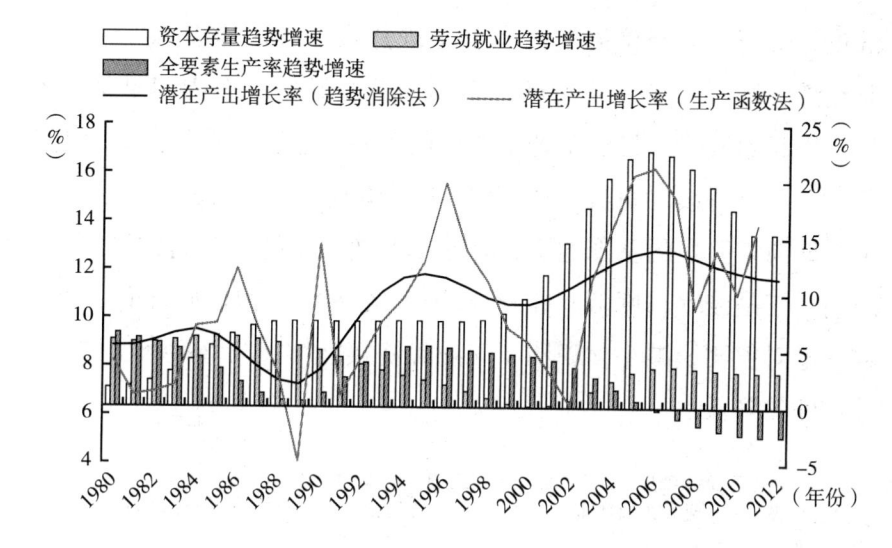

图7　潜在产出增长率的变化趋势及因素分解

注：潜在产出增长率（消除趋势法）、潜在产出增长率（生产函数法）数据对应左边纵轴；资本存量趋势增速、劳动就业趋势增速、全要素生产率趋势增速对应右边纵轴。

资料来源：作者根据统计局数据计算。

2. 近年来产出缺口为负且偏离程度较高

趋势消除法和生产函数法能够得出一个相同的结论，就是近年来产出缺口为负，且偏离程度较高，如图8所示。事实上，2007年和2008年上半年中国工业产出缺口为正值，且偏离度较高，反映了当时经济的过热问题。然而国际金融危机以后，随着外部需求的降低，产出缺口逐渐降低甚至为负，反映了当前经济由过热转向萧条。从两种方法比较来看，两种方法测算的产出缺口变化趋势基本一致，均显示当前产出缺口为负且偏离程度较高。（1）产出缺口变化与工业品出厂价格指数变化具有一致性，进一步证明了产出缺口变化与经济景气度的高度相关性。从历史数据来看，产出缺口较低或者为负的时候，工业品价格指数也通常比较低，当产出缺口较高的时候，工业品价格指数也通常较高。（2）当前中国工业经济正处于新一轮经济周期波谷的下降通道。1979年以来，中国工业经济已经历了几个大的经济周期，其中最后一个周期是从2010年作为起始波峰，目前正处于波谷的下降通道。本轮经济有着两个特点：一是持续时间长，从2010年开始到现在已经过了3年仍处于周期前半阶段的下降通道，是改革开放以来持续时间较长的一次周期；二是波动程度低，相比于20世纪80年代和90年代，产出缺口绝对值明显减小，说明了工业经济实际增速与潜在产出增速离散程度的降低。

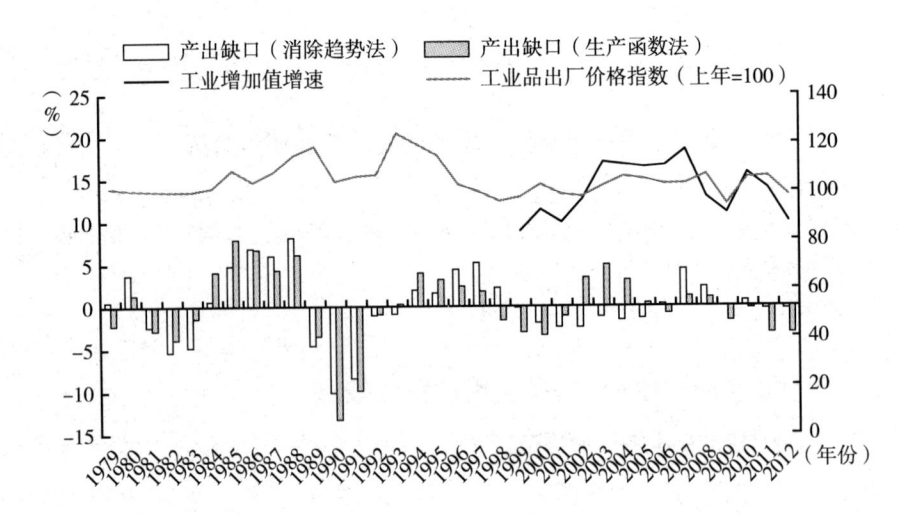

图8 产出缺口和价格指数的变化趋势

注：产出缺口（消除趋势法）、产出缺口（生产函数法）、工业增加值增速数据对应左边纵轴；工业品出厂价格指数数据对应右边纵轴。

资料来源：作者根据统计局数据计算。

（二）2014年工业经济走势预测

潜在产出增长率下降且产出缺口持续为负，已经成为工业经济运行面临的现实压力，然而2014年工业经济运行的实际表现还将受到外部市场环境和国家政策的影响。

1. 工业经济增速相比于 2013 年将略有降低

2014年工业经济增长既面临着良好的外部条件，也存在一些困难。一是世界经济恢复的步伐。当前全球经济，尤其是美国、欧洲、日本等发达经济体经济出现加快回升的势头，而国际货币基金组织因此对全球经济增长做出了较为乐观的预测。事实上，全球经济的恢复还存在一定的不确定性，其中最大的不确定性在于美国财政整顿的影响。财务整顿是美国在2014年应加强实施的重要举措，但美国大规模的财务整顿可能会对全球金融市场造成影响，从而影响全球经济的复苏。如果全球经济能够稳步恢复，则能够对中国工业的增长将提供良好的外部条件，不仅有利于促进工业经济增长，而且有利于促进高新技术产品、机电产品的出口，从而促进中国工业结构的调整。二是中国的房地产政策。房地产一直是中国工业增长的重要拉动力，2013年下半年工业经济增速的回升在一定程度上也来源于房地产投资的拉动。2014年中国的房地产政策将直接影响到房地产投资增速的变化，从而影响工业经济增速。三是国家全面深化改革的推进力度。十八届三中全会提出"市场机制将在资源配置中发挥决定性作用"，意味着在未来一段时期将大力推进社会主义市场经济体制改革。从长远来看，经济体制改革能够释放巨大的改革红利，为中国工业经济增长提供动力。但从短期来看，经济体制改革可能会对当期工业经济增长造成冲击。总之，可以预见的是，2014年中国工业经济发展的内、外部环境将好于2013年，因此中国工业经济增速具有回升的条件，但工业经济能够真正回升，还取决于国家的政策选择。预计2014年全年规模以上工业企业增加值增速与2013年相比将略有降低，维持在9.5%左右，总体上处于可控范围内，为了更好地推进改革，国家可能会适当牺牲工业经济增长速度，加大工业结构调整力度。

2. 工业增长走势将呈现"先抑后稳"态势

从中国社会科学院工业经济研究所工业运行研究室工业经济景

气指数①来看，2014年1~2月的工业经济增速相比于2013年第四季度将出现一定幅度的下行，3月以后随着外需市场的回暖，工业经济增速下行的趋势也将得到缓解（见图9）。然而，2014年工业经济增速在很大程度上还将受到国家政策选择的影响。预计国家在2014年将加大对房地产市场的调控，同时加快推进落后产能淘汰，致力于提高工业发展效益，改变过去那种粗放式增长的发展道路，而这将会对工业经济增速产生一定的影响。因此，在外需市场好转的情况下，2014年工业经济增速仍不会出现较大幅度的回升，而是保持在可控范围内，维持着次高增速的平稳增长。

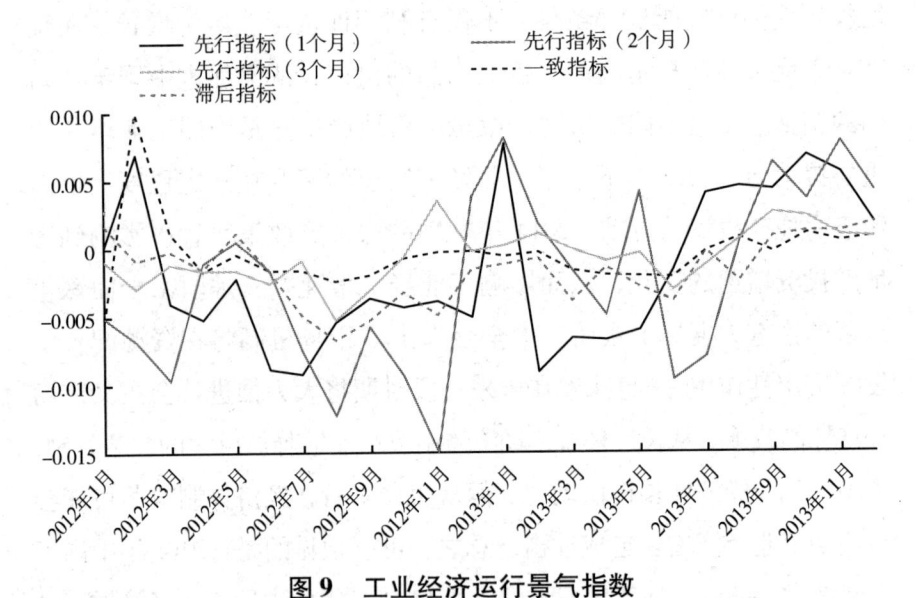

图9　工业经济运行景气指数

资料来源：中国社会科学院工业经济研究所工业运行研究室数据库。

---

① 中国社会科学院工业经济研究所工业运行研究室工业经济景气指标体系中，先行指标主要包括焦炭产量、铝材产量、生铁产量、粗钢产量、乙烯产量等产量类指标，降频处理后的上证综指、深证成指等金融类指标，美国制造业PMI、欧元区制造业PMI等国外景气指数类指标，商品房销售面积增速、房地产开发投资当期资金投入增速等房地产类指标；一致指标主要包括工业增加值、发电量、一般贸易进口额、货物周转量指标；滞后指标主要包括出口额、居民消费价格指数、工业品出厂价格指数指标。

参考文献

黄群慧：《中国的工业大国国情与工业强国战略》，《中国工业经济》2012年第3期。

金碚、原磊：《我国工业经济运行与政策选择》，《求是》2013年第18期。

金碚：《全球竞争新格局与中国产业发展趋势》，《中国工业经济》2012年第5期。

刘世锦：《从增长阶段理解发展方式转型》，《经济研究》2011年第10期。

徐杰、段万春、杨建龙：《中国资本存量的重估》，《统计研究》2010年第12期。

原磊、王秀丽：《宏观政策取向对工业经济影响的模拟分析》，《中国工业经济》2013年第9期。

张军、陈诗一、Gary H. Jefferson：《结构改革与中国工业增长》，《经济研究》2009年第4期。

中国2007年投入产出表分析应用课题组：《基于2007年投入产出表的我国投资乘数测算和变动分析》，《统计研究》2011年第3期。

B.7
现阶段我国产能过剩的特征、发展趋势与政策建议

李 平　江飞涛　李晓萍*

摘　要：

2012年以来，我国工业部门产能过剩问题尤为突出，传统制造业和新兴产业产能普遍过剩。2013年，工业总体产能利用率略有回升，部分严重产能过剩的行业市场需求趋暖，经营情况有所好转，但仍处于较低水平，面临较严峻的产能过剩态势。地方政府在招商引资领域的恶性竞争是导致本轮产能过剩的深层次原因，产业政策上存在缺陷是推动产能过剩形成的重要原因，部分行业国有企业改革滞后加重了产能过剩的严重程度。政府应在建立健全化解和防范产能过剩长效机制的基础上，针对不同行业产能过剩的现状、发展趋势与特征，调整和完善化解产能过剩的分业施策方案。

关键词：

工业部门　产能过剩　发展趋势

---

* 李平，中国社会科学院数量经济与技术经济研究所所长、研究员；江飞涛，中国社会科学院工业经济研究所副主任、副研究员；李晓萍，中国社会科学院数量经济与技术经济研究所博士后。

2012年以来，国内经济增速放缓，国际市场持续低迷，我国工业领域产能过剩问题更加突出。传统制造业产能普遍过剩，特别是钢铁、水泥、电解铝、平板玻璃、船舶等行业尤为突出。在新兴产业领域，多晶硅、光伏电池、风能设备等行业产能过剩亦相当严重。2013年，工业总体产能利用率略有回升，但仍处于较低水平；部分严重产能过剩行业市场需求趋暖，经营情况有所好转，但仍面临比较严峻的产能过剩态势，如不及时化解和调整，将会使部分行业长期陷入难以转型升级的困局，且会引发诸多新矛盾甚至导致经济危机。因而，准确把握当前工业及部分重要行业产能过剩的现状与发展趋势，正确认识现阶段产能过剩的形成原因及机制，优化和调整部分行业化解和治理产能过剩的政策措施，建立健全以市场为主导的化解和防范产能过剩长效机制，是现阶段及未来较长一段时间里推动经济结构调整的重要内容。

一 当前我国工业部门产能过剩的总体特征

2012年以来，我国工业部门产能过剩问题尤为突出。当前的产能过剩不是单纯经济周期性波动导致的产能过剩，而是增长阶段转换与体制机制缺陷共同作用的结果；也不同于以往的结构性、短期性过剩，当前的产能过剩是全面性、长期性的过剩。

2012年7月6日，IMF发布的（中国）国别报告指出，中国正面临严重的产能过剩问题，2011年工业产能利用率只有60%左右，而金融危机前的产能利用率略低于80%。而美国当前与危机高峰期的全工业利用率分别为78.9%和66.8%，这意味着当时中国的产能利用率尚不及美国2008~2009年金融危机高峰期水平。IMF估计工业产能利用率时采用的是生产函数法，而进入21世纪以来中国工业经历了快速资本深化的过程，边际资本产出率随之急

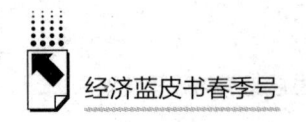

剧下降，采用生产函数法会低估中国工业的产能利用率。

2006年开始，国家统计局通过全国3万多家工业企业网上问卷调查统计计算工业产能利用率，2012年扩大到6.5万家工业企业。根据国家统计局的测算，2013年前三季度工业产能利用率分别为78.2%、78.6%和79.6%，呈现逐季回升的态势，但仍低于2006年建立产能利用调查以来的平均水平80.1%和经济危机之前2006~2007年的平均水平81.8%。中国工业部门产能过剩涉及的行业和领域广泛，呈现全方位产能过剩的新特点。产能过剩涉及的行业非常广泛。钢铁、水泥、平板玻璃、煤化工、造船、工程机械等传统行业产能大量过剩；铜、铝、铅、锌冶炼等有色行业生产形势低迷，产能过剩问题凸显；多晶硅、风电设备等新兴产业领域的产品也出现严重的产能过剩；氮肥、电石、氯碱、甲醇、塑料等化工产品也呈现产能过剩的态势。

中国经济与世界经济进入深度调整期，是导致本轮产能过剩的直接原因，并使得本轮产能过剩呈现长期性的新特征。一是中国国民经济已进入增长阶段转换期，增长动力和经济结构都将面临比较大的调整，许多传统重工业产品需求峰值已经或即将到来，这些行业将在较长一段时间里面临较为严峻的产能过剩态势。中国经济经历了30余年高速增长以后，随着要素成本的上升、环境与资源约束的强化、投资效率的下降和全要素生产率的恶化，以往过度依赖投资拉动、粗放式规模扩张与要素驱动的增长方式将难以为继，经济增长方式将不得不为依赖消费拉动、创新与效率驱动。随着投资对于工业增长拉动的效力逐渐减弱，投资实际增速逐渐下降，钢铁、水泥、平板玻璃、有色金属、普通机床等传统重工业产品需求增速显著放缓，这些行业将会在较长一段时期面临较为严峻的产能过剩态势以及产能调整压力。二是世界经济格局正在发生深远变化，中国传统（低成本）竞争优势正在减弱，传统出口制造业将在很长一段时间内面临产能过剩的压力。世界经济已由危机前的快速发展期进入深度转型调整期，低速增长态势仍将延续；全球需求结构正在发生深刻变化，国际市场需求将长期低迷；而在劳动密集型产品、"两高一资"产品市场，随着劳动力成本、土地成本、资源与环境成本的快速上升，中国低成本优势面临越来越严峻的挑战；第三次工业革命的发展与发达国家的再工业化，将进一步削弱中国制造业的国际竞争优势。因而，中国传统出口制造业将面临长期产能过剩的压力。

二 部分行业产能过剩的现状与发展趋势

1. 钢铁行业

当前钢铁行业呈现产能总量过剩与部分产品结构性过剩的特征。2012年，炼钢产能10亿吨，全年粗钢产量7.2亿吨，利用率仅72%左右，钢铁行业（黑色金属冶炼及压延加工业）销售利润率仅为1.73%，远低于2006年5.3%、2007年5.5%的水平。2013年，全国粗钢产量7.79亿吨，据钢铁工业协会估计全年新增粗钢产能4801万吨，产能利用率回升至75%左右，销售利润率上升至2.22%，高于2012年水平，但仍处于历史较低水平。根据中国钢铁工业协会提供的数据，2014~2015年我国还将有8320万吨产能建成投产。由于中国已进入增长阶段转换期，投资实际增速将逐渐下降，投资对于拉动钢铁产品需求增长的效力亦将逐渐减弱，钢铁需求的峰值或将到来，届时钢铁工业将出现总量绝对过剩。

从产品结构来看，2012年全国板卷轧机利用率为59%，无取向电工钢775万吨，产能利用率为66%，冷轧取向电工钢115万吨，产能利用率为70%。2013年棒材、钢筋等所谓低端产品产能利用率高于80%，达到合理产能利用率水平；而型材、中厚板、热轧宽钢带、电工钢设备等中高端产品产能利用率不足70%，产能过剩矛盾突出。近年来产能投资"淘汰低端、上高端"的趋势尤为显著，高端产品方面将面临更为严峻的产能过剩形势。行业利润的分布也从侧面印证了当前钢铁产能过剩主要是"高端产能过剩"。根据国家统计局的数据，2013年全国钢铁行业盈利2588亿元，其中黑色金属矿采选业利润1050亿元，黑色金属冶炼及加工业利润1305亿元。根据中国钢铁工业协会数据，2013年我国80家重点大中型钢铁企业实现利润228亿元，销售利润率仅0.5%，而这80家企业粗钢产量占到全国的80%，高端产品产能也主要集中在这80家企业。两家机构数据的对比表明，我国生产高端钢铁产品的大型企业产能过剩问题更为突出。

钢铁行业缺乏公平竞争的市场环境，市场通过优胜劣汰机制化解和调整过剩产能的决定性作用难以有效发挥，成为当前钢铁工业化解产能过剩工作中面临的一个突出问题。这主要表现在以下几个方面：国有钢铁企业在环境保护方面受到约束与相应投入强度整体高于民营企业，在劳动者权益保护和社会保障方面整体上也强于民营钢铁企业；国有钢铁企业在以相对低廉的价格获取土地、资本等要素资源与获取政府补贴等优惠政策方面，比民营钢铁企业更具有优势；钢铁产业政策具有显著扶持国有大型钢铁企业、限制民营钢铁企业发展的倾向；地方政府往往保护本地钢铁企业，在本地钢铁企业面临经营困境的时候给予种种帮助。

中国钢铁行业中，国有企业得到更多政策扶持、廉价资本和资源，面临困境时能得到各级政府的扶持和救助，其中经营不善的企业由于体制机制原因难以退出。这既加重了国有企业过度产能投资的倾向，又严重阻碍过剩产能的市场调整，进而加重钢铁行业产能过剩的严重程度。2012年黑色金属冶炼及压延行业，国有独资及国有控股企业资产总额29769.62亿元（见表1），实现利润-213.33亿元，资产利润率-0.71%，而非国有企业资产总额28413.86亿元，实现利润1911.77亿元，资产利润率6.73%。从整体上看，非国有钢铁企业经济效益远高于国有企业。近年来，地方政府对于本地区钢铁企业（尤其是地方国有钢铁企业）的补贴显著增加，2010、2011、2012年35家钢铁上市公司（绝大多数为国有控股企业）获得政府的补贴分别为13.43亿元、30.57亿元和61.46亿元，部分钢铁企业甚至在政府补贴帮助下顺利实现扭亏为盈。

表1 2012年黑色金属冶炼及压延行业企业效益指标对比

	国有企业	非国有企业
资产总额(亿元)	29769.62	28413.86
销售收入(亿元)	24132.48	47426.7
利润(亿元)	-213.33	1911.77
资产利润率(%)	-0.71	6.73
销售利润率(%)	-0.88	4.03

资料来源：国家统计局。

2. 电解铝行业

电解铝行业具有产能总量过剩与区域结构性过剩特征，并呈现向总量绝对过剩发展的趋势。2012年，电解铝产能达2765万吨，产量1988万吨，产能利用率72%，全年仅实现利润9.3亿元；2013年，电解铝产能达到3200万吨，全年产量2205万吨，产能利用率进一步下降至69%，全行业亏损23.1亿元，产能总量呈现严重过剩的态势。西部地区在能源价格优势的基础上，还以配套煤矿资源、廉价土地等优惠政策推动电解铝生产企业大量产能投资，在建产能约有1000万吨，呈现向总量绝对过剩发展

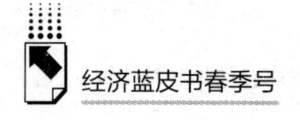

的趋势。

目前，西部地区电解铝生产企业仍具有一定的盈利空间，而中东部地区的部分电解铝生产企业亏损相对严重，表现出区域结构性过剩的特征。中、东部地区严重亏损企业及其产能难以退出，且在转移时面临诸多困难，是当前电解铝行业化解产能过剩过程中面临的突出问题。2010年以来，我国新增电解铝产能90%以上在煤炭、水资源丰富的西部地区，这些地区电力价格远低于中东部地区，新建产能具有很强的成本优势。根据有色金属工业协会数据，近两年，青海电解铝企业的电价为0.35~0.38元/度，电解铝完全成本为10000~11000元/吨；国内电解铝企业平均电价为0.52元/度，电解铝完全成本为16300~16500元/吨；河南电解铝企业的电价为0.64元/度，电解铝完全成本为18600~18900元/吨，因此，河南省电解铝行业亏损尤为严重。河南电解铝企业面临的高电价既有地区能源资源禀赋差异方面的原因，也有电力体制方面的原因，例如，河南省自备发电过网费0.08元/度，而山东省自备电厂过网费仅为0.02分/度。需要进一步指出的是，当前电力体制下，不同电解铝生产企业往往面临不同的政策条件，并因此在电力成本方面面临巨大差异，进而导致不公平的市场竞争环境，不利于市场优胜劣汰机制作用的发挥。

3. 水泥行业

水泥行业主要呈现周期性过剩特征及区域结构过剩的特征，但存在向总量绝对过剩发展的隐忧。2012年，水泥产能达30亿吨，水泥产量为21.8亿吨，产能利用率为72.7%；水泥熟料产能达18.0亿吨，水泥熟料产量为11.8亿吨，产能利用率为71.1%。2013年，水泥与水泥熟料产能分别为31.3亿吨与18.9亿吨，水泥与水泥熟料产量分别为24.1亿吨与13.6亿吨，比上年分别增长

9.6%和5.5%，产能利用率分别为77.0%和72.0%，产能利用率略有回升；水泥行业实现利润765.5亿元，比上年增长16.4%，销售利润率上升0.5个百分点至7.9%，而同期规模以上工业企业销售利润率为6.1%。2014~2016年，水泥市场需求仍可能延续温和增长趋势。根据以上情况可判断，当前水泥行业的产能过剩主要是周期性过剩。从区域来看，山西、新疆、黑龙江、吉林等地区的产能过剩问题更为严重，安徽、江苏、广西、湖北、江西、广东、四川等地区产能过剩情况相对较轻。

据工业和信息化部数据，2013在建、拟建新型干法水泥生产线近300条。新增熟料产能约4亿吨，水泥产能约6亿吨，尤其是西南、西北地区突击上新线，短期建设项目过于集中，水泥行业由周期性过剩向总量绝对过剩发展的风险加大。新建产能的快速增长是水泥行业化解产能过剩过程中较为突出的问题。

4. 平板玻璃行业

平板玻璃行业则具有产能总量周期性过剩与结构性过剩的特征。2012年，平板玻璃产能达到10.4亿重量箱，产量为7.1亿重量箱，产能利用率仅为68.3%。2013年，平板玻璃产能为10.8亿重量箱，产量为7.8亿重量箱，产能利用率上升至72.2%，实现利润45.2亿元，行业销售利润率为6.0%，比上年大幅提高了5.4个百分点。未来三年，随着新型城镇化的推进，普通平板玻璃的市场需求仍有一定增长空间；而节能环保、新一代信息技术、新能源等战略性新兴产业的发展，使得精深加工产品尤其是高端产品将保持旺盛需求。据此判断，当前平板玻璃产能总量上呈现周期性过剩。从产品结构来看，普通平板玻璃产品产能过剩矛盾突出，钢化玻璃、中空玻璃、压延玻璃、防弹玻璃等并无明显产能过剩迹象，超薄超白及在线LOW-E等高端产品由于技术依存度高，产品相对短缺。

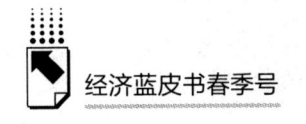

2013年，国内浮法玻璃累计点火新生产线24条，新增产能1.16亿重量箱，增速明显加快；截至2013年末，平板玻璃生产线在建项目48个，生产能力1.7亿吨。而从长期来看，平板玻璃市场需求增长将放缓，随着新增产能的快速增长，总量绝对过剩风险将不断加大。

5. 船舶行业

船舶行业呈现周期性过剩与结构性过剩的特征。2012年，全国造船完工量6021万载重吨，产能利用率为75%。2013年，全国造船完工量4534万载重吨，同比下降24.4%，产能利用率进一步下降。2013年1~11月规模以上船舶企业实现利润252亿元，同比下降13.1%。但需要看到，2013年新接船舶订单6984万吨，同比增长242.2%；截至12月底，手持船舶订单13100万载重吨，同比增长22.5%，市场需求已呈现回暖态势。从长期来看，世界经济经历深度调整后，世界贸易量将重回较快增长轨道，届时世界船舶需求量会稳步回升。因而，当前造船行业的产能具有周期过剩特征。仍需指出的是，世界经济复苏尚需时日，中国船舶制造业还将在较长一段时间内面临严峻产能过剩调整压力。

从产品结构看，目前我国船舶制造业低端船型产能严重过剩，节能环保船型、高端船舶、海洋工程装备产能相对不足，从而呈现结构性过剩的特征。未来较长一段时间内，液化天然气（LNG）船、液化石油气（LPG）船、汽车运输船、客滚船、化学品船，以及节能、减排、安全、环保型主流船舶市场需求相对较好，海洋工程装备特别是浮式海洋工程装备市场前景相对乐观，我国船舶工业产品升级压力将进一步加大。现阶段，融资困难以及在高端船舶国际市场竞争力相对不足，是船舶行业化解过剩产能过程中面临的主要困难。

三 产能过剩形成的体制机制缺陷

1. 体制缺陷背景下，地方政府在招商引资领域的恶性竞争是导致本轮产能过剩的深层次原因

财政分权和以考核 GDP 增长为核心的政府官员考核机制，使得地方政府有强烈招商引资竞争的动机，土地所有权的地方垄断、资源能源等要素价格扭曲、金融体系的软预算约束以及生态与环境补偿机制的缺乏，使低价供地、财政补贴、提供廉价资源、帮助企业获取金融资源以及降低环保要求等措施，成为地方政府招商引资大战的主要手段。正是这种恶性招商引资竞争，导致了系统性的产能过剩。资本密集型产业是地方政府招商引资竞争的重点行业，当这些行业技术壁垒较低或技术壁垒被突破时，就会导致比较严重的产能过剩。这在钢铁、电解铝、造船等传统资本密集型行业以及太阳能光伏产业、风电设备制造业等新兴产业中体现得尤为突出。地方政府对于本地企业的保护和支持，以及国有企业的软预算约束问题，加大过剩产能的退出障碍，严重阻碍市场优胜劣汰机制作用的发挥，使得市场协调供需均衡、调整过剩产能的机制难以有效运转，进一步加剧了产能过剩的严重程度。

2. 产业政策上存在缺陷是推动产能过剩形成的重要原因

在中国战略性新兴产业政策方面，给予新兴产业企业的产能投资和生产环节诸多支持的做法，正是推动太阳能光伏产业、风电设备制造业产能过剩的重要原因。在中国，中央政府产业政策导向，意味着是否发展政策支持的产业以及多大程度发展这些产业将是考核地方政府政绩的重要指标，同时也意味着地方政府为这些产业发展提供各种优惠政策时面临更小的政治风险。这就使得地方在提供各种优惠政策、推动新兴产业发展方面具有强烈的动机。一旦技术壁垒被打破，在地方政府投资优惠政策的作用下，大量新的进入者会涌入这个新兴行业，对于这个行业的产能投资会随之激增。当前，光伏产业出现的严重产能过剩现象以及全行业所面临的危机，正是体制扭曲下地方政府以超乎寻常的热情推动太阳能光伏产业产能投资的结果。从江西赛维、无锡尚德等许多光伏企业的建立和发展过程中，都不难发现地方政府的深度参与。

在钢铁、有色金属冶炼、水泥等行业，"扶持大企业限制小企业"的产业政策，导致大中型企业为获得政策重点支持、小企业为避免被政策限制或淘汰而进行过度产能投资，进而推动过剩产能的形成。政策部门习惯在产能利用率下降、竞争加剧的时候，强化对于中小民营企业的限制与对大企业的保护，这种做法进一步加大了大企业过度产能投资倾向。在投资审批过程中设定比较高的设备规模标准，使得企业在扩产时，不得不脱离市场需求选择大规模设备和生产线；在准入标准中设定比较高的规模标准，则会使得小企业避免被淘汰而进行大规模的产能投资。这些都进一步加深产能过剩的严重程度。

3. 部分行业国有企业改革滞后加重了产能过剩的严重程度

在钢铁、基础金属、化工等竞争性行业，国有企业（资本、产能、产值）比重大，国有企业整体效率与盈利能力远低于非国有企业。而在这些行业中，国有大型企业在获得项目审批、政府补贴等方面能得到更多政策扶持，并能以相对低廉的价格获取资本和资源，面临困境时能得到各级政府的扶持和救助，其中经营不善的企业由于体制机制原因难以退出。这既加重国有企业过度产能投资的倾向，又严重阻碍过剩产能的市场调整，进而加重这些行业产能过剩的严重程度。

此外，国际金融危机以来，加大基础设施建设与刺激家电、汽车等产品消费需求政策，为国民经济的企稳回升起到了极为关键的作用，同时也刺激了相关行业的产能投资。随着政策逐渐退出，基础设施建设投资增速明显放缓，家电、汽车等产品消费增长乏力，原材料工业需求增速也显著放缓。而近年来投资的新建项目不断形成新的产能，加深了相关行业的产能过剩问题。从某种意义上说，上一轮强劲的经济刺激政策加深了本轮产能过剩的严重程度。

四 现阶段治理政策的特征与实施中的问题

2009年9月26日，国务院转发《关于抑制部分行业产能过剩与重复建设引导产业健康发展的若干意见》，指出钢铁、水泥、平板玻璃、煤化工等传统行业产能过剩、重复建设问题突出，并且仍在继续盲目扩张；多晶硅和风电设备等新兴产业也出现了重复建设倾向。该意见将产能过剩形成的原因归结为国际金融危机的冲击与部分行业重复建设、盲目扩张（即归结为"市场失灵"），提出了严格市场准入、强化环境监管、依法依规供地、实行有保有控的金融政策、严格项目审批管理、做好企业兼并重组工作、建立信息发布制度、实行问责制、深化体制改革九个方面抑制产能过剩和重复建设的对策。

2013年10月，国务院印发《关于化解严重产能过剩矛盾的指导意见》（下称《指导意见》），指出当前我国出现的产能过剩主要是国际金融危机以来国内外需求增速放缓与体制机制缺陷共同作用的结果。《指导意见》强调，要按照尊重规律、分业施策、多管齐下、标本兼治的总原则，着力加强宏观调控和市场监管，坚决遏制产能盲目扩张；着力发挥市场机制作用，完善配套政策，分别"消化一批、转移一批、整合一批、淘汰一批"过剩产能；着力创新体制机制，加快政府职能转变，推进产业转型升级。《指导意见》试图通过完善行业管理、强化环保约束、加强土地与海岸线管理、落实有保有控的金融政策、完善和规范价格政策、完善财税支持政策、落实职工安置政策、强化监督检查等措施化解产能过剩。而在建立长效机制方面，《指导意见》认为应当从创新管理、营造公平环境与完善市场机制三个方面着手。从这两个政策表述和与政策措施上的差异，不难看出，政策部门开始认识到体制机制缺陷是导致现阶段产能过剩极为重要的原因，并逐渐认识到建立化解和防范产能过剩长效机制的重要意义。此外，以上两个政策文件均分行业提出有针对性的政策措施。

更为重要的是，采用行政手段治理产能过剩，政策部门必须能对未来市场供需形势、未来市场需求规模与需求结构进行准确预测，否则会带来一系列的问题。现实经济中，政策部门难以及时收集和处理数量巨大的市场信息，也不可能对未来市场进行准确预测。以钢铁工业为例，从20世纪90年代以来，许多政策文件中对未来市场的预测来看，无论长期或者短期预测，均与实际情况存在很大差异，如果这些政策中的控制目标实现，那么将会出现严重的供不应求。政策部门对于市场需求结构预测上的偏差，往往导致在实施产能投资及投资结构控制政策时，超越我国经济发展阶段与企业实际技术能力而片面追求发展高新技术产品和工艺，同时把本来具有市场需求的产能看做落后产业并加以淘汰。再以钢铁工业为例，限制线材、螺纹钢产能等低端产品产能的政策，导致建筑钢材在较长一段时间内供应相对短缺；而近年来产品设备生产能力过剩最为严重的恰恰是中厚板、薄板、H型钢、电工钢等政策鼓励发展的高端品种。

五 以市场为主导的化解和防范产能过剩长效机制的建立

1. 市场经济中的产能过剩与市场化解产能过剩的内生机制

市场经济条件下,产能过剩是一种常态。这是由于现实经济中任何经济主体或部门都不具有关于市场供需的完备信息[①],只能在不完备信息的情形下作出决策,市场不可避免会出现供不应求或产能过剩的情形。市场机制与市场过程的功能恰恰在于发现并充分利用分散在市场中的供需信息,揭示市场中存在的资源错配问题(如供不应求、产能过剩等),进而通过价格机制引导供需调整和产能调节,通过优胜劣汰的竞争机制迫使低效率企业、低效率产能退出市场,从而使市场供需不断趋于动态平衡并实现经济的动态效率。需要进一步指出的是,市场发现资源错配、协调供需平衡、促进经济效率的能力,总是受到市场制度体系完善程度的制约。具体到产能过剩问题上,市场制度体系越完善,市场就能越快、越有效地发现并纠正市场中出现的产能过剩问题。反之,则会使得市场难以及时有效地调整经济体系中的过剩产能,甚至会导致产能过剩矛盾不断加剧且长期难以得到解决。

2. 建立化解与防范产能过剩长效机制的若干建议

建立防范和化解严重产能过剩的长效机制,关键在于深化改革,理顺市场与政府的关系。具体而言,应从以下几个方面着力。

(1)建立公平竞争的市场环境。公平竞争的市场环境是市场

---

① 即不可能具有关于未来市场需求规模、结构、空间分布以及其随时间而变化的准确信息,也不可能具有关于未来市场上都会有哪些生产企业、这些企业的生产能力与成本如何,以及这些企业中谁才是最有效率、最能满足市场需求的准确信息,这些信息只能通过未来市场中经济主体的交易行为和优胜劣汰行为才能揭示出来。

优胜劣汰机制、协调供需平衡化解过剩产能机制、鼓励企业创新与促进产业转型升级机制充分发挥作用的基础，应特别注重公平竞争的市场环境建设。一是调整产业政策。应放弃"扶大限小"以及挑选特定产业、特定企业，甚至特定技术、特定产品进行扶持的产业政策模式，将政策重点转为"放松管制与维护公平竞争"。二是要放松并逐渐取消不必要的审批、核准与准入，让不同所有制、不同规模的企业具有公平进入市场的权利。准入管理应仅限于生态与环境保护、产品与生产安全、劳工权益保护方面。三是制定全面、完善的公平竞争法，切实保障各种所有制企业依法平等使用生产要素、公平参与市场竞争、同等受到法律保护，并将地方政府为本地企业提供损害公平竞争的各类补贴及优惠政策与地方保护主义行为，列入可诉范围。四是要公平税负与社会责任，让不同所有制的企业在税负、社会责任要求方面能得到同等对待。

（2）加快要素市场改革，改变土地等重要资源配置由政府主导的局面，让市场在要素资源的配置中发挥决定性作用。一方面，要重点推进土地制度改革，明晰土地产权，确保公民在土地方面的合法权益不受侵犯，打破地方政府垄断土地市场并以之牟利的体制，改进国家对土地的公共管理职能，建设土地产权的市场化条件；另一方面，应加快推进水资源、矿产资源、能源价格形成机制的市场化改革，使价格能充分反映稀缺程度与社会成本，从根本上杜绝地方政府通过低价提供土地、能源、资源的方式为企业投资提供补贴。

（3）进一步推动金融体制机制改革。硬化银行预算约束、理顺地方政府与银行的关系，通过市场手段提高企业投资中自有资金的比例，降低企业投资行为中的风险外部化问题，弱化商业银行作为国有企业预算软约束支持主体的角色。继续完善商业银行的市场经济体制，逐步实现利率市场化，使利率能真正反映资金的供求关系，使投资者在信贷过程中承担真实的资金成本与风险成本。

（4）调整财税体制。特别是理顺中央与地方之间的利益分配机制，改革以考核 GDP 增长为重点的地方官员考核体制，消除地方政府不当干预企业投资的强烈动机；推动地方财政透明化与民主化改革，避免地方政府为企业投资提供财政补贴。在资源与环境税方面，需要推进有关资源环境的税收制度改革，不仅要将资源环境的成本纳入企业的成本，还要进一步加强相应的监督管理，防止地方政府利用环境保护管理方面的漏洞为企业变相提供优惠政策。

（5）积极推动环境保护体制改革，强化环境监管。加快环境保护的执法机制改革，保障环境保护相关法律法规能得以严格执行，防止地方政府以牺牲环境的方式进行招商引资竞争。尽快建立全国性的钢铁、电解铝、水泥等行业企业污染排放在线监测网络和遥感监测网络，强化严重产能过剩行业的环境监管。同时，制定实施长期稳定和严格的环境政策，与治理产能过剩等产业政策目标相对独立，不能因为产能不过剩就不实施严格的环境保护政策。

（6）建立严重过剩产能过剩行业援助退出与辅助调整升级机制。对于严重产能过剩行业，应在充分尊重市场机制与经济规律的基础上，以不直接干预企业生产经营活动为基本原则，为过剩产能的退出提供援助，并为这些产业的调整升级创造良好的环境并提供必要支持。实施援助退出和辅助调整升级政策，不宜以资方为援助对象、不宜以奖励退出为重点，这种为企业不当投资买单的政策模式，只会鼓励企业的不当投资。援助退出与辅助调整政策的重点在于以下两个方面，一是救济过剩产能调整中的失业人员，对失业人员再就业提供培训、信息服务甚至必要的资助，减少过剩产能调整所带来的社会成本；二是通过提高劳动者技能与支持联合研发创新的方式，促进严重产能过剩行业竞争力提升与结构转型。

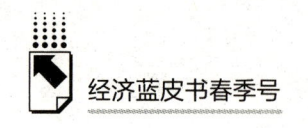

六 分业施策方案的完善与调整

现阶段,应在建立健全化解和防范产能过剩长效机制的基础上,针对不同行业产能过剩的现状、发展趋势与特征,调整和完善化解产能过剩的分业施策方案。

钢铁行业。政策重点放在以下三个方面:第一,构建公平竞争的市场环境。取消钢铁行业不必要的审批、核准与准入,对行业的管制与监管应局限在环境保护与生产安全方面;让不同所有制钢铁企业在税收负担、劳动者权益保护、环境成本承担等方面得到同等对待;制定相应政策法规,严禁地方政府为本地钢铁企业提供损害公平竞争的各类补贴、各类优惠政策以及其他地方保护主义行为。第二,强化对钢铁企业环境监管。通过建立污染物排放在线监测与遥感监测网络,实时监控钢铁企业污染物排放,对于违规排放和超额排放的企业按照相应法规予以严惩。第三,还应促进钢铁企业技术吸收能力和新产品开发能力的提升,将高端产品设备生产能力充分转化为高端产品制造能力。

电解铝行业。应重点做好以下三个方面的工作:第一,为中东部地区电解铝产能的转移与退出创造良好的环境。各级政府应做好调整过程中失业人员的社会保障和再就业工作;对于受影响比较大、经济欠发达的中部市、县,中央财政应予以一定的支持。第二,规范西部地区地方政府招商引资行为,尤其是要严禁地方政府以廉价配套煤矿资源、优惠地价、违规优惠电价等方式吸引电解铝产能投资或承接产能转移,以防造成新一轮产能过剩。第三,应规范和统一自备电厂过网费、基金及政府附加费的征收。当前,不同地区电解铝生产企业自备电厂过网费征收标准不同,例如河南是每度电 0.08 元,山东是 0.02 元;有的地方政府擅自减免基金及政府附加费的征收，从而人为地造成企业间的不公平竞争。

船舶行业。 化解产能过剩中还应注重以下四个方面：一是积极支持船舶制造企业研发，特别是海洋工程装备、高端远洋船型领域关键技术的研究开发，提升企业绿色环保船型的设计与制造能力；二是积极支持技术工人职业技能的培养与提升，高素质的技术工人是船舶产业产品升级、提升国际竞争力的必要条件；三是支持中小船舶企业之间、中小船舶企业与研究机构之间的交流合作和联合研发，支持中小船舶企业技术能力、管理能力的提升，支持鼓励中小船舶企业在内河、近海船型细分市场上形成自身竞争优势；四是积极支持船舶配套企业的研发活动及技术能力的提升，加大高水平的船舶配套设备公共研发平台建设投入，进一步拓展船舶工业的产业链空间。

水泥行业。 当前政策重点应放在以下两个方面：一是加强环境监管。加快污染物排放在线监控体系建设，加强对各水泥生产企业的粉尘、氮氧化物、二氧化硫等污染物的监管，并对水泥企业超额排放污染物行为制定严格的经济处罚标准，对超标排放的企业征收高额罚款或环境税，并严令整改，整改后仍然超标排放的企业坚决关闭。二是鼓励水泥行业相应产、学、研、用各方建立产业创新（技术）联盟，加快新型特种水泥、高性能新品种水泥的开发与应用，以及协同处置城市废弃物工艺的改进与创新。

平板玻璃行业。 化解与防范产能过剩政策的重点在以下三个方面：一是加强玻璃生产中污染物排放的监管，鼓励企业加快提升绿色制造业技术；二是支持玻璃企业技术能力的提升与产品研发，积极支持玻璃生产企业在深加工产品及工艺研发上开展合作；三是积极促进行业协会、企业与相应政府部门的协作，加大投入，加快行业信息（尤其是产能信息）的收集、整理与发布体系建设。

B.8
深化财税体制改革基本路线分析

高培勇*

摘　要： 目前我国的财税体制可以分为财政收入体制、财政支出体制、预算管理体制和财政管理体制四个方面。由于我国现行的税收结构失衡问题突出，间接税收入与直接税收入之比约为7:3，这导致与当前的国内外经济社会形势冲突迭起。目前税收改革应着力于增加直接税。在财政支出改革方面应稳定规模与调整结构并重。而在预算管理改革方面，由于我国政府预算口径大于公共财政预算口径，因此需要建立规范透明的全口径预算管理。在财政体制改革方面，则需要坚守本来意义上的分税制。

关键词： 财税体制　财政收入体制

财税体制，顾名思义，系用以规范政府收支及其运行的一系列制度安排的统称。尽管它所覆盖的内容极为广泛和复杂，但从总体框架着眼，其最核心的内容无非在于如下四个方面：财政收入体制、财政支出体制、预算管理体制和财政管理体制。可简称为"收、支、管、体"。

---

* 高培勇，中国社会科学院学部委员，研究员。

注意到财税体制改革已经成为全面深化改革的重点和重头戏①②，在全面而深刻地理解中共十八届三中全会所通过的《中共中央关于全面深化改革若干重大问题的决定》（以下简称《决定》）基础上，循着上述的四个核心内容，从战略层面系统梳理新一轮财税体制改革的基本路线，无论对于深化财税体制改革，还是对于全面深化改革，都是一项极其重要的工作。

一 税收制度改革：着力于优化结构

在现实中国的财政收入体系中，税收收入是最重要的来源。2013年，税收收入占到全部财政收入的85.6%。因而，《决定》围绕财政收入体制改革的布局是以税收制度的改革为重心的。

回顾一下1994年的税制改革布局，便会发现，那一轮税制改革的一个重要目标是"通过税制改革，逐步提高税收收入占国民生产总值的比重"。③ 与之有所不同，新一轮税制改革的主要着眼点不在于扩大规模，而在于优化结构。

1. 失衡的现行税制结构

中国现行的税制结构是处于严重失衡状态的。这主要通过税收收入结构和税收来源结构表现出来。

表1揭示了2013年中国税收收入结构状况。从表1可以看到，2013年，在全部税收收入中，来自国内增值税、国内消费税、营业税、进口货物增值税和消费税、车辆购置税等间接税收入的占比

---

① 习近平总书记（2013）在《关于〈中共中央关于全面深化改革若干重大问题的决定〉的说明》中已经明确指出，"这次全面深化改革，财税体制改革是重点之一"。
② 李克强总理（2014）在十二届全国人大二次会议上所做的《政府工作报告》中指出，"抓好财税体制改革这个重头戏"。
③ 国发［1993］090号：《国务院批转国家税务总局工商税制改革实施方案的通知》，《人民日报》1993年12月11日。

达到64.2%。若再加上间接税特征浓重的地方其他税种,① 那么,整个间接税收入在全部税收收入中的占比,超过70%。除此之外,来自企业所得税、个人所得税等直接税收入的占比,仅为26.2%。间接税收入与直接税收入之比,大致为70:30。

表1 中国税收收入结构(2013年)

税 种	国内增值税	国内消费税	营业税	企业所得税	个人所得税	进口货物增值税和消费税	车辆购置税	地方其他税种	全部税收收入
收入额(亿元)	28803	8230	17217	22416	6531	14003	2596	10701	110497
占全部税收收入比重(%)	26.07	7.45	15.58	20.28	5.92	12.67	2.35	9.68	100.00

资料来源:财政部网站。

表2揭示了2013年中国税收来源结构状况。从表2可以看到,2013年,在全部税收收入中,由国有企业、集体企业、股份合作企业、股份公司、私营企业等企业所缴纳的税收收入的占比达到90%。

表2 中国税收收入来源结构(2013年)

纳税人类型	国有企业	集体企业	股份合作企业	股份公司	私营企业	涉外企业	个体经济	其他	全部税收收入
收入额(亿元)	15372	1007	600	56456	11619	22992	6558	5339	119943
占全部税收入比重(%)	12.8	0.8	0.5	47.1	9.7	19.2	5.5	4.5	100.00

注:表2与表1全部税收收入数额不同的原因在于,两者的统计口径有差异。表2未扣除出口退税,不含关税、耕地占用税、契税等。
资料来源:国家税务总局收入规划核算司《税收月度快报》,2013年12月。

---

① 包括契税、土地增值税、耕地占用税、城镇土地使用税等。

若考虑到个体经济在一定程度上亦具有企业性质，那么，属于企业性质来源的税收收入占全部税收收入的比重，便超过90%。除此之外，来自居民个人缴纳的税收收入占比，不足10%。企业来源收入与居民个人来源收入之比，可大致归为90∶10。

2. 现行税制结构非改不可

由上述的分析可以看出，我国现行的税制结构以及由此决定的税收收入结构和税收来源结构，具有两个突出特征，一是以间接课税为主体。不仅直接税比重偏低，来自居民个人的直接税比重更低，而且，迄今为止，在现行税制体系中，尚无对居民个人课征的财产税税种。二是以企业来源为主体。除了个人所得税，作为居民个人，除了极少的场合和在间接税的转嫁过程中充当负税人之外，基本上是不直接负有纳税义务的。

这既同国际上的通行税制结构格局迥然相异，也导致与当前的国内外经济社会形势冲突迭起。

就前者而言，从OECD所发布的有关各国税收收入的税种构成情况看[①]，2009年，以OECD国家税收收入作为一个整体，来自一般流转税、特殊流转税和其他流转税等间接税收入的占比分别为27.2%、14.4%和2.6%，合计占比44.2%。来自公司所得税、个人所得税和财产税等直接税收入的占比分别为11.4%、33.7%和11.7%，合计占比56.8%。间接税和直接税收入之比，大致为44.2∶56.8。以此为基础，倘若将间接税和公司所得税视作由企业缴纳，而将其余的个人所得税、财产税等税种视作由居民个人缴纳，那么，在全部税收收入的盘子中，企业缴纳的税收收入和居民个人缴纳的税收收入之比，大致为55.6∶45.4。可以说，OECD国家的税制结构格局，无论是从税收收入结构还是从税收来源结构

---

① OECD, *Revenue Statistics*: 1965 - 2010.

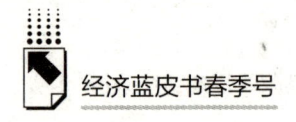

看，都处于比较均衡的状态。

就后者而言，这种严重失衡的现行税制结构，在过去的20年中，特别是这一轮国际金融危机以来，使我们遭遇了一系列的挑战。不妨举几个相对突出的例子。

比如，70%以上的税收收入来自间接税，意味着我国税收收入的绝大部分要作为价格的构成要素之一嵌入价格之中，同商品和服务价格高度关联。在国内，它既可垫高商品和服务的价格水平，又会损害政府控制物价水平的努力。在国际贸易领域，由于中外税制结构的巨大差异，还会因嵌入价格之中的间接税"分量"的不同而带来境内外商品和服务价格之间的"反差"或"倒挂"现象。

又如，90%以上的税收收入来自企业缴纳，一方面意味着我国税收的绝大部分可以转嫁，税收归宿在总体上难以把握，从而模糊政府利用税收调节经济活动的视线。另一方面也说明，我国的税收负担几乎全部压在企业纳税人一方身上，企业税负水平与宏观税负水平之间高度近似。即便税收在经过一系列的转嫁过程后最终要落在消费者身上，即便我国的宏观税负并未达到偏高状态，至少在国民收入初次分配环节，我国企业所承担的税负也往往高于国际一般水平，从而使企业在参与国际竞争中处于不利地位。

再如，来自个人所得税收入的占比仅为5%左右，又几乎没有任何向居民个人征收的财产税，意味着我国税收与居民个人之间的对接渠道既极其狭窄，又只能触及收入流量。这对于政府运用税收手段调节居民收入分配差距，特别是调节包括收入流量和财产存量在内的贫富差距而言，绝对属于小马拉大车，心有余而力不足。

还如，税制结构，说到底，所揭示的是税收负担在社会成员之间的分配状况，实际上是一国税收文明发展程度的体现。人类税制结构的发展史，就是从简单原始的直接税到间接税，再由间接税到发达的直接税的演进过程。其中，主导这一过程的一个最为重要的因素，就是人类对于税收公平和公正的追求。就间接税一边倒且主要依赖企业税收来源的现行税制结构而言，我国当下的税收负担分配既难以提及或体现公平，又同世界第二大经济体的地位极不相称。由此而形成的经济发展水平和税收文明程度之间的巨大反差，在很多场合，已经演化成为种种的矛盾冲突。

诸如此类的例子，还可列出许多。应当看到的是，这种失衡的税制结构格局并非始于今日。它之所以能够维持运行 20 年之久，除了形势尚在变化、矛盾尚在积累，从而可以勉强凑合过日子之外，一个更为重要的原因在于，在以往，对于税收的功能和作用，我们多是拘泥于经济生活领域而定位的。即便能够认识到税收在政治、文化、社会生活等领域同样具有影响，也多半停留于理论分析，而未作为重要着力点落实于税制设计实践。然而，在财政和财税体制被赋予全新的定位、税收要在"优化资源配置、维护市场统一、促进社会公平、实现国家长治久安"等这些事关国家治理的领域发挥作用之后，现行税制结构便到了非改不可的地步了。

3. 以增加直接税为主要着力点

税制结构的优化，自然要针对其"软肋"下手。故而，其着力点要放在增加直接税性质的税、增加居民个人缴纳的税上。具体而言，即是在稳定既有税负水平的条件下，逐步降低来自间接税的税收收入比重，同时相应增加来自直接税的税收收入比重，从而变间接税一边倒为间接税与直接税相兼容。逐步降低来自企业缴纳的税收收入比重，同时相应提升来自居民个人缴纳的税收收入比重，从而变基本上由企业"独挑"税负为由企业和居民个

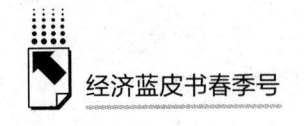

人"分担"税负。

注意到增加直接税即是增加居民个人缴纳的税，增加居民个人缴纳的税也就是增加直接税，两者又可以统一于增加直接税。于是，《决定》开宗明义地将税制结构优化方向界定为"逐步提高直接税比重"。

问题是，究竟该怎样逐步提升直接税比重呢？

直接税比重的逐步提高，是要以"稳定税负"为约束条件的。所以，直接税比重的逐步提高应当也必须以间接税比重的逐步减少为前提，两者宜同步操作，彼此呼应。

迄今为止，围绕逐步减少间接税比重的最主要举措，就是"营改增"。通过"营改增"所实现的减少间接税效应，至少有"三部曲"：

第一步，始自上海的所谓"1+6"（交通运输业+6个现代服务业）方案也好，目前正在全国推行的所谓"1+7"（交通运输业+6个现代服务业和广播影视服务）方案也罢，都是具有极大减税效应的改革。按照迄今为止的减税实际效果，一年的减税额可达2000亿元左右。

第二步，从2014年起，"营改增"又将在"1+7"基础上扩展至铁路运输和邮政服务，并且，按照最迟在"十二五"结束之时将"营改增"推广至全国所有行业的计划，届时一年的减税规模可达到5000亿元左右。

第三步，在"营改增"全面完成之后，按照《决定》的部署，将进一步"推进增值税改革，适当简化税率"。通过简化税率，一方面求得税率级次的减少，另一方面，也是更重要的，税率级次的简化肯定意味着税率的相应下调，从而进一步降低增值税税负水平。根据2012年的统计数字初步计算，增值税标准税率每下调一个百分点，将减税2000亿元。再加上附着于增值税之上的城镇建设税、教育费附加和地方教育费附加，减税额度会达到2200亿元左右。倘若增值税标准税率下调2个百分点，那么，整个"营改增"和增值税改革实现的减税规模可能达到9000亿元左右（楼继伟，2013）。

以9000亿元左右的间接税减少规模计，直接税比重的增加便拥有了相应的空间，从而为开征以房地产税和建立综合与分类相结合的个人所得税制为代表的旨在提高直接税比重的操作铺平道路。

其一，逐步建立综合与分类相结合的个人所得税制。从现行对11个征税所得项目实行不同的计征办法分别征税逐步过渡到对大部分的征税所得项目实行统一的征税办法综合计税，对于个人所得税收入规模绝对是一种增税效应，而非减税效应。

其二，加快房地产税立法并适时推进改革。从现行对居民个人所拥有的房地产在存量环节基本不征税逐步过渡到对居民个人拥有的房地产在存量环节征税，即便会同时伴随有整合流转环节房地产税费的操作，也绝对属于一种增税而非减税措施。

其三，择机开征遗产和赠予税。作为财产税系的一种，遗产和赠予税是针对纳税人的财产转让行为征收的。它的开征，系从无到有的操作，自然也可归入增税之列。

无论是个人所得税，还是房地产税，或是遗产和赠予税，其属性都属于直接税，且都属于以居民个人为纳税人的直接税。这三个税种变化所带来的直接税收入的增加，显然具有逐步提高直接税比重之效。

二 财政支出改革：稳定规模与调整结构并重

说来颇具戏剧性，无论是在国务院围绕1994年财税体制改革所颁发的各种文件中，还是在对新一轮财税体制改革作出系统部署的《决定》中，都没有专辟章节专门论及财政支出改革，我们只能从相关问题的阐释中迂回地分析其中所蕴涵的财政支出改革。但这并不意味着财政支出改革不重要或不如其他方面内容的改革重要，恰恰相反，作为政府收支活动规模及其方向的集中反映，作为政府财政活动的最基本的线索，围绕财政支出线索上的改革，历来居于重要地位。只不过，有关它的改革内容，主要是通过与财政收入之间的相互作用和密切联系而得以引申的。比如，1994年的财税体制改革，虽然主要目标之一在于增加收入，但引申一步说，增加收入的目的又在于增加支出。故而，也可以说，在那一轮财税体制改革中，围绕财政支出线索上的改革取向即在于增加支出规模，以此增强中央政府的宏观调控能力。

不过，同1994年的财政支出改革取向有所不同，在经历了长达20年财政收支规模魔幻般的持续增加之后，新一轮财政支出改革的主要着眼点，不在于扩大规模，而在于稳定规模和优化结构。这可以分别来说。

1. 进入相对偏高状态的宏观税负

按照目前有账可查且可以查到的统计文献计算（见表3），2013年，我国公共财政预算口径下的全国财政支出为139744亿元，占GDP的比重为24.56%。若以此作为测度宏观税负水平的标尺并仅就此而言，[①] 在今天的世界上，我国的宏观税负水平并不高。若同我国的经济发展水平相联系，则至多属于适中水平。

[①] 宏观税负水平通常可从两个角度测度，一是财政收入占GDP的比重，二是财政支出占GDP的比重。在财政收支大致平衡的条件下，两者之间差异不大。但在财政发生赤字或赤字规模较大的情况下，两者就会出现差异甚或很大的差异。在我国，由于财政收支不等于政府收支，故而，还有从政府收入和政府支出分别占GDP的比重测度宏观税负水平的必要。

表3　中国政府支出规模与结构情况（2013年）

项目	支出额（亿元）	占政府支出的比重(%)	占GDP的比重(%)
公共财政支出	139744	63.69	24.56
其中:中央支出	20472	9.33	3.60
地方支出	119272	54.36	20.96
政府性基金支出	50116	22.84	8.81
其中:政府性基金支出(不含土地)	9516	4.34	1.67
国有土地出让收入安排支出	40600	18.5	7.14
社会保险基金支出	27913.31	12.72	5.77
国有资本经营支出	1641.51	0.75	0.29
其中:中央国有资本经营支出	1083.11	0.49	0.19
地方国有资本经营支出	558.4	0.26	0.10
全部政府支出	219414.82	100.00	38.56

注：公共财政支出和政府性基金支出系决算数，社会保险基金支出和国有资本经营支出系预算数。

资料来源：财政部国库司《2013年财政收支状况》，财政部网站；财政部《关于2012年中央和地方预算执行情况与2013年中央和地方预算草案的报告》，《经济日报》2013年3月19日。

复杂的问题在于，在当前的中国，政府的支出并非限于公共财政支出。除此之外，政府还有其他类别、列在其他预算项下的支出，如政府性基金支出、社会保险基金支出、国有资本经营预算支出。若将这些支出加入其中，从而算全口径政府支出规模的大账，则在2013年，全部政府支出为219415亿元，占GDP的比重为38.56%。若以此作为测度宏观税负水平的标尺并就此而论，那么，在今天的世界上，我国的宏观税负水平就不能算低了。若再同我国的经济发展水平联系起来，特别是在将目前相对落后的财政支出管理水平引入视野之后作更为细致的比较，则绝对属于相对偏高状态了。

更进一步看，目前这样的支出规模，不仅是以往若干年间始终保持持续增长态势的结果，而且还是在将控制支出规模作为一个重要目标加以追求之后所呈现的结果。从2004～2013年的10年间，全国财政支出规模从28486亿元增加至139744亿元，增加了近4倍。其占GDP的比重从16.51%增加至24.56%，增加了8.05个百分点。全部政府支出规模从48217.23亿元增加至219414.82亿元，增加了3.6倍。其占GDP的比重从30.16%增加至38.56%，增加了8.4个百分点。注意到这些年我们实际上已经对支出规模的扩张势头有所警惕，特别是在2007年正式提出了"逐步提高居民收入在国民收入分配中的比重"的目标，然而，事实上，无论是财政支出还是政府支出，其规模及其占GDP的比重非但没有下降，反而一再上扬。即便在2013年经济和财政收入增速双双下滑的背景下，也是如此。

这说明，在当前的国情背景下，控制政府支出并非易事。

2. 以"稳定税负"求得稳定支出

但是，不管怎样，鉴于我国现实的宏观税负水平已经处于相对偏高状态，也鉴于我国的国民收入分配结构近些年已经发生了越来越向政府一方倾斜的变化，更鉴于政府支出规模过大不利于经济结构调整和经济持续健康发展的事实，可以立刻确定的一点是，控制政府支出这件事终归要做，而且必须立即着手去做。

不过，终归要做也好，立即着手去做也罢，都不意味着可以"蛮干"。在深刻把握政府支出运行规律的基础上，寻求一个切实可行、确有实效的行动路线显然特别重要。正是出于这种考虑，"稳定税负"作为新一轮财税体制改革的重要目标，被正式写入了《决定》之中。不难体会，稳定税负的目的，当然是稳定支出。由稳定税负入手，求得稳定政府支出规模，以此达到控制政府支出规模的目标，这在新中国的历史上，至少在改革开放以来的35年中，是开天辟地头一回。

它意味着，即便控制政府支出会遭遇到一系列很难跨越的困难，即便事实上政府支出规模难以压缩，我们还是可以找到一些办法的。只要能够控制住政府支出的增幅，只要能够稳定住既有政府支出规模及其占GDP的比重，并使其不再进一步扩大或提升，政府支出规模的控制，便不是可望而不可即的，而是有可能实现的。

3. 向民生领域支出倾斜

除了支出规模的控制之外，另外一个需要我们关注的问题，那就是支出结构。

我国现实的政府支出结构颇不均衡。对照OECD的分类方法对我国的政府支出重新分类，可以得到表4。从表4可以看到，虽然仅以公共财政预算支出计算的投资和建设性支出比重已经有所下降，但若将以国有土地出让收入为主体的政府性基金预算支出等所形成的支出计算在内，全部政府支出口径下的经济建设性支出（包括经济事务、住房和社区设施）占比为38.6%。这一比重，不仅远远高于OECD成员国中发达国家10%左右的水平，也高于同样具有从计划经济向市场经济转型特点的匈牙利、捷克和波兰等所谓"转型三国"14.72%的水平。与此同时，我国用于社会福利性支出（包括医疗卫生、社会保障就业、教育等）的比重为40.51%。这一比重，又较OECD成员国60%～70%的一般水平至少低了20个百分点。

经济建设性支出比重的偏大，意味着我国对于民生领域的投入仍处于不足或欠账状态，也意味着政府沿袭多年的通过扩大投资和上项目发展经济的思路亟待调整。所以，在国内外经济形势已经发生重要变化、新一届党中央领导集体治国理政思路已经做出重大调

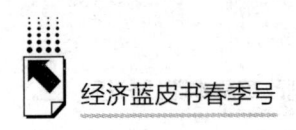

表4 中国政府支出结构与OECD国家的比较

单位：%

支出分类	中国	美国	法国	德国	英国	日本	北欧三国	转型三国
基本政府职能支出（一般公共服务、国防、公共安全、环境保护）	20.81	29.03	20.7	19.99	23.1	19.8	18.37	22.6
经济建设性支出（经济事务、住房和社区设施）	38.67	11.94	9.38	11.36	8.76	11.56	9.32	14.72
社会福利性支出（医疗卫生、文化体育传媒、教育、社会保障就业）	40.51	58.78	70.08	68.84	67.92	69.03	72.36	62.73

注：1. 北欧三国分别为瑞典、丹麦和挪威。转型三国分别为匈牙利、捷克和波兰。在合并时均采用了先计算各国财政支出比重，然后简单平均计算的方法。

2. "中国"数值系将中国2012年公共财政支出决算数据按照OECD的分类方法重新分类，使之能够进行比较。

资料来源：转引自高培勇、杨志勇主编《中国财政政策报告2013～2014》，载《将全面深化改革落到实处》，中国财政经济出版社，2014。

整的背景下，新一轮财税体制改革应当也必须确立的一个基本目标是：在稳定政府支出规模的同时，真正摒弃以扩大政府投资和建设支出换取经济增长的传统思维定式，并做出向民生领域支出倾斜的政策抉择。

三 预算管理改革：实现真正的"全口径"

1. 一个"老大难"问题

在前面的讨论中，一再地触碰到一个相当棘手的"老大难"

问题。当讨论财政支出改革的时候，我们总是要小心地区分财政支出和政府支出两个概念。当围绕税收制度改革而探究税收负担问题的时候，我们也总是要特别小心地操用小口径税收负担、中口径税收负担和大口径税收负担的概念而试图分别加以论证。本来一件再寻常不过的事情之所以搞得如此复杂，与我国当前的特殊国情有关——"财政收支"或称"预算收支"不等于"政府收支"。

之所以将其归为"老大难"问题。是因为，它至少可以追溯到20世纪90年代。许多人都清晰地记得，朱镕基总理曾经将当时的政府收入格局描述为"费大于税"——来自非规范性的各种收费的收入多于来自规范性的税收收入。[①] 并且，操用了"民怨沸腾、不堪重负"的言辞加以严厉抨击。正是在这种背景下，中国启动了先是称为"费改税"后来又改称为"税费改革"的一场声势浩大的改革。

人们应当更清晰地记得，以"费改税"和"税费改革"为基础，2003年10月，为了从根本上解决"财政收支"不等于"政府收支"的问题，实现政府收支行为及其机制的规范化，中共十六届三中全会又正式提出了"实行全口径预算管理"的改革目标。从那以后，在10年多的时间里，先后推出了一系列的调整、整合动作，甚至逐步形成了公共财政预算、政府基金预算、社会保险预算和国有资本经营预算四类预算的现实格局。但是，脱出表面现象的局限而深入其实质功效层面，所看到的结果是令人沮丧的。

很有必要花些功夫对四类预算作更细致一点的评估。评估的标准主要有两个：可否审批？能否统筹？

公共财政预算，亦称一般收支预算，这类收支有统一的制度规

[①] 按照1996年的统计数字，包括规范性和非规范性在内的全部政府收入相加，可以占到GDP的30%。其中，税收收入的占比不过1/3多一点（高培勇，1997）。

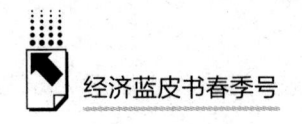

范，须接受并通过各级人民代表大会的审议、批准，且可在各级政府层面统筹使用。故而可归为规范性程度最高的政府预算。

基金收支预算，虽在名义上纳入了各级人民代表大会的视野，但在现实中被视作相关部门的"私房钱"。其收支的运作，既不需通过各级人民代表大会的批准程序，也不可能在各级政府层面做统筹安排。故而充其量只能算作"备案"性的审议，在规范性程度上可排在第二位。

社会保险基金预算，虽有相对规范的收支内容、标准和范围，并实行专款专用，但其编制和执行的主导权并非财政部门，且仅限于向各级人民代表大会报告而无需经过批准程序，故而亦属于"备案"性的审议范畴，在规范性程度上可排在第三位。

国有资本经营预算，一方面，进入预算视野的范围仍限于部分国有企业，而且上交预算的国有企业利润比例远低于国际通行水平。另一方面，即便上交的部分，也在国有企业内部封闭运行。故而至多可算作打了较大折扣的"备案"性审议，其规范性程度最低。

由此可见，一旦以可否审批、能否统筹作为试金石，潜藏在现实预算格局下的种种污垢便会一一浮出水面。所谓全部收入纳入预算管理、基本取消预算外资金，在很大程度上，不过是形式上的光鲜。由表5和表3可以看到，2013年，以收入而论，在包括上述所有四类预算收入的盘子中，公共财政预算收入所占的比重，为61.89%。其余的三类预算收入所占比重加总，高居38.11%左右。公共财政预算收入和其他预算收入之比，大致为62∶38。以支出论，在包括上述所有四类预算支出的盘子中，公共财政预算支出所占的比重，为63.69%。其余的三类预算支出所占比重加总，亦高居36.31%。公共财政预算收入和其他预算支出之比，大致为64∶36。

表5　中国政府收入规模与结构情况（2013年）

项目	收入额（亿元）	占政府收入的比重(%)	占GDP的比重(%)
公共财政收入	129143	61.89	22.70
其中：税收收入	110497	52.95	19.42
非税收入	18646	8.94	3.28
政府性基金收入	52239	25.03	9.18
其中：政府性基金收入（不含土地）	10989	5.26	1.93
国有土地出让收入	41250	19.77	7.25
社会保险基金收入	32828.78	15.73	5.77
其中：财政对社会保险基金的补贴	7180.31	3.44	1.26
社会保险基金净收入	25648.47	12.29	4.51
国有资本经营收入	1641.51	0.79	0.29
其中：中央国有资本经营收入	1083.11	0.52	0.19
地方国有资本经营收入	558.4	0.27	0.10
全部政府收入	208671.51	100.00	36.67

注：公共财政收入和政府性基金收入系决算数，社会保险基金收入和国有资本经营收入系预算数。

资料来源：财政部国库司《2013年财政收支状况》，财政部网站。

这意味着，当前中国的政府收支规模，真正纳入"全口径"预算管理视野或完全处于"全口径"控制之下的比重，较之20世纪末实行"费改税"之前的水平，虽有所改善，但并未根本解决问题。距离政府收支行为及其机制规范化的目标，还有相当长的一段路要走。

2. 一再遭遇的难题

这种不规范的预算格局，使我们一再地遭遇各种很难跨越的解题。时至今日，我国尚无全面反映政府收支规模及其占GDP比重的统计指标。在所谓财政收支的名义下，每年的政府预算所能揭示的，仅仅是公共财政预算收支的规模及其占GDP的比重。也正是出于上述的原因，对于我国宏观税负水平的判定，至今仍无一个相对清晰且为人们所能接受的标准。此其一。

即便按照扣除国有土地出让收入之后的口径计算，2013年，政府收入占GDP的比重仍旧高居30%上下。尽管政府财力总额不能算少，尽管财力的性质完全相同，但由于分属于规范性程度不同的预算，由此既造成了政府财力使用上的分散和浪费，也在财力紧张的表面现象下潜藏了政府收入不断扩张的现实内容，甚至为地方政府性债务规模的不断膨胀提供了"口实"。此其二。

虽然形式上实现了预算对全部政府收支的覆盖，在表面上将所有的政府收支都关进了预算笼子，但实质上对于不同预算的政府收支操用的是不同的管理标准和管理规范，因而本属同一性质、名义上都"姓公"的政府收支被分割为若干块儿分属于不同政府部门，"私房钱"便具有了可能性。事实上，"私房钱"在运行过程中被不同程度的"改姓"，甚至用于谋取相关政府部门既得利益项目的情形，并不鲜见。此其三。

既然不能将所有的政府收支纳入统一的制度框架，各级人民代表大会对政府预算进行的审批只能是"区别对待"式的。既然不能将全部的政府收支关进"统一"的制度笼子，本属于同一性质的各种政府收支的运作也就会"政出多门"。毋庸讳言，建立在如此基础之上的政府预算，当然谈不到全面规范，更难以做到公开透明。此其四。

3. 先规范，后透明，以透明倒逼规范

经过了长达十几年的改革进程仍未能真正实现改革的目标，而且，非规范化的政府收支格局还有趋于常态化的倾向，围绕政府预算管理的改革之所以走到了这步田地，固然可做多方面的反思，但是一个不容回避，也回避不了的根本原因是，预算管理体制改革触动的是政府部门的既得利益。

认识到阻力主要来自政府内部的既得利益格局是预算管理改革的关键，《决定》在建立"透明预算"的基本目标下，部署了"改进预算管理制度。实施全面规范、公开透明的预算制度"的改革行动路线。

这一部署很有启示意义。

"透明预算"，无疑是现代财政制度的一个重要特征，当然也是国家治理体系和治理能力现代化的题中应有之义。但问题在于，预算的"公开透明"是以预算的"全面规范"为条件的。这就如同"丑媳妇见公婆"的道理，即便终归要见，但经过一番梳洗打扮之后再去见总比急匆匆不加任何准备地去见，效果要好。在政府预算管理格局颇不规范的情况下，一味地强调透明甚至勉强地实行透明，将各种非规范性政府收支的"乱象"一下子暴露在大众视野之下，其所产生的反响可想而知。因而，政府预算的公开透明不可一蹴而就，也不能急于求成，只能在打好了全面规范的基础上方可实施。作为新一轮预算管理体制改革的第一步，就是以全口径预算管理为基本目标，以将所有政府收支关进"统一"的制度笼子为重心，全面规范政府的收支行为及其机制。也即是说，在改革战略上，先规范、后透明，应当是一个基本行动路线选择。

不过，先规范、后透明也不是绝对的，并不意味着眼下可以将"透明预算"的目标搁置起来，只盯着全口径预算管理，一切等政府收支行为及其机制规范好了再说。实际上，规范和透明之间是互相联系、彼此作用的统一体。离开了规范的前提，固然透明难以实现。但脱离了透明的压力，规范亦难以有足够的动力。所以，在实际的操作中，又可以以透明倒逼规范，在两者的联动中，全面推进全口径预算管理目标的实现。

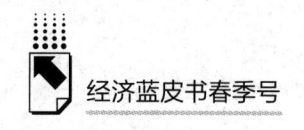

四 财政体制改革：坚守本来意义的"分税制"

1. 现实的中央财政和地方财政平衡状况

对于当前我国财政管理体制存在的问题，社会上颇有微词。不过，由于观察问题的角度不同，也许是知识背景的差异所致，人们围绕问题所作出的原因归结多不得要领，并未击中问题的要害。流传甚广的关于"中央政府集中了60%的收入，却将80%的职能推给地方政府"的说法，便是一个具有代表性的例子。且不说如此说法并不符合现实，即便现实的确如此，也肯定是不能长久维系下来的。

那么，问题究竟出在什么地方？

可以由中央财政和地方财政平衡状况的分析入手。

先看中央财政的平衡状况。可以暂且搁置收入一方，而专盯支出。2012年，中央财政支出总共64332.42亿元。它分成三块儿：第一块儿数额很小，是补充中央稳定调节基金支出，184.15亿元，占比为0.29%；第二块儿数额最大，是对地方税收返还和转移支付支出，45383.47亿元，占比为70.55%；第三块儿是中央本级支出，18764.8亿元，占比为29.16%。这就是说，中央财政支出的盘子中，中央本级支出仅占30%左右。换言之，中央财政所集中的收入，仅有30%左右用于自身的支出。

再转过头来看地方财政的平衡状况。可以暂且搁置支出一方，而专盯收入。2012年，地方财政收入（连同中央代发债券收入）总共108960.8亿元。它分成三块儿：第一块儿数额不大，是地方财政收支差额，也就是中央代发债券收入，2500亿元，占比为2.3%；第二块儿，是中央对地方税收返还和转移支付，45383.47亿元，占比为41.65%；第三块儿是地方本级收入，61077.33亿元，占比为56.05%。这就是说，地方财政支出的盘子中，由地方本级收入所弥补的比例，仅占55%左右。换言之，地方财政所花费的支出，仅有55%依靠的是自己组织的收入。

将中央财政平衡关系和地方财政平衡关系对接起来，不难发现，在当前的财政管理体制运行格局中，真正需要关注的问题，是中央财政收支和地方财政收支平衡关系的"双失衡"。在中央财政那里，虽然集中的收入规模很大，但发生在本级的支出仅占30%，所占比重高达70%的支出要落实在地方。在地方财政那里，虽然支出规模很大，但由自身收入来源弥补的支出仅占55%，所占比重高达45%左右的支出，要依赖于中央财政的转移财源。

作为这种双失衡状态所导致的一个必然结果，就如普通家庭过日子，只要收入来源具有不确定性，只要收支之间的平衡相当程度上要依赖外援，只要"埋单者"和"请客者""点菜者"非同为一人，那样的日子肯定是不安稳的日子。由普通家庭日子的不安稳引申至中央和地方财政日子的现实窘境，可以认为，无论是当前的中央财政体系，还是当前的地方财政体系，都难言"健全"二字。

接踵而来的问题在于，处于双失衡状态之下、有欠健全的中央和地方财政体系格局，是不是我们所想要的分税制财政体制？或者，还算不算是分税制财政体制？

2. 曾经的分税制改革目标

从1994年迄今，我国的财政体制一直以分税制财政体制冠名。毋庸赘述，将"分税制"作为财税体制的前缀，至少表明，我国的财税体制是以分税制作为改革方向或建设目标的。也毋庸讳言，"分税制"所对应的是"分钱制"，是将"分钱制"作为其对应面来设计的。

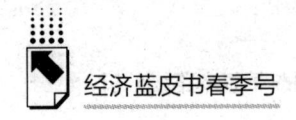

从《国务院关于实行分税制财政管理体制的决定》[①]中可以看到，与我们曾经经历过的以统收统支、财政大包干为代表的"分钱制财政体制"安排有所不同，本来意义上的"分税制财政体制"至少具有"分事、分税、分管"三层含义。

所谓"分事"，就是在明确政府职能边界的前提下，划分各级政府间职责（事权）范围，在此基础上划分各级财政支出责任。

所谓"分税"，就是在划分事权和支出范围的基础上，按照财权与事权相统一的原则，在中央与地方之间划分税种，即将税种划分为中央税、地方税和中央地方共享税，以划定中央和地方的收入来源。

所谓"分管"，就是在分事和分税的基础上实行分级财政管理。一级政府，一级预算主体，各级预算相对独立，自求平衡。

3. 问题出在"分税制"走样了

对照分税制财政体制的上述含义，不难发现，在过去的20年中，经过一系列的所谓适应性调整，现实的财政体制运行格局已经出现了偏离"分税制"而重归"分钱制"的迹象。

第一，分税制财政体制的灵魂或设计原则，就在于"财权与事权相匹配"。然而，在"财权"和"事权"始终未能清晰界定的背景下，绝对属于颠覆性的调整变化发生了：先是"财权"的"权"字被改为"力"字，从而修正为所谓"财力与事权相匹配"。由于财力和事权分别处于"钱"和"权"两个不同的层面，现实中的操作便如同分居在不同楼层的两个人的联系方式，除非一个人跑到另一人的楼层，否则只能隔空喊话或借助通讯手段。因而，财力与事权之间的匹配方式很难规范化。后来，又在预算法的修订中以"支出责任"替代"事权"，从而，名义上的"财力与事

[①] 《人民日报》1993年12月15日。

权相匹配"演化成了事实上的"财力与支出责任相匹配"。问题在于,"财力"指的是"钱","支出责任"无疑指的也是"钱",由两"权"层面上的匹配退居为两"钱"层面上的匹配,虽可说是迫于现实条件的一种不得已的选择,但终归是从分税制财政体制基点的倒退之举。

第二,将现行税制体系中的18个税种划分为中央税、地方税和中央地方共享税,本是分税制财政体制的一个重要基石。基于当时的特殊背景,1994年财税改革的主要注意力放在了中央税和中央地方共享税建设上。在此之后的调整,并未适时实现主要注意力向地方税建设的转移。一方面,2002年的所得税分享改革,进一步添增了中央地方共享税收入占全部税收收入的比重。另一方面,始自2012年上海试点、眼下已经向全国扩围且要在"十二五"落幕之时全面完成的"营改增",又将属于地方唯一主体税种的营业税纳入了中央地方共享税——增值税——框架之内。尽管如此的操作有其必要性,系事关财税体制改革的重要步骤,且同时伴随以相应的财力补偿性措施,但一个直接的不可回避的结果是,地方税体系被进一步弱化了,唯一的地方税主体税种被撼动了,地方税收收入占全部税收收入的比重进一步下降了。

第三,分税制财政体制的另一个重要基石,是在"分事""分税"的基础上实行分级财政管理。作为一级政府财政的基本内涵,就在于它必须有相对独立的收支管理权和相对独立的收支平衡权。但是,这些年来,随着中央各项转移支付规模及其在全国财政收支规模中所占比重的急剧增长和扩大,不仅地方财政可以独立组织管理的收入规模及其在地方财政收入中的占比急剧减少和缩小,而且地方财政支出的越来越大的份额依赖于中央财政的转移支付。在某种意义上,为数不少的地方财政已经沦落为"打酱油财政"——花多少钱,给多少钱。倘若此种格局长期化,甚至于体制化,那

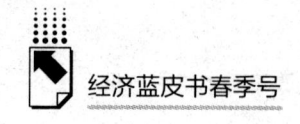

么，多级财政国情背景下的各级地方财政，将由于缺乏相对独立的收支管理权和收支平衡权而在事实上带有"打酱油财政"的性质。它的本质，同历史上的带有"分钱制"色彩或倾向的财政体制安排是类似的。

4. 还是要回到分税制轨道

有鉴于上述种种，《决定》明确指出了新一轮财政管理体制改革的基本方向，这就是"明确事权"、"发挥中央和地方两个积极性"。

对于上述两个概念，我们并不陌生。在1994年之前，无论学术界还是实践层，都几乎无例外地将它们锁定为财政管理体制改革的目标。只是在1994年财税体制改革之后，随着形势的变化和工作重心的调整，它们，尤其是其中的"发挥中央和地方两个积极性"，才逐渐淡出了人们的视野。这两个概念被重提并写进《决定》之中，意味着新一轮财政管理体制改革的方向已经回归分税制的轨道。

回顾前述的有关分税制财政体制的三层含义，认识到"明确事权"就是分税制财政体制含义中的"分事"，"发挥中央和地方两个积极性"肯定要在"分权""分管"的基础上才能实现，这又意味着，新一轮财政管理体制改革所回归的轨道是本来意义上的分税制，而非走了样的带有分钱制印记的分税制。

所以，瞄准本来意义的分税制方向，把分税制财政体制改革进行到底，是新一轮财政管理体制变革不可动摇的、必须坚守的基本目标和行动路线。

参考文献

《中共中央关于全面深化改革若干重大问题的决定》，人民出版社，2013。

高培勇、杨志勇、杨之刚、夏杰长：《公共经济学》，中国社会科学出版社，2007。

高培勇：《筑牢国家治理的财政基础和财政支柱》，《光明日报》2013年11月15日。

陈金龙：《治国理政基本理念的重大突破》，《中国社会科学报》2013年11月23日。

财政部国库司：《2013年财政收支状况》，财政部网站。

楼继伟：《财税改革的四大方向——第五轮中美战略与经济对话》，《中国税务》2013年第9期。

财政部：《关于2012年中央和地方预算执行情况与2013年中央和地方预算草案的报告》，《经济日报》2013年3月19日。

胡锦涛：《在中国共产党第十七次全国代表大会上的报告》，《人民日报》2007年10月24日。

高培勇：《市场经济条件下的中国税收与税制》，《人民日报》1997年5月10日。

B.9 2014年中国金融状况分析与展望[*]

陈守东 易晓溦[**]

摘　要： 本文基于高维贝叶斯动态因子模型借助大数据技术构建了中国的货币市场金融状况指数，刻画了我国2001年1月至2013年12月货币市场的风险压力状况。我们进一步利用区制分析、相关性分析和ARIMA (4，1，3) 模型来对金融状况指数进行短期预测和长期预测，实证结果均证实2014年我国的货币市场运行状况具有明显的不稳定性，市场面临大概率下行风险。

关键词： 金融状况指数　不稳定性

一　引言

党的十八届三中全会提出了全面深化改革的宏伟目标，明确指出使市场在资源配置中起决定性作用，这为我国在新时期金融改革指明了前进的方向。2013年6月和12月我国货币市场两度经历

---

[*] 本项研究得到国家社科基金一般项目 (12BJY158) 的资助。
[**] 陈守东，吉林大学数量经济研究中心副主任，教授，博士生导师；易晓溦，吉林大学商学院博士研究生。

"钱荒"危机，作为当前中国货币政策传导主渠道的信贷渠道流动性短缺引起市场震动。这种银行资产负债期限结构严重错配所引致的资源配置不当对整个宏观金融环境可能产生的潜在风险冲击受到政府监管部门和研究者的普遍关注。为了更好地挖掘资产价格所蕴涵的未来经济走势信息，明晰货币政策在资产价格传导渠道上的顺畅程度，同时降低资产价格失调引发金融系统不稳定的风险，构建能够综合反映实际货币市场运行状况的指标体系变得迫在眉睫。

金融状况指数（FCI）由货币状况指数发展而来，它不仅能够反映货币当局调控货币政策的松紧程度，而且对通货膨胀率等宏观经济指标具有极强的预测能力，是宏观经济运行的"风向标"。金融状况指数最早由 Goodhart 和 Hofmann（2000）提出，他们凭借短期利率、实际有效汇率、实际房屋销售价格和实际股票价格四个经济变量利用总需求方程缩减式和 VAR 模型的脉冲响应分析来确定相关变量权重的方法，构建了 G7 国家的金融状况指数。Mayes 和 Virén（2001）则进一步基于 IS 曲线的总需求方程缩减式结合房价和股价等资产价格的高频数据测算了金融状况指数，研究发现改进后的金融状况指数能够为通货膨胀提供更准确的预期。English 等（2005）利用 Stock 和 Watson 的扩散指数方法得出各经济变量间的动态权重，构建了德、英、美三国的金融状况指数。Wang 等（2007）依据政府会计标准委员会（GASB）所编制的财务报表从现金偿付能力、预算偿付能力、长期偿债能力、服务水平偿付能力四个微观层面构建美国各州的金融状况指数。Hatzius 等（2010）则从货币政策传导机制的利率渠道和信贷渠道两个角度出发，在以往常规指标体系中加入流动性指标，借助动态因子模型构建了美国的金融状况指数。

国内关于金融状况指数的研究还处于初级阶段，关于指数的构建还主要处于向外国学习和借鉴阶段。陆军和梁静瑜（2007）根据中国的实际情况构建了中国的金融状况指数，证实了金融状况指数可作为中国货币政策的一个重要参考指标，认为将资产价格纳入货币政策决策参考过程已刻不容缓。李建军（2008）从"未观测金融"视角出发构建了中国的未观测货币金融状况指数，结果显示，未观测货币金融状况指数大体上能够反映未观测金融对货币运行的扰动程度。封思贤等（2012）用货币供应量缺口、利率缺口、汇率缺口、股票价格缺口和房地产价格缺口的IS方程来估计权重，从而得出中国的金融状况指数。他发现FCI比采用单一的金融变量更能合理地预测通胀趋势。徐国祥和郑雯（2013）用包含通货膨胀的SVAR模型构建了固定权重性质的金融状况指数，引入的谱分析方法显示利用此模型构建的金融状况指数与通货膨胀具有强相关性。但由于金融状况指数间存在复杂的相互制约和相互影响机制，固定系数权重的金融状况指数解释效力明显不强。虽然存在指数构建成本高、指数前后可比性差等缺陷，出于可操作性考虑，余辉和余剑（2013）通过时变参数状态空间模型估算不同经济因素的动态权重，并以此为基础构建了金融状况指数。结果发现，包含货币供应量的金融状况指数对通货膨胀的影响更为显著。

总体而言，国内外除利用主成分方法提取金融状况指数外，其他方法出于模型估计便利而大多使用货币供给量、短期利率、实际有效汇率、实际房屋销售价格和实际股票价格等六七个经济变量来构建金融状况指数。较少的经济变量虽然也能大致代表货币市场运行态势，借助"大数据"的技术优势，利用当今信息爆炸时代所生成的海量数据来动态实时监测宏观经济运行状况，已经开始对监管部门和学术界产生强大吸引力。为了能够对我国的金融状况指数进行科学而准确的度量，以便我国监管部门高效运用货币政策工具、有效执行货币政策，我们从中国现实货币金融市场运行现状出发，利用高维贝叶斯动态因子模型构建了符合我国实情的金融状况指数。

二 中国货币市场金融运行状况

（一）金融状况指数的指标构成

基于中国经济现实，本文从宏观经济环境角度、货币政策调控角度和价格水平波动角度选取15个经济指标来构建金融状况指数。本文中样本选择区间为2000年1月至2013年12月。数据来源于中国国家统计局、万德（Wind）数据库、锐思金融研究数据库、国际货币基金组织提供的国际金融统计（IFS）。所选择的数据均进行频率转换为月度数据后再进行相应标准化处理，以使其满足模型的平稳性假定（见表1）。

表1 变量选取及相关处理

变量	变量名称	变量说明	数据频率	数据处理
宏观经济变量	GDP	国内生产总值	季度	2
	TSF	社会融资总量	季度	1
	IIR	工业增加值	月度	2
	SCI	上证综合指数	天	1
	ZCI	深圳成分指数	天	1
	PER	沪深300市盈率	天	1
货币政策变量	M2	广义货币供应量	月度	2
	NRW	7天银行同业拆借利率	天	0
	NRM	1个月银行同业拆借利率	天	1
	NRQ	3个月银行同业拆借利率	天	1
	REER	人民币实际有效汇率	天	1

续表

变　量	变量名称	变量说明	数据频率	数据处理
价格体系变量	CPI	消费者价格指数	月度	1
	PPI	工业品出厂价格指数	月度	1
	HPI	国房景气指数	月度	1
	ICO	国际原油价格	月度	1

注：（1）对于只存在季度数据的指标，采用插值法将其转为月度数据；对于只存在日数据的指标，采用当月最后一个交易日的数据为月度数据；（2）基于模型估计的平稳性假定，本文对原始数据进行了相应的处理，其中"0"代表原始数据，"1"为经过一阶差分处理的数据，"2"为其对数经一阶差分处理的数据。

（二）金融状况指数的估计

基于高维贝叶斯动态因子模型，利用静态主成分分析方法提取不可观测因子的初始值后，我们利用 Gibbs 抽样方法共进行 20000 次迭代模拟，其中前 2000 次迭代结果是预烧（burn-in）样本，基于该方法我们得到金融状况指数（见图1）。一般来说，指数值越大表示该时点货币市场压力越大和货币市场金融环境越恶劣。观察金融状况指数的变动趋势我们可以看到：2002 年 11 月以前，由于受"东南亚金融危机"时我国政府坚持人民币不贬值的承诺和中国"入世"的预期影响，人民币实际有效汇率出现单边上升趋势而带动金融状况指数趋紧。从 2002 年 12 月至 2006 年 7 月，由于亚洲周边各国和中国的主要贸易伙伴国的经济规模逐渐恢复，我国经济进入新一轮快速增长时期。经常账户与资本账户的"双顺差"导致外汇储备迅速增加，四大国有银行的大部分坏账剥离提高了间接融资渠道的融资效率，从而降低了融资成本，国有企业的股权分置改革稳步推进增强了国有企业的盈利能力而导致了上市公司市盈率的下降。总之，这一时期我国宏观经济呈现快速平稳增长的良好趋势，这使得我国金融系统所积累的风险得到了释放，金融稳定性

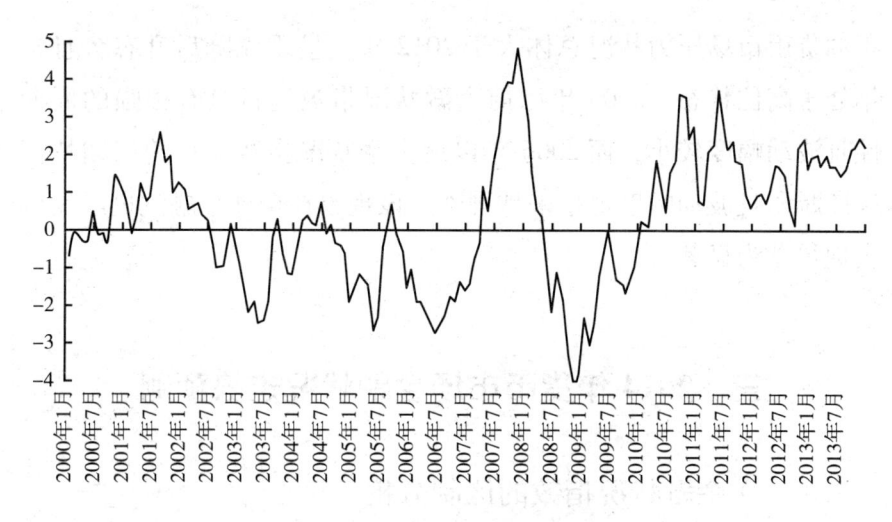

图 1　2000 年 1 月至 2013 年 12 月中国金融状况指数变化趋势

得到不断增强。2006 年 8 月至 2008 年 11 月，伴随着我国为完善人民币汇率形成机制而实行以市场供求为基础、参考一揽子货币进行调节、有管理的浮动汇率制，人民币进入持续升值通道，在此期间人民币累计升值 24.82%。同时，由于股权分置改革和伴随人民币升值而来的"热钱"涌入导致了中国股票市场的繁荣。流动性过剩导致的整个金融系统的系统性风险迅速积累并于 2008 年初达到顶峰。随后由"次贷危机"引发且最终席卷全球的金融危机导致经济中的泡沫成分开始破灭，金融压力迅速开始下降。2008 年底我国政府为了提振经济而推出了"4 万亿"等一系列经济政策激刺计划，这一揽子经济刺激计划在随后几年里对我国的宏观经济金融环境产生了深远的影响。一方面大规模基础设施建设的低投资回报率和长回收期加重了地方政府的财政负担，使得地方政府债务风险日益累积；另一方面货币超发催生的房地产泡沫已经成为当前中国经济最不可预测的因素。多重因素的共同作用导致了 2009 年以后我国的金融状况指数持续处于高位且面临着极大的不确定性。2013

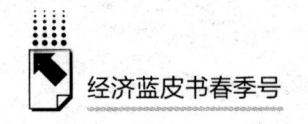

年的货币市场压力状况总体大于 2012 年，呈现先降后升态势且常年处于高位状态。2006 年以前金融状况指数运行具有很强的周期性且波动幅度较小，而 2006 年以后金融状况指数运行的周期特征逐渐减弱且波动幅度也越来越剧烈，该现象在全球金融危机爆发后表现得尤为显著。

三 2014 年货币市场金融状况走势预测

（一）金融状况指数的区制分析

为了反映货币市场金融状况指数变化的区制特征，通过金融状况指数序列自相关系数、偏自相关系数确定选择 AR（4）模型，并通过两状态马尔科夫均值转移的二阶自回归模型 [MSM（2）- AR（4）] 来刻画 2000 年 1 月到 2013 年 12 月金融压力指数的动态演变过程。

如表 1、图 2、图 3 所示，区制 1 为货币市场低金融状况压力区制，区制 2 为货币市场高金融状况压力区制。表 1 给出了区制转移概率，各区制的样本数量、频率以及平均持续期。估计结果显示，低金融状况压力区制自身的持续概率为 0.6107，平均持续期较短，约为 2.568 个月，样本期内 1/5 的样本均处于低金融状况压力区制内，从金融低压力区制向高压力区制转移的概率为 0.3893；当进入金融状况高压力区制后，高压力区制自身持续概率为 0.9569，平均持续期为 23.20 个月，处于该区制的样本为总数的 4/5，从金融高压力向低压力的转移概率为 0.0431。这表明我国长期实行的稳健的货币政策总体而言是扩张性货币政策，货币市场在近十年来都处于高压力、明显通胀的状态，我们有理由相信如果货币政策不出现大的转向的话，该趋势状态在 2014 年还将继续。

表1 区制转移概率矩阵与各区制统计分析

	区制1	区制2	样本数量	频率	平均持续期
区制1	0.6107	0.0431	28.5264	0.1698	2.568
区制2	0.3893	0.9569	139.4736	0.8302	23.20

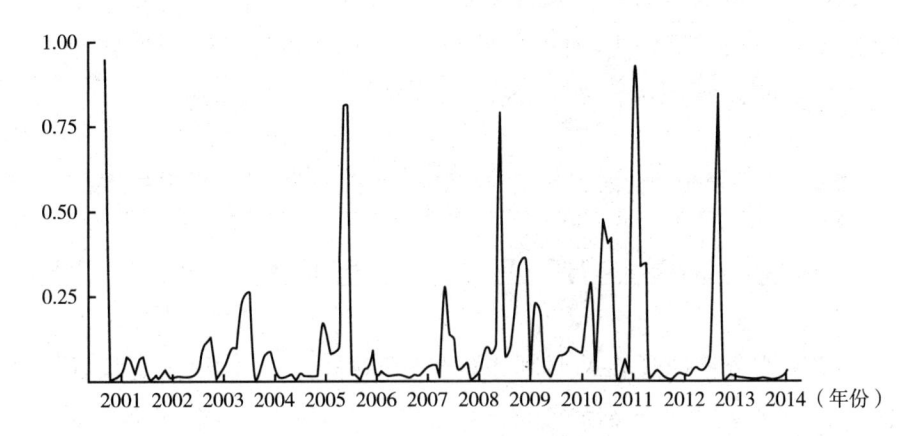

图2 区制1平滑概率

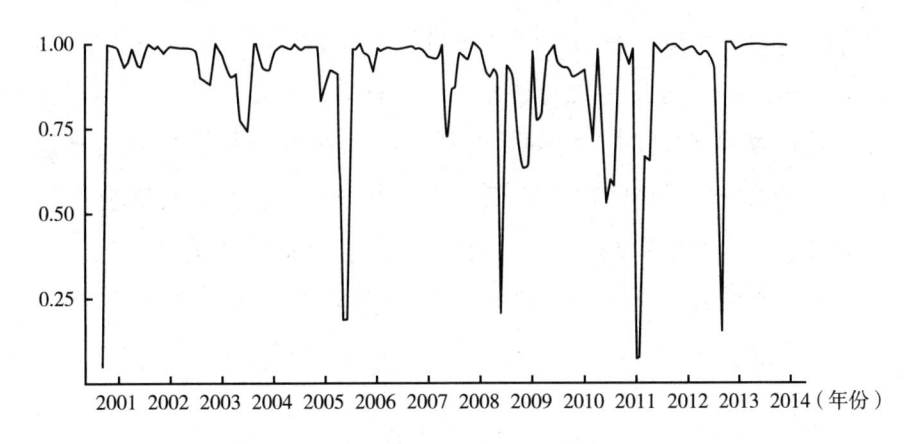

图3 区制2平滑概率

（二）金融状况指数的相关性分析

以消费者价格指数为代表的通货膨胀率变动是衡量货币市场压力状况的重要基准指标，也是央行货币政策调控的主要参考指标。

分析金融状况指数与消费者物价指数的相关性可以根据金融状况指数来预测未来货币市场风险态势。表2描述了不同领先期金融状况指数与消费者物价指数的跨期相关关系。由表2可见领先6个月内的金融状况指数与消费者物价指数之间存在显著正向相关关系，跨期相关系数随滞后领先期的增加而呈现先增后减趋势。金融状况指数领先消费者物价指数3~4期时两变量间相关程度最大。

表2　不同领先期金融状况指数与消费者物价指数的跨期相关系数

领先期	0	1	2	3	4	5	6
跨期相关系数	0.426	0.4427	0.4450	0.5776	0.5962	0.4877	0.4583

交叉谱分析通过将两时间序列分别分解为两个代表固定长度周期的频域族来研究变量之间的领先与滞后关系。振幅表示两变量波动强弱，是衡量两变量一致性程度指标。相干谱表示频域中两变量相关性强弱。相位谱和时差值表示两时间序列处于领先、一致和滞后状况的具体时间段。交叉谱分析的估计结果如表3所示，当耦合振荡周期为11个月时，金融状况指数与消费者物价指数的振幅达到最大值1.263，此时对应的相干谱为0.867，这表明在耦合振荡周期中金融状况指数与消费者物价指数有极强的相关关系。从时差统计量的值来看，金融状况指数大约领先消费者物价指数3.79个月，是反映宏观经济运行状况的一个敏感的先行指标。

表3　交叉谱分析结果

指　标	耦合振荡周期长度/月	振　幅	相干谱	位　相	
				相位谱	时差
统计量	11	1.263	0.867	0.931	3.790

综上所述，跨期相关系数和交叉谱分析均证实了金融状况指数大约领先消费者物价指数3~4个月。结合图1中国金融状况指数

变化趋势我们可以判定：2014年前3~4个月的金融状况指数将处于高位，货币市场仍面临很大系统性金融风险。

（三）金融状况指数的长期趋势

我们用ARIMA（4，1，3）模型对金融状况指数进行预测，并判断未来12个月的货币市场压力状况，相应结果如图4所示。

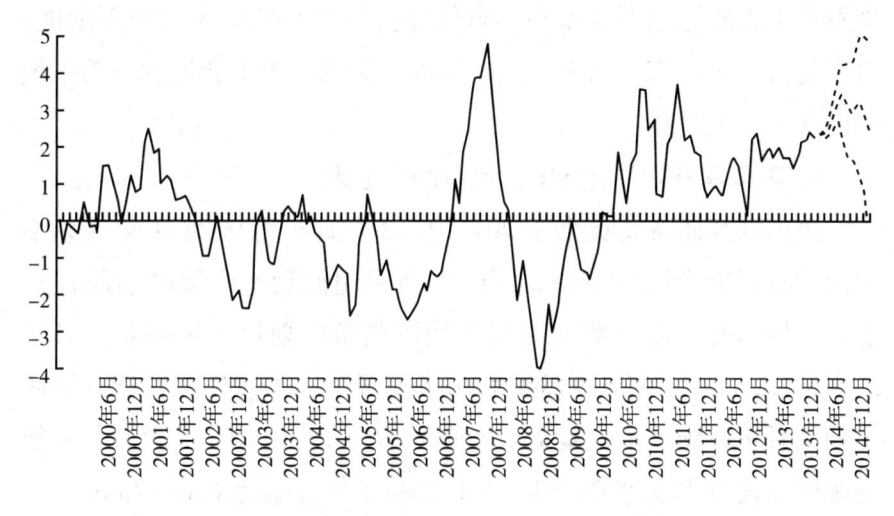

图4　2014年货币市场金融状况指数预测

由图4可知，2014年我国的货币市场仍面临下行风险，总体表现为双峰情景。2014年上半年由于受稳中从紧货币政策影响，仍将持续的流动性短缺现象会加剧货币市场风险。货币市场在6、7月指数出现短暂下降，再于10月风险达到历史高位，而后货币市场的风险才会逐渐趋缓。

综上所述，无论利用金融状况指数的区制分析，还是利用金融状况指数的相关性分析对金融状况指数进行短期预测，抑或是用ARIMA（4，1，3）模型来对金融状况指数进行长期预测，我们均发现2014年我国的货币市场行情不容乐观，货币市场面临极强的下行风险。

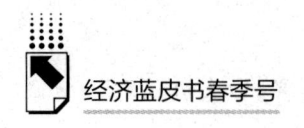

四 2014年货币市场展望

在2014年政府工作报告中GDP增长目标为7.5%，M2增速目标为13%，通胀目标为3.5%，并且将继续实施积极财政政策和稳健货币政策。2014年经济增长速度趋缓已成为共识，经济景气度恐不至于太差但也不会太高，整体保持平稳增长应该问题不太大。对于货币市场而言，未来一段时间内究竟哪些因素会增加货币市场的潜在下行风险呢？

1. 美联储开始退出QE，资金回流显现

美国联邦储备委员会于2013年12月宣布将从2014年开始小幅削减月度资产购买规模，同时加强对超低利率政策的前瞻性指引，这标志着美联储解除大规模经济刺激计划迈出第一步。虽然2014年1~2月不利天气状况影响了美国第一季度经济数据，但从中期来看美联储逐步收紧货币的政策不会发生变动。非农就业人数增幅明显使得失业率在2014年1月和2月分别为6.6%和6.7%，这距离美联储此前设定的6.5%这一加息门槛仅有一步之遥。在经济的强劲复苏和加息预期下，全球流动性回归美国的趋势加强。截至2014年1月末，我国金融机构外汇占款余额较上月增加了4374亿元，新增量大于上年12月的2729亿元增幅。虽然外汇占款自上年8月扭转负增长局面以来已经连续6个月保持正增长趋势，但2月18日以来，人民币出现连续贬值走势，单边升值预期被打破。这一机制在更加市场化的同时也将促使热钱流出。

2. 经济减速、产能过剩

2013年我国GDP增长率为7.7%，在2014年的政府工作报告中我国GDP预期增长率更是下调到7.5%。在经济增长速度换挡期、结构调整阵痛期、前期刺激政策消化期这"三期叠加"中，

2014年前两个月中国经济整体走势继续呈增速放缓的趋势，由经济减速带来的风险已开始显现。在市场真实利率仍相当高的背景下，2014年1月份社会融资总量同比增长17.4%，低于2013年12月份17.8%的同比增长率，社会融资总量的同比增长率连续四个季度出现下降，总需求进一步走弱的可能性比较大。产能过剩是当下中国经济一大主要矛盾，产能问题牵涉面很多，有土地、水、大气等环境污染问题，地方GDP政绩观、结构转型升级和创新驱动有待进一步增强等因素，但归根结底还要回到需求层面。根据相关部门的统计，目前我国工业产业产能过剩情况比较严重，有22个行业产能相对过剩，产业产能过剩率达80%以上，尤其是钢铁、水泥、电解铝、平板玻璃等。如果产能过剩的情况延续下去，贷款企业连续亏损而面临坏账违约风险，最终导致银行的信贷渠道功能弱化。

3. 流动性总体趋紧，融资成本难回落

近年来，银行同业业务和其他"影子银行"业务的快速发展，使得银行间资金杠杆不断提升，并因此造成了金融体系流动性的易紧难松。与之同时，短期利率的震荡上行也抬升了中长期利率的期限结构，从而加剧实体经济增长融资难的状况。2013年两次"钱荒"事件，集中体现了这一过程中所累积的系统性金融风险。在此之后，央行持续在公开市场进行"锁长放短"操作，表明其有意保持银行间市场流动性的"紧平衡"，以此维持相对较高的货币市场利率，迫使金融机构"去杠杆"，进而推动经济结构的调整。中国人民银行发布的2013年第四季度中国货币政策执行报告指出，2013年初出现的货币信贷和社会融资总量增长偏快的势头已经得到有效控制。展望2014年，我国金融体系的流动性状况仍不容乐观。从外部环境来看，美国经济的复苏达到美联储设定的退出QE标准仍是大概率事件。在此情景下，国际资本的流向逆转，将使得银行间市场资金偏紧的局面很难在供给端得到改善。从内部环境来看，在经济增长趋缓、通胀小幅上行的压力下，为控制房地产—影子银行—地方融资平台三位一体的金融风险，政府很可能继续加强对银行同业业务及其他"影子"银行活动的监管，货币政策也将更趋稳健和审慎。"11 超日债"违约作为国内第一例违约的公募公司债券，结束了以往债券全部刚性兑付的历史。预计银行间市场利率以及金融体系的利率中枢也将位于较高的水平，整个实体经济的融资成本在短期很难迅速回落。

4. 互联网金融加速存款脱媒

互联网金融以其迅猛的发展态势，正不断加快中国传统金融行业的"金融脱媒"。中国的利率市场化进程处于互联网高速发展的时代，互联网与金融的融合加速了利率市场化的进程，将打乱管理者对于市场化发展的预期。目前中国的存款保险制度和金融机构退出制度还没有妥善地建立起来，中国市场化改革被动加速之后，中小金融机构所积累的金融风险随着社会融资成本上升也将被逐渐放大而冲击现有的隐形担忧制度。利率管制是导致银行理财、各类"宝"等脱媒工具迅速崛起的重要原因，资金脱媒速度的加快导致商业银行的负债类账户极为不稳定，存款的大量流失致使其资产负债难以匹配。中国银行间流动性的特征是"大河有水小河满"，大行的"惜贷"行为连带产生了中小金融机构的流动性紧张，尤其在存款考核的时间节点上该现象表现得尤为明显。然后后者开始更快速地以更高价格进行资金抢夺，直到引发所谓"钱荒"。最后市场竞争的结果就是市场利率与存款利率之间利差的放大而使存款脱媒提速，导致商业银行信贷机构更多的存款流失。互联网抬高了社会融资成本的核心部分其实主要是加速了利率市场化的进程。欧美利率市场化发展进程说明，利率市场化是一个漫长的过程，而互联网金融产品短期将这一漫长过程变得一步到位。利率市场化过程中，由于融资结构的转换及金融开放度的提高，无风险利率水平缓慢上升是一种必然趋势，但是利率水平若是上涨过快，风险也必将随之而来。

5. 利率市场化加快，汇率双向浮动区间加大

中国人民银行上海总部宣布从3月1日起放开中国（上海）自贸试验区小额外币存款利率上限。上限放开后，自贸试验区将在全国率先实现外币存款利率的完全市场化。而此前，贷款利率已经完全放开。也就是说，上海自贸区内外币存贷款利率基本完全市场化了。这次在自贸试验区内放开小额外币存款利率上限，进一步推进利率市场化改革步伐，推进资本项目自由兑换改革步调，推进汇率市场化改革进程。目前中国内地利率市场化仅剩下最后一座堡垒——人民币存款利率上限管制，但当前以"余额宝"为代表的互联网货币市场基金的蓬勃发展及其对传统银行存贷款业务的侵蚀同样也使中国央行设置的银行存款利率上限承压。对于汇率市场而言，自2010年6月中国重启人民币汇改以来，货币当局本质上实行爬行钉住美元制。在近四年的时间里，虽然也出现过几次幅度不一的阶段性贬值，但人民币汇率基本呈现单边升值的格局。扩大人民币汇率浮动区间可能会导致更多资金流入，同时促使人民币实际汇率更快上涨。2014年2月以来，央行有意引导市场改变人民币单边升值的预期，希望通过压低人民币汇率，打击套利资本，减少套利压力，以便扩大汇率的双向浮动范围，拓宽央行货币政策的空间，为央行在"稳增长"和"去杠杆"间的权衡创造条件。同时，继续深化改革的风险也使得中国经济发展的不确定性因素增加，这也在一定程度上影响到人民币汇率，成为其走低原因之一。人民币汇率的这波走势也反映当美国开始逐步退出QE后，对市场产生的一波涟漪效应已经逐步向中国等新兴市场扩散。尽管市场观点几乎一致认为，人民币不会形成贬值趋势，但对市场的负面影响在短期

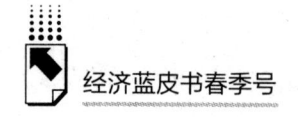

仍不容小视。

6. 房地产价格处于高位见顶区间

人口红利的逐渐消失与城市化进程的放缓不断削弱房地产市场的刚性需求。与此同时，住房供给也在从总量平衡走向总量过剩，局部地区已经表现出较为严重的过剩风险。国家统计局发布的2014年1月70个大中城市新建商品住宅和二手住宅价格同比平均涨幅分别比上年12月份回落0.7个和0.4个百分点。进入3月以来，继杭州、常州等二线城市不少楼盘大幅降价后，包括广州、上海在内的一线城市也出现了楼盘大幅打折出售的情况。随着国内对房地产业前景的担忧日甚，中央对房地产调控也开始由起初的"严控价格上涨"向"分类调控"转变。

五 几点建议

第一，继续实施稳健的货币政策，不断完善调控方式和调控手段。增强调控的前瞻性、针对性和协同性，大力推动金融改革，切实维护金融稳定。在稳健货币政策框架下，使其稳健内涵得到更进一步深化和扩展。此外，货币政策应能够随时根据资本流动和外贸进出口趋势的变动，尤其是在流动性与汇率交织导致资金偏紧状况下进行灵活的调节。在货币工具使用上更多的应采用存款准备金率和公开市场工具来进行调节。

第二，对于产能过剩问题，短期来看，应以避免严重产能过剩行业整体陷入生存危机与避免系统性金融风险为主要目标，推进结构调整，坚持产业政策导向，严格控制产能过剩行业的盲目投资和重复建设。力求通过财税政策，倒逼企业化解过剩产能，达到标本兼治的目标。及时发布产能严重过剩行业产能利用、市场供需等信息，建立产能过剩信息预警机制。从长期来看，治理产能过剩的关键在于通过推进经济体制改革，健全和完善市场制度，矫正导致系统性产能过剩的体制缺陷，并增进市场机能。

第三，化解地方债风险的关键是预算约束硬化。地方债务的根源在于地方政府的公司化行为及其软预算约束。通过逐步建立规范的地方政府融资机制，形成一个以市政债市场为基础、由中央确定总盘子的市场调控性地方债制度。限制债务规模继续扩大，通过多种机制向金融系统输入充足的流动性，同时对现金流不足以偿债的地方政府进行贷款展期。在有计划地逐步降低债务的同时，应该延续渐进改革的做法，避免把所有地方政府融资平台推落悬崖。除非其他融资渠道完全遭到破坏或政府为国企改革指出明确的方向，出售国有资产并非最佳选择。

第四，利率市场化是一个目标，更是一个过程，在利率市场化初期容易导致利率走高，但在形成新的均衡之后利率有可能会回归。在存款利率市场化上，应该坚持稳步有序、把握节奏的原则，加快完善存款利率市场化的参考平价，大额定期存单与小幅提高存款利率上限或是后续改革的切入点。而在贷款利率市场化中，应该更加注重利率市场化对资金流向的影响及其对实体经济的支持。经济金融体制改革和金融市场建设的加快推进，首先是建立存款保险制度。建立合理的存款保险制度是推进利率市场化、保证金融安全的重要制度保障，这需要我们在借鉴国际经验基础上，设计并推出具有中国特色的存款保险制度，以完善利率市场化形成机制，提高金融资源配置效率，有效保障我国金融体系稳健运行。

第五，就未来的房地产政策而言，一定要将未来房价下跌后的政策应对提上极其重要的日程。要化解房地产风险，除了加快土地制度改革等一系列长效措施之外，更重要的是高层应该对中国房地产目前的风险进行全面评估，并做好规避房地产可能引发的系统风险的政策应对。在调控手段上,实行"双向调控"。对于住房市场供需矛盾较为集中的城市,要继续从严实施限购政策和差别化的信贷政策,而对于房价下跌的城市重视消化存量,控制商品房新开发规模,控制预售许可审批进度。在继续做好调控的同时,也要努力增加共有产权住房的供应,因地制宜,根据地区实际情况制定不同的调控目标。

参考文献

Goodhart C, Hofmann B, "Financial Variables and the Conduct of Monetary Policy," Sveriges Riksbank Working Paper Series (No.112), (2000).

Mayes D G, Virén M, "Financial Conditions Indexes," University of Otago Department of Finance Seminar Series, (2002).

English W, Tsatsaronis K, Zoli E, "Assessing the Predictive Power of Measures of Financial Conditions for Macroeconomic Variables," BIS Papers, (2005).

Wang X, Dennis L, Tu Y S J, "Measuring Financial Condition: a Study of US States," Public Budgeting & Finance, (2007).

Hatzius J, Hooper P, Mishkin F S, et al, "Financial Conditions Indexes: a Fresh Look after the Financial Crisis," National Bureau of Economic Research, (2010).

封思贤、蒋伏心、谢启超:《金融状况指数预测通胀趋势的机理与实证——基于中国1999~2011年月度数据的分析》,《中国工业经济》2012年第4期。

李建军:《中国货币状况指数与未观测货币金融状况指数——理论设计、实证方法与货币政策意义》,《金融研究》2008年第11期。

陆军、梁静瑜:《中国金融状况指数的构建》,《世界经济》2007年第4期。

徐国祥、郑雯：《中国金融状况指数的构建及预测能力研究》，《统计研究》2013年第8期。

余辉、余剑：《我国金融状况指数构建及其对货币政策传导效应的启示——基于时变参数状态空间模型的研究》，《金融研究》2013年第4期。

B.10
汇率改革以来中国外贸数据分析

裴长洪 沈 嘉*

摘 要:

考察2005年汇率改革以来,我国对外贸易数据的走势。从人民币汇率、出口竞争力、国际市场、外汇流动情况等方面,分析2005~2012年我国外贸数据以及数据被高估的问题。我国贸易统计原则存在局限性,要从根本上解决这种统计方式导致的贸易数据虚高问题,需要完善我国的外贸数据统计制度,改革人民币汇率体制机制,严惩虚假贸易,同时加强对资本项目和内部金融资本的管理。

关键词:

汇率改革 对外贸易 贸易统计 货币政策

近些年来,我国对外贸易发展迅速,贸易数据明显升高,对于升高的外贸数据,一部分原因是由于我国经济不断发展,生产力水平提高,产品竞争力增强,在国际贸易活动中我国的地位得到提升;另外还有一部分原因则是我国的对外贸易数据被高估。

本文将考察从2005年汇率改革以来我国对外贸易数据的走势,从人民币汇率、出口竞争力、国际市场、外汇流动情况等方面分析

---

* 裴长洪,中国社会科学院经济研究所所长、研究员;沈嘉,中国社会科学院数量经济与技术经济研究所助理研究员。

我国2005～2012年外贸数据以及数据被高估的问题。

毫无疑问，如果存在外贸数据高估的问题，这对我国经济政策的制定，尤其是对外贸易政策的制定是十分不利的，因为高估的外贸数据并不能真切地反映我国对外贸易发展的情况。如果相关管理部门根据这些过度高估的外贸数据制定政策，那么这些政策必定不适合我国外贸真实情况，因此这些政策不仅不能很好地促进、保障我国外贸健康、稳定发展，还很可能起到反作用，阻碍我国对外贸易的发展。由于对于外贸数据被高估不是单独一个原因造成的，而是由很多因素所致，因此本文将对不同原因所导致的外贸数据虚高情况进行分析，分别说明其危害，给出解决这些问题的政策建议。

之所以选择把2005年作为起始来分析我国对外贸易数据，主要是由于2005年我国进行了人民币汇率改革。更准确地说，应该是从2005年7月21日起，我国开始实行以市场供求为基础、参考一揽子货币进行调节、有管理的浮动汇率制度。"此次汇率改革是人民币汇率形成机制的改革，它主要包括两个内容：人民币汇率不再钉住单一美元，而是按照我国对外经济发展的实际情况，选择若干种主要货币，赋予相应的权重，组成一个货币篮子；同时，根据国内外经济金融形势，以市场供求为基础，参考一揽子货币计算人民币多边汇率指数的变化，对人民币汇率进行管理和调节，维护人民币汇率在合理均衡水平上的基本稳定。"[①] 由于汇率的变动是对外贸易变化的重要影响因素，此次人民币汇率改革，对我国对外贸易有很大影响。所以从2005年开始考察我国的外贸数据，其实就是要以新的人民币汇率形成机制为开始，考察我国外贸数据在此人民币汇率形成机制下的变动。

---

① 《2005年中国人民币汇率形成机制改革世人瞩目》，http://www.gov.cn/jrzg/2005 - 12/28/content_ 139405. htm。

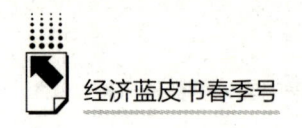

一 近年来我国与世界外贸数据变动情况

（一）汇率改革以来我国外贸数据情况

首先根据海关数据，从表1我们可以看到，我国对外贸易进出口总值，从2005年的14221.2亿美元增长到了2013年的41603.31亿美元，出口总值与进口总值也分别从7620亿美元和6601.2亿美元增长到了22100.42亿美元和19502.89亿美元。

表1 2005~2013年中国对外贸易进出口总值

单位：亿美元

年份	进出口总值	进出口同比增长	出口总值	出口同比增长(%)	进口总值	进口同比增长(%)
2005	14221.20	23.18	7620.00	28.43	6601.20	17.62
2006	17606.93	23.80	9690.80	27.20	7916.14	20.00
2007	21738.34	23.50	12180.16	25.70	9558.18	20.80
2008	25616.32	17.80	14285.46	17.20	11330.86	18.50
2009	22072.66	-13.90	12016.63	-16.00	10056.03	-11.20
2010	29727.60	34.70	15779.30	31.30	13948.30	38.70
2011	36420.59	22.50	18986.00	20.30	17434.59	24.90
2012	38667.60	6.20	20489.35	7.90	18178.26	4.30
2013	41603.31	7.60	22100.42	7.90	19502.89	7.30

资料来源：中国海关。

从2005年汇率改革以来，我国对外贸易遇到了各种各样的情况，有内部的变化，也有外部的变化，它们对我国对外贸易的发展有着或好或坏的影响，例如人民币汇率机制改革的影响，国际市场波动的影响，外汇流入的影响等，在这些内部与外部的变化中，有的是有利于我国对外贸易发展的，有的则是阻碍我国对外贸易发展的。但是从我国总体对外贸易变化的趋势来看，我国外贸是在不断发展的。如图1所示，我们可以明显地看出，从2005年开始，我国对外贸易数据，无论是进出口总值，还是出口总值与进口总值，它们的总体变化趋势都是在增长的，除了在2008年与2009年之间的一个下降外，其他的变化趋势均是在不断上升的，只是上升的速度不同。除了从数据与图表中我们可以明显看到的我国对外贸易的发展与增长，我们还应注意到，在这些发展与增长的背后，有可能有其他原因使得我国对外贸易数据增加，这些因素来自我国经济发展以外，它们有可能对我国外贸发展起到真正的推动作用，也有可能只是使我国对外贸易数据在面上显得比较"好看"，导致我国对外贸易数据虚高，使得数据并不符合我国对外贸易的真实水平，如果是这种情况，那么它对我国对外贸易发展是十分不利的。

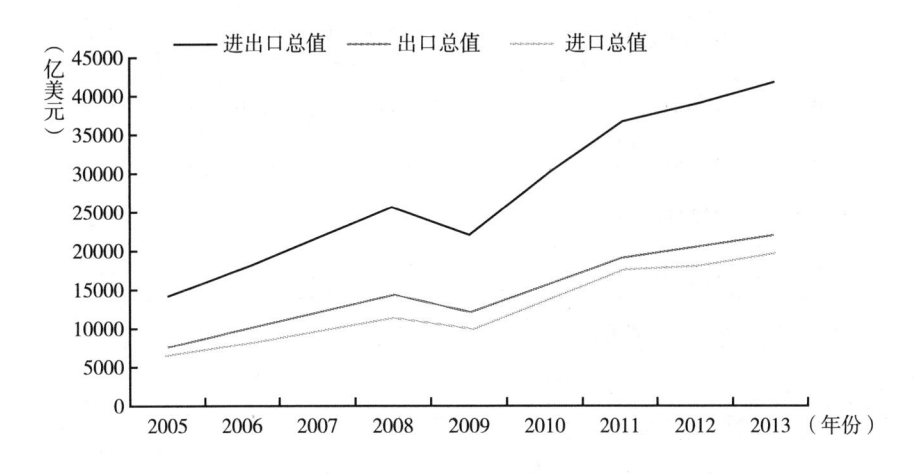

图1　2005~2013年我国对外贸易变化趋势

资料来源：中国海关。

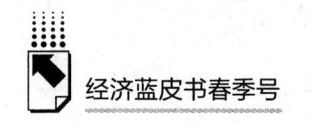

（二）与我国同期的全世界贸易数据变化

考察我国对外贸易数据，虽然要以我国的数据为主体，但是也不能割裂地看问题，不去管其他国家的对外贸易变化，特别是全世界的贸易变化，因为我国的对外贸易是在国际环境中完成的，全世界的贸易水平变化必然对我国对外贸易变化有很大影响，我国的对外贸易是包含在全世界贸易中的。由于本文主要考虑的是汇率改革以来的我国对外贸易数据，所以在考察全世界贸易数据时，我们也主要关注与我国同期的世界贸易数据变化。如表2所示，2005年全世界货物贸易出口总值为105080亿美元，到了2012年全世界的货物贸易出口总值变为了184010亿美元，由此可见，世界的贸易规模也在不断扩大。

表2　2005~2012年全世界货物贸易出口总值

单位：亿美元

年份	出口总值	出口同比增长(%)	年份	出口总值	出口同比增长(%)
2005	105080	13.94	2009	125540	-22.31
2006	121300	15.44	2010	152830	21.74
2007	140230	15.61	2011	183190	19.87
2008	161600	15.24	2012	184010	0.45

资料来源：世贸组织网站。

另外，对于这些年全世界贸易数据变化的过程与趋势，我们可以通过图2看到，2005~2012年，全世界货物贸易出口总值数据整体上呈增长的趋势，在2008与2009年之间有一个波动，出口总值出现了下降，之后从2009年开始又继续上升的趋势，但是速度是在减缓。总体来说，世界贸易进口与出口总值是在增长的，贸易规模是在扩大的。

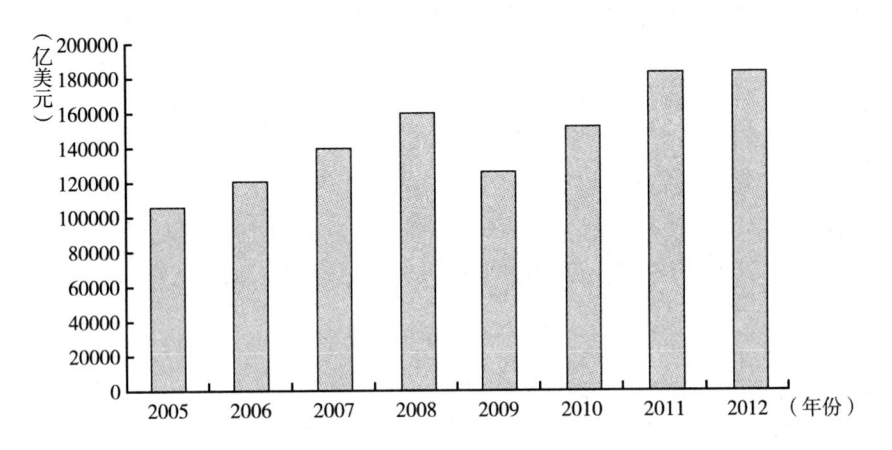

图 2　2005～2012 年全世界货物贸易出口变化趋势

资料来源：世贸组织网站。

（三）我国外贸数据与全世界贸易数据的关系

前面说过，因为我国的对外贸易活动是被包含在全世界的贸易活动中的，所以考察我国的对外贸易数据就要结合全世界的贸易水平与其变化趋势，要关注我国外贸数据与全世界贸易数据的关系，全面地考虑我国的贸易变化。

从之前的分析我们可以看到，我国货物的对外贸易出口总值是一个增长的趋势，但是在 2008 年与 2009 年之间有一个波动，下降了一些。同样，我们可以看到，全世界的货物贸易出口数据也总体表现为增长趋势，也是在 2008 年与 2009 年之间出现了下降，之后又继续增长趋势。由此可见，我国的货物贸易出口总值与全世界货物贸易的变化趋势基本上是一致的。具体到每年的数据，我们可以看到，2005 年，我国货物进出口总值为 14221.2 亿美元，货物出口总值为7620亿美元,全世界货物贸易出口总值为105080亿美元,我国出口总值占全世界出口总值比重为7.25%;到了2006年,我国货物贸易进出口总值为17606.93亿美元,出口总值占世界的7.99%,我国的比重在2007年进一步增加,出口总值占比为8.69%;到了2012年,出口总值占比提升到了11.13%,较2005年有了较大的提升(见表3)。

表3 2005~2012年我国货物贸易出口总值占全球总值比重

单位:%

年份	出口总值占比	年份	出口总值占比
2005	7.25	2009	9.57
2006	7.99	2010	10.32
2007	8.69	2011	10.36
2008	8.84	2012	11.13

如图3所示,我国对外贸易在世界的占比,从2005年开始是逐渐升高的,从最初的出口占比不到8%,一直升高到了最高比重11.13%,在这一升高的过程中,2008、2009年之间,我国对外贸易额占世界贸易额的比重略微有些波动,但是之后,我国的比重恢复了上升的趋势,进一步增加,总体来说,根据我国对外贸易额占世界贸易额比重增大的趋势,可以看出我国对外贸易数据的增长速度是大于全球贸易总额的增长速度的。正如前面所说,这其中一部分原因是由于我国的经济得到了发展,正确的对外贸易政策促进了我国进出口的发展,使我国外贸在世界贸易总额中的比重不断增加。另外还有一部分其他原因,如人民币回流套利、境内虚假贸易套取退税等,它们均会导致我国对外贸易数据的虚高。本文将在后面分析我国对外贸易变化的不同原因,说明其影响,并试图给出解决问题的思路。

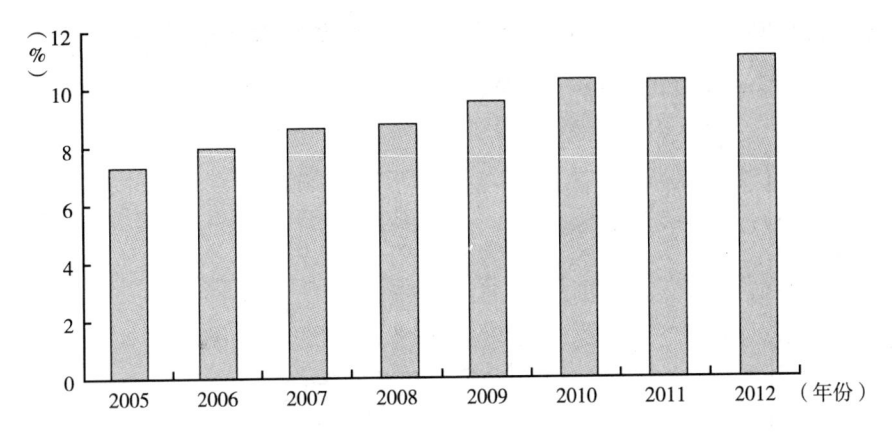

图 3 2005~2012 年中国贸易额占全球贸易额比重变化趋势

二 影响我国外贸数据变化的不同因素

我国的外贸受多方面的影响,如汇率改革、出口竞争力、国际市场变化、外汇流入等,这些因素都会对我国的外贸数据变化产生不同程度的影响,有的可能会促进我国外贸发展,有的则有可能阻碍我国外贸发展,下面本文将对不同的影响因素进行分析,讨论其对我国外贸的影响方式与程度。

(一)汇率改革对我国外贸的影响

2005 年我国进行了人民币汇率机制改革,如图 4 所示,我们可以看到,从 2005 年汇率改革以来人民币汇率的变化趋势。2005 年 7 月开始,人民币兑美元中间价的整体变化趋势是在下降,虽然中间有一些波动,但是从图 4 中,我们可以明显地看到,人民币兑美元中间价的变化趋势是在降低,人民币在不断升值。除了人民币兑美元升值外,人民币兑欧元也在升值,根据中国人民银行的数据，自2005年7月至2013年7月，汇率改革的8年时间中，人民币兑欧元累计升值超过了20%。

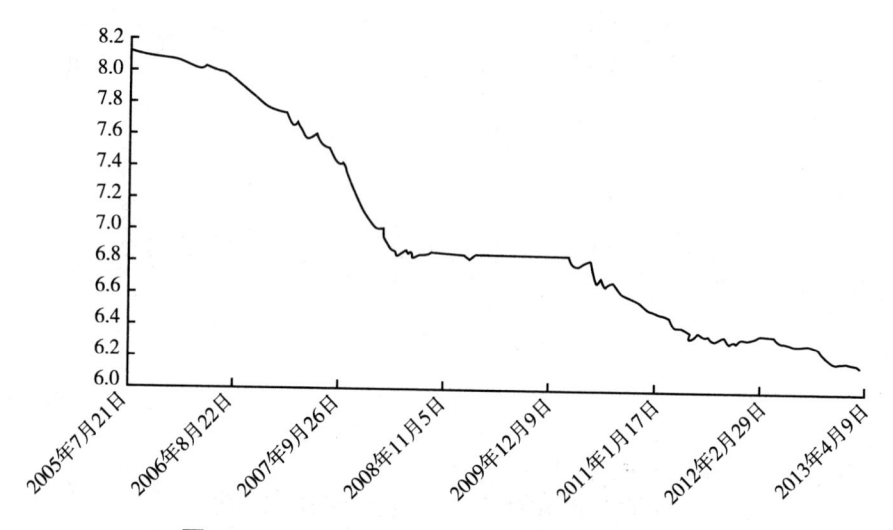

图4 汇改以来人民币兑美元汇率中间价走势

资料来源：引自中国经济网《数据简报：2005年汇改以来人民币兑美元走势大事记》，http://intl.ce.cn/specials/zxxx/201310/17/t20131017_1633417.shtml。

汇率改革对我国经济各个方面都产生了或多或少的影响，对于我国的外贸发展也不例外地产生了影响。首先，人民币升值会使我进口产品的价格下降，这会促进我国生产原料依靠进口的产业发展，人民币的升值将使这些产业的生产成本降低，从而使其拥有更好的经济效益。其次，人民币的升值还可以促进我国出口产品结构的调整，我国出口的商品主要是一些劳动密集型产品，这主要是由于之前我国劳动力价格水平较低，生产劳动密集型产品成本较低，出口这些产品有很大利益可图。但是随着这人民币的升值，劳动力成本在不断上升，出口劳动密集型产品的利润持续下降，这种趋势会促使我国那些产品附加值较高的产业得到发展，从而减少劳动密集型产品的输出。从以下的图表中我们可以看到，人民币升值对我国的出口有一定的抑制，对我国贸易顺差的稳定起到了一定作用，2005~2013年，我国贸易顺差基本保持稳定，另外，我们还可以发现，汇改以来的人民币升值对我国贸易发展的趋势没有太大影响。最后，人民币的升值可以缓解我国的外部压力，由于人民币升值的压力一直以来都比较大，在有管制的浮动汇率制下，我国人民币的适度升值可以缓解这一压力，改善我国的外部环境。当然除了有利的影响外，人民币升值对我国经济也会有些不利的影响，应注意防范，例如，人民币升值会导致外部"热钱"想方设法地进入我国投资套利，这一趋势如果不能及时被发现与控制的话，它将不利于我国宏观经济以及我国人民币汇率的稳定。另外因为"热钱"的流入很可能是通过虚假贸易的方式进入的，所以它还会使我国对外贸易数据虚高。除此之外，"热钱"的流入还会使我国的经济产生泡沫，从而影响我国经济正常的发展。因此要特别关注"热钱"流入的情况，及时对其进行管制，保证我国经济正常有序发展。

（二）出口竞争力对我国外贸的影响

关于一个国家出口竞争力的定义，有很多种说法，其中有根据各种综合实力来进行分析的，有根据一系列模型组成的一个出口竞争力指数来进行分析的。在本文中，根据之前学者已有的研究，为了更加直观地分析，我们将出口竞争力定义为我国出口额占世界出口额的份额。根据海关历年的统计数据，我们可以发现我国出口的大部分产品都是类似服装、纺织品的劳动密集型产品，但随着人民币升值，劳动力价格上升，我国在劳动密集型产品出口上的优势近些年在不断减小。这从数据中也可以得到体现，近些年，我国出口总值占世界出口总值的比重增长速度实际上是在减缓的。出现这种情况，就要求我国要逐步加快转变经济发展方式以及贸易结构，大力发展能够生产附加值较高产品的产业以及高新技术产业，逐步使我国出口摆脱对劳动密集型产品的过度依赖，使我国贸易向更高层次发展，从而保持我国的出口竞争力。在看到我国出口竞争力总体情况的同时，根据不同关区的统计数据，还应注意到，我国东部、中部、西部地区的出口额是不同的，东高西低，差距较大，这也是值得我们对其进行关注的，为了促进我国经济的均衡发展，要促进西部地区更好地参与到外贸活动中，通过各种手段，发挥西部地区的优势，促进西部地区贸易发展。

在计算出口竞争力时，我们要注意防范虚高的贸易数据。由于出口退税的形式存在，有些地方，为了获取出口退税，可能会进行虚假的贸易活动，通过虚报的贸易数据获取出口退税，这种行为会使我国外贸出口统计数据虚高，导致相关部门不能够获得真实数据，从而很可能会做出不适合实际情况的决策，因此对于这种虚假的贸易活动，我们应加强监管。

（三）国际市场变化对我国外贸的影响

国际市场的变化其实就是国际经济环境的变化，由于我国的贸易活动都是在国际市场中进行的，所以国际市场的变化对我国贸易影响很大，另外，不光是我国已经发生的外贸活动受到国际市场变化的影响，国际经济形势的变化同样会影响人们的预期，也就是说，国际市场的变化趋势还会影响未发生的国际贸易活动。结合我国的情况，根据海关近些年的统计数据，我们可以发现，在我国进出口总值增长的趋势中，有一个波动十分明显，那就是2008、2009年两年的我国对外贸易数据。2008年1~12月我国全国进出口总值25616.32亿美元，同比增长17.8%，出口总值14285.46亿美元，同比增长17.2%，进口总值11330.86亿美元，同比增长18.5%，相比之前的高速增长，到了2008年的时候，增速明显下降,而到了2009年,当年1~12月我国的进出口总值为22072.66亿美元,同比下降了13.9%,出口总值12016.63亿美元,同比下降16%,进口总值10056.03亿美元,同比下降11.2%。这一波动就是国际市场的变动所导致的。众所周知,2008、2009年是美国次贷危机的时间,作为全球经济最重要的组成部分的美国,其金融业受到很大影响,同时也导致全球经济跟着受到"牵连",世界经济笼罩在美国次贷危机的"阴霾"之下,危机的蔓延还导致除金融业以外的实体经济受到影响,由于我国的金融业并未完全放开,所以当时所受的影响相对较小,但是对于我国的外贸,还是产生了相当大的影响。这些影响,主要体现在以下几个方面。首先,外部其他国家经济的不景气、不稳定,导致我国出口减少,使生产企业与外贸企业受到不利影响,同时由于经济的不景气,我国的外商投资也在减少,这种变化对我国的经济发展产生了不利影响。其次,由于危机的发生,国外货币,尤其以美元为代表,将一定程度贬值,这就使得人民币升值,并且还同时面临着较大升值压力,而这种情况也不利于我国的对外贸易。

(四)外汇流入对我国外贸的影响

对于国际贸易,外汇的流动肯定会对其有所影响。我国采取的是有管理的浮动汇率制度,而且在金融方面对外开放是在逐步开放,没有盲目地彻底开放。因此,外汇就很可能会选择通过贸易途径以人民币回流的形式进入我国境内,加之人民币升值预期,很有可能会有一大部分以逃离为目的的人民币回流。这将会对我国的贸易产生影响。例如,2013年1~4月,我国外贸进出口数据出现了大幅异常增长,这种增长与2012年12月之前我国进出口贸易数据的疲软情况形成了鲜明对比,在外部世界经济形势并没有明显好转的情况下,产生如此大幅度的增长,是一种十分不正常的情况。根据海关的数据，2013年1月，我国出口贸易当月金额为1873.1亿美元，同比增长了25.0%，2月为1393.3亿美元，同比增长21.8%，3月、4月的数据也都保持了比较高的增长，分别为1821.7亿美元与1870.6亿美元，同比分别增长10%与14.7%。但到了5月，贸易数据就出现了大幅的回落，出口数据同比仅为增长1.0%，进口数据更是变为了下降0.3%。另外，这种增长还具有其他特点，如外贸进出口的较高增长率仅在香港、台湾等少数地区出现。而在其他大多数地区依旧是较为疲软的增长态势，并无太大改变。外贸进出口大幅增长也仅来自内地少数省份。而且贸易进出口数据的大幅增长主要集中在集成电路、贵金属或包含贵金属的首饰这两大类产品上。对于这些产品，我们可以发现它们都具有体积较小，易于运输保存，物流成本低，并且单个商品的价值高等特点。种种迹象均表明，外贸进出口数据这种大幅异常增长很可能是由于人民币回流套利导致。由于人民币当时已经大幅升值，加之美国量化宽松政策并未退出，人民币依旧面临很大的升值压力，国内利率水平又相对较高，这就吸引了大量国际套利资金、"热钱"、外汇希望进入中国市场。由于我国对资本项目的开放程度不是很高，同时有较强的管制，所以这些国际套利资金就想方设法通过进行虚假的进出口贸易绕过我国相关部门的监管，进入内地，通过汇差、利差进行套利。这种情况的产生，不仅对我国的贸易发展不利，而且对我国内部经济的发展也不利，因为套利资金进入我国境内后很可能会选择例如房地产等进行投资，这将导致我国经济发展失衡，同时对于我国的外贸，套利活动造成虚假贸易会使我国贸易数据"虚高"，使其不能反映真实外贸发展水平，导致外贸发展方向难以把握，制定政策容易与实际情况脱节，不能真正起到应有的作用，因此这种套利行为是我们应该重视，并且注意管理防范的一种行为，因为它对我国贸易的影响较大。

三 对于我国外贸数据虚高的分析

对于我国外贸数据虚高的情况,我们可以根据我国外贸的特点,从不同的方面和角度进行考虑与分析。下面我们根据我国的外贸统计原则、人民币回流套利等不同方面进行分析。

(一)根据我国的外贸数据统计原则

对于不同国家,其外贸数据统计会有不同的统计口径、规则、原则,我国海关遵循的贸易统计原则是:"原产地原则"和"货物跨境原则"。这种原则在过去能够比较好地体现我国的贸易发展水平,以及实际产生的进出口数额,因为过去的国际环境和国际经济环境相对来说比较简单。但是随着经济全球化的发展,国际分工的变化,原先传统的统计原则就有些跟不上时代了。由于我国是加工贸易大国,根据传统的统计原则,不仅我国进口需要加工的原料要计入我国的进口,同时我们加工好的成品的全部价值还要计入我国出口,这样实质上就是增加了我国进出口数据,但是这种增加并不能真正反映我国贸易实际水平,如此扩大的贸易规模,不仅我国自己得不到任何好处,同时产生的扩大的顺差还会增加我国在对外贸易中产生摩擦的几率。另外随着我国经济的开放,越来越多的跨国企业在我国内地开设工厂,我国的工厂成为了其生产环节中的重要组成部分,但是由于香港等地的物流条件、设施更加发达,这些在我国国内生产的产品,很可能会先由我国出口至香港,然后根据公司的统一调配,重新再进口到我国内地,这就产生了我们平时所说的复进口,这种情况是一种重复统计,必然导致我国贸易数据的虚高,这种虚高的贸易数据,不能反映我国真实的贸易水平。

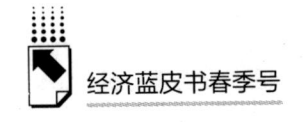

（二）人民币回流套利

对于人民币回流套利导致我国贸易数据虚高，还是以2013年1~4月我国的外贸情况为例，大量的国际资金通过贸易手段进行套利。根据美银美林2013年5月10日发布的《套利的秘密与中国膨胀的贸易数据》，这些国际资金主要是通过三种方式进行套利：第一种方式：利用汇差进行套利。由于我国人民币汇率制度，离岸人民币汇率与在岸人民币汇率之间存在汇差，所以境外资金可以利用这个汇率差进行套利。第二种方式：利用利差进行套利。这里的利差是指，离岸人民币与在岸人民币之间不同的利率差别。套利者可借入利率较低的离岸人民币，最后存成利率较高的在岸人民币，从而完成套利，套利者可以获得由在岸人民币存款利率与离岸人民币贷款利率的差额所产生的"利润"。第三种方式：利用汇差、利差与人民币升值套利。这种套利方式同时利用了前面两种模式，对于套利的机会运用得更加充分。这些国际资本、"热钱"通过虚假贸易等手段进行的跨境套利活动，会直接导致我国贸易数据虚高，使海关所统计的数据脱离我国贸易实际情况，虚假地记录我国对外贸的情况。

（三）采购经理指数（PMI）与外贸数据

从2012年1月开始，如图5显示的我国的PMI指数变化，除了2012年3、4月较高外，PMI一直处在50左右的区域，不断小幅度的波动，但是2013年初的时候，我国的外贸数据大幅提升，而PMI值并没有与外贸数据一样大幅提升，这在一定程度上说明，当时的外贸数据与PMI变化并不一致，PMI是反映经济景气程度的指数，而对于我国外贸数据大幅提升，PMI却没有产生同样的提升，这说明我国的对外贸易数据很有可能存在"水分"，而这种"水分"存在的原因很可能是因为"热钱"流入进行虚假贸易所致。

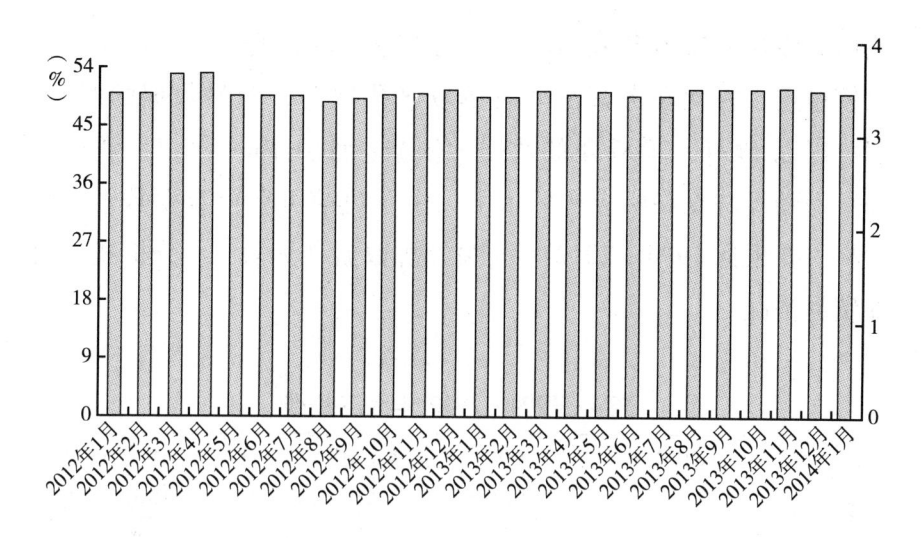

图 5　2012 年 1 月至 2014 年 1 月我国采购经理指数＊

资料来源：人民网宏观数据库，http：//hgsj.people.com.cn/index.php？cid=84&tid=34。

四　利用时间序列模型分析我国外贸数据

根据我国的两次汇率改革，可以将我国的汇率形成机制分为三个阶段，第一阶段为 1994 年以前，人民币汇率制度主要为固定汇率制度与双轨制汇率制度；1994～2005 年，我国采用的是以市场供求为基础的、单一的、有管理的浮动汇率制；2005 年至今，我国的汇率制度则是以市场供求为基础、参考一揽子货币进行调节、有管理的浮动汇率制度。

由于人民币汇率制度对我国经济的影响很大，尤其是在对外贸易方面，人民币的汇率制度可以影响我国的对外贸易发展，所以在研究我国对外贸易数据的时，就可以考虑根据我国汇率形成机制的不同阶段来分析。本文在此主要以 1994～2012 年的外贸数据、汇率变动、国内工资总额以及世界 GDP 为依据来分析我国的对贸易数据。1994～2006年我国所实行的汇率制度，使人民币汇率相对比较稳定，因此在考察汇率改革以来我国对外贸易数据的时候，就可以以1994～2006年的数据为依据，计算2006年以后我国对外贸易随经济发展所应有的水平。由于目前可获得数据有限，我们将主要根据1994～2012年相关经济数据（见表4）分析我国对外贸易情况。

表4 1994～2012年经济数据

年份	出口总额（百万美元）E	人民币对美元汇率（美元=1）（元）R	国内工资总额（亿元）WAGE	世界GDP（亿美元现价）WGDP
1994	121006	8.6187	6656.4	268680
1995	148780	8.351	8055.8	298103
1996	151048	8.3142	8964.4	304141
1997	182792	8.2898	9602.4	303326
1998	183709	8.2791	9540.2	302187
1999	194931	8.2783	10155.9	313369
2000	249203	8.2784	10954.7	323467
2001	266098	8.277	12205.4	321580
2002	325596	8.277	13638.1	334083
2003	438228	8.277	15329.6	375892
2004	593326	8.2768	17615.0	423018
2005	761953	8.1917	20627.1	457407
2006	968978	7.9718	24262.3	495631
2007	1220456	7.604	29471.5	559066
2008	1430693.1	6.9451	35289.5	613780
2009	1201611.8	6.831	40288.2	581321
2010	1577754.3	6.7695	47269.9	635084
2011	1898381.5	6.4588	59954.7	704416
2012	2048714.4	6.3125	70914.2	719184

注：出口总额、人民币兑美元汇率、国内工资总额数据来自国家统计局数据库；全球GDP数据来自世界银行数据库。

在此利用时间序列模型进行分析，分别将出口总额用 E 表示，人民币兑美元汇率用 R 表示，国内工资总额用 WAGE 表示，世界 GDP 用 WGDP 表示。根据我国汇率形成机制的阶段，计算回归数据，分别对出口总额、人民币兑美元汇率、国内工资总额与世界 GDP 取对数，得到表 5，我们可设置模型如下：

$$\ln E_t = C_0 + \alpha_1 \ln R_t + \alpha_2 \ln WGDP_t + \alpha_3 \ln WAGE_t + u_t$$

其中，u 是随机误差项，C 和 α 是待估计参数。

表 5 回归数据

年份	LnE 出口取对数	LnR 汇率取对数	LnWAGE 国内工资总额取对数	LnWGDP 世界 GDP 取对数
1994	11.7036	2.153934	8.80	12.50
1995	11.91022	2.122381	8.99	12.61
1996	11.92535	2.117965	9.10	12.63
1997	12.1161	2.115026	9.17	12.62
1998	12.12111	2.113734	9.16	12.62
1999	12.1804	2.113638	9.23	12.66
2000	12.42602	2.11365	9.30	12.69
2001	12.49162	2.113481	9.41	12.68
2002	12.69341	2.113481	9.52	12.72
2003	12.99049	2.113481	9.64	12.84
2004	13.2935	2.113456	9.78	12.96
2005	13.54364	2.103121	9.93	13.03
2006	13.784	2.07591	10.10	13.11

利用 Eviews 软件得到回归结果，见表 6。

得到以下模型

$$\ln E_t = -25.44 + 5.04 \ln R_t + 1.13 \ln WGDP_t + 1.38 \ln WAGE_t \tag{1}$$

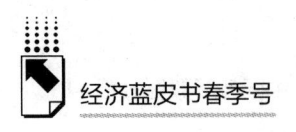

表 6　回归结果

Dependent Variable: LNE			
Method: Least Squares			
Date: 03/10/14　Time: 09:54			
Sample: 1994 2006			
Included observations: 13			
Variable	Coefficient	Std. Error	t-Statistic	Prob.
LNWGDP	1.131227	0.352076	3.213019	0.0106
LNWAGE	1.375269	0.182561	7.533208	0.0000
LNR	5.041187	1.539662	3.274216	0.0096
C	-25.44068	4.634363	-5.489573	0.0004
R-squared	0.995602	Mean dependent var		12.55227
Adjusted R-squared	0.994136	S.D. dependent var		0.665889
S.E. of regression	0.050990	Akaike info criterion		-2.866717
Sum squared resid	0.023400	Schwarz criterion		-2.692886
Log likelihood	22.63366	Hannan-Quinn criter.		-2.902447
F-statistic	679.1720	Durbin-Watson stat		2.447190
Prob(F-statistic)	0.000000			

由于经济预测一般是基于经济结构和之前的变化趋势是一致的这个前提的，而在此次我们考察的范围内，2008 年出现了金融危机，这种现象属于突变现象，由于模型的局限性，我们将 2008 年以后的相关数据代入方程（1），可以得到相应的预测结果，如表 7 所示，分析表 7 中数据我们可知，2009 年出口统计值为 1201612 亿美元，2009 年出口预测值为 1028642 亿美元，统计值比预测值高 14.39%；2010 年统计值为 1577754 亿美元，2010 年预测值为 1353238 亿美元，统计值比预测值高 14.23%；2011、2012 年统计值比预测值分别高 12.3%、6.63%。可见根据模型所得预测数据，我国出口贸易数据在被高估，高估的水平在不断变化，而根据模型计算 2012 年的我国外贸出口数据可能被高估 6.6% 左右，最近几

年我国平均外贸数据可能被高估11%左右。由此可见,根据模型的计算,我国的出口贸易水平,可能没有我国实际统计的出口数据那样乐观,没有实际统计值所显示得那样高。需要特别说明,此处模型的估计值由于数据等因素的局限,存在一定误差,此模型主要目的为说明我国贸易数据存在"高估"情况。

表7 预测结果对比

年份	预测值	实际值	误差(%)
2009	1028642	1201612	14.39
2010	1353238	1577754	14.23
2011	1664920	1898381	12.30
2012	1912915	2048714	6.63

五 虚高的对外贸易数据对我国贸易发展的影响

由于虚高的数据并不能反映我国真实的外贸进出口情况,因此这些有水分的不实的数据,会带来一系列的负面影响。

第一,虚假的贸易活动会扰乱贸易正常活动,使贸易环境恶化。大量通过虚假贸易活动进行的套利行为的存在,会刺激越来越多的经济实体将资源与要素投入到套利活动中,从而使实体经济活动受到不利影响,使其发展受到限制。

第二,虚假的进出口会使外汇进入我国内地市场,影响我国货币政策。大量的外汇进入内地,会产生更多的外汇占款,造成人民币增发,干扰我国金融监管秩序,造成货币政策不稳定。而且流入我国的资金,部分通过银行等途径进入我国房地产和金融市场,易使资产价格产生泡沫。

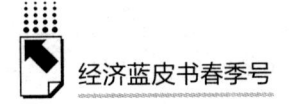

第三，外贸数据虚高造成贸易数据统计失实，这样的失实将会影响我国宏观政策的制定。失实的统计数据并不能真实反映我国的实际情况，这就给国家相关部门制定政策带来了困难，会使其在政策制定过程中，出现偏差，影响宏观调控的进行，使经济波动加剧。如果这种情况不能得到控制，将使国家宏观调控产生巨大偏差，对我国经济增长的环境与基础产生不利影响。

第四，虚假的贸易套利活动还会加剧金融资本错位，危害实体经济发展。金融是服务于实体经济，促进实体经济发展的。但是由于套利活动的存在，商业银行等各种金融机构积极参与其中，"帮助"套利活动进行。这些金融机构并未起到促进实体经济发展的积极作用，相反，其对实体经济发展还有一定的负面影响。

第五，为了套利进行的虚假贸易，导致我国财政损失，使政府人员滋生腐败。虚假的贸易骗取了我国对出口的税收优惠，使国家财政遭受损失，这与财政要进行公平、合理分配的目标是相反的。而且在套利活动或者骗取税收优惠的过程中，部分相关国家工作人员，其实已经成为了这些活动的"同谋"，这也就滋生了腐败现象。

六 建议与对策

（一）完善我国对外贸易统计

由于我国贸易统计原则存在局限性，这种统计方式导致的贸易数据虚高，并不是因为某些团体为了某种利益导致，所以对于这种数据虚高的产生，我们要从根本上解决，也就是说要完善我国的外贸数据统计制度，使其更加适合新时期的贸易要求，能够更加真实地反映我国贸易情况。对于目前讨论比较热烈的贸易增加值概念，我国在制定海关统计制度时应予以考虑，同时在我国国际贸易地位提高的同时也要努力发出声音，推进贸易增加值统计。从我国目前的贸易形势以及经济全球化所带来的变化来看，有相当大一部分商品是在多国合作的情况完成其生产的。有多数商品是最后在我国组装然后出口，把商品的全部价值都计入中国的出口额显然不合理。为了更好地参与到国际贸易中，我国应推进贸易增加值统计。另外，对于我国与香港、台湾等地区的贸易统计数据不一致的情况我国也应该予以解决，统一统计口径，同时加强与香港、台湾等地区的合作，努力获得一致、真实、有效的贸易统计数据。

（二）人民币汇率体制机制及管理的改革

政府要推进人民币汇率体制机制及管理改革，缩小离岸汇率与在岸汇率的差异。因为造成虚假贸易与国际资本跨境套利的重要原因是存在汇率差。2012年下半年到2013年第一季度，对人民币升值的预期导致人民币离岸汇率与在岸汇率差异加大。要改变这一状况，解决人民币离岸汇率与在岸汇率的差异问题，可以从三方面入手。首先，在外汇管理方面，外汇管理部门应进一步使人民币具有更大更具有弹性的浮动空间。其次，在外汇管理上，应使人民币汇率更加顺应市场，管理好人民币汇率变动的预期，减少汇率所承受的目标压力。最后，要通过各种手段，加快香港离岸人民币市场的建设。例如，可通过加强香港离岸市场的人民币资金的流动性，适当促进内地人民币资金流向香港市场，增强香港金融管理局提供人民币短期流动性的能力，促进扩大人民币外循环，满足离岸市场对人民币的合理需求；还可通过完善香港人民币基准利率形成规则，发展离岸人民币债券等产品，健全收益曲线；通过协调中国香港、中国台湾、新加坡等地的人民币离岸市场，加强它们之间的合作，促进形成统一的离岸人民币价格。

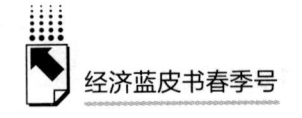

(三)推行适当的货币政策,提升货币政策对国际环境变化的应变能力

货币当局既要推行审慎稳健的货币政策,也要提升货币政策的国际应变能力。前面说过,汇率差异是导致虚假贸易与国际资本跨境套利产生的一个重要原因,而利率差异是导致其产生的另一个重要原因。世界上主要的几个经济大国都在实行量化宽松的政策,世界正在进入一个长期的低利率时代。美国通过量化宽松政策将其利率保持在一个很低的水平,除了美国,其他几个经济大国,例如德国、英国、日本,也都存在长期低利率的情况。由于通胀压力,我国的货币政策比以前更加审慎,利率水平也普遍高于主要发达国家。美国虽然暗示其要退出"量化宽松",让利率水平升到正常。但其并未说明何时利率会上升到正常水平,也未说明正常水平将会是多少。因为长期的非常规的低利率情况是无法维持的,所以问题的重点并不是美国是否会退出"量化宽松",而是其何时退出以及如何退出,但其又未明确说明,因此市场上并没有明确的预期,波动也就在所难免。如果美国等经济大国的货币政策进行调整,使其利率回到"正常水平",那么我国面临的问题可能反而是短期内资本外流的局面。其实我国央行除了要关注货币供给量以外,还应关注人民币利率,关注基准利率波动,使货币市场稳定。我国货币政策要越来越多地考虑与世界上其他主要经济体的关系问题。

(四)对资本项目的管理

对于资本项目,我们的相关部门要稳健实施资本项目管制,有序地推行资本项目开放。对于2013年1~4月的外贸数据异常波动,我国的管理部门就是通过加强了对资本流动的管理、管制,使对外贸数据较快地进行了"纠正"。从这点我们也可以看到,我国的资本项目开放过程要比我们想象得更加复杂，面临的问题也更加多样。根据中国人民银行调查统计司2012年发布的一份报告，在IMF规定的资本账户管制的40个子项目中，我国已经有14个项目是基本可兑换的、22个项目为部分可兑换，仅有4个项目是不可兑换的。对于中长期的直接投资和金融融资，其实我国已经基本开放，但是对于短期的资本流动，例如证券投资、跨境借贷款以及衍生品交易等，我国仍在进行比较严格的管制。如前面所说，正是这些比较严格的管制，才使相关部门能够很快地通过一些政策抑制那些通过虚假贸易进行资本跨境套利的行为。由此可见，若我国过快地放松对短期资本流动的管理，后果可能是十分严重的。政府应该审慎、循序渐进、有序，并且在保证拥有"控制权"的前提下，开放资本账户，从而保证宏观经济与金融市场可以稳定发展。政府当局应通过资本项目管理手段创新，对短期资本项目（证券投资、跨境借贷等）进行更加密切的监测与更加精细的管理，从而更好地防范风险。

（五）严惩虚假贸易

对于虚假的贸易项目以及进行这些虚假贸易的企业，要严查、严惩，要更加注重企业资金流与货物流的匹配情况。对于外贸进出口企业的外汇收支情况，外汇管理部门要加强管理，要更加及时准确地发现异常情况；而对于保税区等特殊区域的物流情况，海关要加大力度进行监管，对可疑情况要尽早发现，尽快查明原因。如果发现企业有虚假贸易的行为，海关、外汇以及金融管理部门要严惩不贷，防止企业再次出现同类情况。

（六）对内部金融资本的管理

对于内部金融资本的管理，监管部门要加强对商业银行业务的

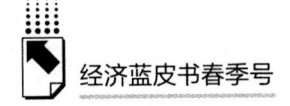

管理，对于房地产、黄金、股票期货等重点领域的资金监管要加强，防范境外流动资本大量的进出。对于信贷资金的流向要正确引导，防范信贷资金过度地流入房地产、黄金、股票期货等投资领域。通过规范投资信贷资金的使用，使信贷资金流入实体经济，切实使金融服务于实体经济，防范金融系统性风险。对于外贸企业结售汇的贸易背景要更加严格审查，还要加强对于银行结售汇综合头寸的管理，整治与规范贸易融资类产品。

总之，对于虚高的外贸数据，我们要予以警惕，分清导致数据虚高的不同原因，分别予以解决。同时还要完善我国的汇率机制，使其能够更加有效地在我国对外贸易中发挥有益的作用，使人民币汇率能够更加有力地促进我国对外贸易的健康平稳发展。

参考文献

裴长洪、郑文：《中国货物出口贸易世界占比的长期趋势》，载于《中国经济前景分析——2013年春季报告》，社会科学文献出版社，2013。

中华人民共和国商务部国际贸易经济合作研究院：《中国对外贸易形势报告（2013年秋季）》。

中华人民共和国商务部国际贸易经济合作研究院：《中国对外贸易形势报告（2012年秋季）》。

B.11 中国金融形势与货币政策

彭兴韵 董昀*

摘　要： 在金融危机依旧冲击实体经济，世界经济依旧低迷，中国正处于过度扩张政策的消化期，经济结构调整的阵痛期和换挡期的背景下，2014年前两月，M2的增长率分别为13.2%和13.3%，与2012年上半年大体相当。在2013年，我国货币供应量与基础货币、信贷、社会融资规模、金融机构存款、货币市场、资本市场以及外汇储备与外汇市场都基本出现一定的向好趋势。在经济增长面临下行压力的情况下，2013年中国货币政策操作坚持稳中求进的总基调，采取公开市场操作等一系列货币政策操作。展望2014年，虽然受到美国和日本公共债务居高不下，美国QE退出前景逐步明朗化等遗留问题的影响，中国整体形势可望略好于2013年。

关键词： 金融形势　货币政策　展望

一 中国货币政策与金融运行的实体经济背景

2013年，本轮金融危机对实体经济带来的负面冲击仍在持续发

---

* 彭兴韵，中国社会科学院金融研究所货币理论与货币政策研究室主任，副研究员；董昀，中国社会科学院金融研究所。

挥作用，世界经济依旧低迷，失业率仍然较高。但发达经济体之间的经济表现也存在明显的差异，在经过多年宽松货币政策之后，美国的失业率已降至7%以下，美国经济可能在发达经济体中先恢复到较高的增长率，这为美国货币政策的调整创造了条件；欧盟虽已有效地遏止了主权债务危机的蔓延，但由于其劳动力市场僵化，经济全面稳定地复苏仍是中长期过程。尽管安倍政权实施了包括日元贬值、维持超低利率和日本央行大量购买资产的货币政策，但日本消费者支出在2014年2月实际下降了2.5%。在危机冲击之后一度表现抢眼的新兴经济体，2012年以来呈乏力之势，物价、汇率波动较大，美国量化宽松货币政策调整预期导致的，国际资本流动对新兴经济体造成了明显影响。巴西和印度的通胀率较高，至2014年3月底，巴西央行已连续9次提高指标利率，其操作目标已达到了11%。

由于中国正处于过去过度扩张政策的消化期、经济结构调整的阵痛期，且由于潜在增长率的下降使中国经济实际处于增长速度的换挡期，与美国经济增长率正处于缓慢上升期不同，中国经济增长率将处于缓慢下降之中。但新一届政府强调新的增长应源于改革红利，并没有采取明显的政策刺激措施来"保"增长，在坚持不扩大赤字，不放松也不收紧货币政策的前提下，把稳增长、调结构、促改革统筹起来，以改革促调控，通过持续而强有力的反腐败创造更加公平的竞争环境、通过体制机制改革释放更多的制度红利，从而达到有质量、可持续的经济增长。2012年和2013年实现了平稳增长，各季度的累积增长率大体在7.7%。在全球经济低迷时期，这仍是全球最高的增长率。

在2012年和2013年，投资增速较为平稳，大体稳定在20%左右。但在2013年11月份、2014年1月和2月的固定投资增长率下降到了20%以下，尤其是2014年2月份下降到了17.9%，这是2002年2月份以来的最低投资增长率。但在一段时期以来简政放权、破除垄断的一系列改革举措推动下，民间投资增长率近年来一直高于全社会的增长率，民间投资占比不断上升。这表明，基于经济效益考量的投资动机正在对中国经济结构调整产生较为积极的影响；这也表明，所谓中国经济的结构失衡，有相当一部分是因为（地方）政府主导投资的结果，因此，未来经济结构的转型，在投资方面，就是要继续采取措施，让民间投资发挥主导作用。消费需求的增长略显乏力，2013年社会消费品零售总额234380亿元，实际增长11.5%，增速比2012年下降了0.6个百分点。但是，纵观2000年以来，11.5%的社会消费品零售总额增长率当属正常范围。尽管消费增长率没有明显上升，但由于投资增长率的大幅下降，消费对经济增长率的稳定性更强，这也表明，中国GDP的波动主要来自投资的波动。受国际环境影响，近几年进出口总额增长率一直较低，2013年进出口总额第一季度增长13.5%，第二季度增长4.3%，第三季度增长6%，但5月和6月的进出口总额增长率分别为0.4%和-2%。2014年2月，进出口总额增长率为-4.8%。

2011年6月后，中国的通胀率就逐渐下降，2012年第二季度后，中国的通胀率总体保持平稳且处于较低水平。2013年各月CPI均值在2.5%左右，较好地稳定了通胀预期。但是，受钢材、有色、煤气和各种原材料价格下跌的影响，从2012年初开始，PPI就一直处于负增长状态，尽管下跌幅度有所趋缓，但没有明显改观。在2014年前两个月，PPI的下跌幅度甚至又有所上升。尽管PPI的下跌有助于CPI处于较低水平，但持续的PPI下跌降低了企业的净现金流，给金融体系带来了极为负面的影响。

二　金融形势

1. 货币供应量与基础货币

21世纪以来，中国的货币供应增长率在大部分年份里保持了较高的增长率。2007年美国次贷危机的影响逐渐恶化后,中国货币供应增长率一度出现了明显下降。但2008年第4季度开始,由于政府采取了大规模的经济刺激措施,两个层次的货币供应量均迅速飙升,直接导致随后通胀压力加大和房地产价格大幅上升。在2010年1月前后,两个层次的货币供应量在达到周期性的峰值之后,便一路下行,M1的增长率在2011年9月至2012年底一年有余的时间里一直低于10%(见图1)。尽管2013年初一度恢复到了10%以上的增长率,但并没有持续性,随后,M1的增长率便又回落到了10%以下,尤其是2014年1月,该增长率一度下降到了1.2%。相比于M1增长率的变动,虽然M2也呈下降趋势,但要平缓许多,波动性相对较小。2014年前两个月,M2的增长率分别为13.2%和13.3%,尽管M2的增长率在过去三年时间里表现较稳定,但2013年还是发生了引人瞩目的事件,那就是,在3月末M2的余额首次突破100万亿元,一度引发了人们对中国货币供应控制的格外关注。截至2014年2月末,广义货币供应量M2余额约为110.7万亿元;M1余额约为33.7万亿元。虽然中国货币供应总量及其与GDP之比已处于相当高的水平,但由于其增长率的下降,还是为物价和资产价格的稳定发挥了积极的作用。

虽基础货币已不是央行货币调控的指标变量,但基础货币的变化仍是影响货币总量的重要因素之一。2013年底,中国基础货币余额为271023亿元,较2012年底的252345.17亿元增长了7.4%。自2011年第四季度以来,央行总资产增长率一直维持在10%以下,2013年各季度央行总资产增长率分别为4.2%、5.9%、5.7%和6.1%。央行总资产增长率的下降,主要源于外汇占款增长率的下降。如图2所示,自2010年以来,国外资产在央行总资产中所占的比重保持在84%左右,呈些微下降。外汇占款增长率在2005

中国金融形势与货币政策

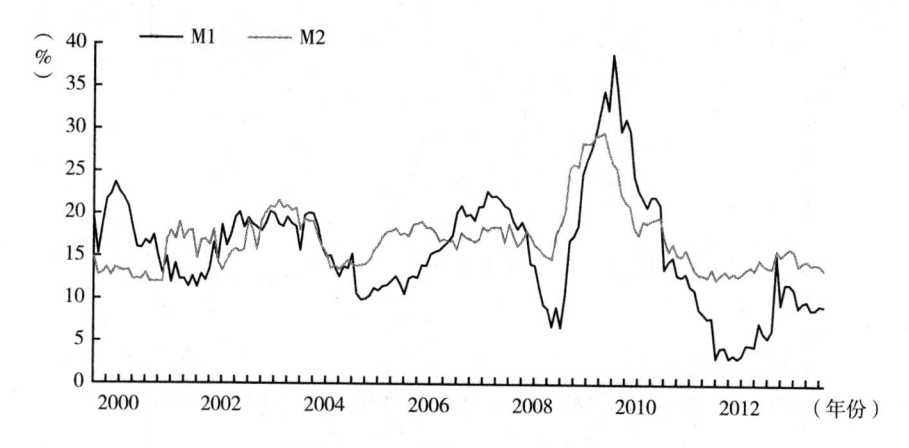

图1 中国两个层次货币供应量增长率的变化

资料来源：中国人民银行网站。

年前后达到峰值后，一直在波动中下降（见图3），2012年第3季度外汇占款增长率仅为0.62%，随后外汇占款增长率有所回升，2013年各季度增长率分别为3.4%、6.2%、7.1%和7.4%。央行对政府债权、对金融机构债权和其他资产则基本无变化或变化较小。

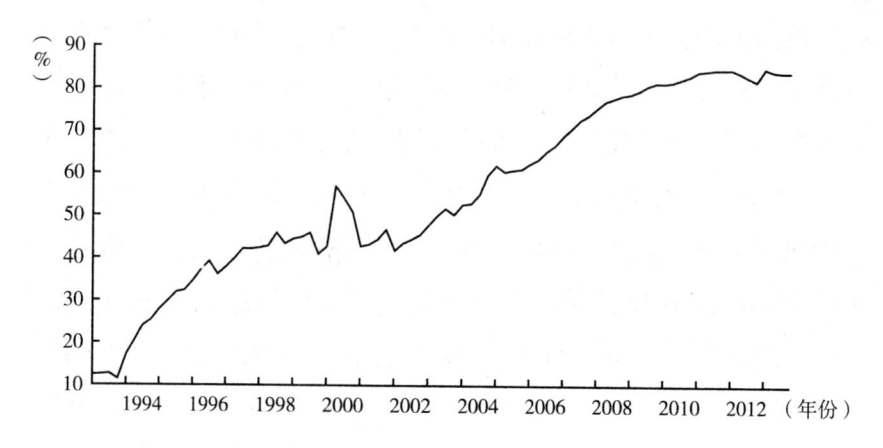

图2 国外资产占央行总资产之比

资料来源：Wind资讯。

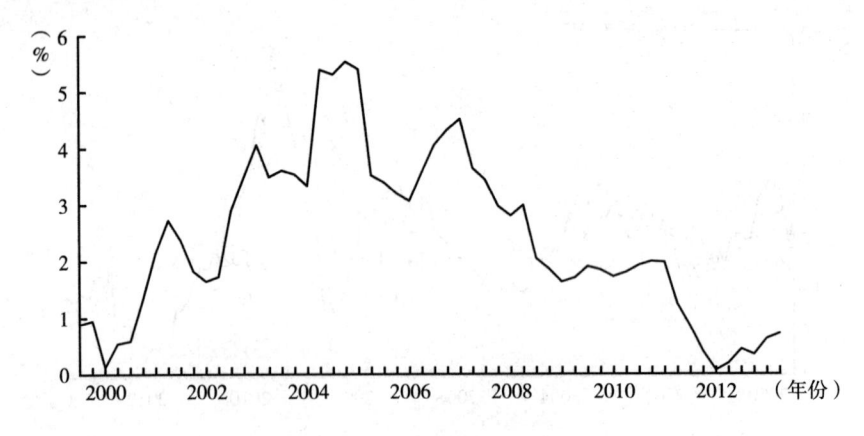

图3　外汇占款增长率的变化

资料来源：Wind 资讯。

在中国人民银行资产负债表的负债方，影响基础货币的主要因素是央行票据（中央银行债券）、政府存款和其他负债。从政府存款过去变动的一般性规律来看，政府存款的变化存在明显的季度波动性，从政府存款季节环比增长率中可以看出，通常在第一至第三季度，政府存款大幅增加，第四季度政府存款余额则突然减少，环比增长为负。受这种季节波动的影响，政府存款对基础货币的供给也存在明显的季节性特征。这表明，在第一至第三季度，政府存款通常会起到自动回笼基础货币的作用，在第四季度，尤其是在每年的12月份，它对基础货币供给具有明显的扩张功效。尽管新一届政府加强了财政资金运用的管理、严格了财政资金的支出标准，但2013年各季度的政府存款余额变动依然遵循了过去的季节性，各季度的政府存款余额分别约为22757亿元、32330亿元、34481亿元、28611亿元，环比增长率分别为9.7%、4.2%、6.7%和-17%。这从一个侧面说明，财政资金的运动对央行的货币调控产生了直接的影响。

2003年后，由于人民币升值预期不断增强，国际收支双顺差导致中国外汇占款迅速上升，加剧了货币扩张的压力。在通过削减央行对金融机构的贷款这一主动性政策工具捉襟见肘的情况下，央行便通过发行债券的方式来冲销外汇占款对货币供应的影响，这直接导致随后5年里，央行票据余额不断上升。但在2010年之后，人民币汇率接近于动态均衡的水平，再加之央行进一步深化了人民币汇率形成机制的改革，扩大了人民币兑美元的浮动区间，国际收支对中国货币供给的影响减弱，导致央行曾经惯用的货币政策操作手段日趋式微，央行票据余额持续下降。2013年底，央行票据余额仅为7762亿元，较最高的2010年6月46975亿元，下降了39000亿元左右。可见，过去几年里，央行票据的功能彻底地从2003年至2010年的冲销外汇占款转变为通过央行票据的有序到期而向金融机构注入流动性。我们预计，本轮全球金融危机后推进的全球经济再平衡的进程，随着发达经济体量化宽松货币政策的逐渐调整，随着人民币汇率机制的更加灵活化，未来央行票据可能再难以像过去十余年里那样在中国货币政策中发挥着极为重要的作用。这固然增强了中国货币政策的灵活性，但也需要央行调整和完善中国的货币政策工具。

2. 信贷

（1）信贷总量及增长率的变动

在相当长一段时期内，信贷一直是我国政府直接调控经济运行的重要工具。尽管1998年以来中央政府试图通过各种间接工具来实施货币政策，尽管随着中国金融市场的多元化发展，社会融资结构已发达了极大的变化，信贷占比已呈下降之势，但信贷对整体的经济活动仍然具有其他单类融资活动所不具备的重要性，因而它在中国宏观调控中的地位和作用并没有呈相应幅度的下降，从而形成了央行既调控货币供应，又调控信贷总量的独特货币政策操作方式。2009年为了"保增长"，政府一度放任信贷增长率达到35%

左右（见图4），这虽然在短期内支持了投资和经济增长率的回升，但对随后数年的宏观经济和金融稳定都产生了相当不利的影响。有了前车之鉴，新一届政府在相当程度上放弃了通过信贷刺激来换取短期增长的政策，取而代之的是"既不收紧银根、也不放松银根"，重在"盘活存量、用好增量"的信贷政策新思路。2012年和2013年，银行信贷增长率从前两年的急剧下降过渡到了稳中缓降的新阶段，这在2014年的前两个月得到了延续。应当说，这为中国经济较好地消化过去扩张政策的不利后果创造了较好的条件。

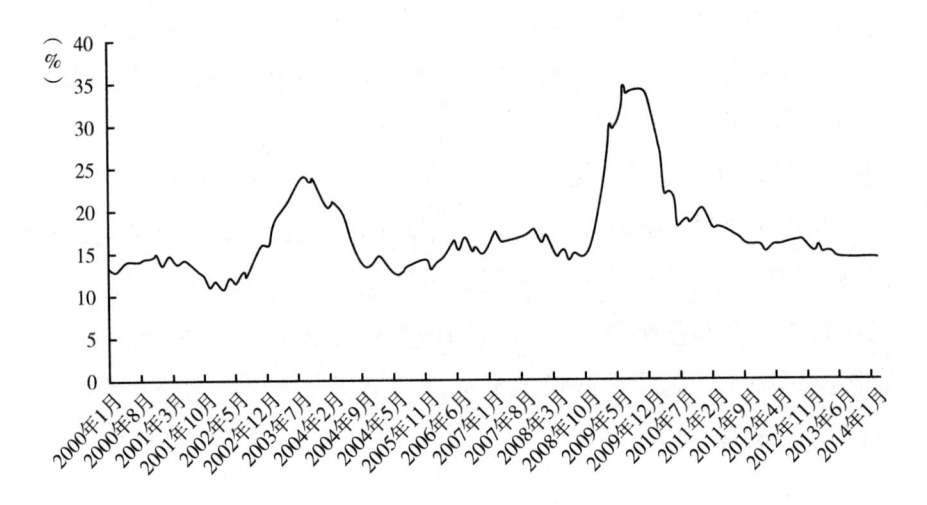

图4　人民币贷款同比增长率

资料来源：Wind资讯。

（2）信贷结构

改革开放后相当长一段时间里，一切金融资源的动员和配置均以生产为导向，信贷在居民消费和资源的跨期配置中并没有发挥应有的作用。进入21世纪以来，这种状况得到了极大改变，在加速推进城市化、宏观经济政策着力点转向扩大内需、商业银行改革不断深化等诸种因素的推动之下，对居民户贷款成了各金融机构拓展业务的重点,2010 年和 2011 年对居民户贷款增长率均明显高于同期各项贷款的增长率。由于受到房地产调控措施和稳健货币政策的影响,2012 年对居民户贷款增长率跌至 18.6%。2013 年末金融机构对居民户贷款余额为 198503 亿元(见表 1),较 2012 末的 161300 亿元增长了 37203 亿元,增长率为 23.06%,高于全部贷款增长率 14.1% 近 9 个百分点。在居民户贷款中,消费性贷款和经营性贷款余额分别为 129721.02 亿元和 68782.77 亿元,分别较 2012 年的 104357.17 亿元和 56942.82 亿元增长了 25364 亿元和 11840 亿元,增长率分别为 24.31% 和 20.79%。

表 1 人民币信贷(部门结构)

单位:亿元

	2011 年 12 月	2012 年 12 月	2013 年 3 月	2013 年 6 月	2013 年 9 月	2013 年 12 月
一、各项贷款	547946.69	629909.64	572474.82	596422.59	702832.25	718961.46
(一)境内贷款	546398.25	628100.53	570829.47	594661.73	700980.22	717087.69
1. 住户贷款	136011.58	161299.99	141060.22	147343.64	192092.60	198503.79
(1)消费性贷款	88716.86	104357.17	91110.28	94535.96	124304.15	129721.02
短期	13555.05	19367.43	14339.81	15927.87	24963.83	26557.94
中长期	75161.8	84989.74	76770.47	78608.09	99340.32	103163.08
(2)经营性贷款	47294.72	56942.82	49949.95	52807.68	67788.45	68782.77
短期经营性贷款	30197.58	36235.09	31973.87	33849.66	43259.84	43585.42
中长期经营性贷款	17097.14	20707.73	17976.08	18958.03	24528.61	25197.35
2. 非金融企业及其他部门贷款	410386.68	466800.54	429769.25	447318.10	508887.62	518583.91
(1)短期贷款及票据融资	174504.44	213103.48	187090.09	199364.01	232864.70	239688.46

续表

	2011年12月	2012年12月	2013年3月	2013年6月	2013年9月	2013年12月
短期贷款	159379.99	192670.25	169390.18	176596.32	212271.12	220094.45
票据融资	15124.45	20433.24	17699.90	22767.68	20593.57	19594.00
(2)中长期贷款	231547.58	247209.95	237745.90	242293.64	267950.75	270501.99
(3)其他贷款	4334.66	6487.11	4933.26	5660.45	8072.17	8393.46

资料来源：中国人民银行网站。

由于投资驱动的传统经济发展方式没有根本转变，对非金融性企业及其他部门贷款仍占中国银行业信贷资产的绝大比重。尽管近十年来对居民户的贷款增长率远高于平均贷款增长率，但对非金融企业及其他部门的贷款主体地位没有根本改变。2013年，对非金融企业及其他部门的贷款余额为518583.91亿元，较2012年的466800.54亿元增长了11.09%。这一速度既低于各项贷款总体14.2%的增速，更远低于对居民户贷款23.06%的增速。2013年对非金融企业和其他部门的贷款增长率远低于对居民户的贷款增长率，固然有金融机构进一步调整信贷结构的内在要求，但宏观经济的波动发挥了更重要的作用。由于总需求相对疲弱和企业经营现金流的相对下降，不仅降低了信贷需求，商业银行也基于对风险的控制和不良贷款率上升的担忧，主动压缩了对一些传统行业的贷款供给。

在信贷投向上，还出现了以下结构变化。第一，小微企业贷款明显增加。随着企业债券市场的发展，一些规模较大的企业越来越多地选择发债融资，同时，在2011年发生多起"老板跑路"事件后，国务院采取了多项措施调整信贷结构，激励金融机构加大对小微企业的支持力度。在提高监管宽容度、地方政府财政奖励等政策的刺激下，这项信贷结构调整政策收到了一定成效。2013年末，主要金融机构、小型农村金融机构和外资金融机构的小微企业贷款余额13.21万亿元，同比增长14.2%，分别比大型和中型企业贷款增速高3.9个和4个百分点。年末小微企业贷款占全部贷款之比也达到了29.4%，全年新增贷款中，小微企业贷款占了43.5%。第二，"三农"贷款保持了较高增长。全年涉农贷款增长18.4%，比各项贷款增速高4个多百分点；新增涉农贷款3.39万亿元。在三农贷款中，年末农村贷款余额为17.29万亿元，增长了18.9%；农户贷款余额4.5万亿元，增长了24.4%；农业贷款余额3.04万亿元，增长了11.6%。第三，房地产贷款依旧保持了较高的增长。年末房地产贷款余额为14.61万亿元，同比增长了19.1%，全年新增房地产贷款2.34万亿元，同比多增加了9987亿元，在新增贷款中，房地产贷款占比达到了28%。这表明，尽管2013年在国内部分城市出现了房地产降价的预期，但金融机构依然视房地产贷款为得到"充分抵押"的安全资产。

（3）贷款利率

2013年，非金融企业及其他部门贷款加权平均利率呈逐季上升之势，第一季度的贷款加权利率为6.65%，第二季度升至6.91%，第三季度和第四季度进一步分别升至7.05%和7.20%。进一步分析，利率上升最大的是票据融资利率，各季度的票据融资利率分别为4.62%、5.88%、6.61%和7.54%；各季度的住房贷款利率则小幅上升，分别为6.27%、6.29%、6.39%和6.53%。而一般贷款利率则变化不明显，各季加权利率分别为7.22%%、7.10%、7.16%和7.14%。从这些数据中可以发现：其一，2013年7月，央行放开贷款利率下限后，并没有导致金融机构为竞争贷款的市场份额而大幅降低（一般）贷款利率，这表明，中国的金融机构在贷款利率定价中还是比较理性的。其二，票据融资利率的逐季攀升反映了2013年6月的所谓"钱荒"对票据市场产生了持续性的影响，也表明一些企业基于流动性的短期资金需求仍然较大。但票据利率的大幅上升加大了票据融资的成本,这是导致票据融资余额在2013年底较2012年末净额下降的重要原因之一。其三,尽管住房抵押贷款加权利率在2013年各季出现了一定程度的上升,但仍明显低于一般贷款加权利率,这表明,虽然央行在2013年7月的利率市场化改革有意保留住房抵押贷款利率下限从而表达其抑制房地产市场泡沫的意愿,但由于较高比例的净值弱化了逆向选择和道德风险问题,因而金融机构不愿意因利率上升而失去其应有的市场份额。

与贷款加权利率并没有明显下降相一致,贷款利率上浮的占比仍保持较高的水平,该比重仍然在60%以上,不过,较2011年最高70%左右的贷款利率上浮占比已有小幅下降。2013年执行基准利率的贷款占比总体呈下降趋势,平均占比已不足25%。贷款利率下浮占比在经历了2009年至2012年初的大幅下降之后,近两年略有上升,但该比重也仅为10%左右,占比最小。宏观经济波动对执行下浮和上浮利率的贷款占比有着决定性影响:经济上行时,贷款需求增加,执行上浮利率的比重增加;经济下行时,贷款需求减少,执行下浮利率的比重增加。

(4) 信贷资产质量

前几年高速扩张的信贷在经济增长率下降时,贷款质量正在经受着严格考验。历史反复表明,每一次贷款超乎寻常的增长后,都会出现借款者违约率和金融机构不良贷款的上升。根据银监会网站公布的数据,2013年各季度商业银行不良资产总额分别为5265亿元、5395亿元、5636亿元和5921亿元,各季不良贷款率分别为0.96%、0.96%、0.97%和1%。尽管我国目前的不良贷款总量绝对值仍较低,不良率也处于较低水平,但不良贷款总额和不良率的"双升",仍然提醒我们,加强对信贷资产质量的监测、管理和对不良贷款的处置,仍然是维持金融体系稳定和信贷市场秩序的重要任务。当然,在中国不良贷款总额上升的同时,商业银行已有了充足的不良贷款拨备，2013年各季度商业银行拨备覆盖率分别为291.95%、292.50%、287%和282.7%，足以应对目前已积累的不良贷款。不过，随着不良贷款额的上升，拨备覆盖率已出现了下降。

3. 社会融资规模

社会融资规模是全面反映金融与经济关系，以及金融对实体经济资金支持力度的一个总量指标，是指一定时期内实体经济从金融体系获得的资金总额。根据央行统计，2013年社会融资规模为173168亿元（见表2），比2012年的157631亿元增加了15537亿元。从时间分布看，上半年社会融资规模在10万亿元左右，下半年仅为7.14万亿元。根据央行的最新统计，2014年1月的社会融资规模为25845亿元，较2013年1月的25446亿元有少量增加。不过，2014年1月13190亿元的人民币贷款较2013年同期的10721亿元增长了近2500亿元。

表2 社会融资规模

单位：亿元

年份	社会融资规模	其中：						
		人民币贷款	外币贷款（折合人民币）	委托贷款	信托贷款	未贴现的银行承兑汇票	企业债券	非金融企业境内股票融资
2006	42696	31523	1459	2695	825	1500	2310	1536
2007	59663	36323	3864	3371	1702	6701	2284	4333
2008	69802	49041	1947	4262	3144	1064	5523	3324
2009	139104	95942	9265	6780	4364	4606	12367	3350
2010	140191	79451	4855	8748	3865	23346	11063	5786
2011	128286	74715	5712	12962	2034	10271	13658	4377
2012	157631	82038	9163	12838	12845	10499	22551	2508
2013	173168	88916	5848	25466	18404	7755	18113	2219

资料来源：中国人民银行网站资料整理。

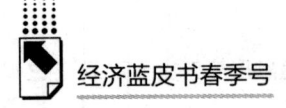

2013年社会融资规模有以下结构性特征：第一，人民币贷款增长平稳，投放额较上年同期有所增加，占比有所下降。前三个季度新增人民币贷款占同期社会融资规模的52.1%。第二，外币贷款前多后少，总体与上年同期基本相当。分阶段看，1~5月外币贷款折合人民币累计增加5658亿元，比上年同期多增3932亿元；但5月之后，外币贷款急剧下降，7月和8月的外币贷款甚至为负，第四季度的外币贷款额依旧维持在极低的水平。转入2014年后，1月的外币贷款额为1588亿元，较2013年同期的1795亿元下降了近200亿元。2013年外币贷款的波动反映了下半年信贷市场上对人民币汇率的预期出现了一定程度的变化。结合后来人民币汇率的变动，可以说，中国社会融资结构中的外汇贷款变化在一定程度上是人民币汇率变动趋势的先行指标。第三，企业债券融资额前多后少，股票融资持续处于较低水平。1~5月企业债券累计净融资1.18万亿元，比2012年同期多5551亿元；6月和7月的债券融资额分别仅为323亿元和476亿元，这表明货币市场利率的飙升给债券市场带来了很大的不利影响。同时，由于债务违约风险上升，再加上市场利率的波动，发行债券的利率成本优势下降，导致2013年债券融资总量较2012年大幅减少了4000亿余元。非金融企业境内股票融资2219亿元，占社会融资规模的比重仍然很低。第四，委托贷款和信托贷款同比增加较多，年末两者分别为25466亿元和18404亿元，这表明，部分资金盈余者绕过存款利率管制而获取较高预期收益的动机较强。

4. 金融机构存款

自2008年初以来，中国金融机构存款增长率经历了倒V形变动。2008年初至2009年第一季度，金融机构存款增长率大幅上升，之后，存款增长率就大幅下降（见图5）。在2012年和2013年初，存款增长率出现了一定程度的上升，2013年4月存款增长率一度上升到了16.2%，随后开始小幅下降。2014年1月和2月，存款增长率分别下降到11.3%和12.5%。2013年末，人民币各项存款余额为104万亿元左右，比年初增加126292亿元。

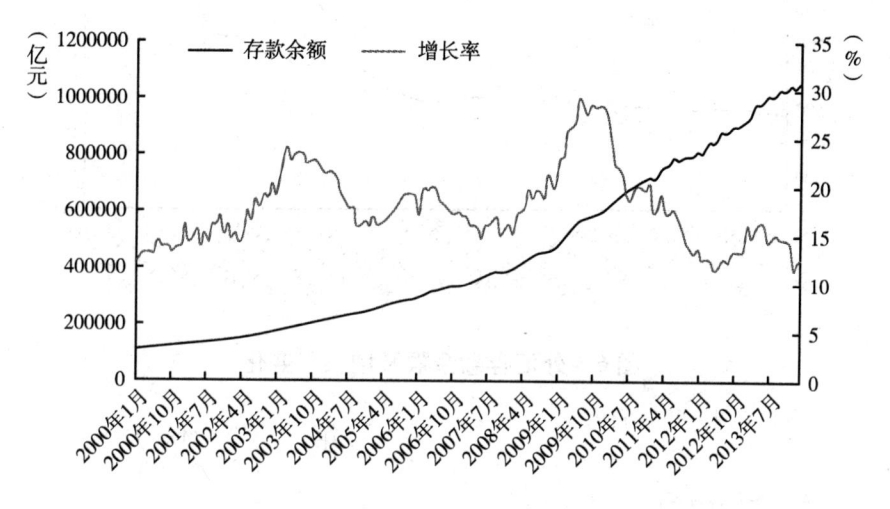

图5　金融机构存款余额及增长率

资料来源：Wind资讯。

一般而言，同外汇贷款一样，外币存款受人民币汇率变动的影响很大，人民币升值预期越强烈，人们越愿意持有人民币资产，而减少持有外币存款，外币存款余额下降得越多；反之亦然。例如，2010年6月之后，人民币汇率走高，为了规避汇率升值的损失，外币存款增长率小幅下降；进入2011年，受美元升值的影响，居民外币存款又有所增加。2013年末外币存款余额为4385.98亿美元，同比增长7.91%，比2012年末增加320亿美元左右。但是，从图6中可以看到，在2012年中后，中国的外币存款增长率就迅速地下降了，尤其是在2013年的第二、三、四季度，外币存款增长率分别仅为8.97%、8.42%和7.91%，这似乎表明，相对于外汇贷款而言，中国的外币存款对汇率预期波动的反应要滞后一些。

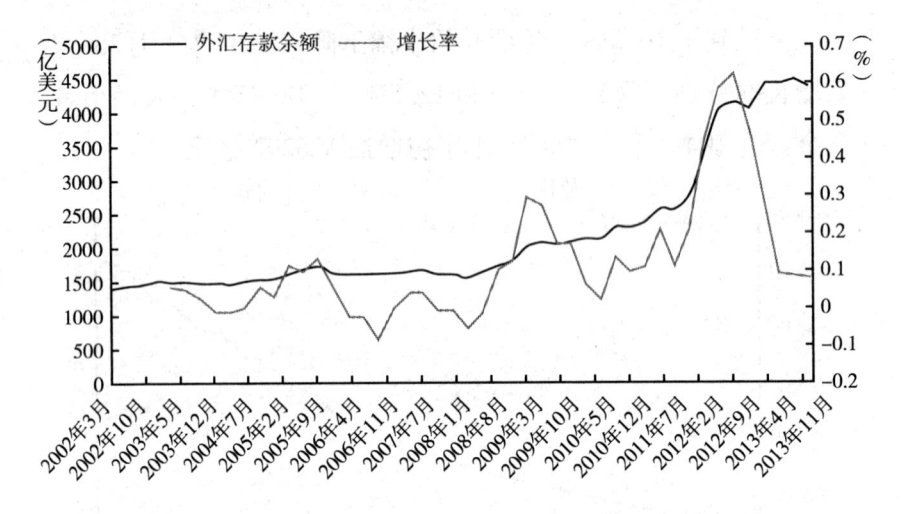

图6 外汇存款余额及增长率变化

资料来源：Wind资讯。

5. 货币市场

对于发达经济体而言，由于货币市场上的金融工具流动性较高、风险较低，具有准货币的性质，因而在货币政策传导中发挥着重要的作用。随着中国金融发展水平的不断提高，货币市场在企业产品销售、资金回笼和加快资金周转速度、提高企业的资金利用效率方面的地位日益突出。2013年6月的货币市场"钱荒"导致了市场利率大幅飙升，6月20日隔夜Shibor高达13.444%（见图7），隔夜回购利率一度触及史无前例的30%，7天回购利率也一度飙升至28%的历史最高值。货币市场出现了浓厚的恐慌情绪，并且迅速地传染到其他金融市场，股票市场的恐慌性杀跌让投资者损失惨重，24日和25日一度接连两天5%以上的股票价格指数跌幅，甚至超过了2008年9月中旬雷曼兄弟宣布申请破产保护后的市场反应；债券市场价格也大幅下挫，收益率急剧攀升；甚至仍有升值预期的人民币市场也出现了连续数日的下跌。鉴于金融市场的全面剧烈反应，媒体甚至直接将这次金融动荡称为政府主动发起的一场

"可控金融危机"。直到25日,央行发布公告称,市场流动性总体充裕,且已向满足宏观审慎要求的金融机构提供了流动性救助后,金融市场的恐慌气氛才得到了舒缓。随后,由于中央银行采取一系列措施稳定市场利率,以及时点性、情绪性因素的逐步消除,货币市场很快恢复平稳运行,如图8所示,7月质押式债券回购和同业拆借月加权平均利率分别回落至3.61%和3.60%。进入2014年之后,同业拆借利率和债券回购利率进一步大幅回落,且波动性明显下降。

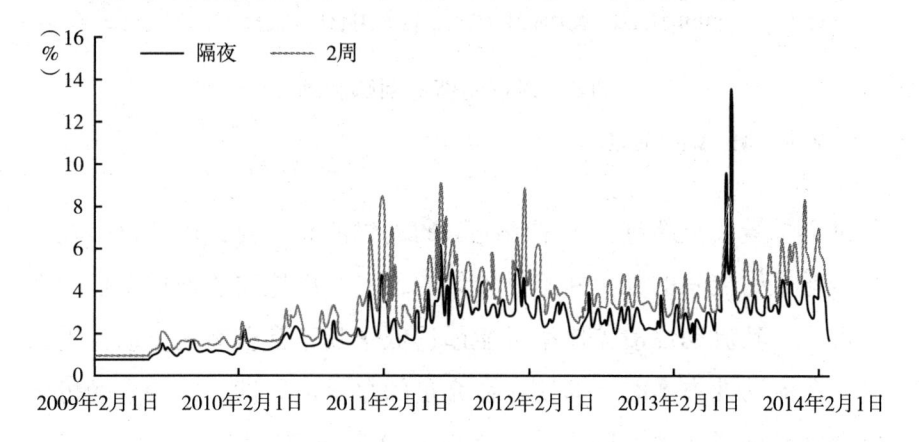

图7 Shibor走势

资料来源:Wind资讯。

2013年的中国货币市场恐慌是在流动性供给总体依然较宽松的背景下发生的。在流动性供给总体充裕的背景下,还出现了市场的恐慌情绪,反映了中国流动性失衡对中国金融体系的稳定正造成越来越大的影响。传统银行业机构经营活动越来越表外化,使其流动性状况对金融市场或大宗商品价格的不利波动更加敏感。这极易造成流动性需求的意外大幅上升。因此,此次中国货币市场恐慌,只不过是对过去金融运行矛盾以及对未来担忧的一种外化表现而已。由于金融活动本身对信息极为敏感,当出现不利的噪声信息后,就很容易引发市场的恐慌情绪。虽然央行的数据表明,中国的

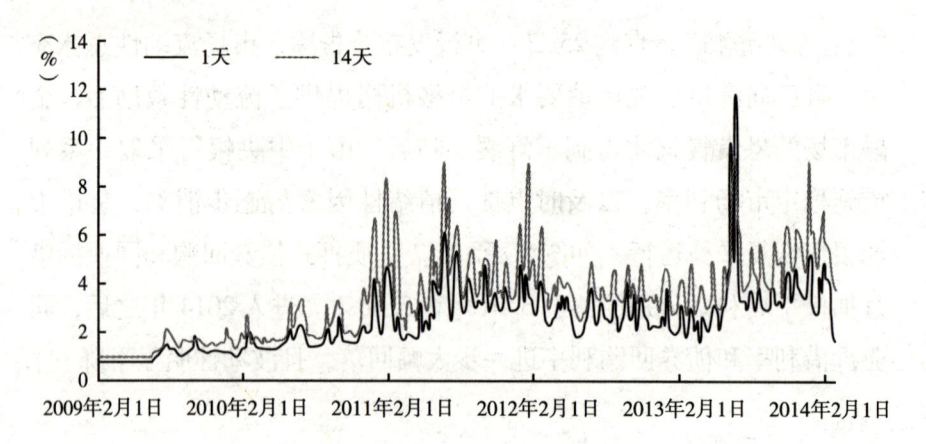

图 8　银行间债券回购利率

资料来源：Wind 资讯。

备付金总量甚至超过了正常情况下的支付清算需要，但备付金在各个金融机构之间的分布并不是均匀的，一些净稳定资金比率低的金融机构，其流动性覆盖比率可能远远低于其正常营运的流动性需求量。在流动性失衡时，即便存在充足的总量流动性，一些金融机构仍会极易处于流动性风险暴露之中。由于金融市场的信息不对称，流动性失衡会加剧金融的脆弱性，一家金融机构的流动性风险暴露就可能引发金融体系的流动性危机。随着越来越多的复杂金融产品充斥在金融体系之中，随着各种结构化金融产品将各类风险传播于更加分散而全球化的机构、企业和家庭之中，系统性的流动性危机就会转向金融机构之间的资金交易市场。因此，中国货币市场利率恐慌性地上升，反映中国金融机构之间的相互信任可能会在瞬间丧失，有多余头寸的金融机构具有强烈的流动性（现金）偏好。一旦流动性偏好蔓延开来，即便总体的流动性相对较充足，那些流动性不足的金融机构也会迅速地陷入困境。正因为如此，最初采取"观望"态度的当局最后不得不向市场做出负责任的妥协而注入必要的流动性。

从货币市场交易量看，2013年银行间回购交易量增速减缓，拆借交易量同比下降。银行间市场债券回购累计成交158.2万亿元，日均交易6327亿元，较2012年增长11.2%；同业拆借累计成交35.5万亿元，日均成交1421亿元，较2012年下降24.3%。在货币市场的资金流动方面，大型银行整体继续向市场供给资金，但融出资金量同比减少。2013年大型银行在回购市场中融出总额近44万亿元，较2012年减少11万亿元左右；同业拆借市场中融出3万亿元左右，较2012年下降4万多亿元。中资中小型银行在债券回购市场中融入资金量也明显减少，2013年通过回购融入总量为152761亿元，较2012年下降9万亿元左右；在同业拆借市场上，中小型银行由2012年同期的资金净融入转为净融出。从资金融入方来看，券商、基金和保险公司资金需求继续扩大，但无论是在回购市场还是同业拆借市场中，其规模变化均不显著。倒是其他金融机构在回购和同业拆借中的融资变动很明显，债券回购的净融入额由2012年的104120亿元急剧下降到了59780亿元，同业拆借净融入量也由2012年的23513亿元减少到了16307亿元（见表3）。

表3　中国货币市场的资金流动

单位：亿元

	回购市场		同业拆借	
	2012年	2013年	2012年	2013年
中资大型银行	-550748	-439669	-73486	-30650
中资中小型银行	242558	152761	5112	-25633
证券及基金公司	130067	158905	34889	38354
外资金融机构	20734	12679	1598	4340
保险公司	53270	55543	0	25
其他金融机构	104120	59780	23513	16307

资料来源：《2013年第四季度中国货币政策执行报告》。

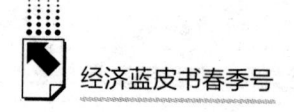

在票据市场方面，2013年企业累计签发商业汇票20.3万亿元，较2013年增长了13.3%，年末商业汇票余额9万亿元，较2012年下降了8.3%，这表明，2013年商业汇票据的周转速度上升了。2013年金融机构累计办理贴现额45.7万亿元，较2012年增长了44.3%。虽然贴现发生额出现了爆发式增长，但年末贴现余额却下降了4.1%，仅为2万亿元，这也表明，票据贴现资金的周转率在2013年有所上升。2013年票据资金周转率上升，从积极的方面说，可能在一定程度上是"盘活存量信贷"的政策取向在实践中的具体体现，但从消极的方面来说，可能是票据市场利率大幅上升而增加了票据融资的结果。

6. 资本市场

资本市场的发展不仅推动了中国的制度转型，也在很大程度上影响着人们的资产选择和资源的跨期配置。2013年，中国股票市场的表现严重分化，各子市场和行业的表现差异极大。年末上证综合指数和深证成分指数分别收于2115.98点和8121.79点，比上年末分别下跌6.75%和10.91%。与主板市场的熊市行情不同，创业板则走出了一波牛市行情，年末收于1304点，全年上涨82.73%；中小板的表现虽没有创业板那般抢眼，但全年也上涨了17.54%。由于创业板和中小板在深交所，2013年主板市场与创业板、中小板表现的分化，直接导致了沪深两交易所估值水平的两极分化，沪市A股加权平均市盈率从上年末的12.3倍下降至11.04倍，深市A股加权平均市盈率从上年末的22.2倍上升至27.76倍。2014年第一季度上证和深圳成分股延续跌势，前者下跌3.91%、后者下跌11.48%。由于股票市场总体表现较差，加之监管当局停止IPO，股票市场筹资额大幅减少。尽管股票市场行情总体低迷，交易却很活跃。2013年的股票交易量大幅提高，全年沪深股市累计成交46.4万亿元，较2012年

31.2万亿元的成交量增长了近50%。2014年第一季延续了交投活跃的市场态势。2013年以来成交量的增长可能得益于股票信用交易的发展。2013年末融资融券余额为3465亿元，而在4月末的融资融券余额仅为177亿元。2014年第一季度末的融资融券余额又进一步上升到了约3954亿元。对比融资与融券会发现，即便是在行情总体低迷的情况下，融资额仍是融券额的数十倍乃至100多倍（见图9），反映了中国股票市场中信用交易者的多头情绪较浓。

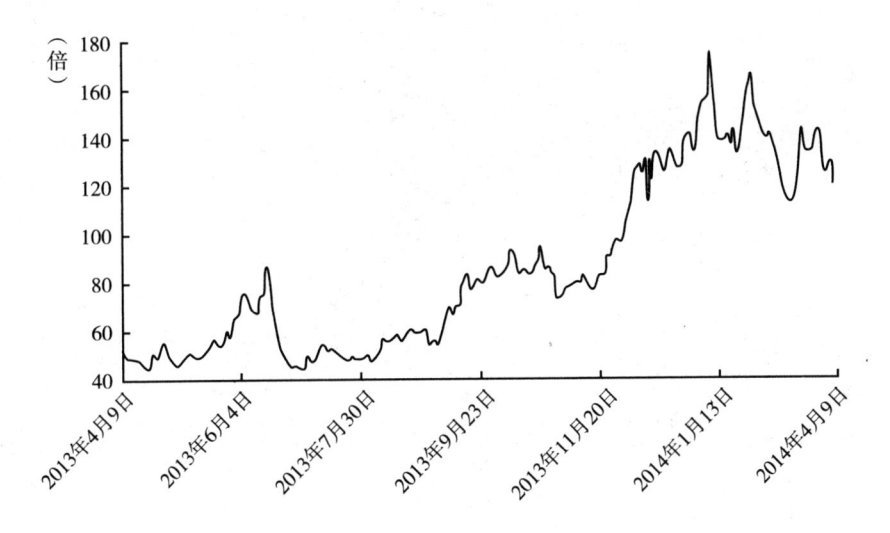

图9　沪深融资与融券额之比

资料来源：Wind资讯。

2013年债券市场规模继续扩大，但全年发行总量增长率下降，全年发行3481只债券，87016亿元左右，较2012年增长9.05%，增速下降了2.61个百分点。其中，中央结算公司登记托管的债券发行量为56454亿元、上海清算所登记托管的债券发行量为27845亿元、中证登登记托管的债券发行量为2717亿元。在债券发行结构中，政策性银行发行的金融债券占据了相当大的比重，中央政府发行的国债占了27%以上的份额，尽管市场一直担心地方政府债务风险，地方政府发行的债券还是占了6.2%。企业发行的债券（含中期票据、集合票据）等所占份额也达到了16%左右。值得注意的是，虽然新一届政府强调"盘活信贷存量"被一些人认为就是要加快信贷资产证券化，但资产支持证券的发行量所占份额却不足0.2%（见图10）。

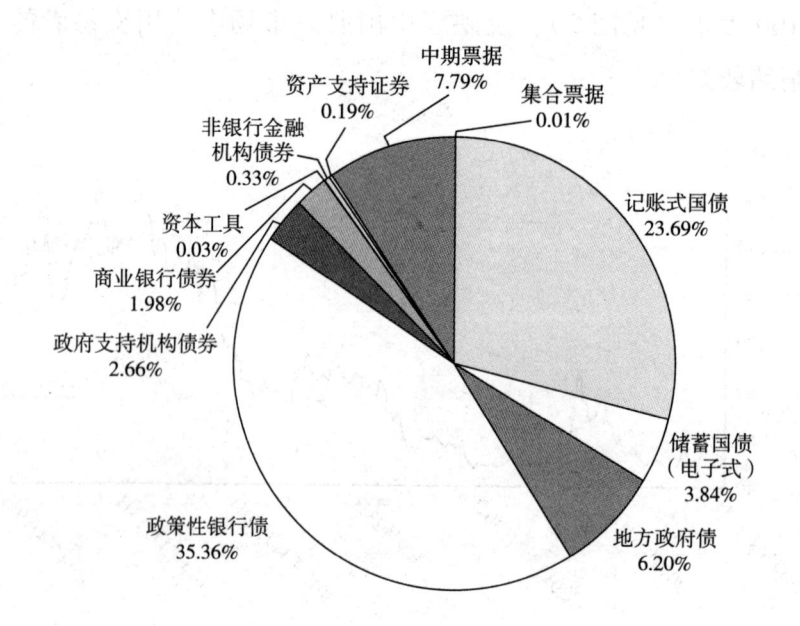

图10 中央结算公司2013年各券种累计发行量占比

资料来源：中央结算公司债券信息部《2013年度债券市场统计分析报告》，中国债券信息网。

受"钱荒"以及政府对债券市场监管强化的影响，2013年的债券市场活跃度有所降低。全年债券现券与回购交易总额270万亿元左右，增长率仅为1.15%。其中，中央结算公司结算量约196万亿元、上海清算所的结算量约10.84万亿元、交易所统计结算量为64万亿元左右（见表4）。

表4　2013年债券交易结算情况

	结算量（亿元）	结算笔数（笔）
全市场	2708193.56	1071957
中央结算公司小计	1959018.18	947451
现券交易	369752.31	457536
回购交易	1589265.88	489915
上海清算所小计	108363.41	124506
现券交易	52413.56	85098
回购交易	55949.85	39408
交易所小计	640811.96	
现券交易	10091.12	
回购交易	630720.84	

资料来源：中央结算公司债券信息部《2013年度债券市场统计分析报告》，中国债券信息网。

2013年债券市场中一个值得特别关注的现象就是利率的变化了。2013年6月的"钱荒"导致中国出现了反J形的收益率曲线，即短期利率远远高于中长期利率，这扭曲了中国利率期限结构。随后，尽管货币市场利率在央行注入流动性后明显下降，但长期债券利率却明显上升，且长期债券收益率上升持续的时间远远超过货币市场利率上升的时间。图11表明，货币市场的短期较大不利冲击，可能会对长期债券市场造成较长期的不利影响。

7. 外汇储备与外汇市场

在经历了2011年和2012年外汇储备的稳定期后，2013年中国外汇储备又出现了较大幅度增长。年末外汇储备额达到了38213亿美元，较2012年末的33116亿美元增长了15.4%，全年新增外汇储备5097亿美元。2013年外汇市场交易活跃度增强、掉期交易快速增长、交易主体不断增加。根据央行的统计，全年人民币外汇即期成交4.1万亿美元，同比增长21.4%；人民币外汇掉期交易

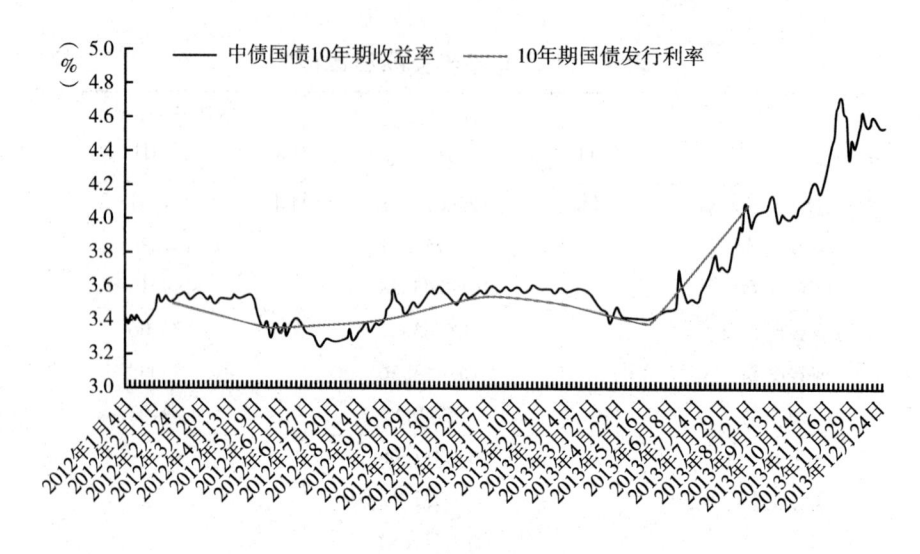

图11　10年期国债收益率与发行利率变化

资料来源：中央结算公司债券信息部《2013年度债券市场统计分析报告》，中国债券信息网。

累计成交金额折合3.4万亿美元，同比增长35.%。与此同时，外汇市场交易主体进一步扩展，年末，共有即期市场会员405家，远期市场会员88家，外汇掉期87家，货币掉期80家，期权会员33家，即期市场做市商31家，远掉期市场做市商27家。在通过增加市场参与者提高外汇市场竞争效率的同时，央行也在丰富外汇市场交易品种，支持人民币对新兴经济体货币的直接交易。2014年3月18日，中国银行间外汇市场中又推出了人民币兑新西兰元的直接交易。至此，外汇市场中人民币交易的外币种已包括美元、英镑、欧元、日元、港币、澳元、加元、吉林特、泰铢和新西兰元等。

人民币汇率一直备受关注。2013年全年至2014年1月中旬一直表现为单边升值的态势，人民币汇率中间价由6.34升至6.10，累计升值幅度约4%。根据IBS的计算，2013年人民币名义有效汇率甚至升值了7.18%，实际有效汇率则升值了7.89%。尽管中国遭遇过2013年6月的"钱荒"，市场已然形成了强烈的美联储缩减QE的预期，但由于市场对新一届政府的诸多改革措施和经济政策寄予厚望、美国"财政悬崖"又提振了市场对人民币的信心，人民币在2013年仍总体表现为单边升值；2014年1月中旬，人民币兑美元升至6.05左右，此时，诸多观察家纷纷乐观地"推测"人民币兑美元将进入"5"的新时代之际，人民币汇率却急转直下，在2014年的前三个月里竟贬值了超过3.5%。从大的方面来说，人民币汇率的变动无外乎是国际经济政治以及国内经济环境的双重作用使然，人民币汇率的波动更是中国深入推进汇率市场化改革的主要表征之一，表明市场供求关系在人民币汇率形成中的作用不断增加，人民币汇率的变动能够更好地反映中国与其他经济体之间的联系和环境的变化。过去几年里，人民币汇率的波动，都较好地体现了上述特征。在经历了2005年汇改以来较大幅度升值之后，人民币越来越接近于动态均衡状态，未来人民币汇率的走势将不再是简单的单边升值，伴随着人民币汇率机制更加市场化和中国资本账户的改革，人民币汇率将更可能呈现时升时贬的交替双向波动。在此情况下，套利者将越来越难以通过揣摩汇率政策来预测人民币的走向，人民币汇率作为一个市场价格，将最终由市场发挥决定性作用，成为名副其实的有管理浮动汇率。

三 货币政策操作

在经济增长面临下行压力的情况下，2013年中国货币政策操作坚持稳中求进的总基调，并未采取明显的刺激政策，创新和完善货币调控工具体系，推进利率市场化，完善货币政策传导机制，强化对通胀的预期管理，通过对货币政策的预调和微调，熨平宏观经济的短期波动，提高资金配置效率，力争为长期稳定的可持续增长

营造良好的货币金融环境。

1. 公开市场操作

前文已指出，2003年以来，央行票据曾经长期占据中国央行公开市场操作主要工具的地位，它可以较好地冲销流动性或对货币政策进行微调。2010年第三季度后，央行票据发行量开始减少。到了2012年，国际收支情况的变化使得央行外汇占款增长率大幅下降，通过发行央行票据来对冲外汇占款的基础条件已不再存在。相反，过去发行的央行票据到期和兑付，使得央行票据净额明显下降。2013年，尽管外汇储备净增了5000多亿美元，央行外汇占款增加了27600亿元，发行了5362亿元央行票据，但央行票据余额还是减少了6118亿元，这意味着，2013年央行票据净增加了基础货币的供给。然而，央票余额持续下降一定程度上影响了其二级市场交易的活跃度。为此，中国人民银行对部分到期的3年期中央银行票据开展了到期续做，对象是流动性相对充裕、市场影响力相对较大的金融机构。续做后的中央银行票据可在银行间市场交易流通并作为公开市场操作工具。同时，央行根据一些参与续做机构的当期需要，向其提供了必要的短期流动性支持。将冻结长期流动性和提供短期流动性两种操作结合起来，其对流动性影响的综合效果总体上是中性的，同时兼顾了稳健货币政策下保持流动性适中水平和维护货币市场稳定的双重要求，也算是中国货币政策操作方式上的创新。

在充分发挥公开市场操作预调微调功能方面，央行在2013年初创设了公开市场短期流动性调节工具（SLO），作为公开市场常规操作的必要补充。该工具以7天期内短期回购为主，遇节假日可适当延长操作期限，采用市场化利率招标方式操作。具体而言，在第一季度，针对春节前后银行体系流动性先降后升的季节性特征，央行合理搭配公开市场短期逆回购和28天期正回购，灵活开展公开市场双向操作。第二季度后,根据流动性管理需要以28天正回购为主开展公开市场对冲操作,并适时恢复发行3个月期央行票据。2013年上半年,累计开展短期逆回购操作约1.34万亿元,开展正回购操作7650亿元,发行央行票据1140亿元。第三季度累计开展逆回购4700亿元,开展央行票据到期续做操作4008亿元。2013年全年开展正回购操作7650亿元,逆回购约2.2万亿元。此外,央行还继续采取了国库现金管理的公开市场操作,2013年国库现金管理操作量为4300亿元,年末操作余额为1100亿元。

2. 存款准备金政策

2006年之后,调整法定存款准备金比率是中国人民银行对冲外汇占款的主要工具,央行一度认为,提高法定存款准备金比率可以深度冻结流动性,发行央行票据只是对流动性的浅层次对冲。当然,在金融体系需要增加长期流动性供给的时候,央行也可以降低法定存款准备金比率,增加金融体系信用创造的能力。但是,2013年,央行并没有通过直接调整总体的法定存款准备金比率来控节货币与信贷总量,这说明2013年的货币政策更多的是"微调"。

中国存款准备金政策的一个重要方面就是差别准备金动态调整机制,发挥宏观审慎工具的逆周期调节功能,这在2011年以来得到了进一步完善和发展。所谓差别准备金动态调整机制,就是将信贷投放与宏观审慎要求的资本水平相联系,并考虑金融机构的系统重要性和稳健性状况,以及经济周期的景气状况,引导和激励金融机构稳健地、逆周期地调节信贷。2013年,中国人民银行继续运用差别准备金动态调整机制加强宏观审慎管理。根据国内外经济金融形势变化以及金融机构稳健性状况和信贷政策执行情况,对差别准备金动态调整机制的有关参数进行调整,引导信贷平稳适度增长,增强金融机构抗风险能力。第三季度还适当加大了对有关政策参数的调整力度,以进一步鼓励和引导金融机构增加对小微企业、

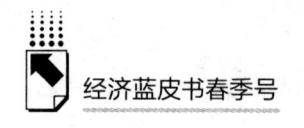

"三农"及中西部欠发达地区的信贷投入。

3. 利率政策

与发达国家不同，长期以来，中国的利率政策既要调整利率总水平，又要推进利率市场化改革。利率水平的调整主要影响借款者的资金成本，利率市场化会影响借款者所支付的风险溢价。2013年是中国利率市场化历程中具有里程碑意义的年份。7月20日，中国人民银行取消金融机构除商业性个人住房贷款以外的贷款利率下限，放开票据贴现利率管制，同时对农村信用社贷款利率不再设立上限。尽管央行并没有放开居民住房抵押贷款利率0.7倍的下限管理区间，但从形式上说，中国贷款利率的市场化已走完了90%的路程。剩下来的，就是真正考验商业银行的贷款风险定价能力了。

我们认为，此次贷款利率的市场化是多种因素使然。

在多年的实践与利率监测中，央行对贷款利率市场化后的商业银行利率竞争已算成竹在胸了。这主要表现在两个方面。其一，票据市场的发展为央行评估贷款利率市场化后可能带来的宏观风险提供了有益的参考。其二，即便央行允许金融机构可在一定范围内向下浮动贷款利率，但过去几年里央行监测的利率数据显示，金融机构实际上浮的贷款占比却明显地上升了，贷款利率向下浮动的占比并没有因利率向下浮动区间的扩大而相应地上升。这就向央行提供了明确的信息：中国金融机构并不会因贷款利率自由化而单纯以利率优惠作为竞争的唯一手段，因此放开贷款利率下限管制可能并不会导致金融机构之间的利率恶性竞争。

近年来，中国债券市场得到了迅速发展，由于债券的灵活性较强，在贷款利率下限管理的利率体制下，债券融资的综合成本较贷款利率低，因此，越来越多的大企业倾向于债券融资，这使得金融机构在为大企业提供贷款服务与债券市场的竞争中处于极为不利的地位。因此，放开贷款利率下限管理，也在一定程度上成了商业银行保持信贷市场竞争的自我内在要求。

当然，利率市场化绝不限于放开贷款利率下限这么简单。除了要顾及商业银行的风险定价能力、风险管理水平之外，还需要有一个完善的利率风险交易市场和央行对利率总水平的宏观管理机制。就利率风险交易市场而言，中国已建立了远期利率协定、利率互换等衍生品市场，金融机构可进一步学习利用人民币衍生品市场来加强利率风险管理。更重要的是，中国人民银行需要建立一套引导、影响利率总水平和利率结构的货币政策操作体系，以便在利率完全市场化的环境下，通过货币政策操作来传达中央银行的意图，通过利率总水平的变化来影响总需求，通过利率结构（包括期限结构和风险结构）来引导（广义）信贷资金的结构。这其中，当务之急是要建立中国货币政策的基准利率。

因此，在取消贷款利率下限之后，央行在9月24日又建立了金融机构市场利率定价自律机制。在符合国家有关利率管理规定的前提下，该机制对金融机构自主确定的货币市场、信贷市场等金融市场利率进行自律管理，维护市场正当竞争秩序，促进市场规范健康发展。10月25日，贷款基础利率集中报价和发布机制（LPR）正式运行。贷款基础利率是商业银行对其最优质客户执行的贷款利率，其他贷款利率可在此基础上浮动生成。在报价行自主报出本行贷款基础利率的基础上，指定发布人对报价进行加权平均计算，形成报价行的贷款基础利率报价平均利率并对外予以公布。我们认为，由各主要银行报价形成的贷款基础利率LPR对各银行开展贷款业务、资产业务有很重要的参考价值，其集中报价和发布机制的正式运行有利于完善中央银行利率调控机制，为进一步推进利率市场化改革奠定制度基础。

在贷款利率下限放开之后，今后一个时期，我国的存款利率市场化仍应遵循"先长期、大额,后短期、小额"的既定顺序安排,在这个总体策略安排下,更灵活有序地深化中国的利率市场化改革,直至完成利率市场化改革的基本目标。存款利率市场化的方向是逐步减少基准利率的档次,并对不同期限的存款利率采取不同的市场化策略和日程安排。在期限结构方面,商业银行负债的一个重要特征是,期限较长的定期存款占比较少,期限较短期的存款占比较高,尤其是活期存款占据了商业银行存款的50%左右。因此,应当使期限较长的定期存款率先实现完全的市场化;对期限较短的存款利率市场化,实行较小的上浮区间,并在一个相对较长的时间内最终取消其上限管理。

未来的存款利率完全市场化对商业银行和央行而言都意味着新挑战。从商业银行一端看,国家控股的商业银行等系统重要性金融机构在竞争压力面前将可能增加机会主义行为,给金融稳定造成不利的影响。因此,存款利率的市场化,使得进一步健全中国商业银行的激励与约束机制,乃至于改革金融监管体系都显得更加迫切。从央行一端看,存贷款利率再也不能成为央行货币政策的一个重要工具了。同时,中国许多公司债券发行定价时以央行设定的一年期存款利率作为定价的基准。这意味着,在存款利率市场化后,许多公司(企业)债券的发行必须寻求其他利率作为定价的基准。央行必须在存贷款利率上下限管理完全放开后,建立新的货币调控机制,这至少包括:寻求更有效、更灵活、更自主的货币政策工具组合;建立更有效的基准利率,让货币政策的传导机制更顺通、有效。

4. 常备借贷便利与再贷款

在国际上,常备借贷便利(SLF)与公开市场操作一道,构成央行管理流动性的两大主要货币政策工具。2013年初,中国人民银行立足现有货币政策操作框架并借鉴发达经济体相关经验,也设立了这一工具，与其余工具配合，以抵御银行体系流动性的临时波动。

常备借贷便利的主要功能是满足金融机构期限较长的大额流动性需求。常备借贷便利的最长期限为3个月；利率水平根据货币调控需要、发放方式等综合确定。常备借贷便利主要以抵押方式发放，合格抵押品包括高信用评级的债券类资产及优质信贷资产等；必要时也可采取信用借款方式发放。常备借贷便利的使用对象主要为政策性银行和全国性商业银行。归结起来，该工具的主要特点包括：第一，由金融机构主动发起，金融机构可根据自身流动性需求申请常备借贷便利；第二，中央银行与金融机构"一对一"交易，针对性强；第三，交易对手覆盖面广，通常覆盖存款金融机构。

2013年春节前，中国人民银行通过常备借贷便利解决了部分商业银行因现金大量投放产生的资金缺口。6月，在货币市场出现波动时，中国人民银行通过常备借贷便利向贷款符合国家产业政策和宏观审慎要求、有利于支持实体经济、总量和进度比较稳健的金融机构提供了流动性支持；对流动性管理出现问题的机构，也采取了相应措施提供流动性支持，维护了金融稳定。6月末，中央银行常备借贷便利余额为4160亿元，随后数月，随着货币市场流动性紧张的缓解，常备贷款余额总体呈逐月下降之势，年末常备贷款余额1000亿元。央行通过续发三年期央票冻结长期流动性，通过常备借贷便利和公开市场逆回购提供必要的短期流动性支持，两种操作相结合，既有利于在未来国际收支形势不确定的情况下保持流动性适中水平，也有利于维护货币市场的稳定。总体来看，开展常备借贷便利操作有助于有效调节市场流动性供给，促进金融市场平稳运行，防范金融风险。

常备贷款是央行进行短期流动性救助的重要货币政策工具创

新，它可以让央行更加灵活地发挥最后贷款人职能，可以将其归为央行的再贷款。当然，中国央行再贷款过去最重要的作用是货币与信用总量调控工具，现在在发挥流动性调节功能的同时，央行也在积极利用再贷款促进信贷结构的调整。2013年以来，央行继续运用支农再贷款政策，支持金融机构扩大涉农信贷投放，年末全国支农再贷款限额2389亿元，余额1684亿元，年累计发放支农再贷款2503亿元，比2012年增加413亿元。2014年初，央行根据各地实际需求情况对部分省（区、市）增加支农再贷款额度共200亿元，加大支农再贷款限额的调剂力度，优化支农再贷款的地区分布，提高限额使用效率。再贷款还在支持小微企业信贷中开始发挥作用。2014年初，央行继续通过调整再贷款分类、新设信贷政策支持再贷款，加大支持小微企业融资的力度。3月20日，人民银行下发《关于开办支小再贷款支持扩大小微企业信贷投放的通知》，正式在信贷政策支持再贷款类别下创设支小再贷款，专门用于支持金融机构扩大小微企业信贷投放，同时下达全国支小再贷款额度共500亿元。支小再贷款发放对象是小型城市商业银行、农村商业银行、农村合作银行和村镇银行四类地方性法人金融机构。贷款条件设定为金融机构上季度末小微企业贷款增速不低于同期各项贷款平均增速、贷款增量不低于上年同期水平。期限设置为3个月、6个月、1年三个档次，可展期两次，期限最长可达3年。为体现对金融机构发放小微企业贷款给予的利率优惠，支小再贷款利率在人民银行公布的贷款基准利率基础上减点确定。

5. 窗口指导

窗口指导是央行对信贷总量和投向调控的重要工具之一。2013年前三季度，央行货币调控的窗口指导作用主要体现为加强与产业政策的协调配合，支持经济结构调整和转型升级，增强金融服务实体经济的水平，特别是支持三农和小微企业发展。这方面的主要举措包括：(1) 2月7日出台《中国人民银行办公厅关于做好2013年信贷政策工作的意见》，要求人民银行各分支机构和各银行业金融机构重点加强对"三农"、中小企业、城镇化建设、经济结构调整和产业升级、保障性安居工程、就业等民生工程和地方政府融资平台清理规范等方面的金融服务工作。(2) 3月4日在全国范围内推广拓宽支农再贷款适用范围政策，进一步发挥支农再贷款引导农村金融机构扩大"三农"信贷投放的功能，同时做好春耕备耕金融服务工作。(3) 3月25日出台《中国人民银行关于加大金融创新力度支持现代农业加快发展的指导意见》，要求各银行业金融机构加大金融创新力度，有效满足现代农业发展尤其是专业大户、家庭农场、农民合作社等新型生产经营主体的合理金融需求，改进和提升"三农"金融服务水平。

四 2014年总体趋势展望

2014年，后危机时代的全球经济仍将继续为实现复苏而努力，整体形势可望略好于2013年但仍存在诸多不确定性。受到美国和日本公共债务居高不下、美国QE退出前景逐步明朗化、欧洲债务危机的遗留问题、中国经济进入"结构性减速"阶段、部分新兴经济体的日益动荡等诸多因素影响，全球经济增长率预计仍将在低速档位徘徊。IMF 2014年1月发布的《世界经济展望》，预测2014年全球经济将增长3.7%，表现出较为乐观的预期。但是，我们判断，2014年发达经济体的总体表现可能相对"安宁"一些，新兴经济体将逐渐暴露新一轮增长过程中的矛盾。

在全球经济难有大的起色的背景下，2014年，中国仍将以消化过去不良政策后果和促进结构平衡为主，局部的债务风险暴露仍可能会对金融稳定造成不利的冲击。但是，在经历了过去几年的消费期之后，中国的经济增长率逐渐从高于潜在增长率的扩张期换挡到了与潜在增长率基本一致的稳定期，因此，我们对2014年的中国经济保持谨慎乐观的预期，2014年大宗商品价格在经历了前期大幅下跌之后可能趋于稳定，这可能促使中国PPI在全年的走势趋于稳定，但这不会在2014年产生明显的通胀压力。宏观经济政策应当继续主动地顺应这一客观变化，调控目标不应定位于追求过高的经济增长率，摒弃人为刺激需求、把经济增长速度"搞上去"的旧模式：一方面，运用适度总需求管理政策将经济增长速度稳定在7.5%左右的合理区间之内；另一方面，大力加强供给管理，激发企业和市场活力，增强创新能力，提升劳动生产率，全面提升经济体系的竞争力。在发达经济体兴起第三次工业革命、倡导制造业回归、力图重构全球治理规则的国际环境，以及潜在增长率下降的国内环境之下，中国宏观政策应在创造相对稳定、宽松的宏观环境的前提下，将提高质量、降低成本和提升劳动生产率置于更为重要的位置，用质量和效益的提高来弥补经济增长速度下降的缺口，创造出超越传统比较优势的新竞争优势。

相应地，2014年的货币政策也应在稳定经济增长和币值稳定之间，在提高资金配置效率和防范金融风险之间寻求有效平衡点，综合运用各种政策工具的有效组合，促进金融资源配置的结构调整和改善金融资源的配置效率，同时完善宏观审慎的政策体系和框架。2014年的货币政策仍将根据国际收支和市场流动性的变化，灵活调整政策工具的组合，坚持稳中求进总基调，为中国经济结构调整创造良好的货币金融环境。虽然央行在2013年并没有采取下调存贷款基准利率和存款准备金率等措施，但鉴于外汇占款增加、央行票据余额下降等，我们认为，2013年的货币政策取向实际上是"松"的，这一政策基调应该会在2014年得到延续，同时通过深化金融体制改革、促进中国金融结构多元化进一步完善货币政策传导机制,探索影子银行、互联网金融等新兴金融模式下的有效货币政策操作体系。综合历史经验的分析,我们认为,将广义货币 M2 增长目标定在 14% 左右,信贷增长目标定在 13%~15%,能够较好地兼顾经济适度增长(就业增加)与物价稳定,为推进经济结构调整和深化改革提供稳定的宏观环境。同时贯彻落实十八届三中全会精神,推进金融体系的改革,完善中国金融结构,在发挥市场在金融资源配置中的决定性作用的同时,注重政府的积极引导,继续推进利率市场化和人民币汇率机制的市场化,逐步推进人民币资本账户的可兑换,有序推进人民币的国际化。

B.12
2014年中国商品市场新动力

陈克新[*]

摘　要：

2014年以来，中国大宗商品市场增长的新动力凸显，支撑其回升。首先是发达国家经济的复苏，对中国经济利好已显现。其次是"热钱"出境减缓了人民币升值的压力。再次是决策部门出台"稳增长"举措增加了国内市场需求，同时经济结构调整没有改变大宗商品需求增长局面。最后是劳动力、环保、能源等成本要素的全面提高，增加实体经济需求与抬高价格底部。

关键词：

商品市场　新动力　增长

总体来看，进入2014年以后，中国大宗商品市场将会获取新的动力，支撑其温和回升。这种新动力主要在于发达国家所引领的世界经济全面复苏，"热钱"出境减缓人民币升值步伐，以及经济结构调整对于国民经济"短板"的有力促进，以及劳动力、环保、能源等成本要素的全面提高，由此增加实体经济需求与抬高价格底部。

---

[*] 陈克新，兰格经济研究中心首席分析师。

一　发达国家引领世界经济复苏

2013年下半年以后，世界各国的经济发展与战略重点发生了很大变化，即由以往的倡导紧缩转变为促进经济增长。前不久召开的G20部长会议上，世界各大经济体"罕见"地设定经济增长目标，要求5年内使全球GDP增长2万亿美元，比现有预测水平提高2%。受其影响，世界经济呈现全面复苏态势，其中发达国家经济增长势头较为强劲，成为全球经济增长的主要引擎。联合国报告预计2014年全球经济改善，将增长3%；国际货币基金组织预测2014年世界经济增长3.6%；欧洲央行也认为2014年是经济增长之年。

各国经济复苏势头中，国际货币基金组织预测发达经济体增长2%，比2013年加快0.8个百分点；欧洲央行预计欧元区2014年经济增长1%，虽然增幅不是很大，但却显示已经摆脱衰退；因为"量宽"加码影响，2014年日本经济将温和增长；发达国家中，美国经济表现最为靓丽。冬春季节遭受异常严寒冲击，以及乌克兰地缘政治关系紧张，并未阻挡美国经济复苏步伐。最新数据显示，美国2月PMI指数、消费者信心指数与住房开工均呈现回升态势。美国公布的2月季调后非农就业人口增加17.5万，好于预期的14.9万。美国白宫因此发布报告：美国经济增长和就业已显现出良好的复苏势头，2014年和2015年两年美国经济增速将分别达到3.1%和3.4%，将继续向好。

美国等发达国家经济摆脱衰退，经济转向全面复苏，对于新兴经济体国家也会产生积极影响。因为美国等发达国家是现阶段最重要的最终消费者。其终端商品消费量是新兴经济体的许多倍。发达国家经济复苏，终端商品消费能力的恢复与提高，势必会为新兴经济体国家的加工制造与原材料出口提供巨大需求空间，由此成为上述国家经济增长的坚实基础。

发达国家引领世界经济复苏对于中国经济的利好已有显现。2013年下半年以来，尽管遭遇境外频频反倾销与人民币大幅升值冲击，但受益于全球经济总体复苏形势推动，中国外贸出口还是由6月的下降0.7%，逐步上升至下半年的增长10%左右。2014年前2个月中国出口贸易虽然同比下降1.6%，很重要的因素在于2013年同期的虚假超高基数（热钱流入）。由于发达国家引领全球经济复苏的继续推动，预计2014年中国外贸出口增速将止落趋稳转升，全年出口增长将达到8%。

外部环境改善，出口提速当然增添中国经济增长新动力，进一步提高原材料消费需求。据海关统计，2014年前两个月中国铁矿砂、铜、铝、大豆等7种重要大宗商品进口量为2.75亿吨，同比增长17.5%。其中铁矿石进口量14808万吨，同比增长21.8%；原油进口量5873万吨，增长11.5%；大豆进口量1072万吨，增长40.1%（见表1）。

表1　2014年1~2月重要资源产品进口情况

品　种	数量（万吨）	增长（%）	品　种	数量（万吨）	增长（%）
铁矿石	14808	21.8	初级形态塑料	443	22.6
煤炭	5210	9.0	铜及铜合金	82	47.1
原油	5873	11.5	氧化铝	111	31.8
大豆	1072	40.1	合　计	27509	17.5

二　"热钱"出境减缓人民币升值步伐

正是在发达国家引领全球经济复苏这个大背景之下，美联储才逐步退出"量宽"。2013年12月和2014年1月，连续两个月的货币政策例会上，美联储决定将月度购债规模由先前的850亿美元降至650亿美元，并且通过前瞻引导，预示今后还会加大削减力度与加快削减节奏。欧洲央行也在近期会议上决定维持利率不变，这表明欧元区经济越来越稳健，没有理由追加刺激措施。所有这些，将会引发风险偏好改变，大量资金相继从一些"脆弱国家"撤离，回撤美国本土。

美联储加快向常规货币政策回归，一方面是在宣告其经济全面复苏已经巩固，不再依赖货币供应输血打气；另一方面，中国拥有巨额外汇储备作为支付手段，大量"热钱"流出也就是减少一些美国国债购买而已。如果"热钱"真的大量流出，其实利多中国经济。主要是可以借此纾缓人民币升值压力，甚至出现一定程度贬值，从而提高外贸出口竞争力，更多承接世界经济复苏好处。大量"热钱"由流入转为流出，还能够减少人民币外汇占款，釜底抽薪物价上涨的货币供应基础，由此增加调控空间，譬如"降准"，从而推动中国经济更健康增长。

现在与今后的最大问题是，"热钱"撤离对于中国可能是一个例外。2013年下半年以来，中国外汇储备持续增多，并且继续超出贸易顺差。2014年1月中国金融机构新增外汇占款继续大幅增加，达到4374亿元，创下2013年10月以来最高水平，也是连续第6个月增长，表明了"热钱"流入规模的持续加大。

中国境内"热钱"不减反多，势必增加中国经济发展麻烦与困扰，因此必须采取对应措施，促使"热钱"离境，至少是减弱"热钱"涌入规模。在众多前瞻引导措施中，一个重要方面是要人民币适度降息，逐步与发达国家低利率水平接近，消除"热钱"涌入的内外利差诱惑，并且降低国内企业资金使用成本，釜底抽薪维持物价水平。此外，还要加快汇改步伐，扩大汇率浮动幅度，最终实现供求关系决定汇率波动。

三 决策部门出台稳增长举措增加市场需求

2014年第一季度，中国主要经济数据指标显露疲弱迹象，创下历史新低。据统计，2014年前两个月，全国规模以上工业增加值同比实际增长8.6%，创2009年4月以来新低；固定资产投资同比名义增长17.9%，创2002年12月以来新低；社会消费品零售总额同比名义增长11.8%，扣除价格因素实际增长10.8%，也呈回落态势；而2月工业生产者价格指数（PPI）同比下降2.0%，降幅则也创6个月新高。从一些先行指标来看，2月中国汇丰制造业采购经理指数（PMI）为48.5，创7个月最低，国家统计局中国制造业采购经理指数（PMI）为50.2%，亦比上月回落0.3个百分点；如果没有进出口贸易增长3.8%支撑，估算前2月经济增速（GDP）可能已经滑出底线。为此，预计决策部门将会适时出台新的稳增长举措，譬如降低存款准备金率，进一步扩大环保、交通、民生等方面投资等，以增加国内需求。

虽然2014年中国经济增速难以恢复两位数的水平，但由于中国基数的持续提高，已经接近日本经济总量的2倍，因此即便增长率回落，但因此增加的大宗商品绝对量，也比以前大了许多，大宗商品需求前景依然正面。

四 初级产品价格成本推力有增无减

2014年2月，中国大宗商品价格指数（CCPI）继续跌落，同比下降8.3%。其中钢铁类同比下降32.4%，矿产类下降10.5%，农产品类下降12.7%（见表2）。虽然目前各类价格指数较为低迷，但其年内成本推动力量依然有增无减。

2014年中国商品市场新动力

表2　2014年2月大宗商品价格指数

类　别	2月	环比涨跌	环比涨跌幅（%）	同比涨跌	同比涨跌幅（%）
总指数	138.1	-3.0	-2.1	-12.6	-8.3
钢铁类	77.2	-3.2	-4.0	-37.0	-32.4
油料油脂类	226.9	-8.3	-3.5	-19.6	-8.0
矿产类	72.4	-2.1	-2.8	-8.5	-10.5
能源类	129.1	-3.5	-2.6	-12.9	-9.1
食糖类	88.3	-2.2	-2.4	-17.0	-16.2
农产品类	98.9	-1.3	-1.3	-14.4	-12.7
有色类	134.9	-1.5	-1.1	-10.4	-7.2
牲畜类	178.9	0.3	0.2	2.0	1.1
橡胶类	201.0	2.4	1.2	-17.1	-7.9

环保成本提高。改革开放以来，我们在大力发展经济成为"世界工厂"的同时，也导致了严重的环境污染。应该说，现阶段主管部门所面对和迫切需要解决的最大问题，不是所谓产能过剩，而是"三废"超标排放严重。比如一段时期以来全国许多地区雾霾笼罩。严重的环境污染，已经引起方方面面的高度关注，各级政府面临的压力越来越大。预计2014年环保执法力度将会增强，由此普遍推高企业治理污染开支。

能源成本提高。主要受到全球经济复苏与地缘政治关系紧张影响，2013年第四季度以来国际市场原油价格震荡上行，目前已在100美元/桶价位徘徊，预计2014年油价高出上年水平，迫使国内成品油价格扬升；受到环境保护影响，一些地区大幅压缩煤炭，增加天然气等清洁能源使用占比，也会提高整体能源成本；除此之外，推动能源生产和消费方式改革，更多能源产品实施市场定价，包括汽油 IV 标准全面实施、适度提高天然气价格、提高可再生能源价格、完善阶梯电价等，也都使得总体能源成本增加。

物流成本提高。国际油价震荡上行，以及环保要求更高品质燃油，由此拉动国内成品油销售价格，势必加大国内物流成本。此外，改革深化，要求市场决定资源配置，也会使得以往偏低的铁路货运价格向合理水平回归。2013 年下半年以来，全国铁路货运连续两次提高价格，累计涨幅超过 20%。所有这些，都会使得 2014 年全国物流成本有较多增加。

劳动力成本提高。受到多种因素影响，进入 2014 年后，全国各行业劳动力价格普遍上涨，主要表现为工资与福利费用增加。一些地区缺工情况严重，更是刺激了劳动力价格上涨。预计 2014 年全国工资成本至少比上年提高 5%。

进口成本提高。中国大宗商品进口依赖性较强，原油、矿石、大豆等重要产品进口占比均在 3 成以上。总体来看，2014 年因为全球经济复苏导致实体经济需求增加，全年国际市场大宗商品价格水平要高于上年，因此将会提高中国大宗商品进口成本。此外，如果 2014 年人民币出现某种程度贬值，也助推高进口成本。

由于上述几个方面成本增加的推动，尤其是输入性通胀可能再次抬头，预计 2014 年中国大宗商品价格止跌回升，总体价格涨幅在 3% 左右，全年价格走向呈现先抑后扬态势。

在大宗商品价格持续低迷的同时，各项成本因素却在顽强上升，势必压缩相关产品利润空间，甚至出现严重亏损。有关监测数据显示，目前衡量养猪盈亏水平的猪粮比已靠近 5∶1 的红色警戒线，养殖户每头猪亏损 200~300 元。钢铁行业也处于微利状态。

长此以往，将对大宗商品供应产生很大抑制，逼迫部分落后产能退出，从而有利于改善供求关系，为今后价格反弹提供条件。

大宗商品价格，作为最基础的原材料成本，构成了中国整体物价水平的最重要基础。2014年大宗商品价格因为成本增加止跌回升，势必使得中国整体价格水平底部抬升。不仅如此，2014年，许多物价成本因素，如资金、土地、能源、供水等，减少政府干预，更多发挥市场决定性作用，也可能引发价格上涨。正因如此，决策部门将2014年中国CPI调控目标确定为3.5%，为成本较快增加预留了空间，做好了准备。

B.13
论中国对外贸易十大关系

金柏松　刘建颖*

摘　要：

中国对外贸易发展经验告诉我们：要坚持平等互利的发展理念，要坚持改革开放的基本方针，要坚持主动参与经济全球化的战略。本文围绕中国对外贸易中的十个重要问题，也即十大关系，阐述如何立足中国，放眼世界，充分调动国内外一切直接的、间接的积极因素，开创我国对外开放新格局。

关键词：

全球贸易　十大关系　对外开放　合作共赢

据世界贸易组织（WTO）发布，2013年中国货物进出口总额达到4.16万亿美元，超过美国的3.85亿美元，跃居世界第一货物贸易大国。这是中国对外开放历史进程中的又一里程碑，是中国坚持对外开放、全面参与经济全球化的重大成果，标志着中国向着全面建成小康社会宏伟目标又迈出了坚实一步。中国对外贸易走过了不平凡的发展历程，货物进出口额从1950年不足12亿美元增至2013年的4.16万亿美元，成为一百多年来跻身世界贸易大国行列增长速度最快的国家。中国对外贸易发展经验告诉我们：要坚持改

---

* 金柏松、刘建颖，商务部研究院。

革开放的基本方针，要坚持主动参与经济全球化的战略取向，要坚持平等互利的发展理念。未来我们中国应该为世界发展作积极贡献，包括积极参与新的规则制定，建立和维护世界秩序。

一 中国与世界的贸易关系

改革开放 30 多年来，特别是加入 WTO 以来，中国进出口贸易实现跨越式发展，有力推动了中国经济发展，也为世界经济作出了重要贡献。1978～2013 年，中国对外贸易总额从 206 亿美元增加到 4.16 万亿美元，年均增长 16.4%。近年来，对外贸易对经济增长的贡献率平均达到 18% 左右，直接和间接带动了国内 1.8 亿人就业，创造了 18% 的全国税收。中国已经是 120 多个国家和地区的最大贸易伙伴，出口全球占比由改革开放初期的不到 1% 提高到目前 12%。2001～2013 年，中国进口累计达到 13 万亿美元，期间全球贸易新增需求中大约 13% 来自中国进口增长的贡献，为全球贸易伙伴创造了大量就业和投资机会。中国已成为全球最大的煤炭、铁矿石和大豆等大宗商品进口国。据石油输出国组织（OPEC）预测，2014 年中国将成为全球最大原油进口国。

但是，中国的服务贸易发展水平偏低，企业竞争力较弱。2013 年，中国服务贸易进出口总额 5396.4 亿美元，仅占美国的 47.4%，其中出口 2105.9 亿美元，不到美国的 1/3。2013 年，中国服务贸易逆差 1184.6 亿美元，是全球服务贸易逆差最大的国家之一。中国在金融、保险等技术知识密集型高端服务业领域出口规模较小、竞争实力偏弱。在全球产业价值链分工中，服务贸易以低能耗、高效率成为发达国家最重要的经济增长点之一。世界银行的统计显示，在世界主要经济体中，服务业占其经济总量的比重接近或超过 70%，而中国目前仅为 43% 左右。差距意味着潜力。若中国能充分发挥服务贸易的后发优势,建立健全服务贸易促进体系,扩大文化、技术、中医药、软件和信息服务、商贸流通、金融保险等新兴服务出口,贸易服务将成为中国经济增长的下一个发动机。

我们判定当今世界一个国家对外贸易发展由弱到强的发展全过程,需要划分五大阶段,最强大国家美国居第一阶段,日本、德国居第二阶段,普通发达国家居第三阶段,俄罗斯、中国、巴西等居第四阶段,广大发展中国家位于第五阶段。中国贸易规模超过美国成为世界第一,但发展水平与美国相差甚远。我们下一个努力目标就是争取追赶欧盟的英法、北美的加拿大、亚洲的韩国,尽快由第四阶段发展进入第三阶段。为此,我国需要克服中等收入陷阱,实现产业结构高度化,由劳动密集型产业为主,转为以资金、技术密集型产业为主。对外贸易发展则应以自主研发打造新优势,以自主品牌制造机电产品为主力,以自建国际渠道为依托,以境外投资为新动力,带动出口持续增长。同时以满足国内需求为目标,以基本平衡为架构,以资源、技术、设备、高端消费品为重点,实现进口持续增长。

复合型危机后,世界经济与贸易增长出现背离现象,如表1所示。

表1 全球经济与贸易增速总览

单位:%

年份	2012	2013	2014	2015
世界产出	3.1	3.0	3.7	3.9
先进经济体	1.4	1.3	2.2	2.3
英国	2.8	1.9	2.8	3.0
欧元区	-0.7	-0.4	1.0	1.4
德国	0.9	0.5	1.6	1.4
法国	0.0	0.2	0.9	1.5
意大利	-2.5	-1.8	0.6	1.1
西班牙	-1.6	-1.2	0.6	0.8

续表

年份	2012	2013	2014	2015
日本	1.4	1.7	1.7	1.0
英国	0.3	1.7	2.4	2.2
加拿大	1.7	1.7	2.2	2.4
其他先进经济体	1.9	2.2	3.0	3.2
新兴和发展中经济体	4.9	4.7	5.1	5.4
中东欧	1.4	2.5	2.8	3.1
独联体	3.4	2.1	2.6	3.1
俄罗斯	3.4	1.5	2.0	2.5
除俄罗斯外	3.3	3.5	4.0	4.3
发展中亚洲	6.4	6.5	6.7	6.8
中国	7.7	7.7	7.5	7.3
印度	3.2	4.4	5.4	6.4
东盟五国	6.2	5.0	5.1	5.6
拉美和加勒比	3.0	2.6	3.0	3.3
巴西	1.0	2.3	2.3	2.8
墨西哥	3.7	1.2	3.0	3.5
中东、北非、阿富汗和巴基斯坦	4.1	2.4	3.3	4.8
撒哈拉以南非洲	4.8	5.1	6.1	5.8
南非	2.5	1.8	2.8	3.3
备忘项				
按市场汇率计算的世界增长	2.5	2.4	3.1	3.4
世界贸易总量(货物和服务)	2.7	2.7	4.5	5.2
进口(货物和服务)				
先进经济体	1.0	1.4	3.4	4.1
新兴和发展中经济体	5.7	5.3	5.9	6.5
商品价格(美元)				
石油	1.0	-0.9	-0.3	-5.2
非燃料商品(按世界商品出口权重取平均值)	-10.0	-1.5	-6.1	-2.4
消费者价格				
先进经济体	2.0	1.4	1.7	1.8
新兴和发展中经济体	6.0	6.1	5.6	5.3

注：2014年和2015年为预测值。

资料来源：IMF，《世界经济展望》，2014年1月。

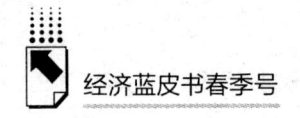

从表1可知，1995～2008年，全球经济和贸易增速具有较强的相关性，但2009年以后，全球经济与贸易增长出现"脱节"，贸易增速慢于经济增速。表明危机爆发后，多数国家一定程度在相互"疏远"，及短时期选择"去全球化"。

2014年有望扭转这一现象。世界银行2014年1月预测，按汇率法计算2014年世界经济将增长3.2%，比上年加快0.8个百分点；全球贸易将增长4.6%，比上年加快1.5个百分点。按购买力平价（PPP）计算，国际货币基金组织（IMF）最新预测，2014年世界经济将增长3.7%，比上年加快0.7个百分点。也说明2014年世界贸易增速将再次超过经济增速，全球经济关系将再次踏上全球化之路。

展望2014年，复苏与巩固将成为发达经济体的特征，分化则是新兴经济体的特征。预期美国经济将保持持续温和增长，欧洲继续巩固复苏，日本有望摆脱通缩、出现滞涨。政策取向上，美联储除继续维持超低利率外，将更加谨慎地根据经济复苏情况逐步削减量宽规模，欧洲和日本则可能分别实施加大资产购买与财政刺激政策。2014年新兴经济体增速仍将继续高于发达经济体，亚太经济是其中翘楚。"高通胀""双赤字"等结构性问题突出的新兴经济体，财政和货币政策空间受到限制。IMF 2014年1月下调了包括美国在内的部分经济体2014年和2015年经济增长预期，也表明全球经济持续复苏存在脆弱性。经济失衡、通缩与通胀并存，以及债务风险仍然需要重点防范。在部分发达经济体，为降低杠杆率而实施的财政整顿，有利于长远发展。有些新兴经济体面临投资与消费的需求结构转变风险，有些则面临资本外流阵痛。

地缘政治冲突仍是影响世界经济、贸易增长的最主要因素。乌克兰局势正在影响俄罗斯与发达国家之间的经贸关系，利比亚、埃及、叙利亚局势对中东经济的巨大冲击还在延续，中日关系持续恶化也扩大到经贸领域。世界需谨防冲突意外失控，演变为一场新的经济衰退。

综合各方信息，分析各种趋势，在不发生新的影响全局的事件前提下，2014年世界经济贸易总体形势将好于上年，预计我国进出口总额将达到约4.51万亿美元，同比增长8.4%。其中，出口总额约2.40万亿美元，增长8.5%；进口总额约2.11万亿美元，增长8.2%；贸易顺差约2900亿美元。

二 中国与世界经济再平衡

2009年危机后，各国政府不断采取各种经济和贸易政策，平衡经济，世界经济向着再平衡方向发展。伴随着各国利益的再分配，世界经济格局将发生巨大变化。

1. 如何看待中美"贸易失衡"

经合组织（OECD）和WTO等机构大力推动的增加值贸易核算有助于廓清中国在全球贸易失衡中的责任。OECD/WTO数据库的增加值贸易差额数据显示，2005~2009年，中美贸易顺差在增加值贸易核算下要比总值贸易统计减少450亿~610亿美元，占传统贸易顺差的26%~31%。有关机构数据显示[①]，同总值贸易统计较大的顺差额相比，中美增加值贸易顺差在2000年、2005年和2008年分别减少20%、27%和21%。若考虑中国加工贸易的因素，贸易失衡更会减少40%以上。扣除从外国进口的中间投入品，同时考虑到中国加工贸易在对外贸易中的独特性，有助于还原中美贸易失衡的真实程度。

从本质上说，中美贸易失衡是伴随中国参与全球产业链、价值

---

① WTO和日本贸易振兴机构亚洲经济研究所（IDE-JETRO）的详细数据。

链分工而产生的。20世纪90年代初以前,中美贸易曾表现为中国逆差,但随着中国深入参与东亚国际生产网络,中国开始成为美国跨国公司的主要生产加工基地,而美国则是最终品出口市场。这种上下游的生产与贸易关系,使中国对美国贸易逆差于1993年出现逆转,并且贸易顺差越来越大。从贸易统计口径的误差看,规模较大的转口贸易以及外资企业在华投资所产生的贸易也扩大了中美贸易顺差。

2. 如何看待德国成为最大贸易顺差国

德国自1952年起持续维持贸易顺差,其最大的贸易顺差国为法国、美国和英国。2013年,德国贸易顺差额达到2000亿欧元(约合2717亿美元),相当于其当年GDP的7.3%,成为世界最大贸易顺差国[1]。紧随其后的分别是中国和沙特阿拉伯。尽管经常项目收支的统计通常包括对外贸易中所有商品和服务贸易,也包括发展援助和财产收入,但德国的贸易顺差几乎全部来自商品出口贸易。分地区看,德国对欧盟以外国家的贸易顺差有所增加,而对欧盟国家的贸易顺差有所缩减,其中德国对美国的贸易顺差创历史新高。

美国方面认为,德国的贸易顺差对欧洲和世界经济的稳定构成威胁。批评者表示,贸易不平衡是导致金融危机和债务危机的原因,因为贸易逆差国需要通过借贷来进口商品。欧盟委员会认为,德国贸易顺差比重长期处于6%以上会对欧盟经济稳定构成威胁。对于外界的指责,反对方表示,德国的贸易顺差并不是靠政策调控实现的,而是德国经济强大竞争实力所致。同时,也正是贸易顺差让德国有能力为欧洲重债国提供担保。德国伊福经济研究所称,德国也是世界最大资本出口国。目前大部分资本输出到国外,而非投

---

[1] 据德国慕尼黑伊福经济研究所公布的数据。

资在国内。这些资金一方面用于投资固定资产和金融资产,另一方面以直接或间接方式援助欧洲重债国。

3. 如何看待全球经济"再平衡"及中国的作用

全球经济"再平衡"不仅是贸易顺差的平衡,更是全球经济结构的调整。真正的全球经济再平衡应同时实现全球经济低通货膨胀,持续复苏,结构优化,失业率降低,及贫富差距缩小。作为世界第二大经济体,中国有责任、有能力在全球经济再平衡中发挥积极作用。2005年7月,中国启动人民币汇率形成机制改革,努力扭转对外不平衡,2009年G20峰会达成诸多一致中就有这一项。2007年中国对外贸易顺差惯性增长,占GDP比重达到7.6%峰值,随后逐年收窄,较快回到3%的平衡区间限内(见图1)。中国有理由在国际社会广泛宣示这一成果。

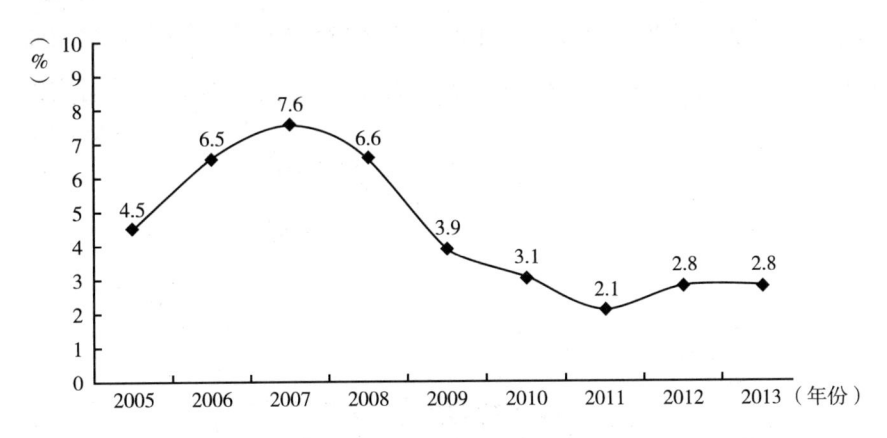

图1 2005年以来我国贸易顺差占GDP的比重变化情况

资料来源:2005~2012年数据来自世界银行网站,http://data.worldbank.org/country/china,2013年数据,根据国家统计局及海关总署数据计算而得。

同时美国在贸易上施展"再平衡战略",却并不顺利。为维护全球经济霸主地位,美国积极推动跨太平洋伙伴关系协议(TPP)和跨大西洋贸易与投资伙伴关系协定(TTIP),意图构筑对中国货物出口的"防御工事"。结果不仅没有取得预期效果，反而失去了在中国获取发展的机遇，得不偿失。在全球经济一体化大环境下，绕开中国大市场的任何尝试都不是建设性的行径。美国等发达国家控制先进技术输出给中国的出口管制制度影响了美欧出口增长，使得中国为再平衡所做出的努力，没有达到完美的预期，其责任不在中国而在美欧。

三 中国与发达经济体的关系

复合型危机爆发后，中国的发展为欧美经济复苏提供了强大支持和动力，为欧美国家带来实在利益。中国市场是欧美当前增长最快的主要出口市场，对欧美国家就业和经济复苏至关重要。贸易方面，2013年，欧盟、美国和日本占中国对外贸易总额的33.5%（见图2），同比下降1.7个百分点。投资方面，作为最具吸引力的

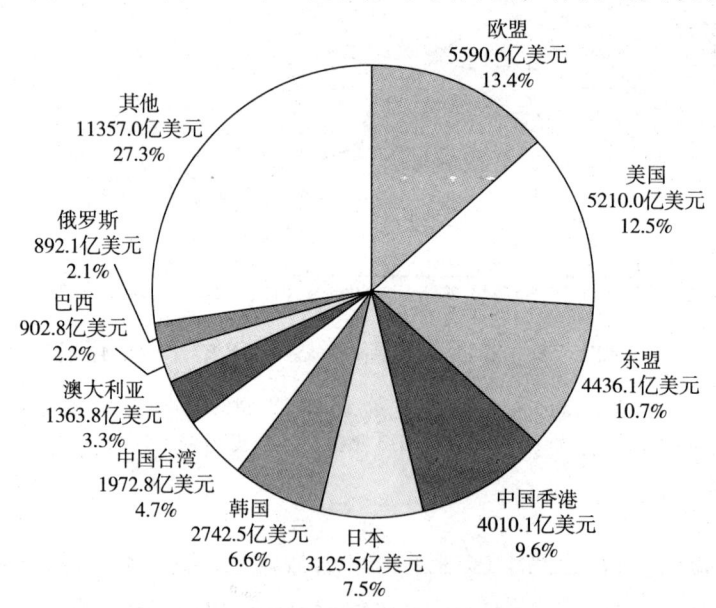

图2 2013年中国与主要贸易伙伴贸易额及占比

- 欧盟 5590.6亿美元 13.4%
- 美国 5210.0亿美元 12.5%
- 东盟 4436.1亿美元 10.7%
- 中国香港 4010.1亿美元 9.6%
- 日本 3125.5亿美元 7.5%
- 韩国 2742.5亿美元 6.6%
- 中国台湾 1972.8亿美元 4.7%
- 澳大利亚 1363.8亿美元 3.3%
- 巴西 902.8亿美元 2.2%
- 俄罗斯 892.1亿美元 2.1%
- 其他 11357.0亿美元 27.3%

投资目的地之一，中国市场为欧美在华投资企业带来丰厚回报。美中贸易全国委员会发布的《2013年中国商业环境调查》显示，96%的受访公司将中国列入其战略投资规划五大重点市场之一；61%的受访公司表示其在华业务利润率高于或等于其全球利润率。欧洲企业在华投资所获收益成为支撑欧美经济复苏和长期稳定的来源。

（一）中美经贸发展新趋势

近年来，中美经济联系日益密切，合作规模不断扩大，涉及领域逐渐拓展，利益融合更为深入，成为中美关系的"压舱石"和"推进器"。2013年，中美双边货物贸易额5210.1亿美元，同比增长7.5%（见图3）。其中，中国对美国出口3684.3亿美元，增长4.7%；自美国进口1525.8亿美元，增长14.8%。目前，中美互为第二大贸易伙伴，中国是美国第一大进口来源地、第三大出口市场。截至2013年底，中美双向投资额累计已经超过了1000亿美元。双边互利合作为中美两国带来实实在在的好处，为两国经济发展和世界经济复苏注入了动力。

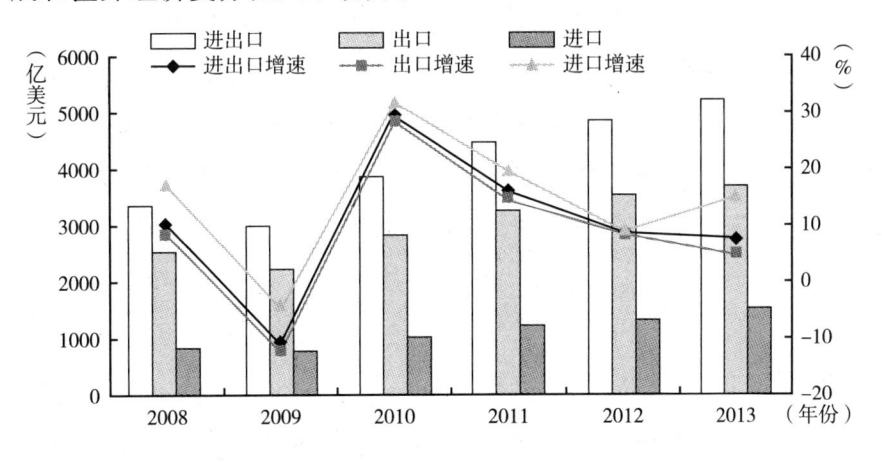

图3 2008~2013年中美双边贸易规模与增速

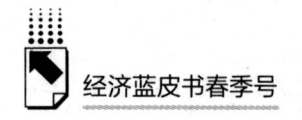

1. 从"低端互补"转向"中高端互补"

近年来,美国为尽快复苏经济、重振本土工业,推出一揽子经济刺激计划,重点投资发展页岩气、互联网、智能终端、基建、科研、教育、可再生能源及节能项目、智能电网、医疗信息化、环境保护等,并取得一些成效。中国近年来也在积极发展类似产业。随着中国产业结构升级、产品制造技术含量提高,中国制造向着产业链中端晋升。与美国更加集中于研发、设计,扩大产业链高端制造,两国之间形成新的国际分工。即以"互补性为主"的概念不变,内容却有所更新,分工层次有所提高。放眼全球,各国力主培养本国产业的趋势,并不影响全球合作的基本格局与新的发展态势。

2. 如何看待美国的"再工业化"和"出口倍增"计划

国际金融危机后,美国提出"再工业化"和"出口倍增"计划。美国知名博主 Cullen Roche 日前在其博客 Pragmatic Capitalism 中撰文指出,金融危机后,美国制造业正在加速复苏,且复苏进程之快远超此前,三大驱动力正推动美国制造业复兴时代到来。Cullen Roche 指出,近年推动美国制造业强劲复苏主要有三大宏观因素:(1)过去十年来,美元的实际有效汇率正在下跌,刺激经济增长。金融危机以来,内需疲软以及失业率高企使得美元不断贬值,特别是美元兑新兴市场货币。这使得美国制造业的生产成本不断下降,而新兴市场则相对越来越高。(2)新兴市场的劳动力成本不断攀升,与美国的差距不断缩小,人力资本优势不再。(3)因美国"页岩气革命"和钻探技术的提高,美国能源产量大幅增长,价格随之下降,为美国制造业大幅降低成本创造了条件。Cullen Roche 最后指出,未来数十年美国还将进一步推动能源革命,能源价格料将继续下降。且未来一段时间,美联储仍将维持宽松政策,料将为美国制造业的进一步增长提供支撑,美国制造业复兴指日可待。

具体在出口方面,倍增计划施行前两年取得较理想结果,2010年出口增长17.0%,2011年增长14.6%,但2012年开始出现变化,增长4.4%,2013年更加弱势,仅增长3.2%。照此计算2014年如果美国出口增长38%以上才能实现倍增计划,显然已不可能完成。不过2013年美国进口也基本停滞,前七个月甚至出现负增长。相比之下美国国内市场零售情况显著好于负增长的进口。同时,零售业库存保持稳定,制造业出货量基本与国内零售额同步增长。这表明美国的"再工业化"即使没有推动出口显著增加,却也减轻了对进口的依赖。综合评价美国再平衡计划,取得的成绩:勉强合格。

3. 如何看待美国"页岩气革命"

美国退出量化宽松政策及其"页岩气革命"等因素,可能导致国际大宗商品价格下行,对中国等依赖进口原料的新兴经济体有利。IMF预计,2014年国际市场大宗商品中,除农业原材料价格将上涨外,石油、非燃料初级产品、金属等商品的价格都将呈下跌走势。这不仅有利于如中国等新兴经济体扩大初级能源的进口,也有利于此类经济体保持出口竞争力。

4. 展望

展望2014年,中国对美出口增速将明显回升,对美进口增速将略有收窄。多数美国经济学家预计2014年美国经济增长3.0%,据此中国对美进出口总额将扩大为5718.6亿美元,同比增长9.8%。其中,出口额约为3997.5亿美元,增长8.5%;进口额约为1721.1亿美元,增长12.8%;贸易顺差约为2276.4亿美元。

(二)中欧经贸发展新趋势

中国加入WTO以来,中欧经贸关系呈现"爆发式"增长。过去十年，中欧贸易额增长了4倍。2013年在欧债危机冲击下，中国与欧盟双边货物贸易额5590.4亿美元（见图4），同比仍增长2.1%，其中中国对欧盟出口3389.8亿美元，增长1.1%；自欧盟进口2200.6亿美元，增长3.7%。欧盟继续保持中国最大贸易伙伴和最大进口市场的地位，中国则是欧盟第二大贸易伙伴和最大进口市场。2013年，欧盟对华直接投资65.2亿美元，同比增长21.9%；中国对欧盟直接投资36.2亿美元，增长6.2%。欧盟是中国累计第四大实际投资来源地。

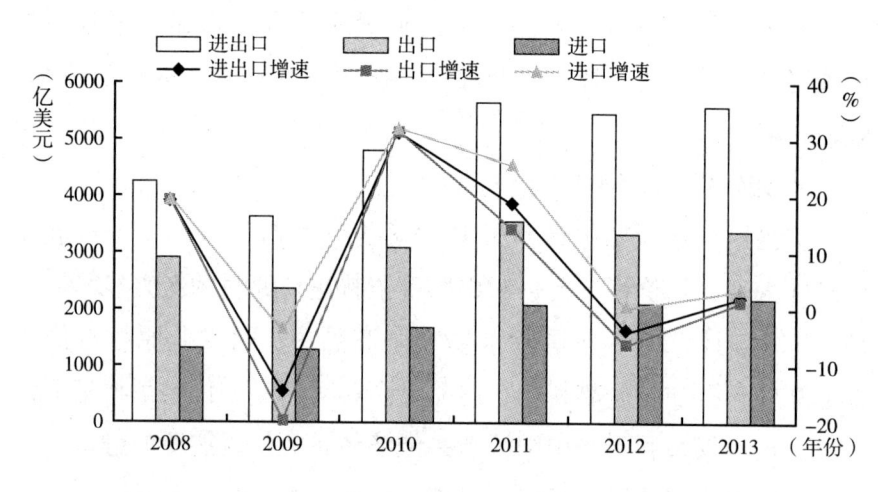

图4 2008～2013年中国与欧盟双边贸易规模与增速

1. 在转型升级中迎来新机遇

复合型危机后，中欧经贸关系也面临转型升级，例如，如何妥善处理贸易纠纷，从传统贸易向新兴产业贸易转型等成为新的课题。推动中欧双边投资协定（BIT）谈判对于解决中欧目前"重贸易、轻投资"的不均衡现状至关重要。2014年3月中国国家主席习近平对欧洲的访问，推动中欧新的合作，双方共签署124项合同，强有力地推动了未来发展。2013年第二季度欧盟经济出现拐点，转向复苏。危机中，中国企业抓住机遇，在欧洲进行投资并购,借力欧洲技术和品牌优势,推动中国经济"换挡增效、转型升级"。中国提出到2020年全面建成小康社会,欧盟也正加紧实施"欧洲2020战略",双方在制定实现各自经济发展目标的同时将拓展新的合作空间。

2. 密切跟踪欧盟成员国一些贸易摩擦动向

近年来,欧盟针对中国的"双反"调查频发,警示我们应密切关注欧盟制度的变化。"欧债危机"爆发后,欧盟对成员国的经济治理日益加深。尽管欧盟内部意见各异,但欧盟权力不断扩大的趋势难以避免。以贸易争端为例,欧盟现在有权力在未接到成员国投诉的情况下,直接开展"双反"调查。中国必须更加积极主动地加以应对,更加熟悉欧盟机制,密切跟踪研究其发展变化。同时,要加强与欧盟各成员国之间的合作,以合作化解矛盾。欧盟各国经济发展状况不同,不能用单一方式简单对待。2013年开启的"中国和中东欧1+16国"合作是很好尝试,新兴经济体间的合作将为中欧关系注入新鲜活力。

3. 与欧盟主要贸易伙伴活跃发展

欧盟主要成员国方面,作为中国在欧洲的最大贸易伙伴、外资和技术引进来源地,德国于2013年首次实现对中国的贸易顺差。尽管受国际金融危机和"欧债危机"影响,中德贸易额从2011年1691亿美元的历史高位上有所回落,但贸易结构更为优化,汽车、航空、通讯等高附加值产品比重上升,加工设计、金融服务等领域贸易额上升。在中欧贸易增速总体下降的背景下,中德经贸合作质量和水平仍好于中国与其他欧洲国家。中德投资合作继续呈快速增长势头。2013年,德国对华投资20.8亿美元,同比增长43%。2014年1月,德国中国商会成立,这是首家在欧洲成立的中国商会。中德两国发展阶段不同,经济互补性大于竞争性,双方可以取长补短,实现互利共赢。

作为中国在欧盟第二大贸易伙伴，荷兰已连续11年稳居此位。2013年，中荷双边贸易额突破700亿美元。中国已连续4年成为荷兰第二大外资项目来源地。法国方面，中法双边经贸合作呈现"中国自法进口规模日益增加"和"中国对法投资规模不断扩大"的特点。目前，法国是中国在欧盟的第四大贸易伙伴、第四大实际投资来源国和第二大技术引进国。法国是中国企业在欧洲第三大投资目的地，吸收了中国企业对欧投资总额的28%，排名仅次于德国和英国。

4. 2014年展望

2013年第四季度，欧元区经济增速超出预期达到0.3%，连续第三个季度实现正增长。2014年1月IMF将2014年和2015年两年欧元区经济增长预期分别上调到1%和1.4%。德国也将2014年和2015年两年经济增速预期分别提高到1.8%和2.0%，欧盟委员会预期欧元区2014年和2015年两年经济增速将分别达到1.2%和1.8%，欧盟整体经济增速将分别达到1.5%和2%。

然而，日渐凸显的通缩压力给初显乐观的欧洲经济也投下阴影。欧元区2014年1月的通胀指数同比增速连续第2个月处于0.8%的低位，环比增速下滑1.1%，创历史新低。德国2014年2月通胀水平从1月的1.2%下滑至1.0%。通常情况下，随着经济恢复增长和就业改善，通胀水平会相应提高。而欧洲反常的通缩态势表明经济传导机制出现紊乱。较长时期的经济低迷、相伴随的超低利率和财政紧缩已经扭曲了欧洲经济运行机制。乌克兰动荡有可能影响到欧盟与俄罗斯贸易，负面影响还在未定之中。

展望2014年，我国对欧盟进出口增速将高于2013年，贸易顺差继续缩小。预计2014年我国对欧盟进出口总额约为5870亿美元，同比增长5.0%。其中，出口额约为3390亿美元，增长

5.5%；进口额约为2290亿美元，增长4.0%；贸易顺差约为1100亿美元。

（三）中日经贸发展状况

2013年，中日双边货物贸易总额3125.5亿美元，同比下降5.1%。其中，中国对日本出口1502.8亿美元，下降0.9%；自日本进口1622.8亿美元，下降8.7%。2012年日本政府挑起钓鱼岛事端以来，日本政府的一系列错误行径，已经影响并损害到中日经贸关系的正常发展。中日关系恶化，中国自日本的进口显著下降。日本经济制裁中国，行政指导企业转移投资取得效果。中日两国经贸关系在相悖而行。

日本经济复苏转为疲弱超出预期。2013年日本经济增速前高后低，第一季度增速4.5%，第二季度、第三季度、第四季度却逐步回落，分别为3.6%、1.1%、0.7%，全年虎头蛇尾仅实际增长1.6%。受石油需求急剧增加和日元持续贬值影响，2013年日本贸易出口69.79万亿日元，增长9.5%；进口81.26万亿日元，增长15.0%。贸易逆差达到创纪录的11.47万亿日元，且连续三年出现逆差。考虑到2013年日元贬值20%以上，日本进出口贸易实际都在下降，国际收支经常状况出现令人担忧的逆差，给宏观经济平添新的风险。

2014年4月1日日本将上调消费税至8%，日本经济增速可能再度放缓。日本内阁府最新数据显示，2013年日本通胀率于6月转正，年末达到1.3%，全年达0.4%，这是2009年以来首次出现物价正增长，基本摆脱通缩，但距离2%预期目标还有较大差距。距离日本央行货币政策委员会2014年1月的预期中值，日本通胀率在2014和2015年将分别达到3.3%和2.6%，差距更大。诸多日本学者担心在解决通缩问题的同时，经济增长停滞，依照我们分

析安倍经济政策似乎正在制造"滞胀"格局。2014年日本政府将继续实行积极的财政政策,同时安倍政府或将出台"国家战略特区"等新政策,刺激经济。此类措施或许如当年小泉政府曾经出台的改革方案,酝酿初期政策力度较大,至决策方案出台,由于突破力度太小,效果也会大打折扣,因此我们不予乐观预期。

日本经济与美国关系密切,美国退出量宽政策,日本国债存在风险敞口。一旦美国国债利息率升高,日本国债利息率也会随之而升,由于日本政府国债占GDP比达到250%,由此日本政府发行国债费用也将飙升,甚至失控!建议中国企业与日本企业交易时注意防范风险。

鉴于中日之间关系紧张,存在较大不确定性。我们认为如果出现新的重大事端,将引发中日经贸关系继续恶化。

综合以上分析,预计2014年日本经济可增长1.0%~1.5%,我国对日本进出口将比2013年持平或小幅增长2.7%,出口达到1540亿美元,增长2.5%;进口1670亿美元,增长2.6%。

四 中国与新兴经济体关系

1. 中国与金砖国家

2013年金砖五国经济增速集体放缓,受此影响,2013年中国与金砖国巴西、俄罗斯、印度、南非双边贸易额合计3101.1亿美元,同比增长3.3%。其中,中国出口合计1510.6亿美元,同比增长7.5%;进口合计1590.5亿美元,同比下降0.5%(见图5)。

2. 中国与东盟

自2010年中国—东盟自由贸易区成立以来,双方经贸往来活跃。2013年,中国与东盟货物贸易总额4436.1亿美元,同比增长10.9%。其中,中国对东盟出口2440.7亿美元,增长19.5%;自

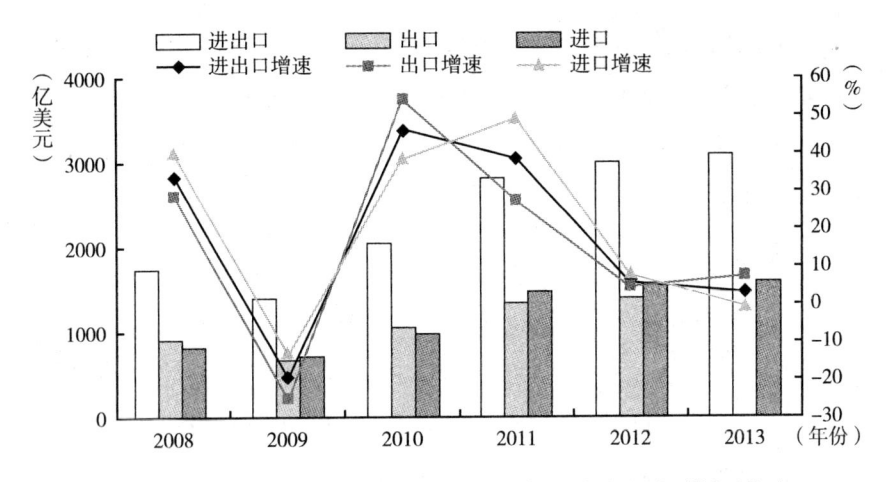

图5 2008~2013年中国与金砖国家双边贸易规模与增速

东盟进口1995.4亿美元,增长1.9%(见图6)。东盟为中国第三大贸易伙伴。

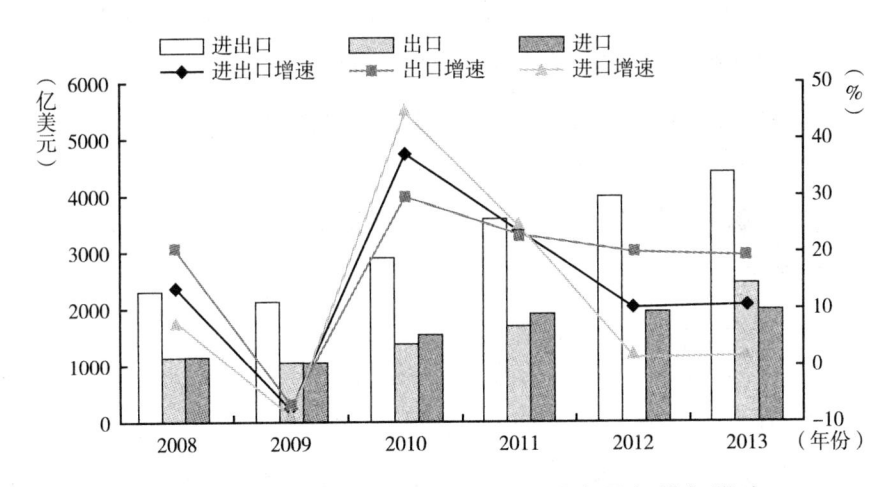

图6 2008~2013年中国与东盟双边贸易规模与增速

3. 中国与拉美国家

中国和拉美国家同属发展中国家和新兴市场经济体,双方经济水平分工为主,垂直分工也有互补,经贸合作水平稳步提升。2013年,中国与拉美国家货物贸易2615.7亿美元,同比增长0.1%。

其中，中国对拉美国家出口1342.7亿美元，下降0.7%；中国自拉美国家进口1273.0亿美元，增长1.0%（见图7）。目前，中国是拉美地区第二大贸易伙伴，是智利、古巴等国家第一大出口市场。越来越多的中国企业走进拉美，中拉经贸合作正在从"贸易主导"转向"贸易和投资并重"。

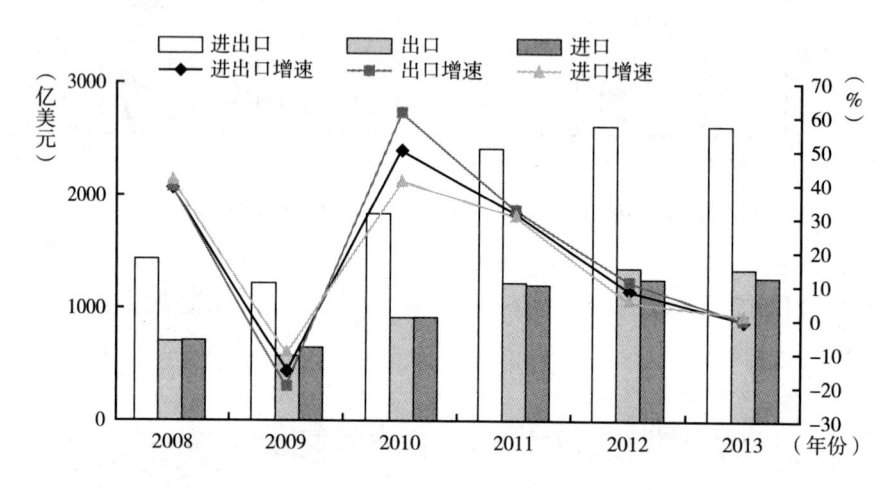

图7　2008～2013年中国与拉美国家双边贸易规模与增速

中拉经济互补性都很强，发展潜力需要通过投资深入挖掘。中国需要除了传统的大量原材料外，拉美地域特色产品，如咖啡、红酒、牛肉、美食等，以及旅游、金融等高端服务也能满足中国消费者多样化和差异化的需求。不断扩大拉美国家高附加值商品和服务的出口有助于改善中拉贸易结构，促进拉美国家制造业和服务业的发展。在产业结构方面，中国制造业水平较高，而拉美的农业和服务业颇具特色。中国和拉美国家都面临着产业结构升级的挑战，各自企业也都迫切需要增强研发能力、提高产品附加值。双方可通过联合研发、取长补短，发展各自特色产业，奠定共赢格局，实现共同发展。此外，在电网、可再生能源等领域深入合作，有利于降低双方对发达经济体的依赖，增强各自经济发展韧性，促进人民福利。

4. 新兴经济体前途未卜吗

目前，对新兴经济体发展态势存在"唱衰"和"唱强"两种声音。从新兴经济体的代表"金砖国家"经济基本面分析，1980～2013年，中国和印度的经济平均增速（下同）分别为9.9%和6.7%，高于全球经济（3.4%）和新兴经济体（4.6%）的增速水平；而巴西和俄罗斯的GDP增速仅分别为2.7%和2.0%，均低于全球水平。2008～2013年，印度和巴西实现了6.2%和3.1%的经济增长，超出其历史均速，而中国的9%和俄罗斯的1.9%增速均低于历史平均水平。预计2014年，中国经济增速可能进一步下降，印度、巴西经济增速或将高于其历史均值，但俄罗斯经济增速或因乌克兰等地缘因素影响将低于全球平均水平。经济基本面的不同意味着各国的政策关注点和发力点也不同。危机期间形成的政策协同效应将减弱，经济金融开放性上的巨大差异也将使各国政策分化更为加剧。俄罗斯、巴西、印度货币面临贬值压力，金融开放性加大了资本外逃的便利性。2013年，在61种主要货币中，人民币名义有效汇率升值幅度较大，而巴西、俄罗斯和印度货币的名义有效汇率均大幅贬值。然而只有印度的货币政策赢得广泛赞许，效果最好。综合分析，新兴经济体各有隐忧。

而"金砖四国"概念之父、前高盛首席经济学家吉姆·奥尼尔对新兴经济体未来发展持乐观态度，日前又提出"金币四国"（MINT）的概念，即墨西哥、印度尼西亚、尼日利亚和土耳其。他认为，这四个新兴市场国家都拥有庞大的年轻人口，未来20年的经济增长可能很强劲。预计未来10年内，"金砖国家"和"金币四国"对全球经济增长的贡献，将是美国和欧盟之和的两倍。

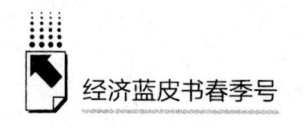

五 中国与阿拉伯国家的关系

改革开放后,中国与阿拉伯国家的经贸合作迅速发展。中阿双方互为重要的贸易伙伴,双边贸易结构不断优化。中国的纺织服装、机电产品和生活用品等在阿拉伯国家广受欢迎,中国汽车也正逐步成为越来越多阿拉伯家庭的代步工具。阿拉伯国家继续保持中国最大的原油进口来源地,除传统的石化、矿业产品以外,其大理石、橄榄油等产品也正逐渐进入中国市场。从海湾国家[①]来看,2013年,中国与海湾国家双边货物贸易总额合计2297.2亿美元,同比增长9.9%。其中,中国对海湾国家出口807.3亿美元,增长13.9%;中国自海湾国家进口1490.0亿美元,增长7.8%。投资方面,中国对阿拉伯国家的投资领域正从资源开发、石化工业、纺织服装向机械制造、汽车组装等不断拓展,有力带动了当地产业发展,并提供了大量就业机会。

1. 经济高度互补,合作前景广阔

海合会(全称"海湾阿拉伯国家合作委员会")成立于1981年,由沙特、巴林、阿联酋、阿曼、科威特、卡塔尔组成。中国自海合会成立之初即同其建立了联系。33年来,中海关系快速发展,中国与沙特建立了战略性友好关系,与阿联酋建立了战略伙伴关系。除战略对话机制外,中海双方还建有经贸联委会和能源专家组对话等合作机制。中海经济结构高度互补,体现在能源、贸易、工程承包和投资等领域。作为世界第二大经济体和"世界工厂",中国的制造业产品包罗万象。而海合会则是世界重要的"油罐子"

[①] 海湾国家是指波斯湾(简称"海湾")沿岸的8个国家,包括伊朗、伊拉克、科威特、沙特阿拉伯、巴林、卡塔尔、阿拉伯联合酋长国和阿曼。

和"气管子",油气资源丰富,双方合作互利互惠。1981~2013年,中国与海合会双边贸易额从4.6亿美元增加到1653.1亿美元(见图8),扩大了300多倍。目前,中国与海合会在工程承包和投资领域合作方兴未艾,前景广阔。中国与海合会自由贸易区谈判已进入最后阶段,一旦建成,将为双方合作带来更广阔前景。海湾阿拉伯国家是古丝绸之路的交汇地,地理位置重要,发展潜力巨大,是中国推进"一带一路"国际合作的天然和重要伙伴。共建"一路一带"将进一步拓展双方发展空间,加深利益融合。

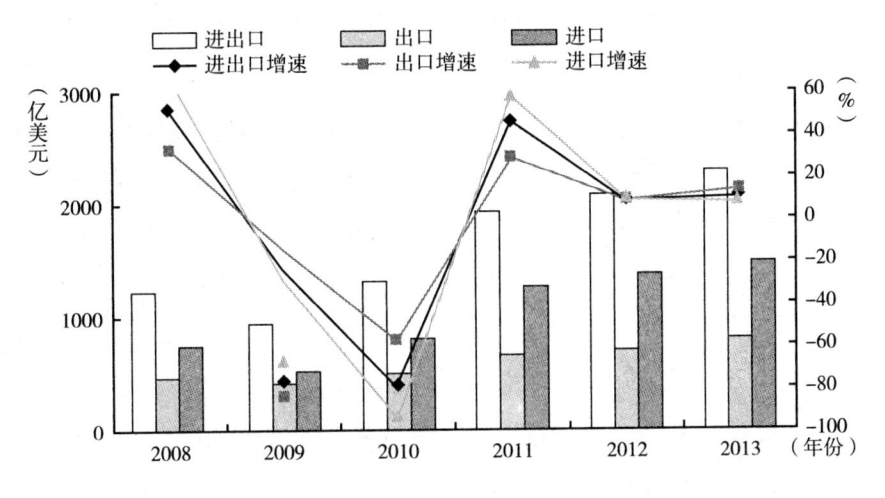

图8 2008~2013年中国与海湾国家双边贸易规模与增速

2. 能源革命与地缘政治

据美国能源信息署(EIA)最新报告,得益于页岩油气技术发展,美国原油产量达到25年来最高位。2013年美国原油产量达日均750万桶,比上年大幅增长100万桶,原油进口量同5年前相比下降了15%。EIA预测,美国原油产量到2016年可能达到日均950万桶,接近1970年日均960万桶的历史峰值。据国际能源署(IEA)最新预测,美国最早将于2015年取代俄罗斯成为全球最大的非欧佩克产油国,并于2016年前取代沙特成为全球最大石油生

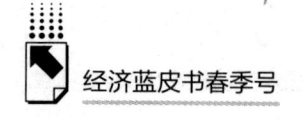

产国。

非常规油气资源的兴起、新能源的发展将改写世界能源格局。世界能源需求重心正向新兴经济体转移，特别是中国、印度和中东地区的能源需求增长将占全球能源需求增长的1/3。中国目前处于亚洲地区的能源需求重要地位，到2020年，印度可能取代中国成为主要的能源需求增长引擎。IEA于2013年10月预测，到21世纪20年代中期，中国有望成为全球最大石油进口国，印度则将成为最大煤炭进口国，美国则将迈入能源自给自足的时代。世界能源贸易重心正从大西洋盆地向亚洲地区转移，由此将产生一系列重大国际性课题，需要我们现在着手研究解决之道。

美国能源革命将对未来全球地缘政治产生重大影响，置之不理或许将为世界经济增长埋下新的忧患。中东历来是大国战略博弈的重点区域，是世界能源版图的中心。美国的注意力若从中东移至亚太，中东将面临地缘政治再平衡风险。随着美国能源供给结构改变，以原油为主体的世界能源秩序将被打破。作为世界第一能源消费大国和2020年前后有望成为第一油气进口大国的中国，应顺时而为，从容迎接变化与挑战，如积极推动建立全球"公共安全"体系，并且首先从中东地区做起。

六 中国与非洲的关系

中非贸易互补性强、潜力巨大，对双方经济发展具有重要意义。2000~2012年，中非贸易占非洲对外贸易总额的比例由3.8%提高到16.1%。其中，非洲对华出口占非洲出口总额的比例由3.8%提高到18.1%。2013年，中非双边货物贸易总额2102.4亿美元（见图9），同比增长5.9%。其中，中国对非洲出口928.1亿美元，增长8.8%；自非洲进口1174.3亿美元，增长3.7%。目前，中国是非洲最大贸易伙伴，非洲是中国重要资源、农林产品进口来源地。

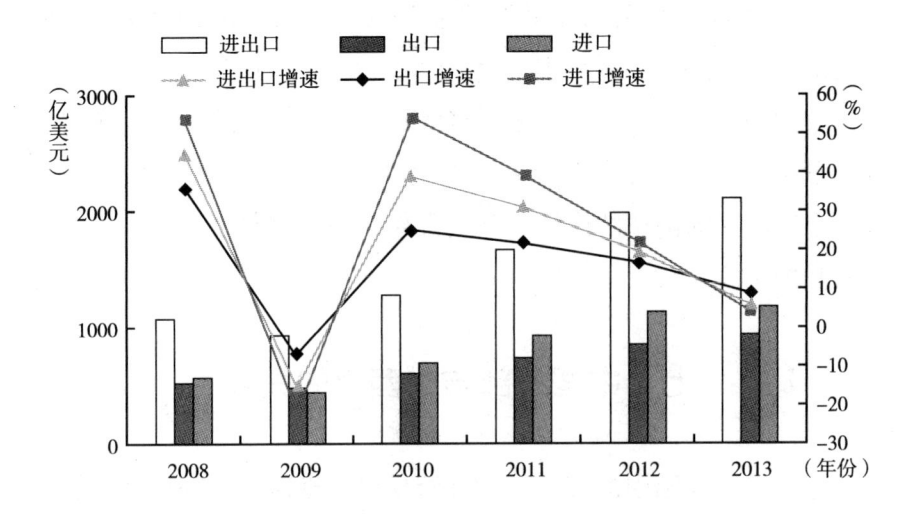

图9　2008~2013年中非双边贸易规模与增速

在双边贸易规模不断扩大的同时，中非贸易结构也渐趋优化，机电产品在中国对非出口商品中所占比重较大。同时，中国通过免关税、设立非洲产品展销中心等措施，积极扩大从非洲进口。近年来，中国自非进口金额不断增长，在中国企业挖掘下，非洲原油、农产品、加工食品贸易金额和数量均快速增长，确保非洲贸易基本有余。未来中国将继续采取一系列措施促进中非贸易健康发展，主要包括：实施"对非贸易专项计划"，扩大非洲输华产品零关税待遇的受惠范围，提高非洲产品出口竞争力，扩大我们从非洲产品的进口。同时我国企业加强对非出口产品品牌和营销渠道建设，促进对非出口产品质量提升，正在树立我国出口产品良好信誉形象。另外，中国将通过提供促贸援助，帮助非洲国家改善海关、商检设施条件，为非洲国家提高贸易便利化水平提供支持。

复合型危机爆发后,非洲吸引外国直接投资总额连续下滑,但中国对非洲直接投资快速增加。2009~2012年,中国对非洲直接投资流量由14.4亿美元增至25.2亿美元,年均增长20.5%;同期存量由93.3亿美元增至212.3亿美元,增长近1.3倍。在投资总量扩大的同时,中国对非洲投资合作领域不断拓宽,从传统的农业、采矿、建筑等逐步发展到制造与出口、金融和商贸物流等领域。中国同非洲国家的广泛、务实合作,切实改善了非洲发展经济能力和民生。

七 中国东部与中西部的关系

近年来,我国中西部地区对外贸易增长迅速,东部地区保持平稳增长,外贸在国内区域布局结构进一步优化。2013年,我国东部、中部、西部进出口增速分别为6.6%、13.6%、17.7%。其中广东、江苏、上海、北京、浙江、山东和福建等7个东部省市进出口总值3.29万亿美元,占全国进出口总值的79%,较上年回落0.9个百分点。重庆、河南、安徽、云南、陕西、甘肃、贵州等7个中西部省市外贸增速都在15%以上,占全国进出口总值的5.7%,较上年提升了0.6个百分点。2013年,中西部地区占中国出口比重从2008年的10.3%提高到15.5%,提高了5.2个百分点。其中重庆进出口同比增长29.1%,是中西部增长最快的地方;广东进出口比重虽然与过去比有所下降,但是转型升级发展很快,到2013年底,广东全省已拥有特色出口产品的省级著名品牌将近500个。

中西部地区占我国国土面积的80%,占人口的近60%,但只占全国进出口的14%、吸引外资的17%、对外投资的22%、GDP的1/3左右。中西部地区要实现跨越式发展,需要加快将东部产能向中西部转移，发挥中西部地区与邻国交流合作的潜力。相对于过去更重视发达市场，如今全方位开放"引进来"和"走出去"并重，与发达国家和发展中国家都加强经济合作。中国不仅要打造中国经济升级版，也希望通过"一带一路"等途径打造中国对外开放的升级版。"一带一路"建设将助力新一轮对外开放，加快培育国际竞争新优势，实现我国对外开放和改革发展的良性互动，更为中西部对外发展提供良机。

八 中国自贸区与非自贸区的关系

建立中国（上海）自由贸易试验区是在我国全面深化改革和进一步扩大开放迈出的重要一步。顺应经济全球化发展大趋势，主动对接国际规则，主动培育国际竞争新优势，改变中国经济开放度落后于世界上大多数国家的被动局面，我们国家决定在上海建立自贸区，同时肩负起政府职能转变、试行负面清单管理等一系列重要使命。

中国参与世贸组织多哈回合谈判，与美、欧、日、印度、巴西等构成全球谈判核心组重要一方，谈判十年未果，各方均显疲态。严格说，中国属于在世界多数国家中开放程度最低者之一，中国是否决定扩大开放对全局具有重大影响。2001年我国对货物贸易开放的果断决策，经过十年发展，实践证明中国获益良多，世界普遍认为中国是最大受益国。于今在世界面前我们最没有理由采取保守政策，我们却偏偏在世贸组织多哈回合谈判中再次表现犹豫不决，与当初我国20世纪90年代的表现如出一辙。假如我们还有记忆，应该回想起当初我国有相当多的人士担心开放会损害国家利益，对国内产业造成巨大冲击。结果这些担心都不攻自破，反倒是其中主张保守的意见暴露出背后存在既得利益集团。如今我国面对新的改

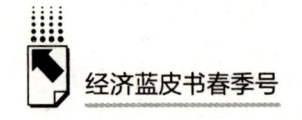

革开放决策,此类缺陷再次妨碍我国作出正确决策,可"上海自贸区"试验取得突破。

如果我国加快改革金融、国企,开放能源、政府采购等,除了在世贸组织,还可在国际双边、区域开放等方面建立国际合作关系,取得显著成果。当前中美双边就投资保护协定(BIT)的谈判已经启动,标志着中国将以高标准模式开放投资。一旦达成协议,等于上海自贸区建设有关内容将惠及全国。

自贸区试验贵在精,不再多。多了,容易造成国际规范的政策混乱,政策多头,导致企业无所适从。我们研究了全国各地上报国务院试验自贸区透露出的方案内容。据不完全统计,截止到2014年2月6日全国各地向国务院申报自贸区方案不下22份。我们对各方透露出的报告进行分析,将其主要内容归纳为三类:一是实行封关运作,对进出口贸易实行零关税的措施;二是推动金融改革,采取对外先行开放的举措;三是各地政府争取将其发展战略纳入国家规划,使得地方项目得到国家认可,通常还可以获得国家投资。

基于这三类情况,首先分析各地申报自贸区的规划方案中有关第一类的内容,"境内地区货物实行境外管理,进出口贸易实行零关税",此类政策显然不宜过多、过大,不宜复制。如果试验证明可行,就在国际多边、区域、双边场合谈判中确定该减让的关税,承诺减让,达成国际合作协议后在全国即可兑现。

在自贸区内有关服务贸易的对外开放则体现的是我国政府在国内实行改革的意愿,在对外扩大开放程度的决心。为此,我国政府需要打破既得利益集团重重束缚,开始在小范围,随后在全国推广复制,显然复制越多,力度越大,对利益集团冲击越大,最终改革取得成果越显著,改革红利可以在全国兑现。

在自贸区发展规划中列入有关各地经济、产业发展战略,更多凸显自身特色，为了避免同质化，显然不需要，也不适合推广复制。为此，我们建议国家应根据国内外发展需要制定全国发展规划，编制所谓"顶层规划"，明确各地产业集群特色，纳入统一规划，随后加以落实即可，不需要放入"自贸区"盘子里"搭便车"。

除了建立国内自贸区，我国与世界各国自贸区建设谈判，2014年也将会加速。目前，我国已经启动、建设18个自贸区，涉及31个国家和地区。其中，已签署12个自贸协定，分别是我国与东盟、新加坡、巴基斯坦、新西兰、智利、秘鲁、哥斯达黎加、冰岛和瑞士的自贸协定，内地与香港、澳门的更紧密经贸关系安排，以及大陆与台湾的海峡两岸经济合作框架协议。除了与冰岛和瑞士的自贸协定还未生效外，其余均已实施。正在谈判6个自贸协定，分别是我国与韩国、海湾合作委员会、澳大利亚和挪威的自贸区谈判，以及中日韩自贸区谈判、RCEP谈判。我国已初步构建起横跨东西的周边自贸平台和辐射各洲的全球自贸区网络，然而最简洁、有效的方式还是与世界主要国家在世贸组织多哈回合谈判上尽快取得突破，完成全面成果。

九 中国跨境电子商务与传统贸易的关系

跨境电子商务是我国生产和贸易企业通过电子商务手段将传统贸易中的展示、洽谈和成交环节数字化、电子化、网络化，最终完成产品进出口交易的新型贸易方式。电子商务同时也是扩大我国海外营销渠道，提升我国品牌竞争力，实现我国外贸转型升级的有效途径。从根本上说电子商务是一场全球流通产业革命，将提升全球流通效率，节约投资、节约占地、节约人力、提高速度，未来还将有更多的全球现货与期货、货物与服务贸易的交易，并衍生出全球

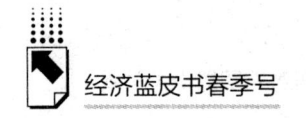

网络支付、网络核算、网络金融交易,以及形成一个整体、有序、门类齐全的全球一体的超级大市场。

当前,我国跨境电子商务发展迅速,成效显著,表现为:一是新的经营主体大量涌现。据不完全统计,平台企业已超过5000家,境内通过各类平台开展跨境电子商务业务的外贸企业已超过20万家。二是贸易规模迅速扩张,艾瑞泽公司研究显示,2011年、2012年、2013年我国电子商务交易规模分别为:6.4万亿元、8.2万亿元、9.9万亿元,我国跨境电商交易额2011年、2012年分别达到1.6万亿元、2.0万亿元,估计2013年达到2.6万亿元,年复合增长率在25%~30%之间。艾瑞泽预测未来电子商务交易规模将持续高增长,2017年有望达到21.6万亿元,前景十分广阔。三是国内的中小制造企业通过跨境贸易电子商务向海外直销,其利润可以由原先大宗采购的5%~10%提高到30%~40%,经济效益显著提高。四是中小企业从事跨境贸易的门槛降低,直接面向国外买家的国际营销渠道,可缩短运营周期。五是新兴市场成为亮点。巴西、俄罗斯、印度等新兴市场电子商务交易额大幅提升,为境内众多跨境电子商务出口作出重要贡献。六是电子商务交易进口规模小,出口规模大,说明我国出口产品保持着比较强的国际竞争力。七是我国电子商务进口商品主要包括奶粉等食品和化妆品等奢侈品,出口商品主要包括服装、饰品、小家电、数码产品等日用消费品,预计今后还将扩大产品、服务的进出口交易范围。

在当前外贸形势下,推动跨境外贸电子商务发展,也是转变外贸发展方式,交易方式应该得到各级政府强有力支持。政府应该尽快研究解决结汇、退税、办理海关各项手续等实际问题,从而更加便利地融入全球供应和价值链中。随着我国在线国际支持手段广泛推出,促进跨境电子商务发展的多项政策措施落地,预计未来跨境电子商务进出口将更快增长。

十 人民币与美元的汇率关系

1. 人民币汇率改革回顾

1994年1月,我国进行汇率形成机制的市场化改革,开始实行以市场供求为基础、单一的有管理的浮动汇率制度。2005年7月进行汇率改革,开始实行以市场供求为基础、参考一揽子货币进行调节、有管理的浮动汇率制度,银行间即期外汇市场人民币兑美元日波幅限定为3‰。2007年5月调升至5‰,2012年4月扩大至1%,2014年3月17日再次扩大至2%。如今以市场化为导向的汇率形成机制初步形成,汇率波动弹性增强。自2005年实行汇率改革后,人民币兑美元累计升值幅度超过30%。进入2014年,人民币汇率窄幅波动,出现明显贬值态势,为人民币汇率扩大波动区间进行铺垫,以摸索市场人民币汇率上下波动的合理区间、合理价位。

2. 美元币值变动趋势

过去十年,美国贸易逆差、美联储宽松的货币政策、美国剧增的债务负担,以及经济周期因素,特别是全球危机爆发,使美元币值呈现长期贬值和短期避险功能交织的趋势。具体来看,2002年2月以来,美元指数经历了两段贬值期:(1) 2002年2月至2008年7月。美国互联网泡沫破裂,美联储连续调低联邦基金利率。美国贸易逆差不断扩大,美国依靠向全球释放美元流动性为其逆差融资,导致美元大幅贬值(美元指数贬值了26.4%);(2) 2009年3月至2011年7月,即从美国量化宽松政策(QE)推出到欧债危机加剧。金融危机后,为应对信贷市场短期流动性紧缩,美联储在保持低利率政策的同时,于2009年3月推出QE1,随后还有QE2、QE3,为市场提供巨额流动性,导致美元再度贬值(美元指数贬值了14.9%）。除上述两个贬值时期，在其他时间里，特别是在2008年7月至2009年3月，其间金融危机全面爆发，美元发挥避险货币功能，美元指数升值了17.6%。预计今后随着美国经济复苏，发展势头强于欧元区、英国和日本，美元升值可期。

3. 人民币正在国际化吗

目前来看，美元在国际货币体系中的主导地位未受到实质性影响。离岸人民币规模有限、全球范围内以人民币计价的金融产品供给不足等因素影响了人民币在国际货币体系中地位远不及欧元，更遑论美元。尽管人民币兑美元即期汇率日波幅从3‰扩大至2%，但中国的人民币汇率交易市场尚未形成，人民币汇率市场也基本不存在对冲力量和对冲交易，只有多方而没有空方。今后逐步扩大人民币在全球的接受和使用范围的同时，还应扶植买卖双方，逐步实现人民币进出对流。

回顾世界货币发展历史，从英镑崛起、美元成为世界货币的经验看，人民币成为世界货币需要丰富的黄金储备支撑。如今美国拥有8300吨，欧元区拥有1.2万吨，建议中国至少应该拥有1.8万~2.0万吨黄金储备，民间还应拥有更多存量黄金[①]。这比国际著名人士《货币战争》作者、West Shore Group 组合投资经理 Jim Rickards 在最近的一次采访中作出的惊人预测还要高出许多。他预计，"中国将会在2015年早些时候，对外公布其拥有超过5000吨的黄金储备"，我们认为这远远不够，只有足够的黄金才能确保人民币国际信誉与美元、欧元并列，只有足够的黄金，才能建立起面向未来百年的世界新货币体系。

总之，2014年中国对外贸易将迈入一个新的发展阶段，一方

---

① 商务部研究院金柏松：《发现"中国大妈"黄金价值》，《凤凰专栏——煮酒论英雄，挥笔评天下》，2014年2月11日。

面需要强有力的改革开放举措支撑，打造新的竞争优势，扶植战略新兴产业对外贸易，扶植电子商务跨境交易；发展自主研发、自主品牌、自我资本铺设营销渠道的贸易，扩大自主经营的进出口贸易。另一方面鉴于世界地缘政治冲突频发，需要做好充分准备，应对各种地缘政治引发的经济动荡，建立风险管理预备方案，保持企业经营灵活性。

B.14 欲速则不达

——超越增长能力的劳动力市场后果

蔡昉[*]

摘　要： 中国经济增长的减速，是人口红利消失导致的供给方因素减弱所致，而不是需求方的冲击所致，因此，实施大规模刺激性政策是错误的选项。除了不恰当的刺激政策可能造就僵尸企业和僵尸金融、造成实体经济和基础设施产能过剩、流动性溢出形成泡沫经济之外，借助刺激性政策尝试超越潜在增长率还会扭曲劳动力市场信号，造成教育负激励和工资超越劳动生产率的更快上涨，从而伤害中国经济长期增长的可持续性。研究显示，公共政策改革可以提高潜在增长率、平衡经济增长需求结构和减缓工资上涨压力，进而在人口红利消失之后收取改革红利。

关键词： 人口红利　改革红利　劳动力市场

一　引言

以2010年15~59岁劳动年龄人口负增长为标志，中国经济增

---

[*] 蔡昉，中国社会科学院人口与劳动经济研究所所长，研究员。

长长期享受的人口红利已经开始消失，其直接的表现就是GDP潜在增长率的降低。2012年和2013年实际增长率均为7.7%，这个大幅度的下滑并不是外部冲击所致，而是潜在增长率下降所决定的。根据已有的研究（陆旸、蔡昉，2013），模型估计的潜在增长率，2012年为7.89%，2013年为7.48%，与实际增长率非常吻合。换句话说，之所以中央政府能够接受这个低于8%的增长速度，在于认识到了"必须使经济增长与潜在增长率相协调，与生产要素的供给能力和资源环境的承受能力相适应"，并在2013年"政府工作报告"中给予明确表述。事实上，自2012年开始，中央政府不仅把增长速度预期定在8%以下，而且真正能够接受这个增长速度。

然而，在人口红利消失的情况下，劳动力供给日益趋紧、投资回报率加速降低、资源重新配置效率空间也大幅度缩小，因而，潜在增长率将逐年有所下降（见图1）。这提出一系列严肃的认识问题，例如，如果说在"十二五"期间还能够维持平均7.55%的话，"十三五"期间平均则进一步下降到6.20%。需要回答的问题是：

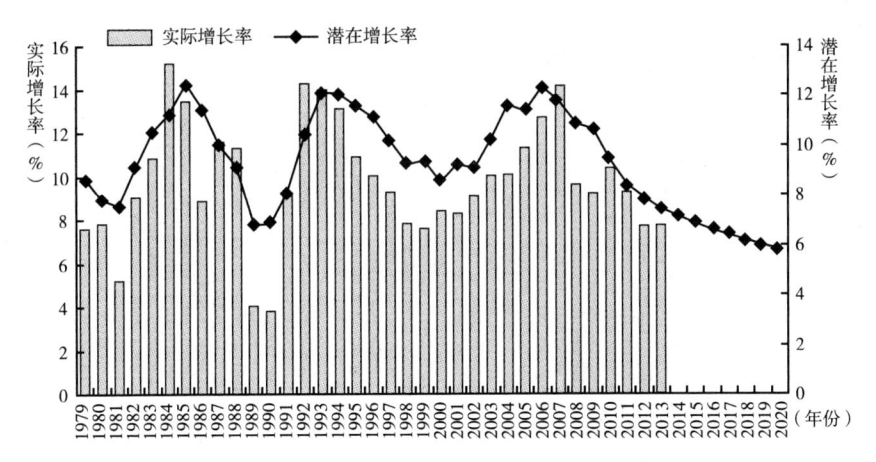

图1　中国GDP潜在增长率预测

资料来源：根据陆旸、蔡昉《调整人口政策对中国长期潜在增长率的影响》（载于《劳动经济研究》2013年第1卷第1期）绘制。

我们能够接受今天的7%~8%之间的实际增长率，能否接受不久之后可能面临的6%~7%之间的增长率呢？

实际上，在过去GDP增长速度低于8%的两年中，宏观经济政策已经感受到较大的压力。中央政府感受到的是"经济运行存在下行压力"，地方政府则尝试采取局部刺激经济增长的方法，企业面对市场疲软和成本上升等困难而嗷嗷待哺，经济学家也纷纷从需求角度建议新的经济增长点。未雨绸缪是必要的，但是，通过改革获得制度红利以提高潜在增长率是一回事，试图通过需求方的刺激手段拉高增长速度则是另一回事，超越潜在增长率是危险的。根据国际经验和教训，特别是日本从泡沫经济破灭至今"失去的二十年"的教训，以及中国经济中已经显现出的现象，我们已知的经济增长超越增长能力的危险，至少在以下三个方面表现十分突出。

第一，从僵尸企业到僵尸金融。潜在增长率下降意味着传统劳动密集型产业不再具有比较优势，劳动力成本提高和投资回报率下降，导致企业利润空间急剧缩小。这时，刺激政策则意味着通过降低融资成本和支付各种补贴，维持没有竞争力的企业和产业苟延残喘。一旦企业过度依赖刺激政策，创造性破坏的机制就失灵了，企业不能正常退出，最终那些没有竞争力而继续生存的企业便成为僵尸企业。由于刺激政策是依托国有银行甚至地方政府的债务平台，信贷也过度偏重在政府主导的大规模建设项目上，金融风险过于集中，僵尸企业产生也必然把金融拖到危险的境地。

第二，从产能过剩到基础设施过剩。企业和产业在受到保护的情况下，形成的生产能力也必然是过剩产能。事实上，过去几年刺激性的宏观经济政策和产业政策，甚至区域政策，都造成了大量的过剩产能。政策制定者也认识到，在实体经济比较优势下降，从而投资积极性不足的情况下，刺激政策的效果往往导致产能过剩，因此，许多刺激政策着眼于基础设施的建设。但是，基础设施建设需求是一种派生的需求，实际上也是与实体经济需求密切相关的。曾经担任日本经济企划厅长官的宫崎勇（2009）发现，在日本面临增长减速尝试实施财政刺激政策过程中，公共投资遇到先是"有预算没下拨"，继而"下拨了没到位"，及至"资金到位没开工"等层层打折扣的问题。既然没有实际需求，以基础设施建设为中心的刺激政策也只能造成产能过剩。事实上，许多研究已经显示，当前中国的产能过剩很大程度上反映在基础设施过剩上面。

第三，从流动性的溢出到泡沫经济形成。宫崎勇终究没有弄明白，本应投向基础设施的资金究竟去了哪里。其实，扩张性宏观经济政策终究造成过大的流动性，在实体经济和基础设施投资需求不强的情况下，放出笼子的货币终究要寻找其出处，自然且必然的选择便是流向各种理财领域。对此，凯恩斯的批评者早在1933年就有了先见之明。针对凯恩斯的刺激政策建议，他在"经济信息委员会"的经济学家同事休伯特·韩德森给他写信说："如果你宣布启动一项2亿英镑的宏大计划，你将会在至少一年的时间里拿不到一个订单（因为需求不足——引者注），同时，它对金边股票之类的市场会产生迅速的影响。这样，你也许会在良性循环开始启动之前已经被恶性循环所围绕而不能自拔"（斯基德尔斯基，2006）。而一旦形成泡沫经济，破灭也就是或迟或早的事情了。

实际增长率超越潜在增长率的上述危险，已经反复被那些遭遇经济增长减速的国际教训所揭示和印证，但是，在中国的经济学界并不广为人知，或者至少是尚未引起人们的充分警醒。因此，不厌其烦地予以阐述和提醒是非常必要的。然而，同等重要的危险也存在于劳动力市场上。本文的重点便是从劳动力市场的角度，揭示超

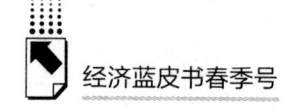

越经济增长能力的实际增长率，也会通过劳动力市场伤害长期增长的可持续性。

二 宏观经济和劳动力市场指标

凯恩斯最先唤起人们从充分就业的角度认识宏观经济，在此基础上，著名的菲利普斯曲线描述了失业率与通货膨胀率之间的相互替代关系。真正把经济增长与就业之间建立起经验关系的，则是曾任美国总统约翰逊经济顾问委员会主席的阿瑟·奥肯，他的这一贡献被称作"奥肯定律"。然而，很久以来中国经济学家脑子里的奥肯定律，实际上是一个不完整的简版，即将其理解为"经济增长率与失业率呈反比关系"。严格地说，奥肯定律讲的增长率水平变化，应该是指GDP的实际增长率偏离于潜在增长率的程度，即增长缺口水平，而失业率是指实际失业率偏离自然失业率的程度，即周期性失业率水平。换句话说，只要实际增长率符合潜在增长率，就不会发生周期性失业，虽然由结构性失业和摩擦性失业合并构成的自然失业仍然会存在。下面，我们来看一看奥肯定律所涉及的这几个宏观经济变量，特别是增长率缺口和周期性失业水平在当前中国的表现究竟如何。

首先，由于实际增长率至少在2012年和2013年都是与潜在增长率大体相符的，所以，虽然经济增长速度降了下来，宏观经济并不存在增长率缺口，因而没有出现周期性失业现象。在改革开放期间，曾经出现过数次实际增长率显著下降到潜在增长率以下的情形，多数情况下造成严重的就业压力。例如，1989年GDP增长率为4.1%，比当年的潜在增长率（6.8%）低2.7个百分点，导致调查失业率提高25.9%；1999年GDP增长率为7.6%，比当年的潜在增长率（9.4%）低1.8个百分点，导致调查失业率提高39.6%。由于在2012

年和2013年增长率缺口几乎为零，所以，失业率并没有显著变化。

不过，我们必须不能忘记金融危机时期的2008年和2009年。这两年，GDP增长率分别为9.6%和9.2%，分别比当年的潜在增长率（10.9%和10.6%）低1.3个和1.4个百分点，导致登记失业率分别提高5.0%和2.4%，但是，这两年的调查失业率却都下降了3.5%。看上去，情况与理论的预期不尽相符，也与以往的经验不完全一致。不过，当我们介绍过下一个相关宏观经济变量即失业率情况以后，解释这个矛盾现象的难题便可以迎刃而解。

其次，从失业率等劳动力市场指标看，目前呈现中华人民共和国经济史上最旺盛的劳动力市场。从可以获得的常规统计数字看，城镇登记失业率保持4.1%不变，劳动力市场求人倍率一直保持在1以上，且呈现持续攀升的趋势。在发表在英国《金融时报》的一

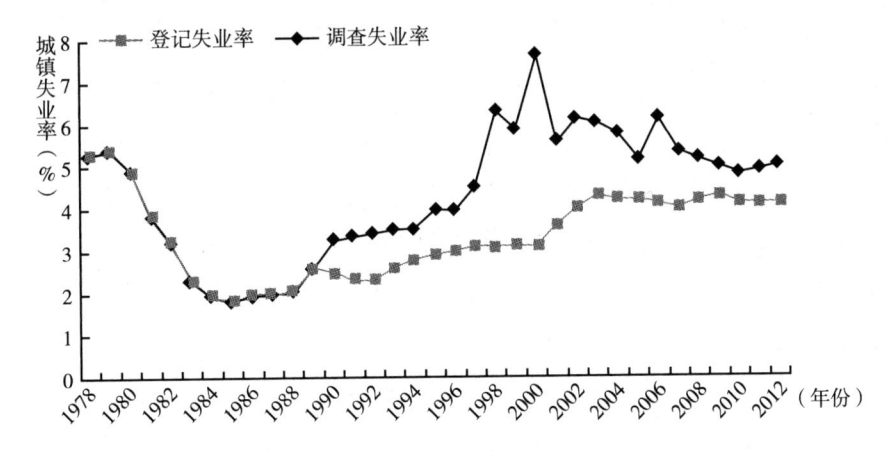

图2　城镇失业率变化

资料来源：登记失业率来自《中国劳动统计年鉴》历年；1989年以前调查失业率与登记失业率相同；1990~2004年、2006年和2007年调查失业率系根据《中国统计年鉴》和《中国人口统计年鉴》的数据计算得到；2005年调查失业率系根据2005年1%人口抽样调查微观数据计算得到；2010年调查失业率根据2010年人口普查微观数据计算；2011年和2012年调查失业率系根据2010年数据及李克强文章（Li Keqiang, China will Stay the Course on Sustainable Growth, *Financial Times*, September 9th, 2013）提供的2013年上半年数字推算得到。

篇文章中，李克强总理首次披露中国城镇调查失业率，2013年上半年为5%。这与我们的估算也是一致的，如参见图2中我们分别给出的城镇登记失业率和调查失业率。不过，对于这两个失业率指标之间的关系，以及它们与自然失业率（从而周期性失业率）之间的关系，仍有待做进一步解释。

理论上说，在通常以调查失业率反映的真实失业率中，不受宏观经济波动影响的相对稳定的部分，便是由结构性和摩擦性因素构成的自然失业率，余下的部分则是周期性失业率，随经济波动而发生变化。因此，从经验上我们可以把自然失业率与周期性失业率进行分离。研究表明，近年来中国城镇的自然失业率在4.0%到4.1%之间（都阳、陆旸，2011）。有趣的是，这个数字与多年来稳定不变的城镇登记失业率完全相同。由于登记失业率只涉及城镇户籍失业人员，农民工没有被涵盖其中，所以，可以说城镇居民仅仅承受自然失业率，而周期性失业的不良后果则完全由农民工承受，即随着宏观经济的周期性变化，农民工以进入和退出城镇劳动力市场的方式来应对。这也就解释了为什么2008年和2009年金融危机期间，实际增长率降到了潜在增长率之下，却没有影响到调查失业率，因为农民工一旦失去工作，便暂时退出城镇劳动力市场，从而也不能反映在城镇调查失业率之中。

由此我们也可以发现，目前所引用的城镇调查失业率，由于没有充分涵盖农民工这个群体，因而也还不能完整地反映城镇劳动力市场的实际面貌。根据中国社会科学院人口与劳动经济研究所课题组进行的城镇劳动力调查数据，2010年城镇户籍劳动者的调查失业率为4.7%，城镇就业农民工的调查失业率为0.75%，以当年城镇户籍就业人员和农民工的比例即分别为65%和35%作为权重，可以计算出包括城镇户籍人口和农民工在内的调查失业率为3.3%。如果以之与自然失业率（4.0%～4.1%）相比，实际上不存在周期性失业现象。而这种情况恰恰对应着实际增长率与潜在增长率的吻合。

我们可以看到，中央政府认识到了这些宏观经济变量之间的关系。既往的经验是，无论五年规划还是年度计划把预期 GDP 增长率定在何种水平，终究是要保证不低于 8% 的增长速度，20 世纪 90 年代末的亚洲金融危机期间如此，2008~2009 年的世界金融危机期间也是如此。这是因为当时的认识是，如果没有 8% 的经济增长，就不能创造出足够的就业岗位，以满足新增劳动者和失业人员的就业需求。不过，随着潜在增长率的下降，满足就业需求所要求的增长率也随之降低。根据人力资源和社会保障部的测算，即便仍显保守，7.2% 的增长率可以保证就业的必要增长，因此，中央政府能够接受低于 8% 但仍在 7% 以上的 GDP 增长率（李克强，2013）。

三 自然失业率的涵义和功能

可见，就认识宏观经济形势而言，目前并不应该过度担忧经济增长速度下滑，更不要急于出台经济刺激方案。实际上，超过经济增长能力的实际增长率，并不是健康的增长率，反而会伤害未来的经济增长可持续性。这同样表现在劳动力市场上面。如前所述，目前的实际失业率即使不是低于自然失业率，也与自然失业率大致相同，刺激起更快的增长速度终究要导致实际失业率降到自然失业率之下。而我们应该懂得的是，由结构性因素和摩擦性因素构成的自然失业率，有其存在的意义。曾几何时，有些经济学家认为，自然失业率不是那么"自然"，主张通过宏观经济政策或劳动力市场政策进一步降低自然失业率，而美国在克林顿政府时期也的确做到了这一点（Ottosen et al.，1996）。

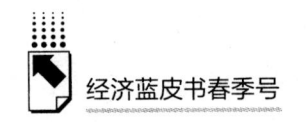

然而，当时看似乐观的就业形势却酿成后来的不良结果，即在金融危机之后，在美国和欧洲许多国家，那些在劳动力市场旺盛时期过早离开学校，进入劳动力市场的青年人因人力资本缺乏而遭遇极高的失业率。这些国家的经验表明，由于人力资本的缺陷，因宏观经济冲击因素造成的短期周期性失业现象，随后可以转化为更为长期的结构性失业问题。例如，西班牙、希腊、葡萄牙、爱尔兰、意大利、英国、美国、德国和日本的失业率，2007年平均为6.4%，因金融危机而大幅度攀升，直到危机之后的2013年仍然高达13.8%，而这主要是青年失业率高企不下所造成的。

自然失业率作为一个宏观经济指标，主要反映劳动力市场上不利于就业的结构性和摩擦性因素，其释放出的信号是有价值的。例如，劳动者的人力资本与劳动力市场需求不相适应，通常造成结构性失业。因此，适度的自然失业率可以提供关于人力资本与劳动力市场匹配的必要信息，起到激励人力资本积累和引导教育制度改革的作用。如果这个指标因经济增长过热从而劳动力市场过于旺盛而不再发挥作用，就会引导青年人不愿读书，过早进入劳动力市场，也掩盖了教育与劳动力市场需求脱节的弊端。长期看，这批人力资本不足的劳动者必然会在下一次宏观经济周期中遭遇就业冲击，继而成为劳动力市场上的脆弱群体。

从这个意义上，目前中国劳动力市场上表现出的结构性问题，即受教育程度较低的劳动者就业机会多，而受教育程度较高的劳动者反而遭遇更大的就业困难，譬如反映在劳动力市场求人倍率上的不同就业状况（见图3），同时传递出一个积极信号和一个消极信号。一方面，大学生就业难显示出高等教育与劳动力市场之间缺乏有机联系，为教育体制改革提出紧迫的需求；另一方面，高学历和低学历在劳动力市场上的不同需求强度，从而具有不同人力资本劳动者之间的工资趋同，必然造成对教育的负激励，引导青年人弃学就业，不利于中国整体人力资本积累水平的提升。我们这里遇到的其实是一种典型的劳动力市场失灵现象，而应对和解决市场失灵的问题，注定要靠政府的公共政策发挥作用。

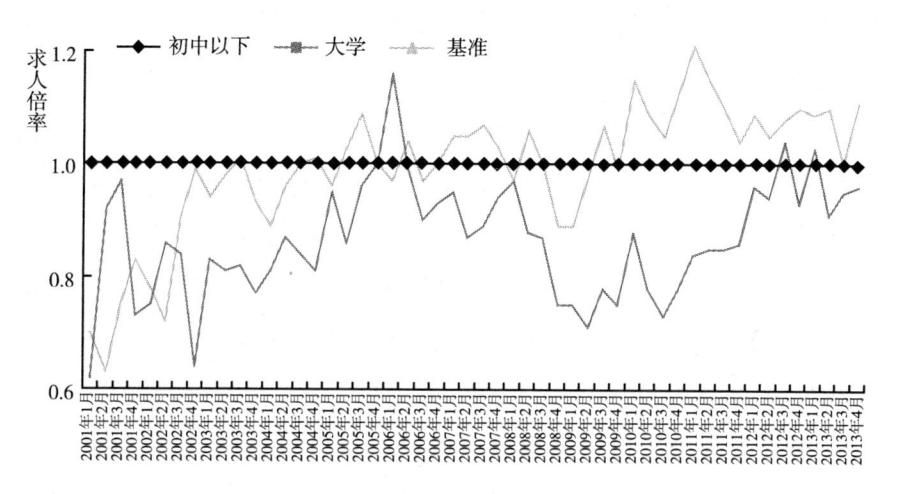

图 3　劳动力市场求人倍率

资料来源：中国就业网，http://www.chinajob.gov.cn/。

四　普通劳动者工资上涨过犹不及

随着 2004 年刘易斯转折点到来和 2010 年开始人口红利消失，劳动力短缺现象愈演愈烈，非熟练工人的工资上涨加速。例如，2003~2012 年，在外出农民工人数继续增加的同时，农民工工资的年实际增长率达到 12.0%，其间 2011 年更高达 21.2%，2012 年在 GDP 增速降到 7.7% 的情况下，农民工工资照样增长了 11.8%。普通劳动者的工资显著提高产生了缩小居民收入差距的明显效果，国家统计局的数据表明，中国居民收入的基尼系数从 1985 年的 0.29 提高到 1995 年的 0.42，进而攀升到 2008 年的 0.49，而 2012 年则回到 0.47 的水平。然而，工资增长归根结底要受到劳动生产率提高速度的制约。在对以往两者之间的脱节，即工资增长相对滞后的状况做出了补偿之后，工资进一步过快提高，一旦超越了劳动生产率的限度，则会加速减弱中国经济在制造业上的比较优势，不能为产业结构升级换代留出足够的时间，就会导致经济增长的减速过于陡峭。

工资上涨固然是好事，但是绝非越快越好。无论在任何时期、任何发展阶段，合理的界限是，工资上涨速度不应该超过劳动生产率提高的速度。理论上说，劳动生产率的提高（既可以表达为每个劳动者的产出水平的增加，也可以表达为单位产出所需要的劳动力数量的减少）的作用，就是抵消劳动力短缺和成本提高对企业造成的压力。

即使中国经济在经历转折点之后，遇到了劳动力供给瓶颈，如果劳动生产率能够按照一定的速度和幅度提高，就足以弥补劳动力不足所造成的生产能力下降，保持经济增长速度。但是，虽然中国劳动生产率的表现，在国际比较中颇为不凡（Conference Board，2012），由于劳动力短缺现象太过突出，工资上涨速度有快于劳动生产率提高速度的趋势。直接观察农民工工资与GDP之间的增长速度可见，2003~2012年，GDP年均增长率为10.5%，已经慢于工资上涨速度。而2009~2012年，农民工工资的年增长率是17.4%，而GDP的增长率仅为9.2%。劳动者收入是国民收入的一个组成部分，在其增速快于整体增速的情况下，就意味着工资增长已经趋于脱离劳动生产率的支撑。

此外，引用一项针对中国制造业的研究，直接进行工资上涨与劳动生产率的速度对比表明，劳动生产率提高速度尽管很快，仍然没有赶上刘易斯转折点到来之后工资上涨的速度，因此，如果计算一个综合了工资成本和劳动生产率因素，从而可以反映制造业竞争力的指标——单位劳动力成本的话，可以看到，2004~2009年，中国制造业的名义小时工资提高了72.7%，快于小时劳动生产率的提高速度（48.8%），导致单位劳动力成本提高了16.1%（都阳、曲玥，2012）。

在中国经济转入新的发展阶段的情况下，经济发展方式加快转变、产业结构加快升级的涵义是，在工资增长与劳动生产率提高保持同步的情况下，那些生产率提高速度低于平均水平，因而在工资增长中竞争力逐渐减弱的企业感受到压力，如果不能提高生产率便难以继续生存，与此同时，生产率提高表现好的企业则能够在竞争中胜出，因此，整个经济结构经过优胜劣汰而实现升级。如果整体而言，工资上涨超过了劳动生产率的提高速度，就意味着制造业比较优势从而竞争力的下降速度过快，没有足够的调整和改善时间，则会使过多的企业面临困境甚至猝死，投资和企业大规模外迁，就会形成一种产业结构调整的休克疗法，反而不利于顺利转型。

当年"金砖四国"（巴西、俄罗斯、印度、中国，英文首字母合写为BRIC）这个概念的命名者高盛公司高级经济学家奥尼尔，最近又提出"薄荷四国"（墨西哥、印度尼西亚、尼日利亚和土耳其，英文首字母合写为MINT）的新经济增长体概念，理由是这些国家人口年龄结构好、地理位置优越，且大多资源丰富，具有潜在的高速增长优势。其中奥尼尔特别看重的是这些国家今后20年可以享有的人口红利。我们把这些国家与中国的人口年龄结构做一个比较，的确可以发现，在中国劳动人口比重下降、老龄化加速的同时，"薄荷四国"作为一个整体，人口年龄结构仍然相对年轻，并且朝着劳动年龄人口比重提高的方向变化（见图3）。换句话说，在中国人口红利加快消失，从而经济增长能力下降的过程中，"薄荷四国"乃至许多类似国家，因具有潜在的人口红利而将成为中国的有力竞争者。

2010年

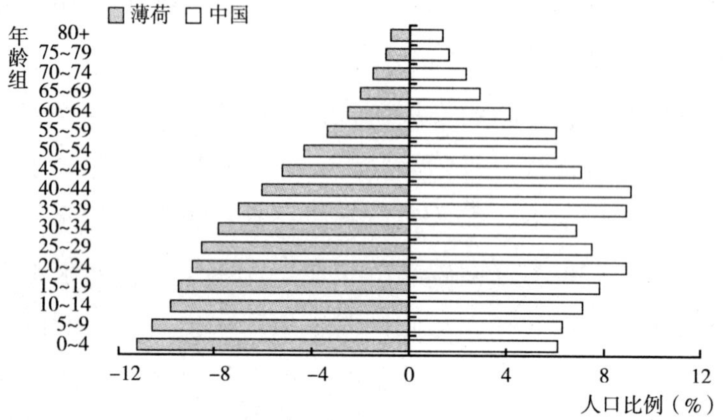

2015年

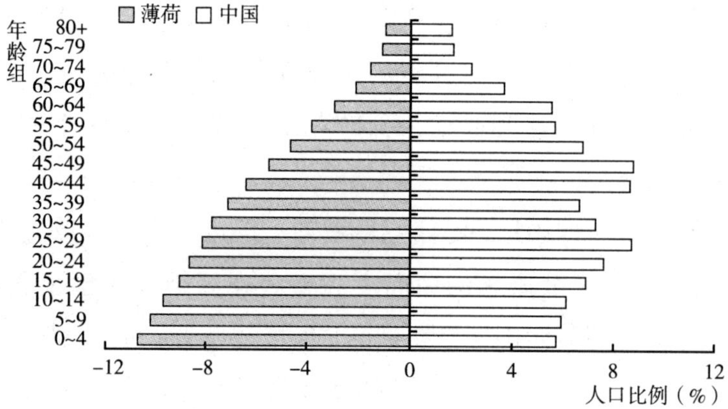

2020年

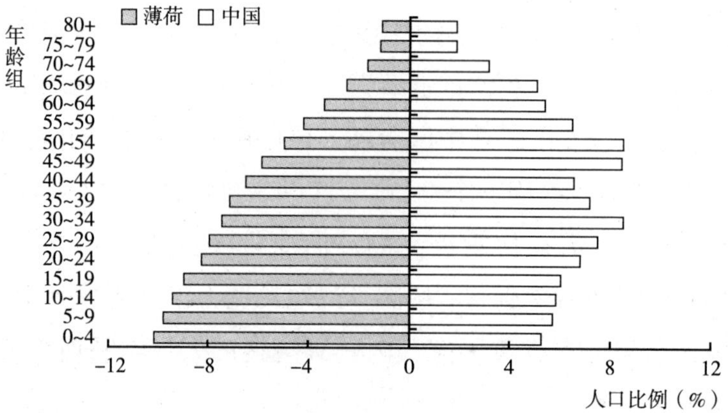

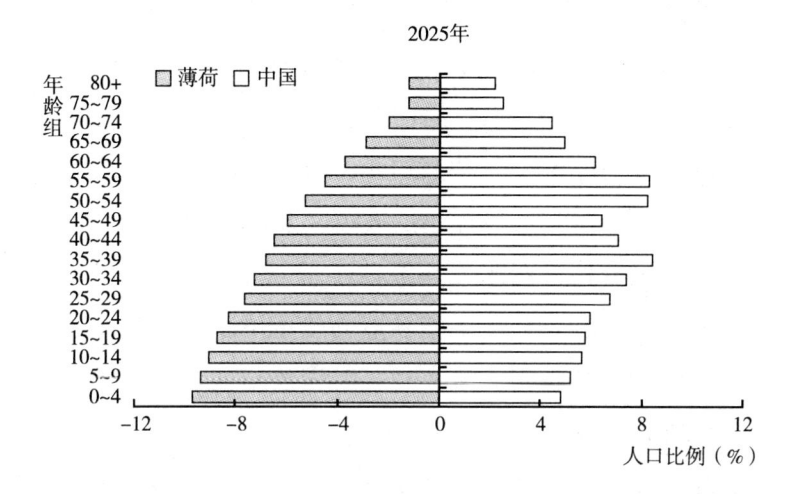

图 3　中国与"薄荷四国"人口结构变化趋势

资料来源：United Nations, Department of Economic and Social Affairs, Population Division, *World Population Prospects*: The 2010 Revision, CD-ROM Edition, 2011。

五　从人口红利到改革红利

一些国际经济学家、观察家及相关媒体报道对中国的改革有些误解，容易产生对公众和投资者的误导。这类观点认为，中国的改革任务与经济增长速度之间存在一种替代关系，为了推动改革必然要牺牲增长速度。有的媒体上甚至称中国的改革是"抑制增长型"的。诚然，在当前全面改革正在积极推进的同时，中国 GDP 增长率出现较大的下行趋势，2012 年和 2013 年都只有 7.7%，比长期以来 10% 的增长率大幅度降低。不过，这个经济增长速度的放缓是发展阶段变化的结果，可以说是自然的，也是可以接受的。总体而言，中国经济增长速度的放缓是人口红利消失的表现，也恰恰因此，中国长期可持续增长，有赖于通过改革获得新的增长动力和源泉。可见，改革

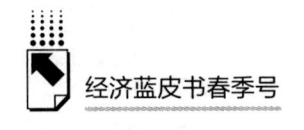

并不必然抑制经济增长,反而应该成为提高潜在增长率的新源泉。

在人口红利消失的情况下,有两条途径可以提高潜在增长率,第一是进一步清除生产要素供给的制度性障碍,第二是把投入驱动型的经济增长转到生产率驱动型的经济发展方式上来,而这两条途径的开启都有赖于深化经济体制的改革。从理论和实践经验两个方面,向各个相关群体说明改革并不会"抑制增长",而是可以带来实实在在的改革红利,甚至某些领域的改革可以具有提高潜在增长率的立竿见影的效果,将大大有利于凝聚改革共识,依靠全方位的积极性实际推进改革。

从获取增长红利的角度讨论改革的目标,也有利于把握改革方向,找到突破口。中共十八届三中全会做出的《中共中央关于全面深化改革若干重大问题的决定》指出,经济体制改革是全面深化改革的重点,核心问题是处理好政府和市场的关系。正如本文前面所做的分析,劳动力市场上发出的教育负激励信号,是市场失灵的表现;而过快工资上涨造成的比较优势下降,则是仍然存在的制度障碍在作祟。从这两方面我们可以分别找出改革的重点和突破口,通过处理好政府与市场的关系来推进改革并进而获得改革红利。

20世纪90年代初的某一天,当芝加哥大学经济学家(后来的诺贝尔经济学奖获得者)詹姆斯·海克曼,向当时的助理财政部长劳伦斯·萨默斯游说其政策主张,希望政府确保贫困家庭的3~4岁儿童的教育机会时,他对自己这位经济学家同行说:这个政策建议可不仅仅是某种善良而含糊其辞的愿望,而是讲求实际的投资,能够以减少社会福利支出、降低犯罪率以及增加税收的形式带来实实在在的回报。实际上,这位经济学家拿出的是一个关于公共政策的成本收益"海克曼等式"[1]。中国在相关领域的改革效果,

---

① 参见 *Bloomberg Business Week*, January 20 – 26, 2014, p. 24。

可以说与此十分类似，即旨在增强基本公共服务均等化的改革，既是为了实现更加公平的社会目标，也可以获得直接和间接的改革红利。

在诸如教育、社会保障、社会救助等基本公共服务领域，中国的改革任务是强化政府的公共支出责任，着眼于实现更充分覆盖以及地区之间、城乡之间、部门之间和群体之间的均等化。例如，相关的一项改革即户籍制度的改革，目标便是通过推动农民工的市民化，建立实现基本公共服务均等化的体制和机制。此类改革可以带来的直接效果包括以下几个方面。

第一，可以通过强化人力资本积累激励、增加劳动力数量和质量的供给、挖掘资源重新配置效率潜力，显著提高潜在增长率。一项政策模拟研究表明，按照现行趋势，2011~2020年，中国经济增速会明显低于过去的30余年，即大体上可能会在6%~7%之间。如果通过户籍制度改革，清除农民工转移和在城市落户的制度障碍，便可以大幅度提高劳动参与率。假设此间每年劳动参与率可以提高1个百分点的话，将带动GDP潜在增长率提高0.88个百分点。此外，农村劳动力转移更加通畅还可以保持资源重新配置效率，继续作为全要素生产率提高的重要源泉。假设此间全要素生产率增长速度可以增加1个百分点，可以带动经济增速提高0.99个百分点（Cai and Lu，2013）。

第二，通过扩大国内消费需求比重使经济增长更加平衡和可持续。由于户籍制度的约束，农民工就业不稳定，社会保险项目的覆盖水平也很低，他们往往还不得已以返乡务农的方式，应对经济危机和宏观经济低迷。特别是，在他们不能预期在城市养老的情况下，往往在40岁时就考虑离开城市劳动力市场，返回农村的低生产率部门。这种就业和收入的不确定性，妨碍农民工作为重要消费群体，发挥对宏观经济需求结构的再平衡作用。粗略的估算表明，如果农民工像城市户籍职工一样筹划自己的收支预算，也就是把原来汇寄回家的1/4工资留在手里，他们可支配的工资可以提高33.3%，提高幅度相当于从城镇居民收入五等分组中的"较低收入户"提升到"中等偏下户"，而通常这个收入组的提升可以将消费支出提高29.6%。从更加宏观的角度看，如果所有的农民工把这1/4工资用于消费，可以把全国居民消费支出提高约6%。

第三，借助公共政策改革效应减缓工资上涨压力，为企业挖掘比较优势潜力、延长人口红利、实现产业结构升级赢得时间。保持劳动力市场对农民工的吸引力，并不必然通过工资上涨，更好的公共服务和平等待遇能够产生更强的吸引力。稳定的居住和就业预期，以及提高了的基本公共服务水平，还可以抑制劳动力市场上的浮躁，诱导农民工和新移民家庭更多地进行人力资本投资，以适应经济在更高层次上增长的需求和产业结构升级的需求，实现更加可持续的充分就业和收入增长。也就是说，通过公共政策（如户籍制度）改革，可以同时取得吸引农村劳动力转移和平缓工资上涨速度两个效果。

六　结语

当我们说到人口红利时，并不简单地意味着单纯的人口因素可以决定经济增长的源泉和走向。换句话说，本文作者并不是唯人口因素论者。公正地说，任何一个经济学家，只要能够充分把握和全面理解从而综合运用各主要增长理论，无疑就应该懂得，有利的人口因素可以通过劳动力供给、人力资本积累、资本回报率和资源重新配置效率等基本增长源泉，创造出所谓的人口红利。因此，当人口的变化趋势不再构成这种有利的因素时，由供给方因素决定的潜在增长率必然下降。事实上，本文作者及其合作者此前做出的关于潜在增长率的估计（Cai and Lu，2013），以及后来所做的局部修正（陆旸、蔡昉，2013），与2012年和2013年实际增长率的走势高度吻合。而且，这个预测的准确性，与长期以来作者所热衷于宣传的关于刘易斯转折点以及人口红利消失转折点的到来，在逻辑上是完全一致的，因而在经验上也就必然是相关联的。

本文强调这一点并不是在争论孰是孰非，标榜自己的一贯正确，而是希望经济学家尽快达成这样的共识，即认识到当前的经济增长减速，不是短期的需求方扰动因素所致，而是长期的供给方因素发生的结构性变化所致。惨痛的国际教训表明，这个共识的达成虽然难度很大却异常重要。凡是那些用需求刺激手段代替提高潜在增长率努力的国家，无一例外地把减速变成了灾难性的停滞。日本就是一个经典的反面教材，"安倍经济学"的大行其道则意味着日本的决策者尚未认识到问题的实质。本文对这个问题的宏观经济和增长视角进行了扩展，引申到刺激性政策对劳动力市场的潜在不良影响，即伤害人力资本积累激励，加速比较优势丧失，削弱未来经济增长的可持续性。随着中共十八届三中全会部署的经济体制改革日程开始实施，解决问题的出路已经越来越明朗，即把驱动中国经济增长的动力从人口红利转向改革红利。毋庸置疑，把中国经济学家的认识统一在这个思路上面，对于今后二十年的持续增长至关重要。

参考文献

Cai, Fang and Lu Yang（2013）. Population Change and Resulting Slowdown in Potential GDP Growth in China, *China & World Economy*, Vol. 21, No. 2, pp. 1 – 14.

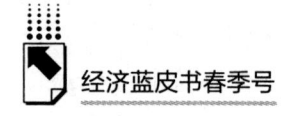

Conference Board (2012). Labour Productivity (KILM 17), http://kilm.ilo.org/2011/download/kilm17EN.pdf.

Ottosen, Garry K. and Douglas N. Thompson (1996). *Reducing Unemployment: A Case for Government Deregulation*, Westport, Connecticut. London: Praeger Publishers.

都阳、陆旸:《劳动力市场转变条件下的自然失业率变化及其含义》,载蔡昉主编《中国人口与劳动问题报告 No.12——"十二五"时期挑战:人口、就业和收入分配》,社会科学文献出版社,2011。

都阳、陆旸:《中国的自然失业率水平及其含义》,《世界经济》2011年第4期。

都阳、曲玥:《中国制造业单位劳动力成本的变化趋势与影响》,载载蔡昉主编《中国人口与劳动问题报告 No.13——人口转变与中国经济再平衡》,社会科学文献出版社,2012。

宫崎勇:《日本经济政策亲历者实录》,中信出版社,2009。

李克强:《在中国工会第十六次全国代表大会上的经济形势报告》,《工人日报》2013年11月4日。

陆旸、蔡昉:《调整人口政策对中国长期潜在增长率的影响》,《劳动经济研究》2013年第1卷第1期。

罗伯特·斯基德尔斯基:《凯恩斯传》,生活·读书·新知三联书店,2006。

B.15
工资应该上涨吗
——对我国工薪劳动者工资水平变化的观察与分析

张车伟 赵 文*

摘 要: 本文通过估算工薪劳动者总量以及工薪劳动报酬总额,计算全部工薪劳动者工资水平及其变化;通过把名义工资与经济增长相联系,了解全部工薪劳动者平均工资以及不同部门和行业的工资实际变化状况,并与企业利润变化相联系来探讨工资增长的合理空间。本文得出的结论认为,我国工薪劳动者工资水平确实到了该涨的时候,而且越是低收入群体的工资越应该上涨;从部门看最需要涨工资的是非国有部门,从行业来看最需要涨工资的是竞争性行业。实现工资上涨的关键是健全市场条件下工资合理增长机制。

关键词: 雇员劳动者 工薪劳动者 企业利润 工资增长

在当前收入分配问题的讨论中,工资是一个热点话题。2014年"两会"期间,是否该给公务员涨工资的话题更是一石激起千

---

* 张车伟,中国社会科学院人口与劳动经济研究所副所长、研究员;赵文,中国社会科学院人口与劳动经济研究所助理研究员。

层浪,代表委员激烈讨论,全社会关注。我国工资水平到底怎么样?是高了还是低了?该不该涨?以及哪些人工资最应该涨?这些问题不仅关系到国民收入分配格局的变化,更关系到群众的切身利益和生活水平的提高。

国家统计局仅仅公布占全部工薪劳动者1/3左右的城镇单位职工的工资数据,我国至今尚缺乏包括全体工薪劳动者的工资数据,这就使得工薪劳动者总体工资水平的变化难有权威说法,无法形成社会共识。随着企业招工难问题不断加剧,农民工工资水平出现了较快增长,以至于有人认为中国劳动力成本竞争优势已经丧失,经济增长将风光不再。然而,中国劳动报酬占国民收入份额却不断下降,这似乎与表面看起来的农民工工资上涨相矛盾。我国实际工资水平到底呈现怎样的变化趋势?存在什么问题?应该如何认识和解决所存在的问题?这些都是本文希望回答的问题。

一 关于工薪劳动者数量和劳动报酬总额的估算

对于任何国家来说,劳动者基本上可以被分为两类,一类为自雇劳动者,另一类为受雇劳动者,自雇者得到的是混合收入(包括资本的贡献),而受雇者则得到劳动报酬,从这个意义上说,受雇劳动者也可以被统称为工薪劳动者或者说雇员劳动者(雇员劳动者和工薪劳动者在本文中是同一概念)。从经济发展的历史经验来看,发达经济体大都经过了从以农户经济、个体经济为主的自雇经济向公司化、组织化和产业化为特征的雇员经济为主的转变。在这一过程中,就业单位公司化、就业人员雇员化是主要特征。相对于传统自雇经济来说,公司化的经济部门效率更高,就业更为稳定,有明确的雇佣劳动关系,可以清楚地区分资本和劳动贡献,实现按要素贡献进行分配。我国目前正处于不断雇员化过程之中，无论从就业结构还是从经济结构来看，雇员化的程度都在不断提高（张车伟，2012a）。

（一）关于工薪劳动者数量的估算

我国工薪劳动者既分布于城镇，也分布于农村。在国家统计局《中国统计年鉴》公布的就业统计中，城镇就业被划分为如下类型：国有单位、集体单位、股份合作单位、联营单位、有限责任公司、股份有限公司、私营企业、港澳台商投资单位、外商投资单位和个体就业。按照上述就业类型划分，国有单位、集体单位、股份合作单位、联营单位、有限责任公司、股份有限公司、港澳台商投资单位、外商投资单位中的就业可以被归为单位就业。

按照国家统计局的数据，城镇就业统计中出现的问题是"分项之和"小于"总和"。假设城镇就业总量的统计是正确的，由此可以推知，城镇就业的分项统计中也许是漏掉了某一类就业人员，或者说有些就业可能因无法被归为现有的任何就业类型而被漏掉了。事实上，城镇中很多人的就业都采取比较灵活的形式，如那些从事家政服务的人员、自由职业者和其他类型的打零工者等，这些人的就业按照上述就业类型的划分很难被归类，从而在分项统计中被漏掉了。我们这里可以把这部分在分项统计中漏掉的人归为灵活就业人员，或者称为"其他"就业类型。这样，城镇就业就可以被大致划分为这样几种类型：城镇单位就业、城镇私营企业就业、城镇个体就业和城镇灵活就业。

我国计划经济时期城镇就业主要是单位就业，单位就业占城镇就业比例几乎为100%。改革开放后，就业形态不断分化，自雇就业、私营企业就业和灵活就业形式开始出现。由于工作稳定、收入高、保障好，单位就业因而可以被称为正规就业。从这个角度来看，城镇就业经历了一个非正规化的过程，城镇单位就业的比例在1978年为99.8%，到1995年下降到82.5%左右，之后下降更为迅速，2005年前后基本上稳定在40%左右，2010年进一步下降到只有36.8%的水平，2012年又重新回到40%。这也就是说，目前城镇就业中，大约60%的就业属于非正规就业。鉴于单位就业和私营企业就业都属于受雇就业，把这两类就业合在一起就是雇员就业的人数。改革开放以来，我国城镇就业雇员化趋势经历了先下降后上升的过程，1978年城镇雇员就业占比接近100%，到2003年下降到51.9%的最低点，2003年以来下降趋势得以扭转，呈现上升趋势，到2012年，城镇雇员就业比例达到60.4%。

与城镇就业的雇员化趋势存在着巨大波动不同，农村就业则呈现比较稳定的雇员化趋势。传统上来看，农业生产基本都属于以家庭为单位的个体经营活动，就业当然以自雇为主，但随着农村非农业产业的发展，越来越多的农村劳动力实现了就地转移，这些人也从农民转变为在乡镇企业和私营企业工作的工人，工作形式也从家庭经营中的自我雇佣转变为受雇于人。按照国家统计局的统计，农村就业的乡镇企业和私营企业就业显然都是受雇就业形式，把这两类就业合在一起就可以得到农村雇员就业的数量，进而也可以观察到农村就业的雇员化趋势。1978年，农村就业自雇就业比例高达91%，而雇员就业比例只有9%，到2012年，自雇就业比例下降到51%，而雇员就业比例则上升到49%，雇员就业和自雇就业几乎相当。

把城乡就业综合在一起，可以观察到就业格局变化的雇员化趋势。表1是本文根据国家统计局公布的数据整理的就业形态变化状况。理论上说，工作形态要么是自雇，要么是受雇，不太可能还有其他的形态，但是，不可否认的是，城镇地区灵活就业群体确实是一类特殊群体，难以被归入自雇或者受雇的任何一类。因为，灵活就业者既有自雇者如自由职业者等，也有受雇者如家政服务人员等，由于缺乏更详细的信息，这里不得不把城镇灵活就业群体单独列为和自雇与雇员并列的一类，暂且称为"其他"就业类型。这样，全国的就业形态就包括这样三类：自雇就业、雇员就业和其他就业。

表1 全国就业总量及其就业形态变化

年份	就业总量（万人）	占全部就业比例(%)		
		雇员就业	自雇就业	其他形式就业
1978	40152	30.7	69.3	0.0
1979	41024	31.4	68.6	0.0
1980	42361	31.7	68.3	0.0
1981	43725	32.1	67.9	0.0
1982	45295	31.9	68.1	0.0
1983	46436	31.8	68.2	0.0
1984	48197	35.5	64.5	0.0
1985	49873	38.8	61.2	0.0
1986	51282	40.5	59.5	0.0
1987	52783	41.7	58.3	0.0
1988	54334	42.6	57.4	0.0
1989	55329	41.8	58.2	0.0
1990	64749	41.4	58.6	0.0
1991	65491	41.6	58.4	0.0
1992	66152	43.1	56.8	0.0
1993	66808	45.7	54.2	0.0
1994	67455	45.4	54.6	0.0
1995	68065	42.8	54.6	2.6
1996	68950	43.4	53.3	3.3
1997	69820	42.3	54.1	3.6
1998	70637	38.5	54.7	6.8
1999	71394	38.0	54.3	7.7
2000	72085	37.2	51.5	11.3
2001	72797	36.9	50.6	12.5
2002	73280	37.4	49.5	13.1

续表

年份	就业总量（万人）	占全部就业比例(%)		
		雇员就业	自雇就业	其他形式就业
2003	73736	38.5	48.2	13.3
2004	74264	39.7	47.0	13.3
2005	74647	41.3	45.7	13.0
2006	74978	43.7	41.4	14.9
2007	75321	45.3	39.7	15.0
2008	75564	46.8	38.2	15.1
2009	75828	48.2	37.1	14.8
2010	76105	50.0	35.0	15.0
2011	76420	52.8	34.5	12.7
2012	76704	54.4	33.9	11.8

资料来源：根据各年《中国统计年鉴》整理。

1978年以来，自雇就业比例不断下降，从69%下降到2012年的34%，其他就业类型或者说灵活就业则从无到有，2012年这一类型就业占全部就业的比例已经高达12%左右。雇员就业比例呈现稳步上升的态势，从1978年的30.7%上升到2012年的54.4%，就业数量大约为4.17亿人，就业格局变化因此呈现雇员化趋势（见图1）。

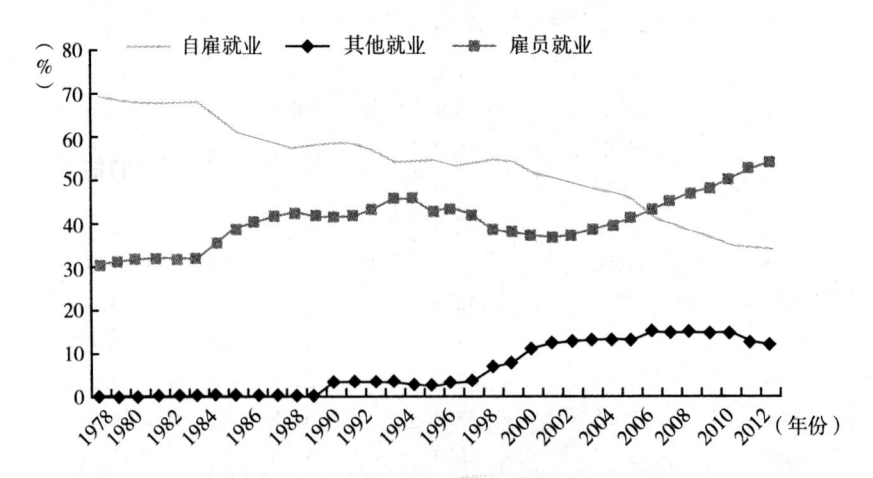

图1 城乡就业雇员化趋势

(二)关于工薪报酬总额的估算

鉴于国家统计局并没有公布过包括全部雇员在内的雇员劳动报酬总额,国内在讨论劳动报酬份额变化问题时,所使用的劳动报酬不仅包括雇员劳动报酬,也包括自雇经济(混合经济成分)自雇劳动者的收入。本文主要关注工资问题,也就是雇员的劳动报酬,这就要求我们从国民收入核算的角度从劳动报酬总额中剔除自雇劳动者的收入,从而计算出雇员劳动报酬总额。在现有的统计数据中,有两个途径可以间接推测雇员劳动报酬总额情况。一个是国家统计局发布的资金流量表数据,另一个是国家统计局公布的有关城乡居民收入调查的数据。

资金流量表提供了非金融企业、金融企业、政府部门和居民部门劳动报酬的获取情况,据此我们可以容易地区分出雇员部门和自雇部门。具体来看,企业部门(包括非金融企业和金融企业)和政府部门属于雇员部门,这两个部门中不可能存在自雇就业的状况,把这两个部门的劳动报酬加在一起就可以得到全国雇员工薪报酬总额。根据这样的划分,我们计算了1992~2011年工薪报酬总额和其占GDP份额的变化情况,结果见表2。从表2可以看出,1992年工薪报酬份额为33.28%,2011年为29.8%,在此期间,劳动报酬份额共下降了3个多百分点,下降幅度并不大。

表2 工薪报酬结构和占GDP份额:基于资金流量表数据的估算

单位:亿元,%

年份	工薪报酬				占GDP的比例
	非金融企业部门	金融企业部门	政府部门	合计	
1992	6252	400	2308	8959	33.3
1993	8020	493	2713	11226	31.8
1994	11444	741	3171	15356	31.9
1995	14960	1165	3727	19851	32.7

续表

年份	工薪报酬				
	非金融企业部门	金融企业部门	政府部门	合计	占GDP的比例
1996	17895	1267	3648	22811	32.0
1997	19683	1645	4278	25607	32.4
1998	19571	1564	5343	26478	31.4
1999	20115	1656	6152	27923	31.1
2000	25062	1645	6438	33145	33.4
2001	27028	1795	8053	36875	33.6
2002	29748	2040	9713	41501	34.5
2003	33085	2001	10910	45996	33.9
2004	36369	2114	12768	51251	32.1
2005	41978	2355	14471	58803	31.8
2006	48030	2375	16652	67057	31.0
2007	57176	3164	20641	80980	30.5
2008	67129	4326	23890	95345	30.4
2009	73832	4951	27499	106282	31.2
2010	84068	6661	30785	121514	30.3
2011	98610	8063	34400	141073	29.8

资料来源：各年《中国统计年鉴》。

为了印证根据资金流量表数据的估算结果，本文还使用另外一种估算雇员劳动报酬总额的方法，即根据国家统计局每年公布的城乡居民收入调查数据估算雇员工薪报酬总额。每年出版的《中国统计年鉴》都公布有关这一调查的信息，通过把城乡居民收入中工薪收入加总，再加上社保和公积金等项目收入，就可以得到每年的雇员报酬总额。我们知道，在收入调查中得到的工薪收入一定是受雇获得的报酬，自雇劳动者的收入不可能被归为工薪收入。当然，通过这一途径得到的数据有可能存在着对劳动报酬总额低估的问题，因为受调查者一般都有低报收入的倾向，不过，这样的系统性误差对于观察劳动报酬份额变动趋势来说似乎不会有太大影响。国家统计局城乡居民收入数据比较完整，从这一途径可以得到目前来说时间序列最长、连续性最好的雇员劳动报酬总额数据。根据这一数据来源的估算结果，1985年中国工薪劳动报酬份额为24.03%，2012年为32.95%，在25年的时间内仅仅上升了8个百分点左右，其中最高的2003年达到33.22%。

图2是分别根据资金流量表数据和城乡居民收入调查数据推算得到的雇员劳动报酬份额的变化情况。从中可以看出，无论是哪一种推算结果，劳动报酬份额都没有呈现显著下降趋势，而是表现出在低水平上保持稳定的特征。两组数据的区别是，从资金流量表数据得到的数据高于从收入调查得到的数据，而且越是较早时期，这种现象越严重，到了2003年后，二者之间差距大大缩小。由此我们也可以印证前面的一些推测，即资金流量表数据尤其是早期数据可能存在着对劳动报酬的高估，而居民收入调查数据可能在一定程度上存在着对劳动报酬的低估。即便如此，我们毕竟得到了一种统计口径没有发生变化的劳动报酬份额数据，而且从中得到这样的认识：中国劳动报酬份额并没有出现严重下降，而是表现出在低水平

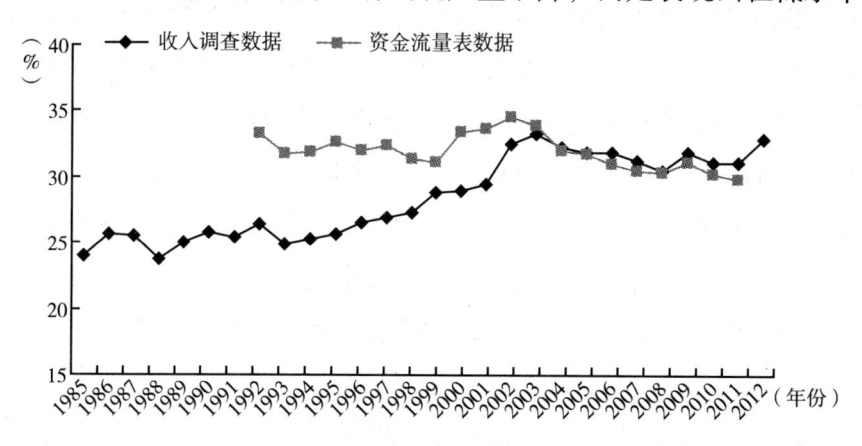

图2　雇员劳动报酬份额的变化

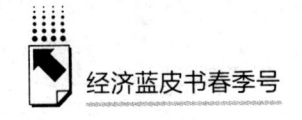

上相对稳定的特征。那么，劳动报酬份额的相对稳定是否就意味着收入分配格局没有出现严重问题呢？对此，我们只有在清楚地了解了雇员工资（工薪报酬）水平变动后，才能对问题有更明晰的判断。

二 工薪报酬水平变化及存在问题

中国目前工薪劳动者（雇员）总体工资水平如何？工薪劳动者内部不同群体以及不同行业的工资水平及其变化趋势又呈现怎样的差异？这些都是令人感兴趣的问题，但也都是没有现成答案的问题。

（一）总体工资水平变动

本文分别估算了全部工薪劳动者数量以及工薪报酬总额，这实际上也就等于间接地估算了工薪劳动者的工资水平，再加上国家统计局公布的比较详细的城镇职工工资信息，这里就可以尝试回答上述问题。根据现有数据，我们首先把全部雇员划分成"城镇单位雇员"和"其他雇员"两类，看一看二者工资水平的差异。实际上，这里被归为"其他雇员"的工薪劳动者也可以被近似地视为农民工群体。按照本文的测算，2012年中国有"其他雇员"人数2.68亿，国家统计局公布的农民工数量大约2.63亿，其中外出农民工1.63亿，同时，在农村从事非农就业的雇员人数大约1.9亿，农村雇员与外出农民工二者相加人数为3.5亿左右，由于在城镇中有大约0.9亿灵活就业人员，这部分人中的大多数也是进城务工农民，如果把这部分人从3.5亿人中扣除，得到的数字为2.4亿，这一数字与"其他雇员"数量2.68亿非常接近。由此可以认为，"其他雇员"实际上主要就是农民工群体。

我们在估算全国雇员劳动报酬总额时，使用了两套数据，一套是来自资金流量表的推算数据，另一套是来自城乡居民收入调查的推算数据。按照资金流量表数据的估算结果，全部雇员平均工资以及其他雇员平均工资在1992年后的相当长时间内都大大高于城镇单位雇员平均工资，例如，1992年全部雇员平均工资为3494元，比城镇单位雇员平均工资高28%，而其他雇员平均工资更是高达4560元，比城镇单位雇员平均工资高68%，这无论从什么角度来看似乎都是不合理的，因为城镇单位雇员作为工薪劳动者中最正规的就业群体，其工资水平即使在20世纪90年代初期也不太可能低于全部雇员平均工资，更不可能低于"其他雇员"平均工资。从这个意义上说，资金流量表数据很可能存在着对劳动报酬总额的高估，而且越是较早时期，高估现象可能越严重，因为2003年后，全部雇员平均工资和其他雇员平均工资高于城镇单位雇员平均工资现象就基本消失了。使用城乡居民收入调查数据所推算的工资水平变化则显得较为合理。表3是根据城乡居民收入调查推算的1985年以来全部雇员以及区分城镇单位雇员和其他雇员的平均货币工资水平及其变化情况。

表3的结果表明，从平均货币工资水平来看，全部雇员平均工资1985年为1120元，到2012年增长到34905元，共增长了25.85倍。而同一时期人均GDP则从857元增加到29991元，增加了31.1倍；雇员平均货币工资增长低于人均GDP增长将近14倍。所以，工薪劳动者劳动报酬增长相对于GDP增长来说比较缓慢的结论再一次得到了验证。

在全部雇员工资增长相对缓慢的情况下，其内部不同群体工资增长存在着怎样的差异呢？先来看一看城镇单位雇员和其他雇员两类群体的工资差别。这里使用名义货币工资与名义人均GDP之比这一指标进行观察。很显然，这一指标消除了价格因素的影响，其变化能较好地反映相对于经济增长来说工资水平的变化情况。

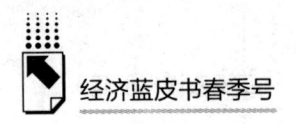

表3　中国总体工资水平的变动：基于城乡居民收入调查的估算

年份	工薪报酬总额(亿元)			年平均货币工资(元)		
	全部雇员	城镇单位雇员	其他雇员	全部雇员	城镇单位雇员	其他雇员
1985	2167	1419	748	1120	1148	1071
1986	2640	1702	938	1272	1329	1181
1987	3079	1928	1151	1398	1459	1307
1988	3566	2377	1189	1540	1747	1245
1989	4139	2658	1481	1791	1935	1581
1990	4686	3008	1678	1995	2140	1779
1991	5366	3394	1972	2208	2340	2013
1992	6841	4009	2832	2668	2711	2609
1993	8420	5000	3420	3056	3371	2689
1994	11655	6920	4735	4175	4538	3739
1995	14854	8056	6799	5103	5268	4920
1996	17919	8964	8955	5995	5893	6100
1997	20017	9602	10415	6804	6394	7233
1998	21569	9540	12029	8008	7520	8443
1999	23806	10156	13650	8871	8387	9269
2000	26245	10955	15291	9789	9456	10042
2001	29356	12205	17150	10903	10973	10855
2002	35395	13638	21757	12840	12547	13030
2003	40632	15330	25302	14167	14183	14157
2004	46386	17615	28771	15555	16105	15236
2005	52587	20627	31960	16790	18376	15904
2006	61159	24262	36897	18674	21125	17350
2007	73469	29472	43997	21517	24974	19692
2008	83559	35289	48269	23653	29477	20668
2009	94089	40288	53801	25765	32691	22237
2010	108127	47270	60857	28397	37026	24044
2011	125921	59955	65966	31214	42539	25133
2012	145539	70914	74624	34905	47718	27809

在2003年之前城镇单位雇员和其他雇员的平均工资与人均GDP之比展现出相同的趋势，都表现为先下降后增长的趋势；但在2003年后，情况发生了根本性变化，城镇单位雇员工资增长基本上保持了和GDP同步增长的趋势，平均工资与人均GDP之比保持基本稳定；而其他雇员工资增长则严重滞后于GDP增长，平均工资与人均GDP之比出现显著下降，从2003年的1.34下降到2012年的0.72，下降了0.62（见图3）。

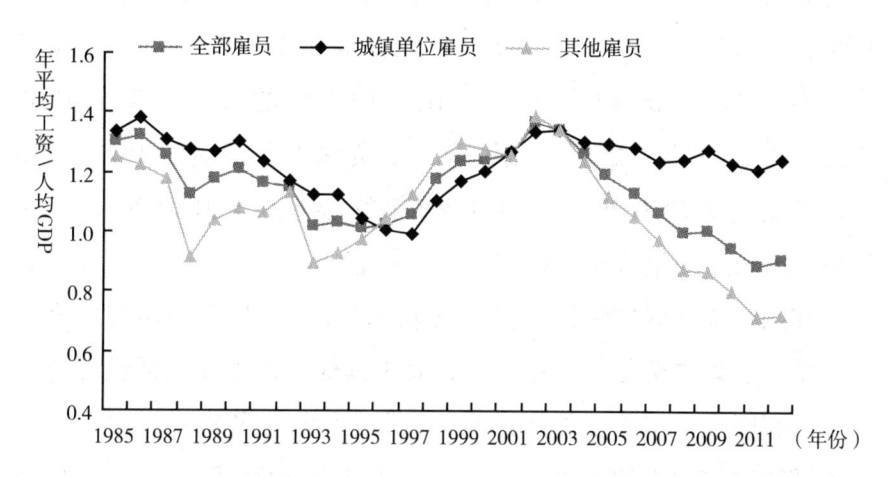

图3 工薪劳动者平均工资水平相对于人均GDP变化

实际工资水平变化也表现出基本相同的特征。1985年，全部雇员平均工资为1120元，城镇单位雇员为1148元，其他雇员为1071元，三者之比为1∶1.03∶0.96，这种状况一直持续到2003年；2003年后情况出现根本性变化，突出表现为城镇单位雇员平均工资以更快速度增长，而其他雇员平均工资增长相对缓慢，到2012年时，三者之比变为1∶1.37∶0.79。

（二）城镇单位雇员工资水平变动

在观察了城镇单位雇员和其他雇员工资水平的变化差异后，再来看一看城镇单位雇员内部不同群体工资水平的变化及其差异。自

1978年以来，我国名义人均GDP快速增长，从381元增加到2012年的38420元，增加了约100倍；城镇单位职工名义平均工资则从1978年的615元增加到47593元，增加了76.4倍，工资增长的倍数比GDP增长的倍数少约23倍，这意味着城镇单位职工的工资增长与GDP增长相比也是相对缓慢的。1978年，城镇单位职工平均货币工资是人均GDP的1.61倍，到2012年降低到只有1.24倍，这意味着相对于人均GDP来说，城镇职工平均工资水平下降了近30%。具体来看，1978~1997年，城镇职工平均工资一直呈现下降趋势，平均工资与人均GDP之比从1978年的1.61下降到1995年的1.01，1997年之后，城镇职工工资水平呈现缓慢上升态势，平均工资与人均GDP之比从1997年的最低点上升到2003年的1.33，近几年则呈现相对稳定的波动状态。

在国家统计局的统计中，城镇单位职工又可以进一步被划分为国有单位、集体单位和其他单位，其中其他单位主要包括股份合作单位、有限责任单位、外商投资单位等，所以，我们还可以看一看这类城镇单位职工的工资水平变化。图4是1978年以来上述几类城镇单位职工平均工资相对于人均GDP的变化状况。

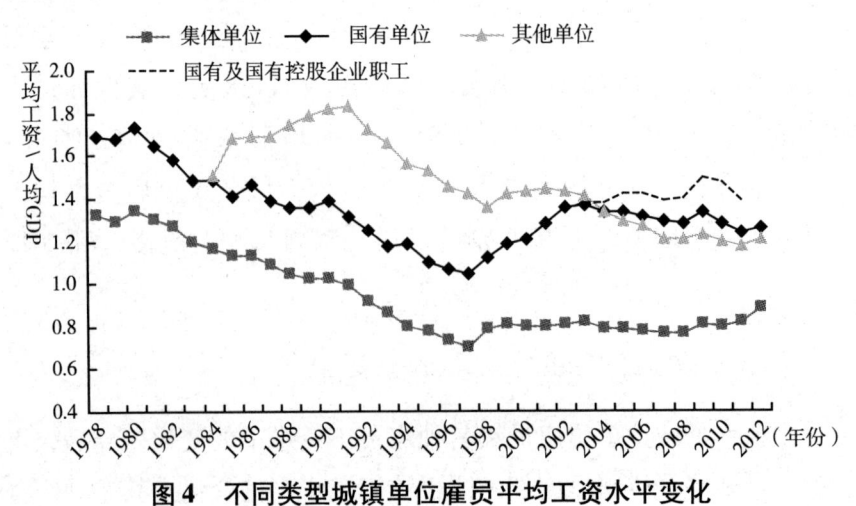

图4　不同类型城镇单位雇员平均工资水平变化

从图4可以看出，在1997年之前，国有单位、集体单位和其他单位职工平均工资相对于人均GDP来说都呈现下降趋势。从下降程度来看，城镇集体单位最大，平均工资占人均GDP比例从1978年的1.33下降到1997年的0.7，下降了88%；国有单位下降程度次之，平均工资占人均GDP比例从1978年的1.69下降到1997年的1.04，下降了62%；其他单位平均工资水平从1991年最高点时占人均GDP的1.83倍降低到1997年的1.42倍，下降了29.3%。1997年之后，国有单位、集体单位和其他单位职工工资水平的变动方向呈现了不同的趋势，其中国有单位职工平均工资水平呈现上升并趋于稳定的趋势，平均工资与人均GDP之比从1997年的1.04上升到2012年的1.26；城镇集体单位工资水平在较低水平上保持稳定趋势，平均工资与人均GDP之比在0.7至0.9之间波动；其他单位职工平均工资水平则仍然呈现显著下降趋势，平均工资与人均GDP之比从1997年的1.42进一步下降到2012年的1.21。就国有单位、集体单位和其他单位雇员的平均工资水平来看，在1997年之前，"其他单位"职工平均工资水平最高，其次是"国有单位"职工，最低的是"集体单位"职工；2012年，国有单位最高，其他单位次之，集体单位最低。其中，2011年国有及国有控股企业在岗职工平均工资为48947元。

（三）部分行业工资水平变动

在城镇单位雇员内部，再来看一看不同行业工薪劳动者报酬水平呈现怎样不同的变化趋势。在对收入差距问题的讨论中，行业之间工资水平的差距，特别是部分垄断行业的高工资问题，一直是人们讨论的焦点。一些观点认为，行业垄断是造成行业间、企业间工资差距的重要原因。垄断行业依靠对资源的占有和行政特权，采取非市场化手段，获得超额利润。行业垄断对收入分配的影响越来越大，并且对收入差距产生了多重效应。其中一个方面是垄断行业可以获得垄断利润或垄断租金,并把其中的一部分以不同形式分配给其职工。这会拉大垄断行业与非垄断行业之间的职工收入差距。其次,垄断性行业职工收入的过快增长,远远超过了竞争性行业,进一步拉大了城镇居民收入差距。

在国家统计局《中国统计年鉴》公布的就业统计中,按19个行业统计了城镇单位就业人员的工资水平。图5显示了工资水平最高的5个行业。2003~2012年,金融业和采矿业的工资水平呈现上升趋势,信息传输、软件和信息技术服务业,科学研究和技术服务业,电力热力燃气及水生产和供应业的工资水平呈现下降趋势。2012年,金融业,信息传输、软件和信息技术服务业,科学研究和技术服务业,电力热力燃气及水生产和供应业,采矿业与城镇单位就业人员平均工资之比为1.92∶1.72∶1.48∶1.24∶1.22∶1。

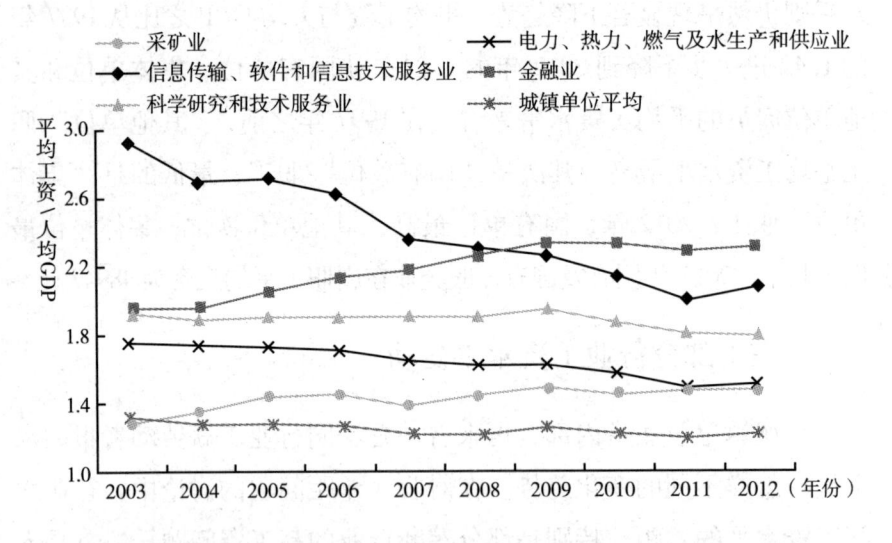

图5 城镇单位就业人员平均工资水平变化:高工资行业

总的来看,在这5个收入最高的行业中,工资水平大都保持了和GDP增长相适应的速度。从名义工资与人均GDP之比来看,金融业工资水平出现了明显的上涨,其工资增长超过了GDP增长,而信息传输、软件和信息技术服务业工资则出现从过去高水平上明显下降的趋势，与其他行业工资水平趋同，另外几个高工资行业则基本上保持了和GDP增长相适应的增长速度。

图6显示了工资水平最低的5个行业。这5个行业的工资水平自2003年以来一直呈现下降趋势。其中，建筑业，住宿和餐饮业，居民服务、修理和其他服务业都是低端劳动力密集的行业。这些行业的从业人员工资水平非常接近，行业之间人员的流动性也比较大。2012年，农林牧渔业，住宿和餐饮业，水利环境和公共设施管理业，居民服务、修理和其他服务业，建筑业与城镇单位就业人员平均工资之比为0.49:0.67:0.69:0.75:0.78:1。总的来看，工资水平最低的行业，工资水平增长都滞后于GDP增长速度，应该说，其实际工资水平呈现下降趋势。

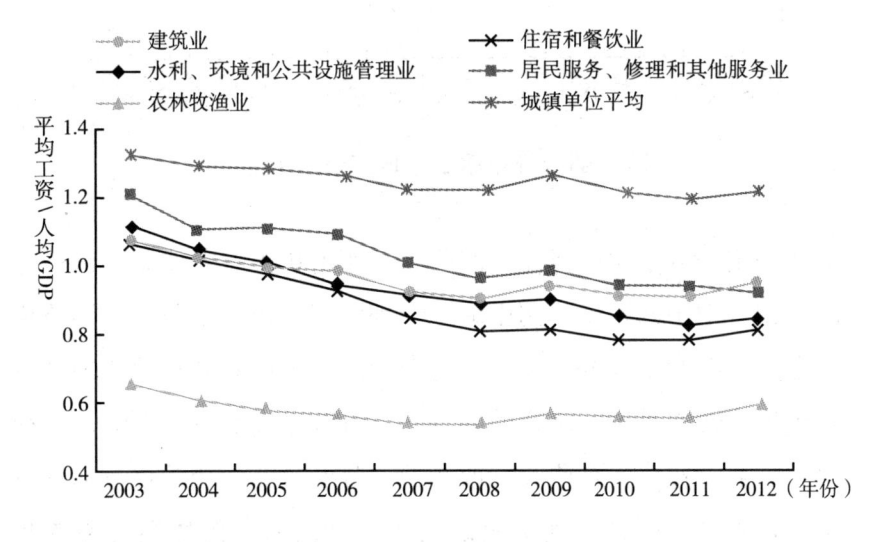

图6 城镇单位就业人员平均工资水平变化：低工资行业

从更长时间来看，行业之间的差距变化较大（见图7）。在20世纪90年代初期，制造业、金融业、房地产业之间的工资几乎没有差别，绝对水平也几乎等于城镇单位就业人员的平均水平。之后，金融业工资迅速上涨，2012年平均工资为89743元，与之相反，制造业工资缓慢下降，2012年平均工资为41650元。有研究认为，电力、电信、金融、保险、烟草、石油等行业职工的平均工资是其他行业职工平均工资的2~3倍，如果再加上住房、工资外收入和改革初期职工福利待遇上的差异，实际收入差距可能在5~10倍之间。

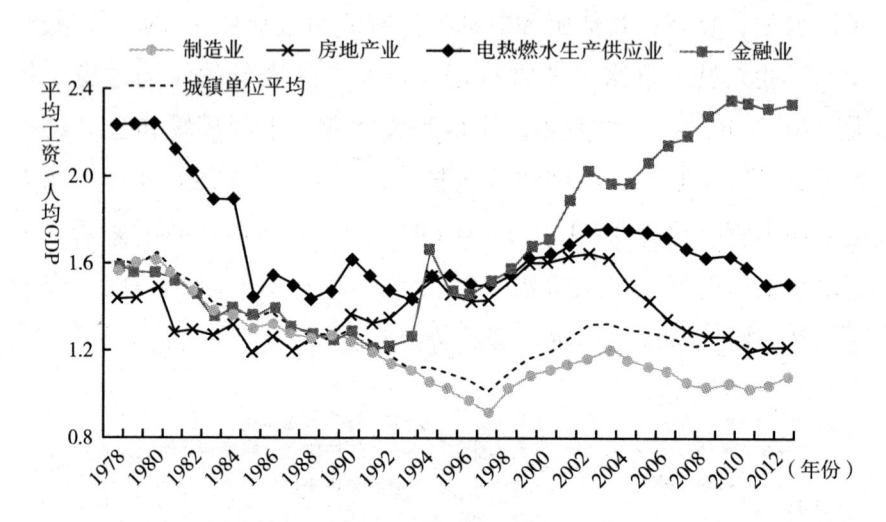

图7　部分行业职工平均工资水平变化

在一定程度上说，行业之间收入差距的扩大有着体制和政策方面的原因。中国的财税体制中缺乏合理的资源税、垄断利润调节税等。全民所有制企业的收益并没有合理的分配体系和透明的预算机制，土地流转收益也有同样的问题。当资源型商品价格上涨时，绝大部分收益都转化为企业收益或者地方政府收益。相关企业不仅得到了经营收益，而且得到了应该纳入整个国家分配体系的资源收益。并且，这些企业往往都是全民所有制企业。因此，必须建立一个更健全的财税体制，把资源收益纳入国家财政，用于全民，而不是归于少数占有这些资源的企业和个人。

当然，市场化趋向的改革提高了资本和人力资本的回报，行业间人力资本的差距也是行业收入差距扩大的原因。人力资本因素对收入差距的影响正在上升。动态分析表明，人力资本占到工资基尼系数增加的44.4%（陈玉宇等，2004），教育和收入的相关性以及教育回报率的增加导致教育可解释程度的增加，从而造成工资收入不平等的增加。改革开放后，分配方式过渡到通过市场调节，按生产要素的贡献分配，人力资本越来越重要。表4显示了中国按行业分的全国就业人员受教育程度构成，行业之间人力资本水平相差较大。工业化过程中，新技术革命推动了劳动阶层内部出现分化，就业的技能偏向型突出，职业和工资呈现两极化，高技能、高人力资本的劳动者就业增长和工资上涨速度更快，而低技能、低人力资本的劳动者增长缓慢，尤其服务业内部分化更为突出，欧美等发达经济体劳动者内部的收入差距扩大正是在这一分化中形成的。在行业之间，由于人力资本的密集程度不同，客观上也扩大了行业之间的收入差距。

表4 按行业分的全国就业人员受教育程度

行业	平均受教育年限	行业	平均受教育年限	行业	平均受教育年限
合计	9.09	批发和零售业	10.16	居民服务和其他服务业	9.38
农林牧渔业	7.59	住宿和餐饮业	9.57		
采矿业	10.09	金融业	13.86	教育	14.32
制造业	9.78	房地产业	11.43	卫生、社会保障和社会福利业	13.37
电力燃气及水的生产和供应业	12.06	租赁和商务服务业	12.21		
建筑业	9.07	科学研究、技术服务和地质勘查业	14.18	文化、体育和娱乐业	12.11
交通运输、仓储和邮政业	10.07			公共管理和社会组织	13.4
信息传输、计算机服务和软件业	13.37	水利、环境和公共设施管理业	10.48	国际组织	14.96

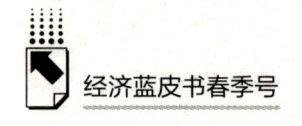

（四）部分群体工资水平的变动

1. 公务员群体工资水平变化

目前，社会对公务员该不该涨工资的问题争论比较大。一方面"国考"热度持续提高，似乎映射出公务员有高工资，另一方面有关基层公务员生活拮据的呼声不断。再加上关于国民收入中大量灰色收入的讨论，以及公务员队伍中不断被揪出的腐败分子，更加深了社会对公务员实际收入水平的想象。要回答上述问题，首先需要对公务员实际工资水平加以了解，进而比较公务员和其他具有类似人力资本就业群体的工资水平，例如国有单位就业人员或者城镇单位就业人员。

国家统计局出版的《中国统计年鉴》和《中国劳动统计年鉴》提供了党政机关工作人员的平均工资，这部分人实际上也就是所谓的公务员。按照国家统计局历年公布的数据，我们梳理了公务员工资状况，其工资的变化大体上反映了公务员供求关系的变化。在1998年之前，公务员工资与国有单位、城镇单位平均工资基本处于同一水平，有些时候还略低。当时，外资单位、港澳台投资单位的工资水平是公务员的1.5倍左右。由于公务类工作的自身特点，即使有更高收入的工作机会，公务员群体行业之间的流动性也相对较小，所以，20世纪90年代出现了知识分子和公务员的下海潮。公务员流失直接导致了政府人员缺少，工作效能紧张，这实际上是工资过低的结果。针对这一情况，1999年政府果断为公务员提高了工资，并在2002年达到高点，之后持续下降，2010年后下降有所加速（见图8），2012年公务员平均工资为46207元。

就目前的工资水平来看，公务员工资已经略低于城镇单位的平均工资水平。图9显示了城镇单位就业中，公务员工资与其他行业工资的对比情况。与公务员人力资本水平类似的教育、卫生、文化、社会组织等行业中，公务员工资属于偏下水平。远远低于金融

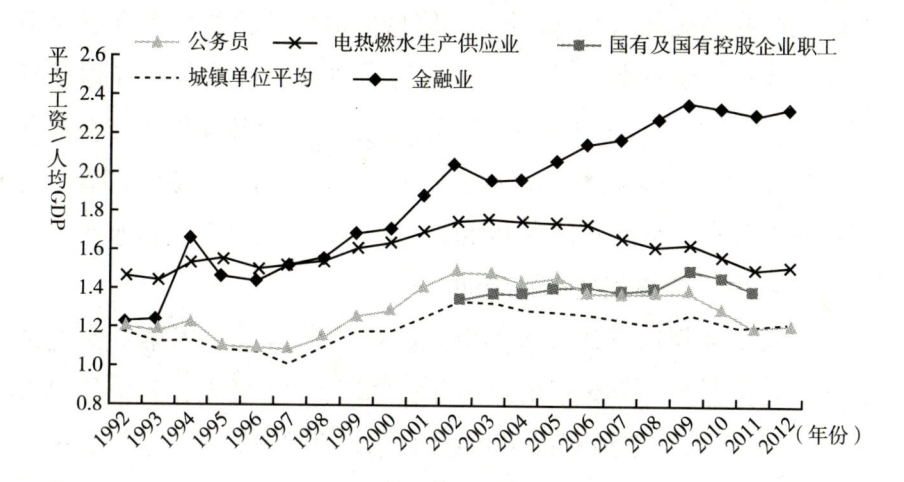

图8　公务员工资水平变化及对比

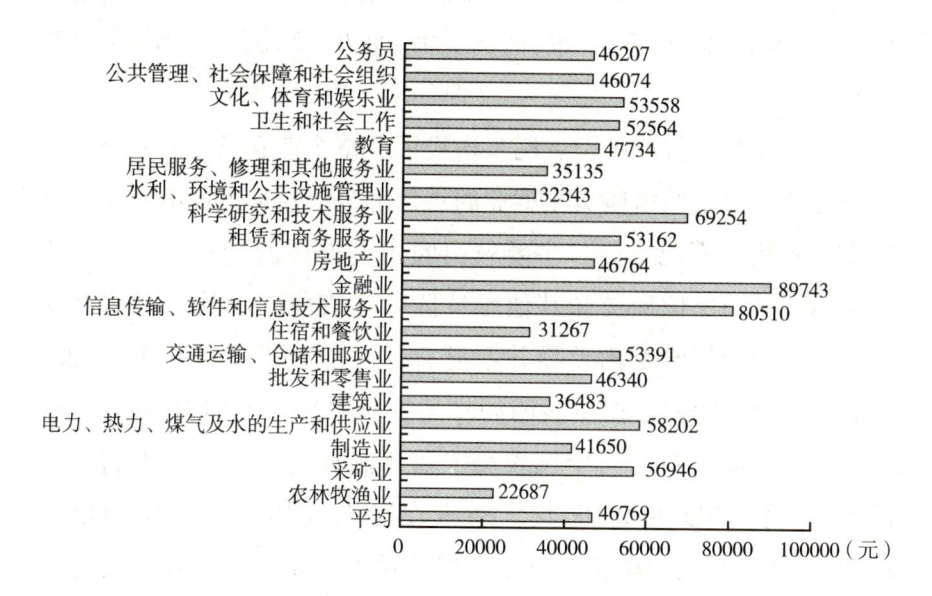

图9　2012年公务员工资与其他行业工资对比

业、信息业，在国有单位中，也远远低于国有及国有控股企业，电力、热力、煤气及水的生产和供应业。据统计，公务员目前平均接受教育年数为13.4年，与这一水平接近的是电力、热力、燃气及水的生产和供应业（12.06年）、信息传输、计算机服务和软件业（13.37年）、金融业（13.86年）、科学研究、技术服务和地质勘查业（14.18年）、教育（14.32年）、卫生、社会保障和社会福利业（13.37年）、文化、体育和娱乐业（12.11年）。总体来看，与同等人力资本水平的其他人群比较，公务员工资处于较低水平。

2. 农民工群体工资水平变动

农民工是规模迅速扩大的就业群体。根据《中国第一次全国农业普查资料》，1996年全国共有农民工1.39亿人，其中外出农民工0.72亿人，本地农民工0.67亿人。到2012年，全国农民工总量达到2.63亿人，比1996年增加了1.24亿人，年均增长4.1%。其中，外出农民工1.63亿人，增加0.91亿人，年均增长5.3%；本地农民工0.99亿人，增加0.32亿人，年均增长2.5%。

在全部雇员就业中，农民工构成了乡镇企业和城乡私营企业的主要部分，也是城镇雇员化就业的重要部分。在前面的分析中已经指出，城镇"其他雇员"主要就由农民工群体所构成。从工资水平来看，城镇单位雇员和其他雇员群体（农民工群体）的工资水平在过去相当长时期内差异并不显著，二者显著差异出现在2003年后。其他来源的数据也表明同样的变化趋势。如图10所示，根据国家统计局发布的《全国农民工监测调查报告》和《农村住户调查年鉴》，2001~2007年，外出农民工人均月收入年均增长8.7%，这一时期的增速明显慢于城镇单位雇员工资增速。农民工工资增速提高始于2008年，2007~2012年，外出农民工人均月收入年均增长16.7%，增速比前一时期提高了将近一倍。从2011年开始，外出农民工的平均工资与城镇私营单位平均工资已经没有明显差距。但即使如此，2012年，城镇单位雇员的平均工资与外出农民工平均工资之比仍然达到1.74∶1。

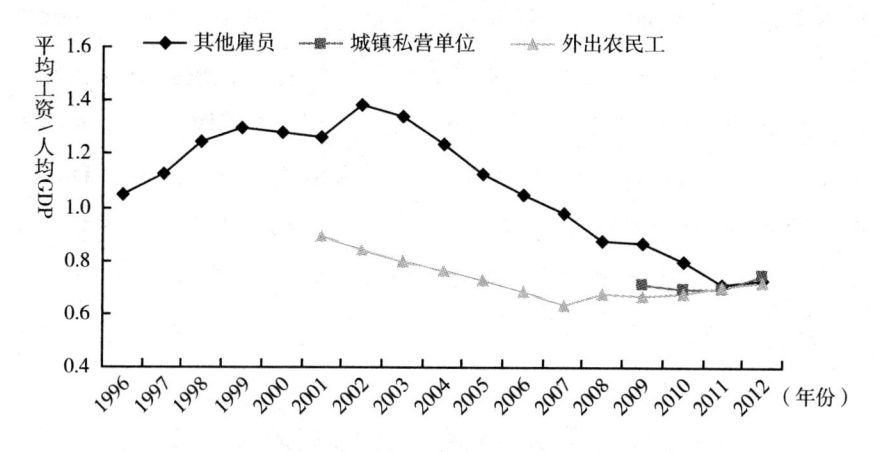

图 10　农民工、城镇私营单位的工资水平变化

其他一些利用微观调查数据所进行的研究也得出了和本文相似的结论，说明这一结论是可靠的。例如，常进雄、王丹枫（2010）利用微观抽样调查数据（中国健康营养调查，CHNS）的研究发现，中国城镇非正规就业（近似于农民工就业）的工资过去很长一段时期一直高于正规就业者（近似于城镇单位雇员），1997年正规就业者的月平均工资为991.21元，非正规就业者为1007.44元，正规就业与非正规就业之比为0.98，自此之后，正规就业者工资增长更为迅速，非正规就业者工资增长相对缓慢，到2000年二者之比增加到1.15，2004年达到1.29，2006年增加到1.30，目前正规就业群体和非正规就业群体的工资差距正呈现加速拉大趋势。

总体上看，全国雇员劳动者总体工资水平目前呈现下降趋势，在此背景下，不同类型雇员劳动者的工资水平变化并不相同：与"城镇单位雇员"相比，"其他雇员"工资水平相对下降；而在城镇单位雇员内部，国有单位职工工资保持了与人均GDP增长相当的增速，而集体单位和其他单位职工工资水平呈严重下降趋势；分

行业来看，金融业、电信业等垄断行业与其他行业的工资水平继续拉大，制造业、住宿餐饮业等劳动密集型行业工资相对下降；公务员工资相对下降，2012年已经低于城镇单位的平均工资水平；农民工工资水平略有提高，但仍与其他群体相差很大。由此可见，在劳动力市场上，越是相对弱势的低收入劳动者，其工资越难以增长，高收入劳动者工资增长相对较快，劳动者工薪收入出现了"两极化"趋势。

三 工资上涨的空间：工资与利润的对比

工资是否具有上涨的空间，必须结合企业利润的变化才能找到判断。理论上来看，企业利润增加意味着工资具有上涨的空间，反之，则工资上涨就没有可能。从国民收入分配格局来看，企业盈余占GDP比重快速上升，这意味着我国总体工资水平具有上涨的合理空间，但不意味着每个行业都如此。如果全国企业盈余主要是几个行业的贡献，大多数行业利润几乎不增长，那么，从全国来看，大范围涨工资的希望就会难以成为现实。我国企业利润的变动情况怎样呢？

（一）企业利润总额的变动

这里再次利用资金流量表观察企业利润总额的变化情况。图11显示了初次分配中企业利润总额和生产税净额占GDP比重变化。可以发现，企业利润总额占GDP的比重从20世纪90年代初略有下滑，到1998年最低，为16%，然后开始快速提高，到2008年达到最高的27%，之后开始下降到2011年24%的水平。生产税净额从90年代初的13%，提高到1998年的16%，最后下降到2000年的11%。根据最新统计数据，2011年生产税净额占GDP的比重为13%。在初次分配中，GDP减去利润总额和生产税净额就等于劳动报酬总额。因此，我们可以认为，我国雇员工资总体水平的下降是企业利润增加和政府生产税净额增加的结果，从增加幅度来看，生产税净额增加较为缓慢，而企业利润增加则更为迅速（见图11），因此，可以认为雇员总体工资水平的下降主要是企业利润增加所导致的结果。从这个意义上来说，我国工薪劳动者的总体工资偏低了，应该上涨。

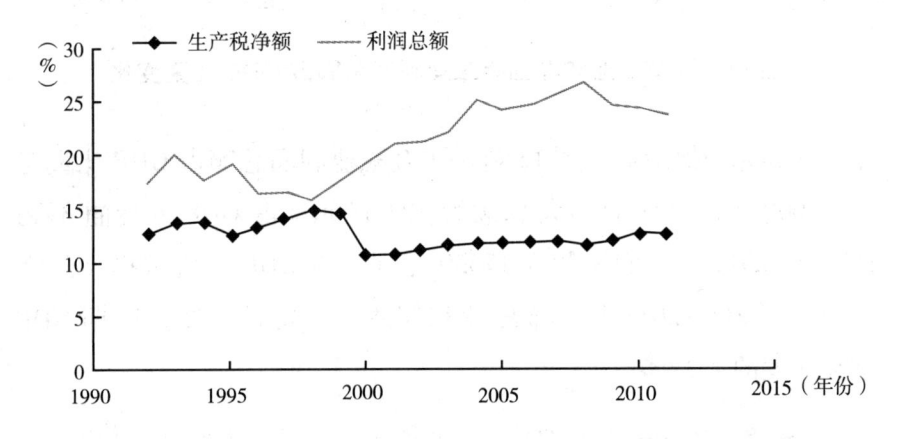

图11 初次分配中企业利润总额和生产税净额占GDP比重变化

再看一看不同部门和行业利润总额的变化情况。图12显示了规模以上国有工业和规模以上非国有工业利润总额占GDP比重变化。可以发现，相对于非国有工业，国有工业利润总额无论在绝对水平还是相对水平都几乎没有增长，有些年份甚至有所下降。而非国有工业的利润总额从2000年开始快速增长，2007年的利润总额（当年价）相当于1999年的约2.6倍，去除物价上涨因素，实际增长了约2.3倍。但是经过了2008~2009年国际金融危机所导致的增长放缓后，非国有工业的利润总额占GDP的份额有所下降，2012年约为11.2%。

从行业来看，金融业是利润增加最快的行业。金融业包括银行

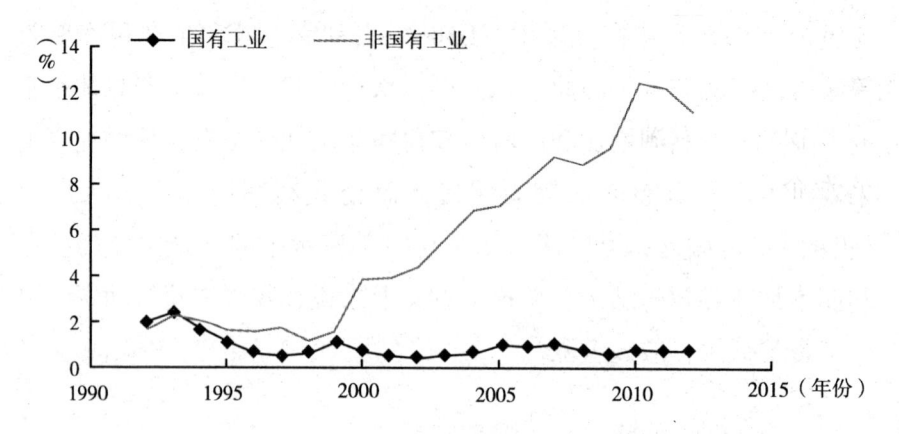

图 12　国有工业和非国有工业利润总额占 GDP 比重变化

业、证券业和保险业。图 13 显示了金融业利润总额占 GDP 比重变化。2000 年，金融业利润总额为 794 亿元，占 GDP 的比重不到 1%。到 2011 年利润总额为 17359 亿元，占 GDP 的比重提高到将近 4%。2000~2011 年，金融业利润总额的增长速度是同期 GDP 增长速度的 1.15 倍。

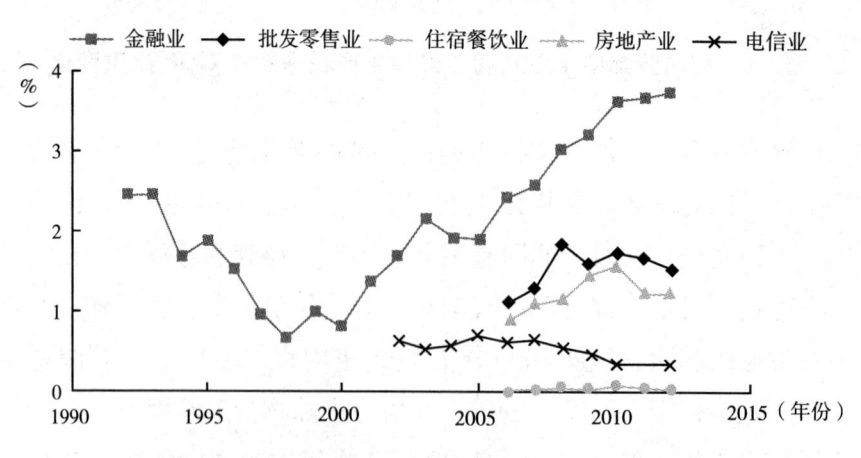

图 13　主要服务行业利润总额占 GDP 比重变化

使用国民收入核算中得到的企业利润总额，减去规模以上工业利润总额以及部分第三产业（金融业、批发零售业、住宿餐饮业、房地产业和电信业）的利润总额，我们可以得到一个企业利润余额，这部分余额主要来自第三产业中的交通运输、仓储和邮政业以及规模以下的工业、建筑业企业（中小企业）和规模以下的第三产业企业（中小企业）。由于交通运输、仓储和邮政业营业利润数额并不是很大，2012年为615.78亿元，仅占GDP的份额为0.1%，这样，我们就基本上可以认为这一利润余额主要反映了中小企业利润总额的变化情况。图14就是这部分利润总额或者说中小企业利润总额占GDP比重的变化情况。可以发现，这一比重从2008~2010年下降非常迅速，这一下降趋势除了反映统计口径调整的影响以及国际金融危机影响之外，也意味着中小企业似乎不具备涨工资的合理空间。

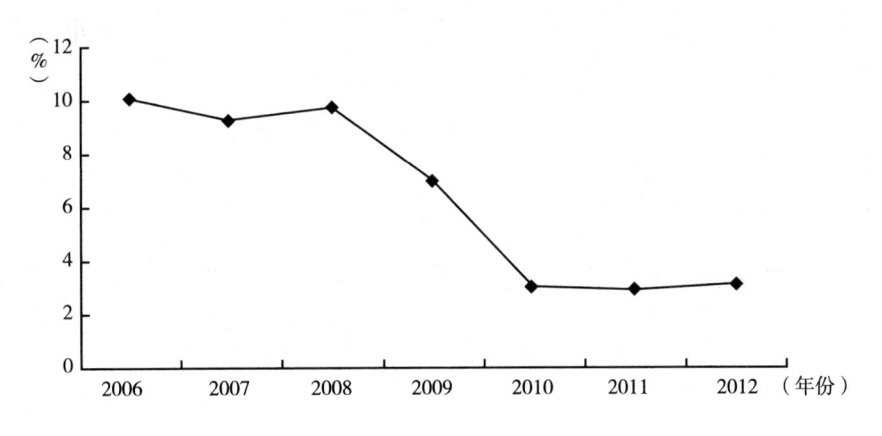

图14 各类中小企业利润总额占GDP比重变化

（二）部分行业实际利润水平的变化

由于企业规模的变化，上面所看到的部分行业利润总额变化并不能代表这些行业利润水平的实际增长状况，观察其实际增长需要消除行业规模变化的影响，为此，我们使用行业利润水平指数这一指标。所谓利润水平指数是指一个行业或者一类企业其利润总额占全部行业或者全部企业的比重，除以其增加值占 GDP 的比重。利润水平指数大小在 1 左右，表示一类行业或企业取得了平均的利润水平。如果利润水平指数上升，说明较前一时期，相对于其他行业或者企业来说，利润水平提高了，反之，则说明利润水平下降了。

图 15 显示了部分行业利润水平指数变化。金融业的利润水平自 2001 年以来大幅度提高；采矿业利润水平从 2000 年开始快速提高，到 2002 年达到高点后维持在一个稳定水平；建筑业利润水平较低，提高速度较慢；制造业利润水平从 2000 年开始稳步提高；非国有工业利润水平较高，仅低于金融业的利润水平，国有工业的利润水平从 1994 年以来一直下降。

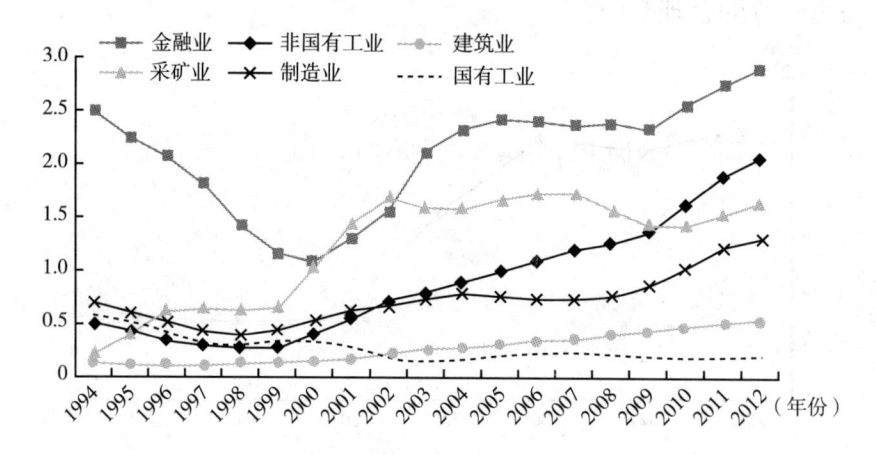

图 15　行业利润水平指数

注：行业利润水平指数取 3 年的移动平均值。

（三）工资水平和利润水平比较

图 16 显示了中国工资水平和利润水平的整体变化。1998～2003 年，企业利润水平和雇员工资水平同步上涨，表明这一时期的分配格局比较合理。但 2003 年后，在企业利润水平提高的同时，

雇员实际工资水平持续下降，全部雇员平均工资占人均 GDP 比重从超过 1.2 降低到 0.8 多。而企业利润总额占 GDP 比重虽然最近几年出现下降趋势，但仍然维持在高位水平，因此，我国雇员工资水平平均被压低了，工资上涨不仅是合理的，更是可行的。

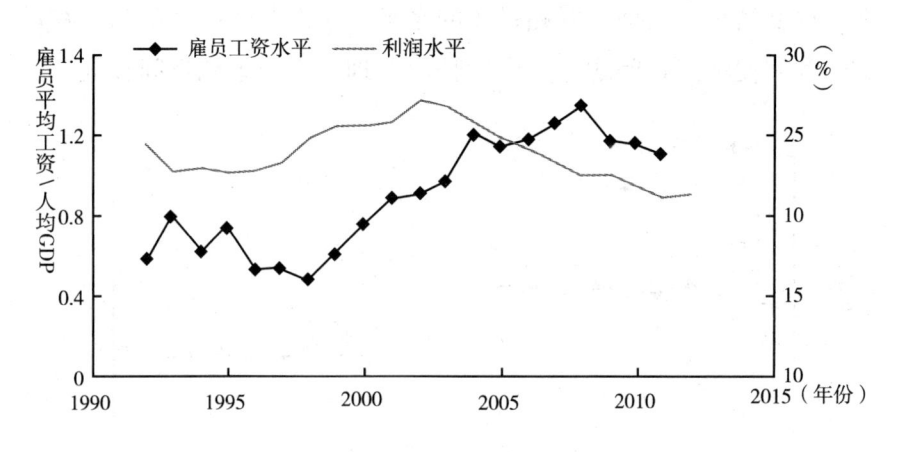

图 16　工资水平与利润水平比较

图 17 是规模以上国有和非国有工业工资水平与利润水平比较。观察这两个部门的工资水平和利润水平，可以带给我们哪些启示呢？从国有部门来看，工资水平较较高，平均工资与人均 GDP 之比目前达到 1.4 左右，且自 2003 年以来呈现缓慢上升趋势，而且，利润水平较低，基本上保持了和工资水平相同的变化趋势，因此，国有部门并不存在利润侵蚀工资，工资增长比较合理，工资进一步增长应依赖于企业利润或者劳动生产率的增长，目前来看不具备上涨的空间。对于国有企业来看，我们还必须注意到另外一个现象，即国有企业内部差异很大，国有企业总体上的高工资水平并不是对任何企业都如此，有些企业工资过高，而有些企业工资水平则较低。例如，2011 年，同属制造业，烟草制品业有 14.3 万员工，平均工资为 99893 元，而非金属矿物制品业有 18.4 万员工，平均工资仅为 30485 元，国有工业内部行业间工资两极化趋势很严重。对

于那些平均工资水平低的国有企业来说，由于提高工资非常困难，似乎是只有改革才会有出路。非国有部门则会看到完全不同的图景：首先是工资水平较低，平均工资对人均GDP的比率目前为1左右，且自2003年以来总体上呈现下降趋势；其次是企业利润水平大幅度增长，目前已经超过2的水平。这说明非国有部门存在严重的利润侵蚀工资问题，工资增长不合理，工资上涨空间较大。

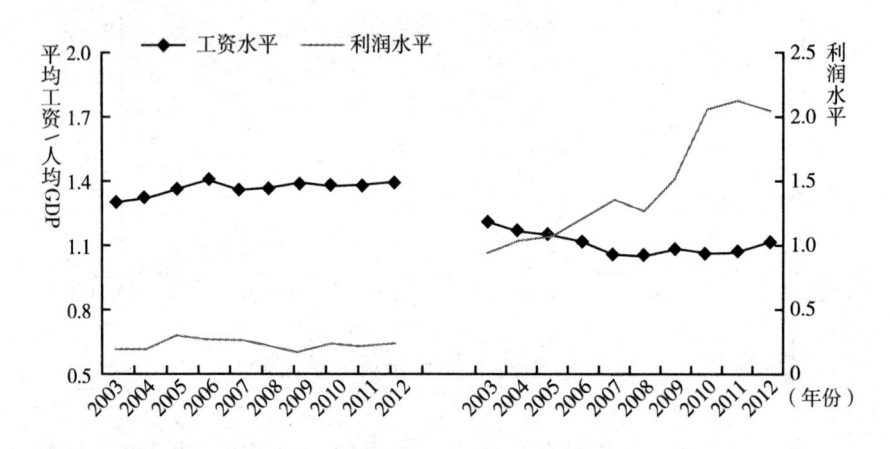

图17 国有和非国有工业工资水平与利润水平比较

分行业来看，图18是制造业、采矿业、建筑业、电力燃气及水的生产供应业和金融业工资水平和利润水平对比。观察图18又会给我们带来什么发现呢？先看一看两个工资水平最低的行业，制造业和建筑业，这两个行业也是农民工群体最集中的行业。无论是制造业还是建筑业，其工资水平不仅较低，而且还呈现缓慢下降趋势，2003~2012年，平均工资占人均GDP比重制造业从1.2降低到1.08，建筑业从1.07降低到0.95。这里看到的工资水平变化和前面所分析的农民工群体工资水平变化基本一样，印证了低工资群体工资水平下降的结论。那么，这两个行业具有工资上涨的空间吗？从利润水平变化来看，制造业自2008年开始出现了快速上升趋势，这

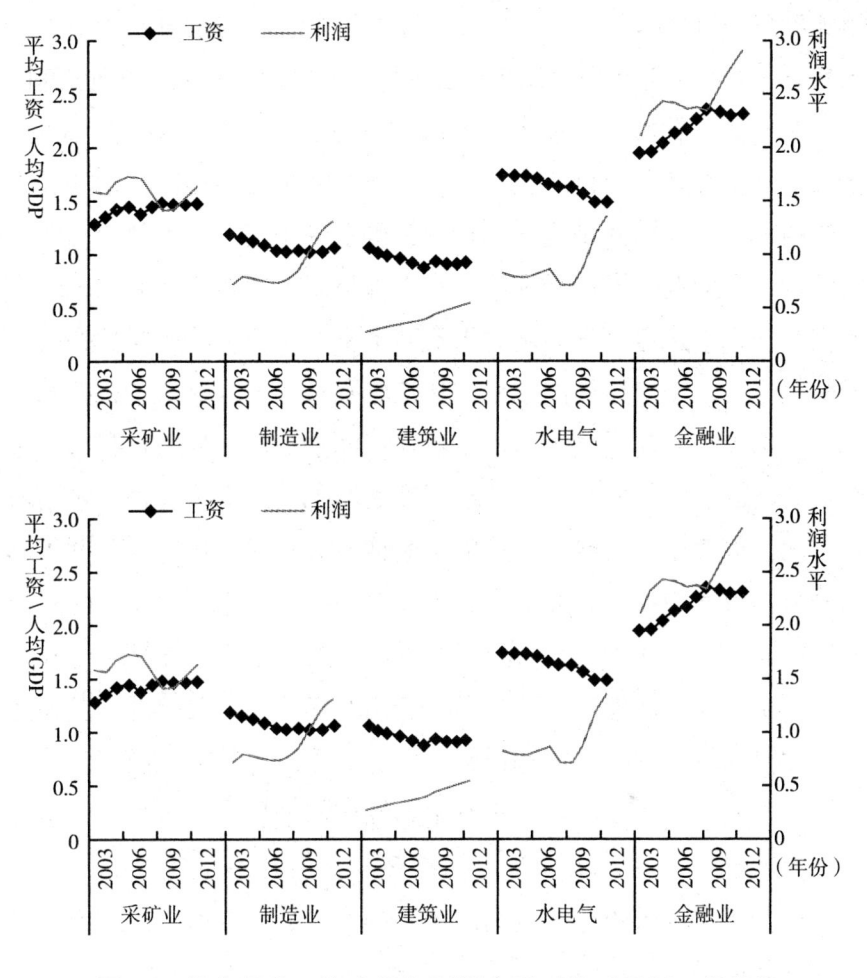

图 18　部分行业工资水平和利润水平对比（2003～2012）

注：图中水电气业指电力、燃气及水的生产供应业。

说明制造业的整体状况并没有变差，而且是进一步改善了，制造业的发展进入了黄金期，"民工荒"和"招工难"等问题并没有削弱制造业的竞争力和发展潜力；建筑业利润虽然总体较低，但自2003年以来一直呈现稳步上升趋势。由此可见，无论是制造业还是建筑业都具有工资上涨的合理空间。采矿业的情况与制造业和建筑业有所不同，采矿业的工资水平和利润水平都较高，工资水平呈现缓慢

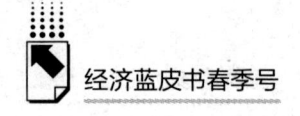

增加趋势，利润水平波动较大，但近些年呈现较快上升趋势，综合判断，采矿业工资水平变化比较合理，工资也没有太大上涨的空间。

再来看一看两个工资水平最高的行业：水电气行业和金融业。这两个行业都是垄断行业，不过，各自的情况既有相同的地方也有不同的地方，相同的是这两个行业工资水平和利润水平都较高，不同的是，金融业工资水平和利润水平都呈现上升趋势，而水电气行业则利润水平快速上升的同时工资水平下降。综合分析这两个行业的情况，可以得出这样的结论：从工资水平来看，这两个行业都处于较高水平，与此同时，这两个行业利润水平都呈现增长趋势，金融业利润水平增长尤其迅速，这固然表明工资水平仍有进一步增长的空间，但考虑到这两个行业的垄断性质，利润的快速增长并不必然来自其效率的提升，而更大可能来自其垄断的特性（叶林祥等，2011；陆正飞等，2012）。由于银行利率、水电气价格都实行政府定价，金融业和水电气行业的高工资高利润实际上反映的是垄断经济与竞争经济、国有经济和民营经济、实体经济和虚拟经济的关系问题。因此，对于这样两个带有垄断性质的平均工资水平本已很高的行业来说，工资虽然存在上涨的空间，但并不具备上涨的合理性，这些企业通过垄断获得的高额利润应该从税收或者公共财政角度让利润由全体国民所分享。

四 如何涨工资

在迈向现代化的过程中，就业形态不断从自雇状态转变为受雇状态，我国目前就业雇员化趋势实际上代表了经济健康发展的方向。2012年中国雇员就业总数为4.17亿人，占就业总数的54%，占非农就业总数的82%。然而，在就业雇员化的过程中，我国雇员（工薪劳动者）劳动报酬总额占GDP比重并没有出现同步增长，这表明工资增长滞后于GDP增长，雇员劳动者工资水平整体上有所下降（张车伟，2012b）。而且，在雇员劳动者内部，不同类型群体工资水平变化进一步分化：城镇单位就业人员工资与GDP增长基本保持同步，而其他类型雇员（包括农民工）实际工资下降明显。分行业来看，工资水平最高的行业工资增长大都保持了和GDP增长相适应的速度，工资最高的金融业工资增长甚至超过了GDP增长；而工资水平最低的行业，工资水平增长都滞后于GDP增长速度，工资水平呈现显著下降。当前，社会关注较多的公务员群体和农民工群体的工资下降都比较明显。公务员群体一直被认为是工资水平高、待遇好、工作稳定、有保障，能够成为一名公务员是许多大学毕业生的梦想。然而，公务员工资在2002年达到相对较高水平后持续下降，2010年以来加速下降，2012年公务员平均工资为46207元，已经略低于城镇单位的平均工资水平。虽然农民工群体工资水平最近几年出现了较快增长，但其工资水平总体较低的局面并没有改变，仍然大大低于城镇单位职工的工资水平，同时，其增长速度不仅滞后于城镇单位职工，更大大滞后于GDP增长速度。

工资水平应该上涨吗？从国民收入初次分配来看，与工薪劳动者总体工资水平相对应的是企业利润迅速上升，这表明总体工资水平下降是企业利润上升的结果，更表明工薪劳动者工资上涨不仅是合理的，而且也具有可行性。然而，问题并没有如此简单。国民收入分配格局中利润份额的上升并不意味着每个部门和行业利润都同步增长，如果利润增长限于部门行业，那么，提高总体工资水平就会沦为一句空话。本文分部门和行业的研究发现，规模以上企业国有部门工资水平较高而利润水平较低，且自2003年以来工资和利润保持了大致相同的变化趋势，应该说，过去的工资增长比较合理，不存在进一步上涨的空间和条件；规模以上非国有部门则完全不同，工资水平较低且自 2003 年以来总体上呈现下降趋势，而企业利润水平却大幅度增长，这表明非国有部门过去工资增长不合理，工资上涨具有较大空间。分行业来看，工资水平业已很高的垄断企业，如水电气业和金融业，工资水平较高，同时，企业利润水平也呈较快增长趋势，虽然具备进一步涨工资的条件，但并不具备工资上涨的理由，因为这些垄断企业利润的增长主要是垄断的结果，而并不必然反映企业效率的改进，在工资水平已经很高的情况下进一步增加工资没有充分理由，对于其快速增加的利润，国家应该从公共财政的角度考虑让其惠及全体国民。竞争性的行业如制造业和建筑业，也是农民工群体就业最集中的行业，不仅工资水平低而且增长相对缓慢，需要涨工资；而且，由于这些行业的利润水平呈现稳定的增长趋势，从而也就具备了工资上涨的空间，因此，这些行业涨工资既合理又可行。

综合来看，我国总体工资水平确实到了该涨的时候了，而且越是低收入群体的工资越应该上涨，从部门来看，当前工资增长偏慢问题主要存在于非国有部门，从行业来看主要来自于竞争性行业，这意味着我国市场化的工资决定机制尚不健全，解决这一问题的关键就是形成市场条件下工资合理增长机制。

历史地来看，我国工薪劳动者工资增长相对缓慢的问题和劳动力市场供求的变化有一定关系。在过去相当长时期内，劳动力市场面对的一直是近乎无限的劳动力供给，在这样的条件下，劳动要素价格低于其边际产出其实就是刘易斯模型的基本结论，这意味着工资很难实现增长。然而，随着劳动供求关系的改变，无限的劳动力供给局面已经结束，劳动者工资应该随着劳动供求关系的变化而变化，但从现实来看，"民工荒"和"招工难"等似乎并没有体现为工资的合理增长，这意味着实现工资合理增长的机制尚没有健全。

要建立工资正常增长体制机制，需要考虑这样几方面的措施：

一是加强劳动保护，严格执行劳动合同法，进一步完善劳动合同制度和劳动保护制度，加强劳动监督力度，完善保障工资增长的三方协调机制；二是推行工资集体谈判制度，增强劳动者在工资决定中的话语权；三是慎重使用最低工资制度，应该更多地让作为市场主体的劳动者和企业自己去决定工资，而不应该使用最低工资制度来决定工资。

参考文献

常进雄、王丹枫：《中国城镇正规就业与非正规就业的工资差异》，《数量经济技术经济研究》2010年第9期。

陈玉宇、王志刚、魏众：《中国城镇居民20世纪90年代收入不平等及其变化——地区因素、人力资本在其中的作用》，《经济科学》2004年第6期。

戴园晨、黎汉明：《工资侵蚀利润——中国经济体制改革中的潜在危险》，《经济研究》1988年第6期。

陆正飞、王雄元、张鹏：《国有企业支付了更高的职工工资吗?》，《经济研究》2012年第3期。

唐宗焜：《国有企业利润转移和企业再生产能力》，《经济研究》1992年第7期。

叶林祥、李实、罗楚亮：《行业垄断、所有制与企业工资收入差距——基于第一次全国经济普查企业数据的实证研究》，《管理世界》2011年第4期。

张车伟（2012a）：《如何认识中国劳动报酬份额的变动及含义》，《山东大学学报》2012年第5期。

张车伟（2012b）：《中国劳动报酬份额变动与总体工资水平估算及分析》，《经济学动态》2012年第9期。

B.16 新型城镇化进程中面临的资源环境挑战与化解途径

潘家华 张莹*

摘 要： 快速的城镇化发展道路面临各种资源和环境的约束和挑战，严重制约了经济和城镇未来的可持续发展。中国的城镇化进程中已经出现资源承载能力不足、环境污染问题严重、生态风险增加和应对气候变化的不确定性等一系列问题。新型城镇化的本质应该是资源节约、环境友好的，是全面、协调、可持续的。因此在未来的城镇化发展过程中，应该顺应自然，划定生态红线，科学规划城镇布局，均衡配置公共资源，合理发挥政府和市场的引导作用。通过打造清洁宜居城市，鼓励开发和应用环保技术，支持环保产业，建设示范社区以及打造低碳韧性城市等路径，化解各种严峻的资源短缺和环境污染问题。

关键词： 新型城镇化 资源环境

城镇化是社会进步发展的必然趋势，也是人们提高生活品质的

---

* 潘家华，中国社会科学院城市发展与环境研究所所长，研究员；张莹，中国社会科学院城市发展与环境研究所，副研究员。

需求。改革开放以来,中国的城镇化率水平从1978年的17.9%提高到2013年的53.7%,年均提高率超过1个百分点。目前,中国超过半数的人口生活在城镇地区,城镇人口总数已达7.3亿。然而,回顾中国过去30多年的城镇化历程,粗放型的扩张道路重速度、轻质量,资源配置和利用效率较低,自然资源过度消耗,城市环境污染问题形势严峻,严重威胁到城镇地区的宜居性和环境可持续性。为了建设美丽中国,必须在未来的新型城镇化建设进程中,尊重自然、顺应自然,构建与资源环境承载能力相适应的科学合理的城镇化宏观布局,严格划定城市边界,确保城镇化进程的绿色、健康。

一 城镇化发展的环境影响

(一)城镇化进程中的环境问题

城镇化[①]是指国家或地区的人口由农村地区向城市转移、农村地区逐渐演变成城市地区、城市人口不断增长的过程。城镇化的发展为工业化提供了空间,改变了原有的人口和产业布局,推动了生产力的发展和社会财富的积累。

当前,全球城镇化进程——尤其是在以中国为代表的发展中国家——的不断加速引发了各界对与之相伴随的环境退化、生态系统受到损害等问题的关注,有机构和学者指出城市生活的消费方式、城市的资源利用方式以及城市的环境足迹无不对人类居住的环境产生影响(UNCHS,2011;Rakodi,1997)。尽管目前的学术研究还

---

① "Urbanization"一词最早由西方学者提出,一般译为"城市化",由于中国与大部分西方国家不同,除了"城市"的建制之外,还有"镇"的建制,因此为了显示中国与国外实际情况的差异,涉及中国的"urbanization"问题一般多用"城镇化"表述。

无法清楚地阐明城市的发展对于环境的变化或退化有多大的影响（White，1996）或者城市人口聚集、城市规模以及土地利用方式的改变与环境影响之间的联系有多强（Torrey，2004）。但是，很多研究都表明城市发展的加速时期通常都伴随着负面的环境影响，因此提出应该重视城市发展的环境影响（Bloom 等，2001；Montgomery，1988），尤其是与城市发展密切相关的一些具体环境问题，如空气和水污染，城市热岛效应等气候变化问题，城市无序扩张导致的环境退化等（Cincotta 等，2000），这些问题在一些超大型城市中又显得更为严重（Rakodi，1997）。

传统的观点认为，与城镇化和城市发展相关的环境问题大致可以分为两大类：一类是由不可控的自然力引发的环境问题，如洪涝、地震、干旱和山体滑坡等；另一类则是由人类活动所引发的环境问题，主要包括对生态环境的破坏和环境污染等。然而，随着对自然科学的研究和理解的进一步深入，人们已经意识到，有些原生自然灾害，如洪水、干旱或其他气候极端事件在一定程度上也与人类活动引致的气候变化密切相关。很多学者忧虑于城市发展给生态环境系统造成的破坏，因为同其他可持续或可再生的生产要素不同，在经济生产过程中，由森林、水以及具有生产价值的肥沃土地等自然资源提供的生态服务对于人类生活和生产非常重要，同时在很大程度上其资源量又是有限的。一旦被破坏，可能会在长时期内无法被再使用，即使可以修复，其过程也是代价昂贵而且耗时漫长的。由于自然生态系统能够为经济发展提供诸如食物、洁净水等难以用劳动力或资本等其他生产要素替代的基础生产原料，一旦遭到破坏或使用过度，对于经济发展的负面影响十分显著（Stiglitz 等，2009）。除了对经济活动产生影响外，更引人关注和忧虑的是环境污染对人体健康等居民福利方面的影响。世界卫生组织（WHO）指出，"快速、未经规划以及不可持续的城市发展使得城市成为很多环境问题和健康灾害的集中地。随着城市人口的增长，全球以及地区的生态系统和城市环境都将对固体废物处理、洁净水供应、伤害预防以及城市贫困、环境和健康之间的相关联系等与公共健康息息相关的具体问题发挥着日益重要的影响"，并将城镇化与健康的关系作为该机构关注的重要问题之一。[①]

（二）主要的城市环境问题

城市发展涉及的环境问题非常复杂，因为大部分与人类活动相关的环境破坏和环境污染都与城市的发展密切相关，但是由于环境问题的成因比较复杂，因此很难精确地界定城市发展与自然环境通过社会—经济—文化—生态系统相互影响的机制。目前来说，比较重要的问题包括对水资源的过度利用，对土地和森林资源的占用和破坏，人类活动造成的各种污染和生态环境的恶化，以及气候变化问题等。

1. 对水资源的过度利用

水资源对于农业和工业生产至关重要，同时也是人类生活以及其他生物群体生存的必需品之一。水资源的利用过程涉及许多不同的使用者和用途，不合理或者过度开采利用将会造成水资源短缺或污染等问题，并通过对生产过程、环境系统和人类健康的负面影响造成巨大的经济成本。因此对水资源管理不仅仅是一个环境问题，对于经济发展也非常关键。城市发展和扩张过程中，为了满足生活生产需求而过度开发地下水，生活和工业污水随意排放对水质的污染，落后的水资源利用基础设施建设以及水力发电工程项目是造成城市或某个地区淡水资源退化或破坏的主要因素。

---

① WHO（World Health Organization），http：//www.who.int/globalchange/ecosystems/urbanization/en/.

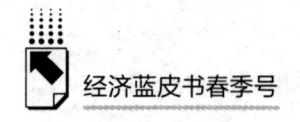

2. 对土地资源的破坏

城市建设对耕地的占用，对森林和林地的砍伐，对土地资源和建立于其上的生态系统造成了严重的破坏。这种破坏和砍伐，改变了土壤的物理和化学属性，造成土地侵蚀和使土地盐碱度发生变化，可能进一步对地表水层产生影响。而耕地或林地系统一旦受到破坏，将需要很长时间和成本才能复原，甚至可能难以恢复并衍生出荒漠化等相关问题。而对农业用地的过度利用会导致耕地地力退化，降低产出水平等，进而对粮食产量造成影响。

3. 环境污染和生态环境恶化

城市人口的聚集和人均资源消耗水平的增加，会加重城镇水、电、燃气等资源消耗的负担，增加生活垃圾、废气、污水等废弃物的排放。如果城镇发展和人口增长速度过快，产生的各种废弃物的排放总量超过了城镇环境的承载能力和吸纳消化能力，就会带来各种环境污染问题，而资源的不合理利用和浪费会进一步加剧污染的产生和影响。城镇化过程中出现的环境污染问题在许多工业化国家也曾发生，但是随着环保意识的不断增强，发达国家制定出更高的生活垃圾处理和汽车排放标准等措施，并积极采用各种新的技术手段，如汽车尾气处理器、污染物处理装置等来解决这些污染问题。而发展中国家由于经济和技术水平相对落后，因此在城镇化过程中更易面临严重的污染问题。

城市面临的环境污染问题有很多种类，根据污染物的形态可以分为废气污染、废水污染、废物污染、辐射污染及噪声污染等；根据污染的对象可以分为大气污染、水污染、土壤污染等；根据污染物的性质可以分为原生污染、化学污染和物理污染等。各种污染不仅对城市居住环境产生负面影响，造成生态环境的恶化，更重要的是这些污染还可能滋生疾病，给人体健康带来巨大的威胁。

4. 气候变化

气候变化会使城市现在面临的一些环境问题进一步加剧，例如气候变化的影响将会使洪灾和旱灾更加频繁地发生，水资源的供应将更加不稳定，水资源短缺更加严重。此外，气候变化背景下，各种极端气候事件发生的频率也会提高，给城市适应能力提出更高的要求。城市的快速发展所导致的化石能源消费水平的提高也会带来更多的温室气体排放，进一步使未来减缓和适应气候变化的难度加大。近年来，气候变化导致灾害性气候事件频发，冰川和积雪融化加速，水资源分布失衡，生物多样性受到威胁。并且，据政府间气候变化专门委员会的报告，如果温度升高超过2.5℃，全球所有区域都可能遭受不利影响，发展中国家所受损失尤为严重；如果升高4℃，则可能对全球生态系统带来不可逆的损害，给全球经济造成重大损失。

二 中国城镇化进程中面临的资源环境挑战

过去几十年来，中国城镇化进程的规模和速度在全球历史上都是屈指可数的。如此规模庞大的人口迁移和生活水平的提高使城市能源消耗急剧增加，污染物排放量大。而城镇化进程的加速意味着巨大的城市基础设施和住宅建设性需求，能源总需求还将快速增加。城镇基础设施建设所需的大规模的钢铁、水泥、电力等产品的生产主要依赖于国内高耗能产业的迅速发展。此外，随着城镇化进程的推进和收入水平的提高，城镇居民消费方式的改变也将进一步给中国城市环境带来更大的压力，例如私家轿车拥有量的剧增、住宅面积的扩大、家用电器的升级等都将进一步对中国目前各大城市已经出现的城市拥堵、资源紧缺和环境污染等问题产生不同程度的

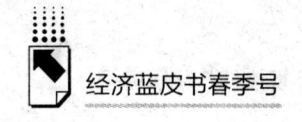

影响。

中国的城镇化发展仍在进行中,然而,尚未完成的城镇化进程已经产生了一系列环境问题,主要表现在四个方面。第一,城市的资源承载能力不足,城市的能源、水资源、土地资源以及各项社会保障与服务难以承载快速扩张的城市规模和人口;第二,城镇化过程中环境污染、大气污染、水质恶化等事件频发,在京津冀、长三角和珠三角等经济发达地区,雾霾天气的发生趋于常态化,对城市人民的生命健康造成严重损害;第三,城市开发导致的水土流失日趋严重后果,城镇及农村地区绿地面积都减少,增加了各种生态风险;第四,气候变化所导致的极端气候事件频发。这些问题给大部分居民带来了不同程度的影响,其影响程度由各人口群体的脆弱程度(如贫困、性别等)所决定。

(一)城市资源承载力面临较大压力

我国目前人口城镇化的地区分布存在明显的差异。从绝对水平看,中国东部和东北地区的城镇化水平要高于中西部地区;而就城镇化速度而言,中国东部地区的城镇化速度要快于其他地区。因此东部一些城镇密集地区面临严峻的资源环境约束,而中西部资源环境承载能力较强地区的城镇化潜力有待挖掘。

1. 城市水资源短缺问题严峻

中国是一个水资源短缺的国家,在 600 个较大的城市中,近 2/3 的城市(共计 400 多个)供水不足,尤其是在长江以北地区,其中 100 多座城市严重缺水(张庆丰、克鲁克斯,2012),年缺水量达 58 亿立方米。水资源地区分布不均,各省会城市和东部沿海城市的水资源消费量普遍较大,中部城市居中,西部城市的用水量相对较少。

总体来说,近年来中国城市人均生活用水量呈逐年下降趋势

(见图1），但由于多种原因，城市间生活用水量存在显著差异（见图2）。由于受地理环境水资源时空分布不均及污染威胁等因素的影响，部分地区的城市水资源紧缺程度仍然严重。

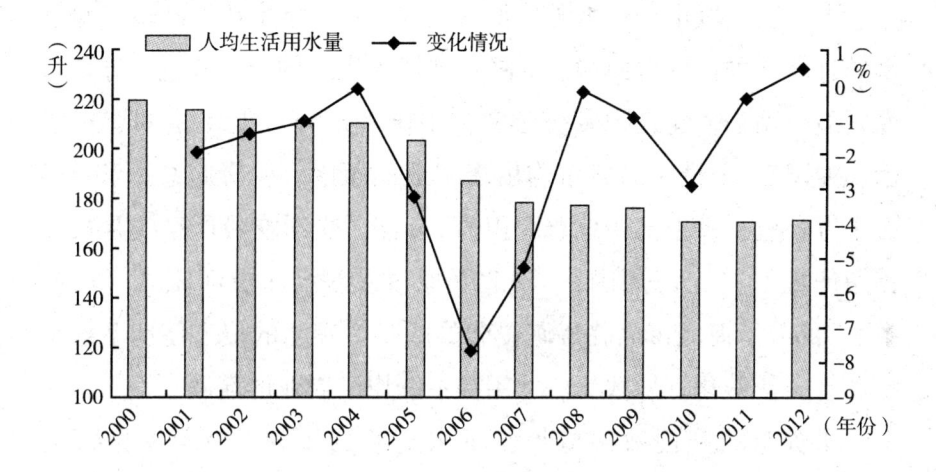

图1　2000～2012年中国城市人均日生活用水量

资料来源：国家统计局：《中国统计年鉴2013》。

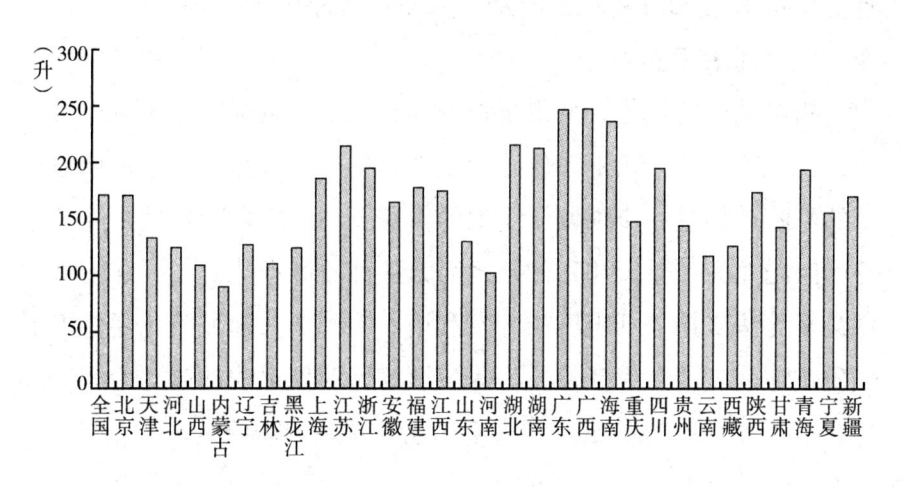

图2　2012年中国分省（区、市）城市人均日生活用水量

资料来源：国家统计局：《中国统计年鉴2013》。

预计在2030~2040年间，中国人口将达14亿，成为少于人均1000立方米的严重水荒国[①]，其中城市工业与生活用水每年缺口将达200亿立方米。

中国很多城市饮用水源严重依赖地下水。水资源短缺造成地下水的过度开采，使地面加速沉降，破坏了当地的地质构造，导致路面开裂、塌陷，建筑物发生位移。中国地质环境监测院的调查显示，中国50个最大的城市均出现了地面沉降，受影响总面积达9万平方公里，占中国耕地总面积的7.5%，受影响最严重的是长江三角洲地区（上海周围）、华北平原以及汾河—渭河流域（山西省）。部分沿海城市面临海潮侵袭的威胁，潮水的侵入使地下蓄水层和水质盐碱化，导致无法饮用和不能用于农业的灌溉。

水资源的利用效率低加剧了水资源的短缺。目前中国万元GDP用水量仍然高达399立方米，为世界平均水平的5倍，许多城市输配水管网和用水器具的漏失率高达20%以上，一般工业用水重复利用率在60%左右，而发达国家已达85%。

2. 土地资源紧张

随着城市的扩张，城市土地资源利用已接近极限。东南沿海地区，长三角、珠三角地区的可用土地几乎已开发殆尽。建设用地需求的不断增加进一步加剧了土地的供需矛盾。在西部地区，土地退化的问题尤为严重，40%的土地因为各种原因退化，气候和土壤条件甚至无法支持最低限度的开发利用。中国的快速城镇化还付出了优质耕地减少的巨大代价，因为城镇发展速度最快的东部沿海地区拥有中国最优质的耕地（张庆丰、克鲁克斯，2012）。

[①] 目前，现代化国家人均年用水标准一般在1000立方米以上，即使采取先进的节水管理措施，在缺水地区最低标准也需500立方米。国际水资源管理研究所（The International Water Management Institute，IWMI）认为，一旦水资源供应量低至人均1000立方米，水源短缺对经济发展的限制作用将显现出来。

目前，中国很多城市的土地开发强度已经远超国际上30%的用地强度警戒线。例如，深圳和东莞的土地开发强度已经分别达到47%和40%以上。在珠三角地区，1997~2007年建设用地年均增长率为3.12%，至2007年，珠三角9市平均土地开发强度为16%，深圳达到46.5%，已超德法日等国和中国香港特区。

3. 能源约束与碳减排约束并存

能源是经济增长和城镇发展的重要引擎，中国经济的高速增长使其对能源的需求始终保持强劲增长的态势。但是，中国能源资源分布不均，煤炭资源和天然气主要赋存在华北、西北地区，石油资源相当大一部分赋存在东部海域地区，而能源消费则集中在东部沿海经济发达地区。大规模、长距离的北煤南运、北油南运、西气东输、西电东送等，是中国能源流向的显著特征。[1]

一方面城市能源需求大，另一方面能源市场供应紧张。2013年中国能源消费总量为37.6亿吨标准煤，比上年增长3.9%，其中原油、天然气增长迅速。核能和可再生能源等利用率低，新能源的利用率仍不足10%。

由于能源的短缺，很多城市遭遇用能紧张。西安市2012年由于气温持续降低，实际用气需求量已达到日均700万立方米，供需缺口50万立方米。由于供气压力偏低，出现了约1万户左右的居民用户暂时停气的情况，给市民生活造成严重影响。

中国城市节能减排工作取得了一定的进展，但是在当前经济增速明显放缓的背景下，进一步降低单位GDP能耗更加困难，在拉动内需过程中，对钢铁、水泥等基础原材料需求的增长，使得城市高耗能产业仍将保持一定的增长刚性，提高能源利用效率的任务十分艰巨。

---

[1] 国务院新闻办：《中国的能源状况和政策》（白皮书），2007年12月26日。

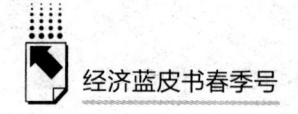

在中国西部地区，部分城市万元 GDP 能耗出现不降反升的现象。工业用热的 70% 仍由分散的小锅炉供应，北方采暖地区中小城市冬季采暖也主要由小锅炉供热或直接燃烧煤炭取暖，能源利用效率低，对环境影响也较严重。

（二）环境污染问题严重

在快速推进的工业化和城镇化进程中，中国很多城市付出了环境污染代价。目前，中国城市总体上空气质量较差且呈恶化趋势，水污染问题严重，垃圾处理压力日益增大。这些问题严重影响到居民的生活、安全和物质财富，对居民健康产生极为不利的影响。

1. 空气质量恶化，雾霾天气频现

进入 20 世纪 90 年代以来，中国大气污染日益突出。部分大中城市出现煤烟与机动车尾气混合型污染。

2010 年，全国约 1/5 的城市大气污染严重，在"十五"规划中确定的 113 个环境保护重点城市[①]中，1/3 以上的城市空气质量达不到国家二级标准。[②] 2012 年，全国 325 个地级及以上城市（含部分地、州、盟所在地和省辖市）中，空气质量达标城市比例为 91.4%，与上年相比上升 2.4 个百分点，超标城市比例为 8.6%。[③] 然而，执行新的空气质量标准后（对颗粒物的检测由 PM10 改为

[①] 2001 年，国务院批准国家环境保护第十个五年计划（2000~2005 年），要求 50% 以上的城市至少要达到二级以上的空气质量国家标准。该规划同时还设立了一个每日城市空气质量报告和预报系统。在接下的一年，空气污染控制重点城市的划分方案指定 113 个城市为环境保护重点城市，要求在"十五"期间空气质量达到国家二级标准。

[②] 环境空气质量标准（NAAQS）于 1996 年 10 月开始实施，2000 年 1 月进行了修订。根据不同的功能分区，划分了三类标准。城市空气质量需要达到 NAAQS 的二级标准，同时，居住区、商业交通居民混合区、文化区、一般工业区和农村地区也适用于二类地区的标准。

[③] 中华人民共和国环境保护部：《中国环境状况报告 2012》，2012。

PM2.5），4/5 的中国城市已经无法达到最低要求标准。中国北方城市空气中悬浮颗粒物的浓度超过国家一级标准的 2 倍，超过国际标准的 10 倍。

历史数据表明，近 50 年来中国雾霾天气总体呈增加趋势，且持续性雾霾增加显著。从空间分布看，雾霾日数呈现东部增加西部减少趋势，例如华北、长江中下游和华南地区呈增加趋势，其中珠三角地区和长三角地区增加最快。中东部大部地区年雾霾日数为 25~100 天，局部地区超过 100 天；此外，大城市比小城镇的增加趋势更为明显，还呈现雾霾天气持续时间多、范围广、影响大、污染重等特点（张莹等，2013）。2013 年，全国平均有 29.9 天为雾霾天气，创 52 年来之最。雾霾波及 25 个省份，100 多个大中型城市，超过 6 亿人口受到影响，覆盖面积近 270 万平方公里，京津冀、长三角和珠三角地区的空气污染尤其严重。

东部城市的细颗粒物污染（PM2.5）形势严峻，其平均浓度是发达国家的 6 倍。试点城市 2011 年的监测数据平均值为 58 微克/立方米，大大高于二级标准规定的 35 微克/立方米的细颗粒浓度上限。[1]

根据环保部每年公布的《中国环境质量公报》，总体来说中国城市空气质量呈改善态势，具体表现为空气没有达到三级标准的城市越来越少。但是，总体趋势掩盖了城市发展规模之间的差异性，空气质量出现改善的主要是经济发展和人口增长速度较低的中小城市，而大城市的空气污染比中小城市要严重得多。中国空气污染最严重的城市，其人口在 100 万~200 万之间。

2. 水污染加剧了水资源短缺的困境

目前，中国工业、城市污水总排放量为 416 亿立方米，经过集

---

[1] 中华人民共和国环境保护部：《中国环境状况报告 2011》，2011。

中处理达标（GB8978 - 1996）的只有23%，其余大都直接排入江河。图3是对近几年来中国城市污水排放情况的统计。

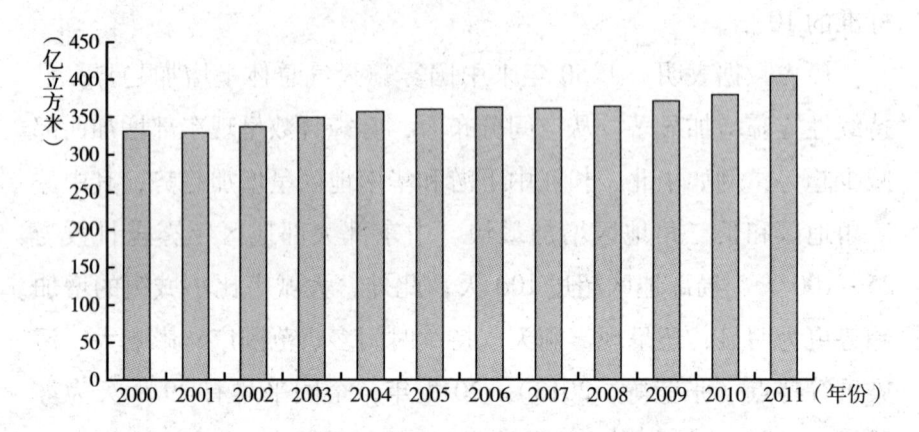

图3　2000~2012年中国城市污水排放情况

资料来源：参见国家统计局和环保部《中国环境统计年鉴2012》。

全国水功能区水质达标率仅为46%，90%的城镇水域和65%的饮用水源受到来自污水、生活垃圾、工业废水、化肥和农药等不同程度的污染。全国657个城市中，有400多个以地下水为饮用水源。[①] 对中国118座城市的饮用水调查显示，64%的城市地下水严重污染，33%的城市地下水为轻度污染，仅3%的城市水质处于清洁状态。约有75个大中城市地下水属于较重污染区。

中国突发环境事件中水污染事件的发生最为频繁，达50%。例如，2011年6月，杭州市辖区建德境内杭新景高速公路发生苯酚槽罐车泄漏事故，导致部分苯酚泄漏并随雨水流入新安江，造成部分水体受到污染，杭州市民涌入超市抢购矿泉水。两个月后，南

---

① 环境保护部：《全国地下水污染防治规划（2011~2020年）》（环发〔2011〕128号），2011年10月。

京江宁百家湖出现大面积污染，类似牛奶的乳白色污水从百家湖东花园小区的一个雨水管道直接排入湖中，覆盖了大半幅湖面。2012年初，广西河池宜州市境内的龙江河发生镉浓度超标事件后污染进入下游柳江，柳州市区饮用水源保护地面临威胁。

2011年上半年，七大水系除长江、珠江水质状况良好外，海河劣 V 类水质断面比例超过40%，为重度污染，其余河流均为中度或轻度污染；90%城市河段受到不同程度污染。

水污染事件的频繁爆发和水生态的恶化使得许多地区已经没有干净的饮用水源，从而导致日益严重的"水质性缺水"。在流经城市的河流中，有60%由于污染而不符合作为生活饮用水源的水质要求，长期积累的地表水和地下水污染，使得城市水源的污染问题在短期内难以得到缓解（仇保兴，2010）。

3. 不断增加的城市固定废弃物

垃圾是城市发展的附属物，城市的运转和居民的消费每年产生上亿吨的垃圾。中国目前已经是全球最大的城市固体废弃物产生国，全国城市年产垃圾量已超过1.5亿吨，而根据世界银行的一项研究，到2030年，中国年产城市固体废弃物总规模可能会增加到3.8亿~5.8亿吨（World Bank，2005）。许多城市处理能力不足，垃圾处理设施运行效率低下。目前中国国内每年城市垃圾产生量的90%为填埋，只有7%为焚烧，其余为堆肥等处理形式，325个城市还没有建设生活垃圾处理设施，1636个县城每年产生的垃圾大部分只能简单堆放。其中，在全国600多座大中城市中，有2/3陷入垃圾"包围圈"，有1/4的城市已无合适场所堆放垃圾。

（三）生态风险增加

大量基础设施建设、开矿采石作业和房地产开发扰动了中国城市的生态系统，造成了严重的水土流失，以及洪水和滑坡等突发性灾害。目前，中国城区面积达16.7万平方公里，城市人均用地133平方米，已经超过人均建设用地120平方米的国家规划标准最高限，也超过了发达国家人均82.4平方米和发展中国家人均83.3平方米的水平。

2011年，中国城市人均拥有公园绿地面积仅为11.18平方米，而世界上绝大部分旅游城市、宜居城市的人均绿地面积与人均公园绿地面积大约为40~70平方米。当前，在城市建设用地日趋紧张的情况下，如何扩大绿化面积、保护绿地已成为一项迫切而又艰巨的任务。图4显示了中国分省城市建成区绿化覆盖率。

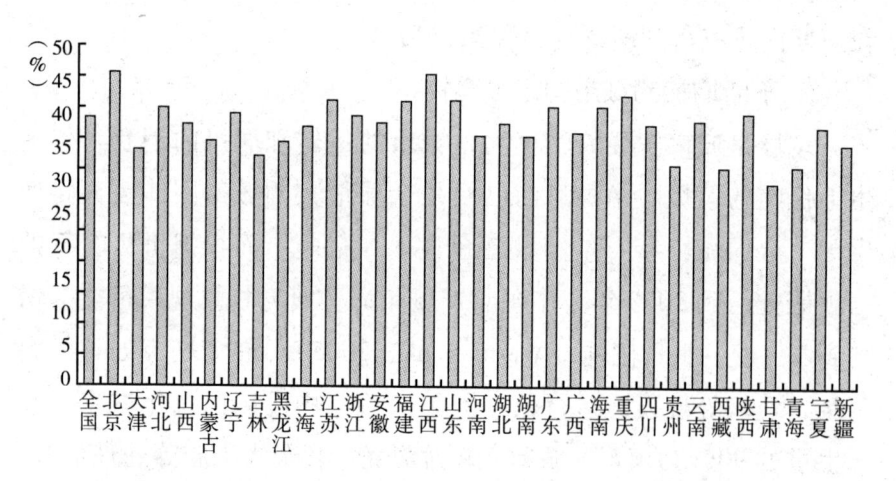

图4 2012年中国分地区城市建成区绿化覆盖率

资料来源：《中国统计年鉴2012》。

自然地理位置与城市生态环境的优劣密切相关，南方城市优于北方城市，东部沿海地区城市优于西北地区以及经济落后地区城市；东部沿海地区城市的空气质量和人均绿地面积等指标高于其他城市，而西部地区城市由于气候干旱、绿地面积不足，再加上受地形的影响，其环境质量远低于东部城市，宜居性普遍较差。

（四）应对气候变化存在不确定性

和其他国家一样，中国的气候与环境已经产生并将继续产生重大变化。近年来，中国频繁遭遇极端天气和自然灾害等问题，部分地区降雨增加而另外的地区则干旱少雨。强台风发生的频率在过去的10年间几乎翻了一番；沙尘暴问题带来的挑战也日趋严峻。

过去的30年里，中国沿海海平面每年上升约2.6毫米，与台风共同作用，造成了严重的风暴潮灾害，致使沿海城市数百万人受灾。预计到21世纪末，海平面还将上升18~59厘米，危害将更为严重。

气候变化对生物多样性也造成破坏，人口密集的中心城区传染性疾病传播范围可能增加，雾、霾、酸雨、光化学烟雾等事件趋多趋强。由于气候变化和湿地面积减少，近年来长江流域出现了大量候鸟的迁徙。

在中国的快速城镇化过程中，气候变化愈发频繁，且程度有不断加重的势头。北方暴雨，南方干旱高温天气；中东部城市的长时间雾霾天气；城市局地暴雨等极端气候事件提示城镇化的过程选择会对气候产生影响。近些年来，城市遭遇严重气象灾害的事例，屡见不鲜，引发社会各界对城市公共管理、防灾减灾的广泛关注。城市经常遭遇的气象灾害包括暴雨引发内涝、干旱缺水、高温、雷电、霾、大风等，随着全球气候变暖，城市极端天气气候事件的发生频率增加、强度增大，从而使城市气象灾害的后果愈加严重。随着城市化和现代化的加快，城市防御气象灾害的脆弱性暴露出来。

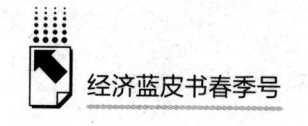

三 新型城镇化进程中化解资源环境问题的基本思路

城镇化进程中面临的各种资源约束和所伴随的环境问题并非中国所独有。然而，作为世界上人口最多的国家，同时也是最大的发展中国家，在自然资源状况差异巨大、生态环境极其脆弱的情况下，要克服资源环境的刚性约束，实现容纳 13 亿人口的绿色、新型城镇化，在人类的发展历史上并无先例可循。根据预测，到 2030 年，中国的城镇化率水平将提高到 70% 左右（UNDP，2013）。因此，坚持过去粗放型的经济和城镇发展道路，必然会产生更多的问题和挑战。当前倡导的新型城镇化是以城乡统筹、城乡一体、产城互动、节约集约、生态宜居、和谐发展为基本特征的城镇化，是大中小城市、小城镇、新型农村社区协调发展、互促共进的城镇化。因此其本质不应该是延续过去的以牺牲农业、生态和环境为代价所追求的统计意义上的城镇化或"土地城镇化"。探索有中国特色的新型城镇化道路，必须遵循以人为本、"四化"同步、优化布局、生态文明、文化传承、市场主导和统筹规划的原则。而其根本目标包括使城镇化格局更加优化，发展模式更加科学合理，让城市的生活更加和谐宜人。这些都要求未来的城镇发展要以土地、水资源、大气环流和生态环境承载能力为基础来优化城镇的空间布局和规模结构，实行最严格的生态环境保护制度，形成节约资源和保护环境的空间格局、产业结构、生产和生活方式。

（一）法定生态红线

大气、水、土地利用格局，皆有天然的容量规定，是划定总量、空间和标准等形式的生态红线的科学依据。在进行新型城镇化建设过程中，明确具有法律地位的生态红线，并切实保证其得以实施。在城镇建设和环境治理过程中，政府是监管者，也是被监管者，只有全社会广泛参与，才能使生态红线落到实处。

必须严守耕地红线，确保粮食安全。城镇化将改变地表结构，使土地利用难以逆转。东部单位面积的土地生产力，是西部的数倍乃至于数百倍。如果东部城镇化无序扩张占用土地，西部耕地产能难以实现占补平衡。13亿人的饭碗，不能企望依赖世界粮食市场。因而，东部的城市连绵带，必须要有粮食生产空间、绿色生存空间。要使鱼米之乡"香"起来，仅有耕地红线是不够的。侵占良田是为钱财计，保护良田必须有利益机制的保障。

应该核算环境容量，划定生态红线。西部地域空间广阔，但水热资源构成刚性容量约束。西部大开发，并不意味着西部大规模城镇化，并不意味着搞高污染产业园区、搞山水园林城市。在水资源短缺的城市超容量抽取地下水和截取河流自然径流，投资防渗设施搞与自然隔绝的人工河湖湿地景观、高尔夫球场，就是违背自然、不可持续的。并且，西部是东部的生态屏障，西部地区生态退化和污染，会降低甚至毁坏东部的承载能力。因此，中西部地区城市的开发强度，必须尊重自然，强化生态红线的刚性约束。

（二）科学规划布局

规划科学是实现新型城镇化建设目标的基础，规划失误是导致资源短缺、环境污染的祸根，规划折腾是加重各种资源环境问题的推手。我国城镇化空间布局的形成，一定程度上与资源环境的基本格局相对应：东部生态系统自然生产力较高，西部生态环境较为脆弱。未来推进新型城镇化，实现数亿农业转移人口由乡到城的转移，必须顺应自然，使城镇化空间布局与资源环境承载能力相适应。

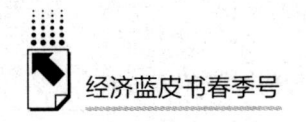

目前我国城镇化面临的很多生态问题都是城镇化布局规划系统性失衡的产物，例如，一些产业园区和人口在大城市高度集聚，占有大量优质土地，挤压生态空间；一些中小城市以廉价资源吸引高能耗高排放产业投资，超出了城市环境自净能力，造成资源短缺、水源污染、雾霾横行。我国城镇化空间格局的失衡，是一些环境问题形成并加剧的重要根源。

认知和顺应自然，减少与大自然的摩擦，有助于减少对抗大自然的资源耗损，节省社会运行的环境成本。科学的城镇化空间布局不仅是绿色城镇化的前提，更是绿色城镇化的保障，这就需要更好地发挥政府作用，以资源环境承载能力为基础划定生态红线和城市发展边界，引导并支持社会公共资源均衡配置和区域基础设施资源共享，逐步化解优质公共资源过度集中的痼疾。

（三）均衡配置公共资源

城市是社会公共资源的集聚地，为城市居民提供各种社会服务。如果公共资源过分集中，特大城市的规模和边界就难以得到有效控制，容易出现资源短缺、环境污染集中的问题，而中小城市的发展和宜居空间也必然受到挤压。

如今我国面临的严峻环境污染问题，如大气污染、水污染和废弃物等问题多集中在人口密集的大城市。而这正反映了这些问题的重要根源在于公共资源的地区间配置不均衡，当行政资源的高度集中造成经济资源的高度垄断后，主要源自人类活动的污染排放也将过度集中在人口稠密地区。我国最优质的教育、医疗卫生资源和文化体育资源，多集中在一线城市、直辖市、省会城市。大城市之所以越变越大，与社会公共资源的高度集中密切相关。要破解大城市面临的资源瓶颈和污染困境，如何均衡配置公共资源成为必须解决的难题。

要严格限定各个城市尤其是大城市的职能边界，行政资源和优质教育、医疗和文化资源要避免过分集中，防止规模不经济。例如，为了解决严重的雾霾问题，京津冀地区可以率先通过一体化发展规划做出垂范，北京可借鉴巴西首都从沿海迁到内地的经验，明确首都作为国家政治、文化、国际交往和科技创新中心的核心功能，防止越位发展，逐步转移其他与核心功能不相符的产业，必要时应该延伸到制造业以外的优质第三产业资源，在城市群内疏散特大城市过于集中的城市公共服务功能。

科学理解"提高建成区人口密度"的内涵。我国过去的城市建设中，中心城区地位十分突出，几乎所有大城市，都是环路格局，一些城市中心区、老城区的人口密度超过2万；而在开发园区、新城区，人口密度却很低。从这个角度看，提高建成区人口密度的含义，就是要统筹中心城区改造和新城新区建设，主要是提高开发区和产业园区的人口密度，防止城市边界无序蔓延，同时要合理疏散特大城市中心城区功能，缓解交通拥堵、供水紧张、污染严重、房价高企等城市痼疾。

（四）合理发挥政府和市场的引导作用

在治理过程中，要限定和规范政府作用，充分发挥市场在城镇发展过程中的资源配置尤其是人口和产业疏解方面的决定性作用。对于一些严重的污染治理问题，政府为了在短期内取得突破，往往使用一些行政手段加以干预、控制，但是从长期实施的效果来看，更多的还是要依赖市场机制来解决污染问题。政府应该做的就是在政策上进行引导，在基础措施和执行方面做好服务和监管。应该坚持使市场在资源配置中起决定性作用，使城镇化成为市场主导、自然发展的过程，成为政府引导、科学发展的过程。如对电力和成品油价格领域进行改革，给予火电厂、炼油厂足够的经济激励来自觉

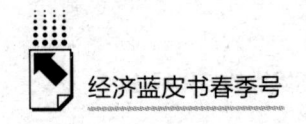

地进行环境治理；为了控制汽车尾气排放，还可以通过设立一些税费制度，通过价格杠杆来控制私家车出行，而税费收入可用于改善和建设公共交通项目或其他改善环境的领域，做到"取之于民，用之于民"。

此外，在政府管理机制和市场机制方面要鼓励积极探索一些有助于解决资源环境问题的制度创新，如将自然资源资产债务、生态效益等纳入城市发展考核评价机制，通过资源消费累进税和生态补偿等经济手段控制资源浪费和环境破坏的行为。

四 解决城镇资源环境问题的实践路径

积极稳妥地推进新型城镇化，促进与资源环境承载能力相适应的城镇发展方向，应该在科学合理的城镇化发展宏观布局和发展规划下，提升城镇化地质量，促进大中小城市协调发展。注重节能环保，发挥产业和技术在减排治污、提高资源利用效率方面的作用，打造清洁宜居城市生活，积极顺应人民群众过上美好城镇生活的愿望和对良好生态环境的殷切诉求，通过建设低碳、环保示范社区，加强适应气候变化的城市管理，打造低碳韧性城市，协同应对城镇化进程中的资源环境挑战，建设"美丽中国"。

（一）建设节能环保的清洁宜居城市

面对人民群众过上更加美好生活的殷切期待和建设"美丽中国"诉求的不断提高，走中国特色的新型城镇化道路，积极稳妥推进城镇化，就要坚持以人为本，积极推进人居环境优化，注重能源节约与环境保护，以节能环保促进城镇低碳发展，打造清洁、宜居城市。

优化人居环境，打造清洁宜居城市，在以碳基燃料为主要能量来源的城镇生产生活体系下，就要严格实施能源消费强度和消费总量双控控①，形成倒逼机制，围绕提高能源使用效率，通过工业节能、建筑节能、交通运输节能、农业和农村节能、商用和民用节能、公共机构节能促进能源节约使用，实施重点节能工程，以节能促减排。

优化人居环境，打造清洁宜居城市，要注重环境保护，在城镇内部，积极通过城镇生活污水处理设施建设、重点行业污染物减排、农业源污染防治、机动车污染物排放控制等强化主要污染物减排，实施重大环保工程，加快发展低碳建筑、低碳交通。在城镇之间，根据不同地区主要环境功能差异，以维护水体、空气、土壤环境健康等为目标，结合全国主体功能区规划，编制国家环境功能区划，实施区域环境保护战略，加大对优化开发和重点开发地区的环境治理力度，结合环境容量和气候容量实施严格的污染物排放标准，在联防联控重点区域，建立区域空气、水体、土壤等环境质量评价体系，开展多种污染物协同控制工程建设，大力推进大气中细颗粒污染物（PM2.5）的治理，加强环境风险防范，在保护和扩大生态空间的同时，推进环境保护基本公共服务均等化。

（二）鼓励推广环保技术，发展环保产业

充分发挥技术对于提高资源利用效率和减少环境污染的积极作用。通过经济激励和政策支持促进环保科技的发展和运用，完善以企业为主体的环保、低碳技术创新体系，立足"原始创新—集成创新—引进消化吸收再创新"，密切跟踪低碳领域技术进步最新进展（WWF，2010），形成更多拥有自主知识产权的核心技术和具有

---

① 国务院：《国务院关于印发能源发展"十二五"规划的通知（国发〔2013〕2号）》，2013年1月1日。http://www.gov.cn/zwgk/2013-01/23/content_2318554。

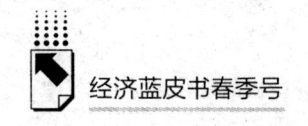

国际品牌的产品，提升污染治理装备制造能力和水平，使环保技术"研究—发展—推广"（RDD）成为城镇产业转型升级和解决环境问题的重要手段。

发展环保、低碳产业，提升竞争力，把经济结构的战略性调整作为转变发展方式的主攻方向，严格控制"高能源消耗、高污染、高温室气体排放"产业过快增长，推动资源高消耗行业与低消耗行业的协同发展。加强能耗、减碳、环保等指标约束作用，探索利用强制性物料消耗标准、清洁生产水平作为落后产能界定依据，加大淘汰落后产能力度。进一步提高"高能源消耗、高污染、高温室气体排放"行业准入门槛，建立新建项目与能源资源节约、污染减排、温室气体减排、淘汰落后产能相衔接的审批机制，落实产能等量或减量置换制度，推进工业清洁生产。

（三）建设资源节约型示范社区，引导消费模式的转变

面对资源能源环境约束下进行节能减排、应对气候变化、改善生存环境的需要，推进低碳城镇化，在需求导向的经济、社会和环境标准下，就要坚持以人为本，建设一批资源节约型示范社区，积极提倡低碳生活，不断提高人文发展水平。

新型城镇化的实现涉及消费模式、生活方式、生活观念和地区发展权益等问题。推动"奢侈、浪费型消费方式"向"节约型消费方式"的转变，是实现新型城镇化生态文明建设目标的重要组成部分。转变生活方式与消费观念，一方面，通过强调商品生产者的环境履责情况，从消费端引导上述生产单位提升环境意识；另一方面，削减城市非必要生活垃圾产生量及污染物排放量，弱化城市对周边城镇施加的环境压力。

社区是社会的基层组织，充分发挥街道、居委会、小区物业等引导作用，调动居民参与积极性，通过具有"试验性、指导性、

示范性"的社区建设，积极开展与资源节约型生活相关项目和管理制度等能力建设，创新社区低碳管理方法与工作机制。

（四）打造低碳韧性城市，适应气候变化

推进新型城镇化，还要在城市治理和规划设计中协同考虑温室气体减排和应对气候变化相关风险与灾害的不同需要，转变传统的城市管理模式和治理理念，进行适应性管理，打造低碳韧性城市（郑艳等，2013）。

适应性管理是在全球环境和气候变化的大背景下，应运而生的新的环境管理理念，是指对气候变化及其风险进行管理，以减小生态系统和社会经济的脆弱性，增强适应能力。适应性管理是一个长期的不断学习、总结经验的实践过程，首先需要对现有的相关政策和机制设计进行评估，改进现有决策机制和生态系统管理的目标、功能、结构，协同不同时间和空间尺度的问题和政策需求，提供信息、技术、资源等能力建设和机制保障。

进行适应性管理，打造低碳韧性城市，就要构建城镇应对气候变化的协同治理机制，尽可能考虑多种城市发展目标之间的关联，在减少能源消费和温室气体排放的同时，协同考虑创造就业机会、促进社会公平、生态保护和资源的可持续使用，制定科学合理城市空间规划，在保护城市生态环境完整性的同时减少不必要的交通排放和建筑排放，进行紧凑型的城市形态设计与建设，以缓解热岛效应，并促进能源消费的节约。在准确定位韧性城市建设的性质——是属于增量型适应，还是发展型适应——基础上，科学制定低碳韧性城市规划，将反映低碳韧性城市建设理念的关键目标与因素纳入城市综合规划指标体系和控制性详细规划指标体系，推动低碳韧性城市的社区示范和试点建设，综合考虑建筑、交通、生态保护与绿化、减灾、防灾、社区治理等方面的协同效应。

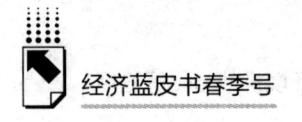

参考文献

Bloom, D. and D. Canning, 2001: "Cumulative Causality, Economic Growth, and the Demographic Transition", in *Population Matters: Demographic Change, Economic Growth, and Poverty in the Developing World*, edited by N. Birdsall, A. Kelley, and S. W. Sinding. New York: Oxford University Press.

Cincotta, R. and R. Engleman, 2000: *Natures Place*, Washington, DC: Population Action International.

联合国开发计划署驻华代表处与中国社会科学院城市发展与环境研究所:《中国人类发展报告2013——可持续与宜居城市:迈向生态文明》,中国出版集团公司,2013。

Montgomery, M. R, 1988: "How Large is Too Large? Implications of the City Size Literature for Population Policy and Research", *Economic Development and Cultural Change* 6 (4): 691 - 720。

仇保兴:《我国城镇化中后期的若干挑战与机遇——城市规划变革的新动向》,《城市规划》2010年第3期。

Rakodi, C. 1997: "The Urban Challenge in Africa: Growth of Management of Its Large Cities." New York: The United Nations University Press, Inc.

Stiglitz, J. E., Sen, A. and J. P. Fitoussi, 2009: Report by the Commission on the Measurement of Economic Performance and Social Progress.

Torrey, B. B. 2004: "Urbanization: An Environmental Force to be Reckoned With", McGraw Hill Ltd.

UNCHS, United Nations Centrefor Human Settlements (Habitat), 2001: *The State of the World's Cities*, 2001, Nairob.

White, M. 1996: "Urbanization and Population Dynamics: City as Villain, Savior, or Bystander?" in *Preparing for the Urban Future: Global*

Pressures and Local Forces, edited by M. A. Cohen, B. A. Ruble, J. S. Tulchin, and A. M. Garland. Washington, C: The Woodrow Wilson Center Press.

World Bank, 2005, "Waste Management in [the People's Republic of] China: Issues and Recommendations", *Urban Development Working Paper*No. 9. East Asia Infrastructure Department, Washington, DC.

WWF, "Booz & Company Analysis. Reinventing the City", March 22, 2010.

张庆丰、克鲁克斯（主编）：《迈向环境可持续的未来——中华人民共和国国家环境分析》，中国财政经济出版社，2012。

张莹、高荣、巢清尘：《中国雾霾趋势分析及治理对策》，载于气候变化绿皮书《应对气候变化报告（2013）》，社会科学文献出版社，2013。

郑艳、王文军、潘家华：《低碳韧性城市：理念、途径与政策选择》，《城市发展研究》2013年第3期。

中国社会科学院城市发展与环境研究所：《中国城市发展报告No. 3》，社会科学文献出版社，2010。

B.17 中国节能减排与环境保护形势分析

齐建国 尤完*

摘 要： "十二五"以来，我国节能减排和环境保护取得很大成绩，但节能减排形势仍然存在较大压力，节能减排和环境保护中出现新问题。目前我国仍然处于工业化、城市化的高速发展进期，经济增长、生活水平提高与能源消费和环境保护之间的矛盾也处于激化阶段。污染减排压力从根本上说是由于资源消耗持续增长带来的。为了切实推进污染减排，建议长短期措施结合，深化创新增长文化，实现环境保护的全国异地统一执法，加大循环经济和环保产业发展力度，从根本上改变环境污染。

关键词： 节能减排 环境保护 形势分析

一 "十二五"节能减排工作进展情况

进入"十二五"以来，我国节能减排和环境保护取得了很大成绩（见表1）。从国家统计局和环境保护部发布的统计数据来看，

---

* 齐建国，中国社会科学院数量经济与技术经济研究所副所长，研究员；尤完，北京建筑大学工程管理研究所所长，教授。

"十二五"经济社会发展规划纲要中的约束性指标完成情况进展良好。

表1 2009~2013年中国节能减排指标完成情况

	2009	2010	2011	2012	2013	"十二五"前3年累计变化	"十二五"目标
GDP比上年增长幅度(%)	9.2	10.4	9.2	7.8	7.7	+26.78%	
单位GDP能耗比上一年变化(%)	-3.61	-4.01	-2.01	-3.6	-3.7	-8.98%	-16
二氧化硫排放比上一年变化(%)	-4.60	-1.32	-2.21	-4.52	-3.5	-9.89%	-8
COD排放比上一年变化(%)	-3.27	-3.09	-2.04	-3.05	-2.9	-7.77%	-8
氨氮排放比上一年变化(%)			-1.52	-2.62	n	-4.18%	-10
氮氧化物比上一年变化(%)			+5.74	-2.77	-4.0	-1.32%	-10

注：(1) 主要污染物减排数据取自2009年以来中国环境状况公报和国家统计局统计公报。
(2) 单位GDP能耗、二氧化硫排放、COD排放均按可比价折算。累计结果有误差系小数点保留位数变化导致的累积误差造成的。
(3) 2013年全国氨氮排放强度尚没有统计数据发布。

在"十二五"时期的前3年中，宏观经济总量增长速度从9%~10%的区间下降到7%~8%的区间，增速逐步减缓。这从客观上缓解了经济增长对环境污染进一步加剧的压力。

1. 节能形势与压力

按照"十二五"规划纲要确定的约束性指标要求，到2015年单位GDP能耗要比2010年下降16%。按2010年不变价计算,全国万元国内生产总值能耗应该从2010年0.8094吨下降到0.6799吨标准煤。"十二五"期间前三年的实际执行情况是,全国单位GDP能耗下降幅度累计达到8.98%。要实现目标,2014年和2015年两年需要比2013年再下降7.71%,两年需要年均递减3.93%。前三年年均递减速度仅为3.09%,可见要实现2015年的节能目标,2014年和2015年节能强度必须比前三年提高近30%,显然难度很大。

2. 减排形势与压力

表1的数据表明,减排的压力似乎比节能的压力小。按照"十二五"减排目标,到2015年,全国化学需氧量和二氧化硫排放总量分别控制在2347.6万吨、2086.4万吨,比2010年的2551.7万吨、2267.8万吨均下降8%。在"十二五"期间的前3年,尽管GDP保持着7.7%以上的增长速度,但SO_2和COD的排放量绝对值已经大幅度下降。其中二氧化硫排放量前三年已经下降9.89%,大大超过控制目标。COD的排放量在3年内也下降了7.77%,接近于8%的控制目标。这两项约束性指标完成"十二五"的控制目标已成定局。

但是,氮氧化物和氨氮排放量控制目标完成进度却不容乐观。特别是氮氧排放量3年累计仅减排了1.32%,时间已经过去了60%,目标仅完成了不足20%。按照目前的进度,除非采取特殊措施,否则,达到目标几乎没有可能。

氨氮排放量降低的速度也不容乐观。虽然没有得到2013年数据,但根据我国农业生产普遍存在的化肥过量使用没有根本好转,养殖业废水处理和农村地区污水处能力没有根本提高的大背景可以推测,完成氨氮排放的约束性指标也存在较大难度。

3. 节能减排和环境保护中突出的新问题

在污染排放方面需要特别分析的是大气质量问题。在统计数据上二氧化硫排放量的持续下降并没有带来大气环境的好转。相反，2013年以来却发生了雾霾天气高度持续频发的大气污染现象。"雾霾现象"的加剧，既反映了大气污染治理的不力，也反映出环境治理的压力将进一步加大。

根据1961~2005年中国霾日统计资料，中国霾日呈现东多西少的空间分布态势。但近两年雾霾有范围不断扩大和程度日益加重的趋势。目前，霾天气比较严重的地区有华北地区、黄淮海地区、长江三角洲、四川盆地和珠江三角洲。全国平均年霾日数呈现明显的增加趋势，2005年以前雾霾日增长速度为1.19天/10年，2000~2010年雾霾日呈波动上升趋势，2013年以来呈快速增加的趋势。

作为我国首善之区的北京，2011年1~10月霾日达到72天，比2010年的35.4天增加了一倍，2013年仅1月严重雾霾天数就达到25天，为2010年全年的69%，超过20世纪90年代每年全年的天数。2013年第一季度我国共出现11次大范围雾霾天气，受雾霾影响区域包括华北平原、黄淮、江淮、江汉、江南、华南北部等地区，面积约占国土面积的1/4，影响人口约6亿，波及包括西藏、海南在内的25个省份的100多个城市。2013年上半年，74个城市空气质量平均达标天数比例为54.8%，超标天数比例为45.2%，其中轻度污染占25.4%，中度污染占9.5%，重度污染占7.5%，严重污染占2.8%。

京津冀的雾霾天气最为严重，2013年第三季度京津冀平均超标天数比例高达62.5%。进入2014年情况并没有任何好转。2014年1月，74个城市平均达标天数比例仅为37.6%，平均超标天数比例为62.4%，轻度污染占26.8%，中度污染占14.4%，重度污染占16.2%，严重污染占5.0%。京津冀地区13个城市空气质量平均达标天数比例为25.4%，重度污染占23.0%，严重污染占17.8%。据国家气象局数据，2014年2月，全国发生三次雾或霾天气过程，其中2月20~26日，华北、黄淮等地连续出现中度或重度霾天气，京津冀及周边地区的空气污染尤其严重，中东部地区霾日数普遍在3天以上，其中，华北大部达10天以上。

2012年以前的几年国家统计局发布的国家经济社会发展统计公报中，都公布城市大气环境质量变化数据，总的看，数据展示的城市空气质量达标率在提升。但2013年经济和社会发展统计公报中没有公布城市大气质量数据。其原因可能是因为雾霾天数的增加与大气质量不断好转之间存在矛盾，需要用新的大气环境质量指标替代旧的指标而暂时停止公布。

2013年以来由PM2.5引起的严重雾霾天气大范围持续频发在世界历史上也是少见的。然而，对于雾霾形成的原因，目前还没一个清晰的研究结果，目前治理雾霾的手段也很有限，因此，短期内使雾霾根本好转的可能性并不大。

二 节能减排压力分析

我国仍然处于工业化、城市化的高速发展时期，经济增长、生活水平提高与能源消费和环境保护之间的矛盾也处于激化阶段。

（一）节能压力日益增大的原因分析

1. 生产领域技术节能的潜力越来越小

我国的大中型能耗企业经过10多年节能挖潜改造，单位产品能耗已经日益接近当前应用的设备技术极限，进一步降低单位产品能耗越来越难。除非在两年内快速进行技术更新，否则，技术节能的可实现程度会越来越小。例如，我国的钢铁行业吨钢综合能耗已经从20世纪的2.3吨标煤以上，降低到目前的0.6吨标煤左右，虽然轨迹上最先进的水平可以达到0.58吨标煤，甚至更低一点，但靠利用最先进的技术实现钢铁节能的潜力也已经低于5%。而大规模进行技术更新和提高产品附加价值，需要时间和大量投入资金，在当前宏观经济处于增速下滑期，企业经济效益普遍不高，投融资成本居高不下，短时间内实现技术节能上台阶的潜力并不大。

2. 结构节能是一个长期的过程，短期内难以有显著效果

多年来，结构节能一直被认为是我国节能最重要的潜在路径。但从实践的过程来看，在近一两年内，结构节能可能作出的贡献并不会很大。其主要原因有三个方面。

一是产业结构轻型化还需要5~10年。结构节能中的最重要因素是产业结构优化和升级节能，即压缩能耗高的重化工产业在经济中的比重，提高能源消耗强度低的轻工业和现代服务业在经济中的比重。近10年以来，我们一直在这样做，从2003年起，我国的产业调控政策就聚焦于抑制重化工产业的发展速度，但并没有取得明显的效果。例如，2003年我国的钢铁产量是2.2233亿吨，宏观经济管理部门认为钢铁产能严重过剩了，因为据当时估计，钢铁产能已经接近3亿吨，而根据有关部门的预测，到2010年我国的钢铁需求量约为3亿吨，因此，必须严格控制钢铁产业的发展。面临类似局面的产业还包括电解铝、水泥、铁合金、电石、火力发电、煤化工、石油化工、有色金属等重化工产业。从那时起，我国的产业政策就一直以抑制钢铁产业为代表的重化工产业投资为重点，采取了几乎是最为严厉的行政管制措施。而实际结果是，市场上钢铁等重化工产品价格暴涨，民营企业采取化整为零的方法躲避国家行政调控的限制,像失去理智一样地疯狂向重化工产业投资。到2010年我国的粗钢产量达到6.26亿吨,钢材消耗量超过7亿吨,远远超过2003年确定的3亿吨调控目标。如果按照当时的调控目标进行生产力布局,那中国的经济将会因重化工产品供给短缺而崩溃。目前钢铁产能到底有多少吨,没有人能说得清楚。国家统计局等部门公布数据为10亿吨左右,2013年我国粗钢产量为7.79亿吨,据此推算,2013年我国钢铁产业产能利用率约为78%。而市场上的现实是钢铁产业几近全行业亏损,建筑钢材的价格几乎与20年前的1994年持平。如果生产能力利用率达到78%,即使出现库存增加状况,钢材价格也不会低到如此程度。与此相对应的可能性是,我国的实际钢铁产能根本不是10亿吨,而很可能达到了11亿吨以上。上述情况说明,我国的重化工产业目前到底是否严重过剩需要进行深入的研究,更需要认真斟酌靠行政手段压缩重化工业产能的实际效果。上述分析表明,在现阶段,特别是在近期内,通过压缩重化工产能来实现结构节能的现实性可能并不会如想象得那样大。

二是通过行政手段强制淘汰落后产能面临就业、财政收入、企业权利等多重因素影响,难以取得预期成果。

"十一五"期间,我国通过行政手段,强行关停小火电机组7682.5万千瓦,淘汰落后炼铁产能12000万吨、炼钢产能7200万吨、水泥产能3.7亿吨,同时,关闭一大批重污染的造纸、化工、纺织、印染、酒精、味精、柠檬酸等行业的中小企业,在加快淘汰落后产能方面取得重大进展。

2011年和2012年,全国淘汰落后产能的目标任务均按年度计划全面完成。两年共淘汰落后炼铁产能4270万吨、炼钢3783万吨、焦炭4499万吨、铁合金538.7万吨、电石283.9万吨、电解铝90.9万吨、铜冶炼118.3万吨、铅冶炼200.1万吨、锌冶炼66.7万吨、水泥（熟料及磨机）41326万吨、平板玻璃8897万重量箱、造纸1888.1万吨、酒精122.2万吨、味精22.7万吨、柠檬酸10.55万吨、制革1673万标张、印染512482万米、化纤62.95万吨、煤炭9225万吨、电力1335.2万千瓦、铅蓄电池2971万千伏安时。其中，焦炭、电解铝、铜冶炼、铅冶炼、锌冶炼、水泥、造纸、酒精、味精、柠檬酸、制革、化纤、铅蓄电池已经超额完成"十二五"规划目标的任务，此外，淘汰炼铁产能已经完成"十二五"规划目标的89%，炼钢78.8%，电石74.7%，铁合金72.8%，平板玻璃98.9%，印染91.8%。大力度淘汰落后产能，对于节约能源消耗和减少污染物排放，都具有积极的促进作用。

上述数字显示，淘汰落后产能的力度不可谓不大。但数字背后却另有问题存在，即淘汰的产能实际上有很大一部分都是已经不再生产的"僵尸"产能，同时，发达地区淘汰的"僵尸"被各地以产能替代的名义异地发展了大量新产能。即使如此大力度的淘汰落后产能，单位GDP的能耗仍然下降缓慢，这足以说明，紧靠行政手段淘汰落后产能的局限性。

特别需要指出的是，在经济不发达地区，淘汰落后产能的难度极大，涉及企业就业、地方财政收入减少的障碍，地方政府面临很大压力。一些需要淘汰的大部分"落后产能"所涉企业都是民营性质，其具有合法的工商注册和各种手续，靠行政力量强行淘汰在民事权利上也面临法律障碍。

三是国际竞争压力使节能面临尴尬境地。我国的能源以煤炭为主，但煤炭的价格形成机制不健全，生态环境成本缺位导致价格不合理，难以对节能形成很大的经济压力。如果通过资源税和环境税的方式较大幅度地提高能源价格，就会进一步降低我国出口产品的国家竞争力，同时，由于我国的自然生态环境脆弱，与人口结构"未富先老"一样遭遇的是"未富先污"，提高能源价格会增加占人口绝大多数的中低收入阶层的生活成本，社会压力巨大。

3. 管理节能潜力巨大，但需要提高整个社会的素质，也是一个缓慢的过程

我国能源管理还很落后，特别是公共能源管理与发达国家差距更大，管理节能有较大潜力可挖。但能源管理是整个社会经济管理的一个有机组成部分和缩影，整个社会管理水平较低是发展中国家面临的共同问题。提高管理水平不仅需要管理手段现代化，更需要社会公共文化体系和全体国民素质的进步支撑，能源管理不可能超越社会经济管理单兵突进。例如，能源合同管理是一种有效节能途径，但在中国却遭遇社会信用、能源金融等的缺失，导致先进的管理模式难以快速普及。同样，节能设备和产品的推广应用，面临着制度和利益摩擦的制约。再如，建筑节能是节能的重要领域，但在我国，节能建筑普及率很低，国家颁布的建筑节能标准长期得不到落实，关键在于房地产开发商为了价格竞争、谋取企业利益而不落实，房价高企导致绝大多数买房者首选价格优势，政府又没有有效的监督，因此，我国的建筑符合节能标准的仅仅是"样板房"。因此，改善能源管理需要一个长期的过程，短期内不会有突破性进展。

4. 生活水平日益提高，生活用能和人均消费物资产品持续增长是不可逆转的趋势，这必将推升能源消耗总量

2003年以来的10年内，城镇居民人均收入增长到3.27倍，农村居民人均纯收入增长到3.45倍，而大量消费品，特别是耗能消费品，例如，汽车和家用电器的价格不仅没有增长，反而大幅度下降，这促使人均消费品消费数量迅速增长，虽然生产单位产品的能耗下降，但产品消费数量的迅速增长导致生活用能的总量快速增长。2003年全国人均生活用能为154千克标煤，2013年达到约310千克标煤，翻了一番。2003年我国机动车保有量为9650辆，2013年已经突破2.5亿辆。其中汽车保有量已经从2003年的1219万辆增长到2013年的1.37亿辆，增长了10倍多，私人汽车保有量增长更快。生活水平提高导致人均生活用能消费持续增长是不可逆转的趋势，这对单位GDP能源消耗下降具有重要影响。

（二）污染减排压力大的原因分析

污染是资源和能源消耗的直接后果，所有污染物都来自资源和能源消耗。因此，污染减排压力从根上说是由于资源消耗持续增长带来的。

1. 经济增长对资源高消耗产业的需求持续增长，生产和消费污染物产生总量难以降低

处于工业化和城市化高峰期的我国，在未来5~10年，资源高消耗的产业市场需求依然会继续扩大。我国六大高能耗产业近5年的产量变化如表2所示。虽然2010年以来经济增长处于速度下滑期，但这些产业的市场需求仍然以年均6%以上的速度增长。其中非金属矿物制品业、化学原料及化学制品业和有色金属冶炼及压延产业的增长速度仍然达到11%~14.6%。同样，表3中的高资源消耗大宗产品生产的增长速度也大都在6%以上。这些产品在生产过程中或在使用过程中（例如汽车）都会不断产生和排放污染物，即使考虑技术进步可以使生产单位产品和消耗单位产品的污染排放减少，但生产和使用总量的扩大仍然超过技术进步使污染排放减少的速度。特别是，技术创新和循环经济使传统关注的废弃物排放减少了，但过去没有关注的污染物又积累到超标的程度。近10年来，通过技术创新和发展循环经济，固废、废水和烟粉尘排放下降了，但雾霾天气持续增加说明，伴生的其他污染物排放在增加。

表2 2009~2013年我国六大高耗能产业增长变动情况

单位：%

产业\同比增长\年份	2009	2010	2011	2012	2013
非金属矿物制品	14.7	20.3	18.4	11.2	11.5
黑色金属冶炼及压延加工	9.9	11.6	9.7	9.5	9.9
化学原料及化学制品业制造	14.6	15.5	14.7	11.7	12.1
有色金属冶炼及压延加工	12.8	13.2	13.6	13.2	14.6
电力热力生产和供应	6.0	11.0	10.1	5.0	6.2
石油加工炼焦及核燃料加工	5.2	9.6	7.6	6.3	6.1

资料来源：国家统计局，2009年以来国民经济和社会发展统计公报。

2. 成本压力和环境意识不强，导致生产者和消费者环境责任意识薄弱

环境是一种社会共有资源，保护环境是每个企业和居民的共有责任。但环境保护需要投入成本，只有企业和公民具有自觉的环境保护意识和道德，才会自愿承担环境保护的责任。目前，我国大量企业为了自身利益和降低成本，不遵守国家环境保护法律，偷排乱排、超标排放污染物的现象十分普遍。很大一部分消费者的公共环境保护意识与道德水准低下，只顾自己方便，随意排放废弃物的行为比比皆是。例如，雾霾的重要来源是机动车尾气排放，特别是老旧车辆排放尾气更加严重，但我国运行中的机动车老旧车辆比例很高，马路上随处可见"墨斗鱼"车辆随意行使。改变这种状况需要全社会的企业与居民提高环境保护意识，实现生态环境自觉。国

表3 2009~2013年主要高耗能工业品产量及增长变化

产品名称	单位	2009 产量	2009 同比增长(%)	2010 产量	2010 同比增长(%)	2011 产量	2011 同比增长(%)	2012 产量	2012 同比增长(%)	2013 产量	2013 同比增长(%)
化学纤维	万吨	2730.0	13.0	3090.0	12.5	3390.0	9.7	3800.0	12.1	4121.9	7.4
粗钢	万吨	56803.3	12.9	62695.9	9.6	68388.3	7.3	71716.0	4.7	77904.1	7.6
钢材	万吨	69626.3	15.2	79775.5	14.9	88258.2	9.9	95317.6	7.6	106762.2	11.7
十种有色金属	万吨	2650.1	5.2	3092.6	16.8	3434.3	10.0	3672.2	6.9	4054.9	9.7
电解铝	万吨	1296.5	-1.5	1565.0	21.4	1767.7	12.1	1985.8	12.3	2205.9	9.2
氧化铝	万吨	2379.3	3.3	2893.9	21.6	3417.2	18.1	3769.6	10.3	4437.2	17.7
水泥	亿吨	16.5	16.0	18.8	14.4	20.9	10.8	22.1	5.3	24.2	9.3
烧碱	万吨	1832.4	-1.1	2086.7	13.9	2466.2	10.7	2696.1	9.0	2859.0	6.0
乙烯	万吨	1066.3	8.0	1418.9	32.3	1527.5	7.5	1486.8	-2.7	1622.6	9.1
汽车	万辆	1379.5	48.2	1826.99	32.4	1841.6	0.8	1927.7	4.7	2211.7	14.7

资料来源：国家统计局，2009年以来国民经济和社会发展统计公报。

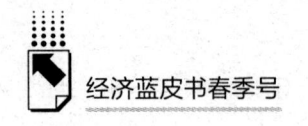

外经验表明，这是一个长期的过程，可能需要2～3代人的努力才能实现。

3. 环保投入不到位

在生产和消费都快速增长的情况下减少废弃物排放，需要政府、企业和消费者增加环境保护投入。发达国家的环境保护投入一般都为GDP的2%～3%。而我国2012年全社会的环保投入占GDP的比例仅为1.58%，2013年可能略有上升但仍低于2%。除环保投入总量不足以外，环保投资效率低也是一个不容忽视的问题。"十一五"以来，国家在实施西部大开发战略中增强了对西部地区环境保护投资的转移支付，帮助落后地区县级区域建立了包括污水处理设施在内的大量环保基础设施，但由于当地财政能力弱，大量环保设施不能正常运转。要降低环境保护压力，环保投入占GDP的比例仍需尽快提高到2%以上。但在宏观经济增长速度持续放缓、地方财政收入增长放慢的情况下，增加地方政府环保投入的难度在加大。

4. 技术创新滞后

环境保护需要先进技术的支撑。首先是从污染产生的源头，即生产企业的生产技术体系开始，提高资源和能源的利用效率，减轻污染物产生的强度，需要把先进的环境保护技术嵌入生产技术体系之中，需要高效率低成本的污染物处理技术对生产和生活废弃物进行高效率的无害化处理。但我国的生产技术体系与环境保护技术之间的融合度普遍较低，废弃物无害化处理技术与国外先进水平存在较大差距。加速生产技术与环境保护技术的集成创新和废弃物循环利用技术的创新，是降低经济增长带来的环境保护压力的根本出路。但技术创新需要有内在的激励机制，我国的科技体制、经济管理体制、环境管理体制和缺乏团队协作精神的文化等方面都存在阻碍技术创新的因素，加快技术创新需要制度改革的支撑，这也需要时日。

三 未来展望与对策

总体上看，我国的节能减排与环境保护在过去几年取得了很大成绩，尽管总体压力仍然在加大，但过去的工作降低了压力的增长速度。为了缓解经济增长与能源资源和环境保护之间的矛盾，我国已经开始实施重大战略调整。党的"十八大"报告提出，未来要"把生态文明建设放在突出地位，融入经济建设、政治建设、文化建设、社会建设各方面和全过程，努力建设美丽中国，实现中华民族永续发展"。"着力推进绿色发展、循环发展、低碳发展，形成节约资源和保护环境的空间格局、产业结构、生产方式、生活方式，从源头上扭转生态环境恶化趋势，为人民创造良好生产生活环境，为全球生态安全作出贡献。"十八届三中全会进一步提出，"建设生态文明，必须建立系统完整的生态文明制度体系，用制度保护生态环境。要健全自然资源资产产权制度和用途管制制度，划定生态保护红线，实行资源有偿使用制度和生态补偿制度，改革生态环境保护管理体制"。这为我国长期发展和从根本上解决资源环境问题确定了路线图。

在近期内，节能减排和环境保护必须与"保增长、调结构、促改革、惠民生"更加紧密地融合起来，用生态文明建设统一思想、凝心聚力、攻坚克难，以更加科学的措施和更加严谨的管理，实现节能减排和环境保护目标与社会经济发展要求的统一。为了切实做好新形势下的节能减排和环境保护工作，李克强总理在2013年人代会上的政府工作报告中已经明确了2014年环境保护、节能减排和生态保护与建设的工作思路，并提出了具体措施。

第一，出重拳强化污染防治。以雾霾频发的特大城市和区域为重点，以细颗粒物（PM2.5）和可吸入颗粒物（PM10）治理为突破口治理雾霾，全年要淘汰燃煤小锅炉5万台，推进燃煤电厂脱硫改造1500万千瓦、脱硝改造1.3亿千瓦、除尘改造1.8亿千瓦，淘汰黄标车和老旧车600万辆，在全国供应国四标准车用柴油。实施清洁水行动计划，加强饮用水源保护，推进重点流域污染治理。实施土壤修复工程。整治农业面源污染，建设美丽乡村。我们要像对贫困宣战一样，坚决向污染宣战。

第二，加大节能减排力度，控制能源消费总量，2014年能源消耗强度要降低3.9%以上，二氧化硫、化学需氧量排放量都要减少2%。

第三，推进生态保护与建设。继续实施退耕还林还草，2014年安排500万亩。实施退牧还草、天然林保护、防沙治沙、水土保持、石漠化治理、湿地恢复等重大生态工程。

上述措施必将有力地促进节能减排和环境保护。为了切实推进污染减排，建议长短期措施相结合，为从根本上改变环境污染奠定基础。

一是深化创新增长文化，引导其向生态文化转变。在总体思路上，提出"不管黑猫白猫，破坏生态污染环境就不是好猫"的文化口号，以便加速建立与生态文明建设相适应的新文化体系。

二是尽快研究建立国家统一的环境警察体系的可行性，实现环境保护的全国异地统一执法。目前的环境保护法律法规难以落实的重要原因之一是，环境保护机构隶属于地方政府，它们与企业之间存在诸多直接和间接的利益关系，加上腐败等不良现象的存在，使得环境执法困难重重，甚至存在与污染者合谋的极端现象。建立国家环境警察制度，由国家直接隶属的环境警察在全国各地实施环境巡查执法，并接受居民的举报，可以避免地方执法困难的诸多弊端。

三是加大循环经济和环保产业发展力度。在加强存量企业环境治理力度的同时，大力发展循环经济和环境保护产业，充分发挥循环经济对节能环保的协同效应，使其成为新的经济增长点。

B.18
以开放促进改革

——中国（上海）自由贸易试验区相关回顾和展望

李刘阳 朱平芳*

摘 要： 2013年9月，上海自贸区正式挂牌，负面清单等相关管理规定正式落地。同年12月，中国人民银行出台关于金融支持自贸区建设的相关意见。通过增大相关领域的开放力度，中国（上海）自由贸易试验区将对现有行政体系、投资管理、金融和贸易领域进行全方位的改革试验。展望2014年，随着自贸区人民币跨境支付等相关管理规定的正式推出，上海自贸区将为全国更大范围内的深化改革积累宝贵的经验。

关键词： 自贸区 金融改革 扩大开放

2013年9月27日，国务院在中央政府官方网站上正式对外印发《中国（上海）自由贸易试验区总体方案》。9月30日，外商投资企业管理办法、负面清单等相关法律法规出台，中国（上海）自由贸易试验区正式挂牌。试验区范围涵盖上海市外高桥保税区、外高桥保税物流园区、洋山保税港区和上海浦东机场综合保税区等4个海

---

* 李刘阳，上海社会科学院数量经济研究中心；朱平芳，上海社会科学院数量经济研究中心。

关特殊监管区域。自贸试验区的建立既有受到外界压力的被动因素，也有我们利用开放促进改革而主动出击的成分。自贸区将投资、贸易、金融和行政体制四大方面在保留原有保税区的基础上进行全面升级。负面清单管理将给予所有愿意参与自贸区的企业一个公平竞争的环境。12月2日，中国人民银行正式对外印发《关于金融支持中国（上海）自由贸易试验区建设的意见》，正式确定了自贸区金融改革的7大项共30条框架原则（称为"金融30条"）。金融领域的放开可以激活过去由于管制而被压制的市场交易需求，通过要素价格的正常化提高要素的配置效率。在行政体制上，自贸区将是政府职能转变改革的试点和样板，"小政府，大市场"的改革目标将通过"一线放开，二线管住"的监管创新来实现。随着自贸区试验的成功推进，最终改革的经验将会在全国复制推广，改革的红利将惠及全国。

一 建立中国（上海）自贸试验区的背景

为什么要建立自贸试验区？笔者认为，这是中国政府在当前国际国内形势下所能作出的必然选择。

首先，是传统的出口导向型经济已经走到了尽头。早在20世纪90年代末期，我国商品供应已经从短缺转向过剩。由于国内消费者的收入水平普遍不高，巨大的产能无法通过国内需求来消化。"入世"之后，中国以低廉的人力成本和相对健全的基础设施成为了全球产业链中的重要一环，充分分享了全球化进程所带来的出口红利。2000年之后，中国出口商品占世界贸易的份额不断提升，出口成为了拉动中国经济增长的重要引擎。出口导向型的经济发展模式令"中国制造"遍布全球，也让早就存在的产能过剩问题通过外需得到了缓解。然而，随着中国对外出口份额越做越大，巨额的国际收支失衡引起了贸易逆差国的不满。2010年的G20峰会上，美国提出了将成员国经常项目顺差与GDP之比控制在4%以内的硬指标要求。对于中国这样的出口大国来说,要么调整本币汇率,痛苦地削减经常项目顺差,要么选择稳定汇率,放弃货币政策独立性,造成国内货币超发。面对两难,中国最终选择了一个折中的方案——渐进式升值。这样,对外升值+对内贬值的奇特现象就在近几年发生了。到了2013年,经常项目顺差与GDP之比已经从2007年最高的10%削减到2%左右,出口对于GDP的贡献几乎为零,即使欧美经济有所恢复,过去依赖出口的外向型经济依旧处于萎缩的状态。具体见图1、图2。

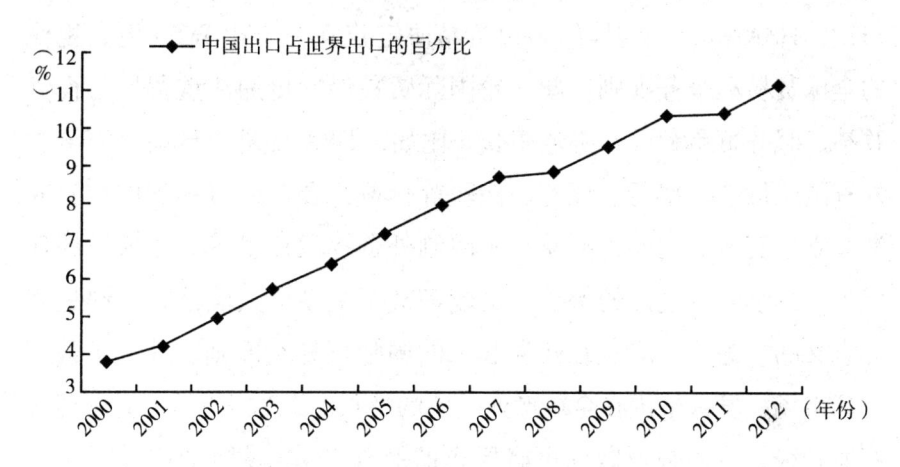

图1 中国出口占全球出口份额

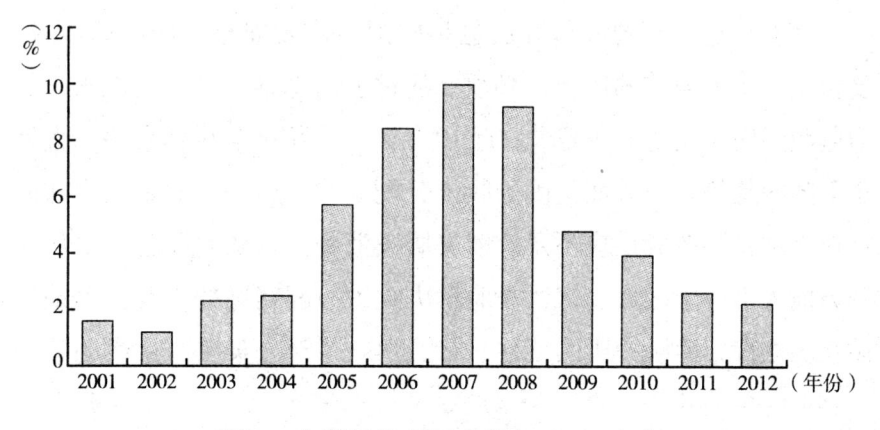

图2 中国经常项目余额与GDP之比

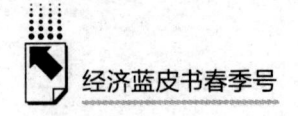

我国当年签订 WTO 合约时，针对一定的行业设定了保留和限制措施，特别是在金融服务领域对外资的参股和经营都有严格的规定，目的是保护国内的相关产业。正是因为这些不符合外资国民待遇、公平竞争、法律透明等 WTO 基本精神的条款的存在，才导致 WTO 成员针对从中国进口的商品可以采取保留限制措施。① 中国近年来在海外市场屡屡遭到反倾销调查并被征收高额反补贴税，总是在 WTO 诉讼的案件中吃亏，其主要原因就是外贸制度并未完全符合 WTO 的义务。不仅如此，以美、日、欧为首的发达国家正在试图通过 TPP、TTIP、TISA 和 PSA 这样的多边贸易协定建立一个比 WTO 更高规格的全球贸易和服务准则。新一轮国际贸易谈判更加注重贸易与投资并举、服务贸易和投资协定相联。比如，TISA 要求成员国全面给予外资国民待遇，银行、证券、保险等行业都要对外资一视同仁，取消设立合资企业的额外要求，不限制外资控股比例等。在这样的环境下，继续实行过去的保护主义政策甚至主动令人民币贬值都是毫无意义的。为了适应正在建立起来的国际贸易新准则，进一步融入全球市场，发挥中国在全球产业链中的特长"二次入世"，促进现有产业升级，我们必须做到更高层级的对外开放。建立中国（上海）自由贸易试验区，就是为下一步全面开放所做的先行先试。

其次，更全面的改革开放也是中国经济发展至今的必然诉求。要让经济走出当前的困局，必须要从过去的思维定势中跳出来，努力刺激国内居民的消费需求。近 10 年来，中国的居民消费率一直处于下降的趋势，一方面是因为收入分配不均，另一方面是因为部分行业受到管制造成供应不足。解决居民消费需求的问题就需要从这两方面入手。十八大以来，政府解决收入分配问题的主要抓手是城镇化的建设，而解决居民"住、行、学、医"之类更高层次的消费

---

① 详见《中国加入 WTO 议定书》第 16 条、第 17 条。

需求供给不足的问题则主要通过制度创新来完成。上海自贸试验区所实行的"负面清单"管理的模式正是对转变政府职能这一重大制度改革的尝试。从我们了解的情况来看，国务院并不打算给上海自贸区内企业类似财政补贴的"红包"优惠，而是更倾向于给过去严格执行的管制"松绑"。放松管制、用市场机制来改革，提供制度红利，用市场那种"看不见的手"的力量去替代"看得见的手"。这才是中国（上海）自贸试验区乃至新一届政府经济改革哲学的核心体现！虽然说美、欧、日为首的发达经济体在创造国际贸易新准则的时候并非以中国的国家利益作为核心考量，但这并不表示通过改革来适应这些国际准则对中国一定就是完全不利的。如果能通过上海自贸区试验，以开放促改革，并最终建立起国际通行的，符合中国市场经济发展和转型升级的贸易和产业规则，那就有利于中国实现更深层次改革开放的大局。

二 自贸区的改革内容

上海自贸试验区有四大重要任务，即投资领域开放、贸易自由化、金融开放与创新、行政体制改革。

在投资开放方面，上海自贸区在制度创新中的最大亮点是负面清单管理。所谓"清单管理"，是指针对投资相关的管理措施，均以清单的形式列明。所谓的正面清单是规定企业"能做什么"，而负面清单是限定企业"不能做什么"，不在负面清单上罗列的项目企业均可参与。2013年9月30日，上海市人民政府公布《中国（上海）自由贸易区外商投资准入特别管理措施（负面清单）（2013年）》，标志着2013版负面清单正式落地。上海自贸区改革的重要方向是要终结审批制，逐步建立"准入前负面清单管理，准入后监管"的管理体制。这次的投资领域扩大开放主要针对服务业：在金融、航运、商贸、专业、文化和社会等六大领域共18个子类进行全面开放。在自贸区内的外资有望享受国民待遇，大部分投资都会实行备案制，取消外资股比限制、资质要求和经营范围等诸多准入门槛。随着时间的推移，2014年、2015年更新版的负面清单的修订将遵循积极推动服务领域开放、参照国际通行规则和充分考虑现有产业基础和未来产业定位等原则。实践证明，不管是制造业还是服务业，凡是对外开放彻底的，都会发展得较好，具备全球竞争力。中美即将进行双边投资协定谈判①，中方同意以准入前国民待遇和负面清单为基础和美方进行协商。外商投资的准入限定将不再依赖外商投资产业指导目录。这次自贸区内的试点正是中美投资协定的一个预演。减少审批意味着准入公平，这对削减官员权力和设租寻租能力有着重要的意义。另外，自贸区还将鼓励有条件的企业对外投资，鼓励试验区设立专业从事境外股权投资的项目公司，并支持成立对外股权投资母基金，让自贸区成为中国企业"走出去"的重要平台。

在贸易领域，上海自贸区要在现有保税区业务的基础上进行全面的升级（见图3）。自贸区的地址选在上海保税区，那里本就是中国境内最为开放的地方。在自贸区之前，保税区已经拥有比较成熟的仓储、包装、加工、船舶码头、航运等业务，本次自贸试验区的开放程度更高，在相关金融服务领域的业务具有很大的提升空间。保税区的传统业务中，较重要的两块是转口贸易和离岸贸易。针对转口贸易，本次自贸区将探索设立大宗商品交易和资源配置平台，开展能源产品、工业原料和农产品等国际贸易的配套金融服务。在境内外企业参与商品交易的同时，探索建立期货保税交割试点，拓展仓单指压融资功能，降低商品要素价格风险管理的门槛和成本。针对离岸贸易，自贸区将鼓励跨国公司设立亚太地区资金总部，通

---

① 2013年7月，第五轮中美战略与经济对话达成的成果清单中，最引人注目的是中美确定展开双边投资协定（Bilateral Investment Treaty）实质性谈判。

过金融管制的放开激活跨国企业的资金调配问题，在融资自由的情况下，可以允许资金总部设立人民币和外币资金池，深化国际贸易结算中心的功能。这样，有些货物就不一定要通过上海的港口，自贸区内的贸易企业只完成资金的环节即可。离岸贸易业务的开展不光能带动上海的贸易，还能通过与全国其他港口的协同合作带来更大的商机。另外，针对港口和航运的业务，相关的资金支持、贸易支持和监管放开也会形成利好。与航运相关的服务贸易如航运金融、船舶管理、航运经纪、融资租赁、检测维修将会受益。航运运价指数期货交易等配套的金融开放政策也提升了国际航运服务的能级。

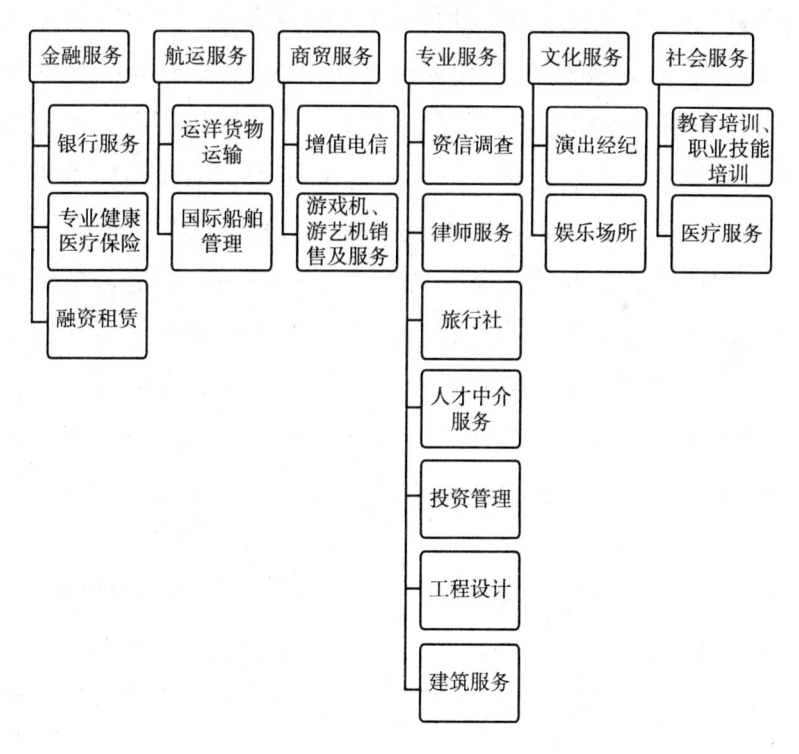

金融服务	航运服务	商贸服务	专业服务	文化服务	社会服务
银行服务	运洋货物运输	增值电信	资信调查	演出经纪	教育培训、职业技能培训
专业健康医疗保险	国际船舶管理	游戏机、游艺机销售及服务	律师服务	娱乐场所	医疗服务
融资租赁			旅行社		
			人才中介服务		
			投资管理		
			工程设计		
			建筑服务		

图3　将逐步对外开放的服务业领域

金融领域的放开是上海自贸区最受关注的部分。不少业界学者认为，上海自由贸易试验区更应该称作"自由金融试验区"。的确，根据自贸区总体方案的设计，本次上海自贸区内的金融改革力度之大，前所未有。首先，在自贸区内，和贸易、直接投资等实体经济相关的资金流可以完全自由兑换，并在风险可控的前提下于区内逐步实现利率完全市场化。[①] 在汇率方面，人民币在自贸区内将尝试完全依赖市场供求定价，外汇管理机制将与自由贸易区相适应，努力使区内投资和贸易相关的外汇兑换做到完全便利。另外，外债额度的改革将促进跨境融资的便利，这样既能吸引跨国公司在区内设立资金营运中心，也能令区内的金融机构利用海外的融资来支持区内的企业。随着自贸区改革项目的逐步深入，自贸区内将建立起一套服务于人民币国际化的金融和投资体系。

12月2日，央行在其官方网站上刊发《关于金融支持中国（上海）自由贸易试验区建设的意见》，让金融从四个方面支持自贸区实体经济的发展：推进人民币跨境使用、推动人民币资本项目可兑换、稳步推进利率市场化和深化外汇管理。"金融30条"规定，在区内就业并符合条件的个人可以按规定开展包括证券投资在内的各类境外投资。个人在区内获得的合法所得可在完税后向外支付。区内个体工商户可根据业务需要向其在境外经营主体提供跨境贷款。在区内就业并符合条件的境外个人可按规定在区内金融机构开立非居民个人境内投资专户，按规定开展包括证券投资在内的各类境内投资。以上几点是自贸区在传统QFII和QDII等跨境投资通道之外的全新尝试。从分账户管理到跨境投融资，从境外发行人民币债券到区内企业的资金划拨相关的规定，"金融30条"中的跨境业务描述增加了自贸区对于相关企业的吸引力（见图4）。

[①] 目前国内的现行体制是存款利率可上浮10%，贷款利率则不设限制。在自贸区内，存贷款利率将逐步实现完全自由。

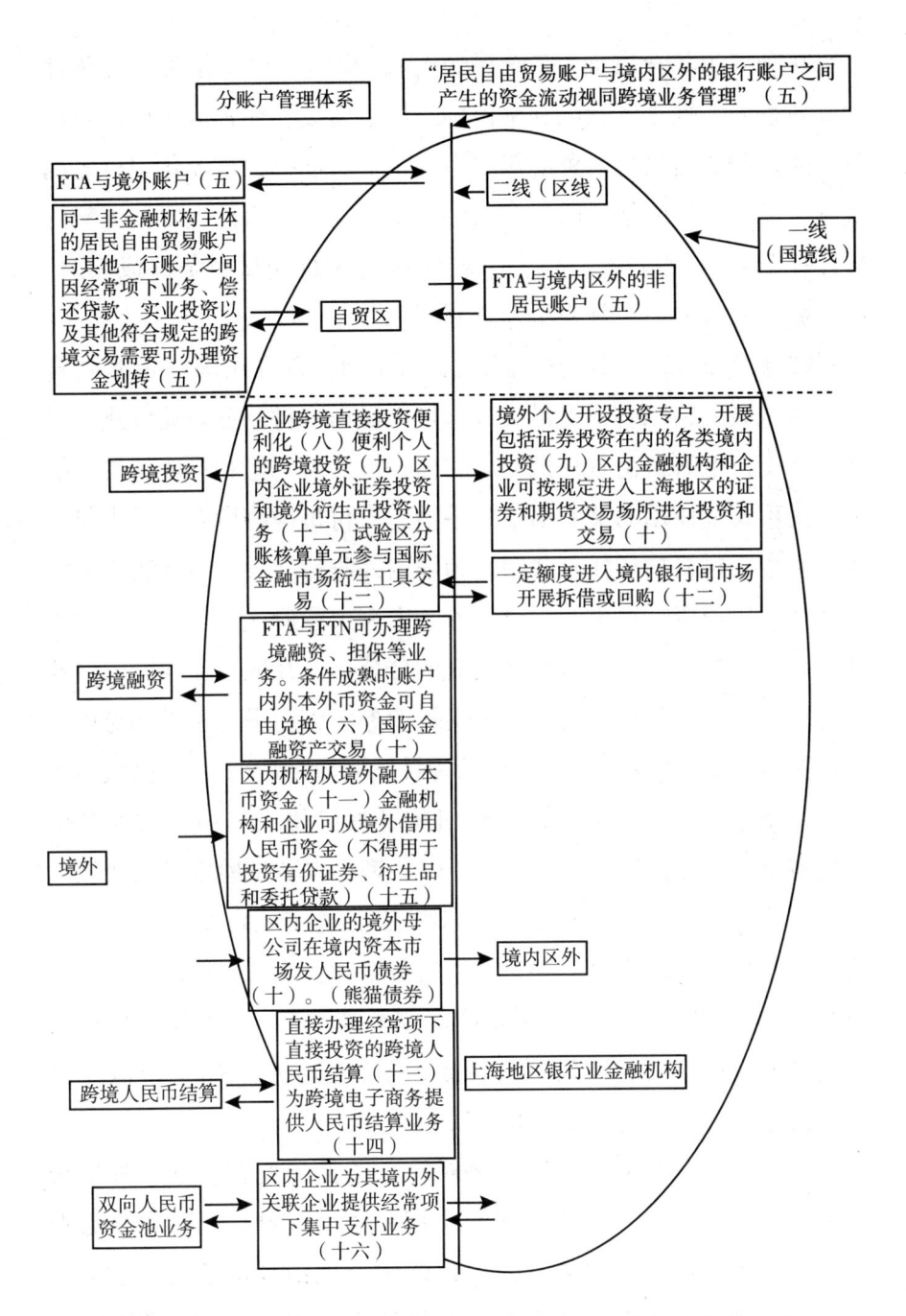

图4 "金融30条"中关于跨境跨区资金流动相关条款示意

资料来源：上海发展研究基金会。

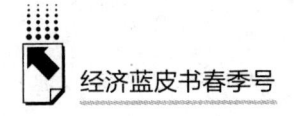

在利率市场化方面,"金融30条"提出将根据相关基础条件的成熟程度,推进试验区利率市场化体系建设;完善区内居民自由贸易账户和非居民自由贸易账户本外币资金利率的市场化定价监测机制;另外,还将把区内符合条件的金融机构纳入优先发行大额可转让存单的机构范围,区内实现 NCD 的先行先试;条件成熟时,还将放开一般账户小额外币存款利率上限。

2014年2月18日,中国人民银行上海总部在中国(上海)自由贸易试验区组织召开支付机构跨境人民币支付业务启动仪式。这是金融支持上海自由贸易试验区实体经济发展、便利跨境贸易、扩大人民币跨境使用的又一项重要举措。支付机构跨境人民币支付业务,是指支付机构依托互联网,为境内外收付款人之间真实交易需要转移人民币资金提供的支付服务。上海市注册成立的支付机构以及外地支付机构在自贸试验区设立的分公司,凡取得互联网支付业务许可的,均可从事跨境人民币支付业务。为促进支付机构跨境人民币支付业务的顺利开展,在人民银行总行的指导下,人民银行上海总部制定了《关于上海市支付机构开展跨境人民币支付业务的实施意见》(以下简称《实施意见》)。遵循自贸试验区简政放权的改革思路,中国人民银行上海总部将依据《实施意见》对支付机构开展跨境人民币支付业务实行事后备案和负面清单管理。这是对央行"金融30条"的又一项具体落实举措,自贸区跨境人民币支付业务的开通让跨境购物更为便捷,今后越来越多的"海淘"将以人民币定价、人民币支付和人民币结算。

在金融服务领域,自贸区将对符合条件的民营资本和外资金融机构全面开放,并可能发展起类似日本(JOM)的离岸金融业务。通过大力度的管制放开,可以激发金融市场的活力。过去几年,虽然境内的金融市场在创新产品的引入和市场建设方面取得了长足的进步,但由于管制严格,不少拥有真实需求的参与者被拒之门外。另外，细化到波动区间，甚至头寸方向的规定也让不少有意参与的机构和个人望而却步。例如海外有不少拥有国内风险敞口的投资者，他们的融资水平大约是3个月SHIBOR，但由于他们没法进入国内IRS市场，只能通过市场容量更小的海外NDIRS来对冲风险。境外人民币衍生品市场容量的限制很大程度上制约了海外机构持有中国资产的热情。随着自贸试验区的建立，离岸金融市场能够发挥境内市场目前无法实现的功能——将境内外的交易需求融合在一起，鼓励金融市场投融资产品的创新，在风险可控的前提下进一步提高要素配置效率，服务于上海国际金融中心建设。

在行政体制上，自贸区将试点进行政府职能改革。简化行政审批程序，建立综合有效的执法体系，在质量技术监督、食品药品监督、知识产权、工商、税务等管理领域，实现高效监管。自贸区将推进"一线放开、二线安全高效管住"的创新监管模式。所谓"一线"是指贸易园区和国境之间的通道。"一线彻底放开"是指货物进入自贸区的手续能够大为简化，海关只实行备案管理、不用查货检验。在自贸区内，质检工商、金融监管等机构会将功能统一化，避免重复繁琐的流程，进行转变政府职能的试点，"小政府，大市场"的改革目标将率先在自贸区内实现。"二线"是指自贸区内与区外之间的通道。"二线管住"，是指货物或者资金从非自贸区进出自贸区内时仍然需要进行严格监管，按照既定的流程出入关，防止监管套利。

特别需要说明的是，放松管制和放松监管是两个概念。管制是指对市场准入的限制和要素价格的控制，自贸区实行管制放松的核心是事前审批程序的取消和要素价格的放开，但这并不意味着事后的监管程序会放松。中国国内的要素价格长期受到压制，一旦在自贸区内放开了价格和资本项目的闸口，那么要素价格很有可能会在短期内上涨并形成财富效应。中国实体经济的回报率本身就不高，在要素价格上涨的巨大诱惑面前，不少企业很有可能会放弃原有的实体经营，加入要素价格炒作中去。要素价格的大幅波动给实体经济经营的企业带来额外的对冲成本，进一步降低了利润率，加速了实体企业萎缩和产业空心化。过去新兴国家在尝试金融服务业开放、促进产业升级的时候，往往会形成资产泡沫和金融危机，其根源就是没有处理好金融服务和实体经济的关系。上海自贸区建设站在前人的经验基础上，依然需要紧贴金融服务于实体经济的原则，在尊重要素价格，由市场供求决定的同时，也需要通过适当的监管遏制投机炒作，防止利率、汇率等重要的要素价格大幅波动而影响到实体经济的运营。

三 自贸区的延展和辐射作用——从先行先试到多点共赢

任何一项改革试验都需要考虑其延展性。因为一旦成功，其经验需要在全国可以推广。上海自由贸易区改革的最终目标是要将改革红利辐射全国，呈现共赢的状态。

在自贸区揭牌后的三年内，自贸区主要的受益者应该主要还是28平方公里区域内的企业，它们可以享受行政效率提高、贸易和金融自由所带来的商机和优势。长三角地区拥有大量的实体经济贸易和金融需求，这是上海自贸区试验能够获得成功的保障。与此同时，自贸区外的长三角企业则可以通过区内区外的互动对接来分享自贸区改革的好处，可以通过自贸区的企业共享全球贸易需求和资本。贸易需求带动金融服务，由自贸区一点连接中国和全球的货物和资金，帮助中国外贸在新的国际准则下成功"突围"。

如果上海试点成功，自贸区在未来可能会推广到浦东甚至整个上海。在上海自贸区获得国务院原则通过后，天津、重庆、广东、厦门、青岛等地也纷纷准备向国务院提交保税区转型自由贸易区的申请。其中，天津自贸区已经写入了市政府的工作报告，有可能在2014年上半年获得批准。一旦上海自贸区获得成功，今后将可能逐步复制并推广到全国，实现以点带面的更全面开放。

Abstract

Currently, because of the slow return to health of world economy, the opaque situation of new economic growth in developed countries, the problems that emerging economies must resolve including weak economic momentum and serious structural contradiction, and the uncertainty resulted from decreasing of QE III of the United States at the same time, China's macro-economy maybe face some potential problems and need to remain vigilant.

In 2013, China's macro-economy run smoothly, the industrial structure developed in trend of optimization, the investment performed at a lower rate, and the companies benefit directed to stabilization; at the same time, the prices remained stable while the liquidity became tight in China; besides, the external demand recovered feebly, and the international payments tended to balance. However, in 2014, constrained by excess capacity, debt risk and other issues, China's investment growth in the fixed assets would slow down. Although consumption of China remain growing steadily, it will be hard to become the dominant factor in stimulating economy. And in export, the net value of trade in goods and services will be further reduced.

Over more than three decades, China enjoyed a rapid average GDP growth at nearly 10%, having been the second economy already. But now, China is undergoing an economic shifting period from "structural accelerating" to "structural decelerating". In 2014 and the coming phases, China's economy will run at the rate of about 7.5%, which is lower than that of the past more than three decades. According to prediction, in 2014, the rate of China's economic growth will reach 7.4%, which is slightly lower over the last year.

Abstract

Currently, each steady growth measure need to gently continue, otherwise negative impacts maybe result from excessive irritation policies, and at the same time, reform bonus may not perform timely. China should give priority to employment and make the economy run in more wide growth range by macro-control measures in order to prepare for the prospective structural adjustment, reform and innovation.

In future, China's economy will still have a larger potential for long-run growth, while the fiscal income growth have been in decelerating period. In 2014 China should take active fiscal policy to increase the expenditure intensity of structure adjustment, focusing on increasing the efficiency of funds. And then, China should further promote and perfect tax reform of conversion from business tax to VAT, decreasing small micro enterprise tax burden. Besides, China should change the fiscal and taxation systems as soon as possible in order to establish matching mechanism in the fiscal revenue and expenditure responsibilities between the central and local government. Moreover, China should adopt loose monetary policy appropriately to maintain financial stability and prevent financial risks. Finally, China should flexibly alter liquidity adjustment direction and strength to prevent the liquidity risk, and should alert possible corporate debt default problems which might appear intensively to prevent systematic and regional financial risks.

To maintain long-term and stable economic development, for China, it needs to progress sustainable construction of infrastructure and new urbanization needs to vigorously develop modern services and high-end manufacturing industries with high added value. It requires innovation of investment and financing mode, such as, introducing the long-term interests of social capital, promoting sustainable construction of infrastructure and new urbanization. While it also requires breaking the monopoly, relaxing access, actively developing a mixed ownership economy, and vigorously developing modern services and high-end manufacturing industries with high added value.

Contents

B. 1　Analysis and Forecast of China's Economic Situation

　　（The Spring Report, 2014） *Project Group* / 001

　　Abstract: In 2013, China's macro-economy run smoothly, the industrial structure developed in trend of optimization, the investment performed at a lower rate, and the companies benefit directed to stabilization; at the same time, the prices remained stable while the liquidity became tight in China; besides, the external demand recovered feebly, and the international payments tended to balance. However, in 2014, constrained by excess capacity, debt risk and other issues, China's investment growth in the fixed assets would slow down. Although consumption of China remain growing steadily, it will be hard to become the dominant factor in stimulating economy. And in export, the net value of trade in goods and services will be further reduced. Over more than three decades, China enjoyed a rapid average GDP growth at nearly 10%, having been the second economy already. But now, China is undergoing an economic shifting period from "structural accelerating" to "structural decelerating". In 2014 and the coming phases, China's economy will run at the rate of about 7.5%, which is lower than that of the past more than three decades. According to prediction, in 2014, the rate of China's economic growth will reach 7.4%, which is slightly lower over the last year.

　　Keywords: China's Economy; Macro-economic Control; National Economy

B. 2　2014: The Expected Goal of China's Economic

Growth has Unchanged　　　　　　　　Liu Shucheng / 029

Abstract: On the eve of "NPC & CPPCC annual sessions" in March 2014, "the expected goal of China's economic growth this year exactly how much" problem became a focus of attention at home and abroad. This paper analyzes the relevant background of this case, to demonstrate the necessity and possibility of this year's economic growth goal unchanged. This is good for stable social expectations, to conducive to create a good macro and micro-economic environment for structural adjustment and comprehensively deepen reforms. This paper also pointed out that to achieve the expected goal must make arduous efforts.

Keywords: Chinese Economy; Economic Growth; Expected goal; Comprehensively Deepen Reforms

B. 3　Focus on the Current Social and Economic Contradictions

and Problems　　　　　　　　　　　　Wang Tongsan / 037

Abstract: China's current macroeconomic situation is generally in good condition, showing a trend of progress while maintaining stability; however, there are some difficulties as following. Firstly, the foundation of economy, which leads to progress while maintaining stability, is not solid, and the endogenous motivation of macro-economy needs to enhance. Secondly, finance, banking, real estate and other areas are threaded by potential risks, and serious excess capacity in some industrial sectors results in the macro-control into more difficult condition. Thirdly, it's difficult to increase the agricultural production and farmers' income. Fourthly, arduous pollution and energy saving task exist in some areas. Fifthly, employment structural conflict is significant. Finally, livelihood issues are still outstanding. In this regard, the government should address the problem and take into solid solution.

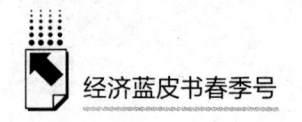

Keywords: Economic and Social; Contradictions; Problems

B. 4　The Analysis and Forecasting of Macro Economy Fluctuation and Movements in 2014

Kong Xianli, Gao Tiemei and Zhang Tongbin / 050

Abstract: Influenced by the policy of "Stabilize growth, Adjust structure, Promote reform", the peak in the ascent stage of business growth cycle from July 2012 has appeared in September 2013 and then business growth cycle began to decline with small amplitude. Assuming no extensive policy adjustments, the downtrend situation of climate index will persist to June or August and gradually bottom out in the second half of 2014. The climate index is expected to run within the upper interval of "light blue regime" and "green regime" in the first and second half of 2014 respectively. In the condition of steady economic growth, the price level will generally maintain stable situation in 2014. The situation home and abroad is complex and changeable while the economic operation has considerable uncertainty in the shift period of deepening reform. The macro economic policy should follow the principle of "make progress in stability". Specifically, the policy should be relatively easing and timely appropriate adjusted according to the economic circumstance.

Keywords: Business Growth Cycle; Price movements; Climate Index; Early-warning Signal System

B. 5 Evaluation and Thinking of Agricultural

Development in 2014　　　　　　　　　　　*Li Zhou* / 072

Abstract: In 2014, agricultural product grows steady, and the net income per capita of farmers is expected to exceed the level of 10000 Yuan. In the pull strength of the land transfer, the production division of labor and the industrial upgrading, China's agricultural will form a family farm, specialized large farm, specialized farm cooperatives and agricultural companies, and form a fully competitive and common development situation. The basic operating system of agricultural building will achieve substantive progress, and China's agriculture will make a further transformation.

Keywords: Agricultural Growth; Agricultural Development; Agricultural Transformation

B. 6 The Analysis of Industrial Economic Situation

and Trend　　　　　　　　　　　　*Jin Bei*, *Yuan Lei* / 090

Abstract: In 2013 China's industry achieved a steady and rapid economic growth, which is low in the first and the high in the second. From the view of industries, different industry growth appears different, and some high processing industry speeds up recovery. In regional perspective, the eastern region rebounds actively, but the growth rate is still lower than the central and the western. Export growth is still depressed, but it rises again in the second half of the year. Besides, efficiency of industrial enterprises has markedly improved, but the industrial investment growth rate is still at a low level, which reflects the entrepreneur confidence has not yet resumed. In 2014, China's industry is faced with many new situations. From the external environment, the pace of world economic recovery speeds up, import and export trade will gradually rise, but there are still large uncertainties. Global financial environment tighten while the overall of money supply is still loose. From the internal environment, industrial economy enters a shift period, the structural problems such as capacity excess are more prominent, and the deepen reform accelerates the upgrading of. industrial transformation. It is estimated that the overall of the industrial economic growth in 2014 is still in the controllable range, which maintains at about 9.5%, and the annual industrial economic growth will show a trend of suppression first before stability.

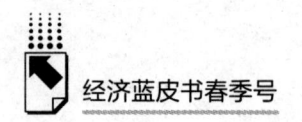

Keywords: Industrial Economy; Excess capacity; Industrial Transformation and Upgrading

B.7 Characteristics, Development Trend and Policy Recommendations of Excess Capacity in China's Industrial Sector *Li Ping et al.* / 113

Abstract: The problem of excess production capacity in China's industrial sector was particularly prominent in 2012, and capacities of traditional manufacturing industry and the emerging industry were excess. In 2013, the overall industrial production capacity utilization rises slightly. Demands and business situations of some serious overcapacity industry markets improve, but still at a low level and face a serious excess capacity situation. The deep-seated reasons that caused the excess capacity are the local government competition in the investment field. Industry policy defects are the important reason of excess capacity in some industries, and the reform of state-owned enterprises make the situation worse. The government should establish long-term mechanism to resolve and prevent the excess capacity on the present situation, and make separate implementing scheme to adjust and improve solutions based on the excess capacity, development tendency and the characteristic of different industries.

Keywords: Industry Sector; Excess Capacity; Development Trend

B. 8 Analysis of Deepening Fiscal Reform

Gao Peiyong / 131

Abstract: At present, China's tax reform can be divided into four areas of fiscal revenue system, fiscal expenditure structure, budget management system and financial management system. Due to the current tax structure prominent imbalances, such as the ratio of indirect and direct taxes income is about 7∶3, which leads to economic and social conflict in the current domestic and international environments, so the current tax reform should focus on increasing direct tax. In areas of expenditure reforms, we should focus on both stabilizing the tax size and the adjusting tax structural. While, in areas of budget management reform, because our government budget diameter greater than that of the public budget, and therefore, we should establish a standardized, transparent and full-bore budget management. In areas of financial reform, we need to stick to the original meaning of the tax system.

Keywords: Taxation System; Fiscal Revenue System

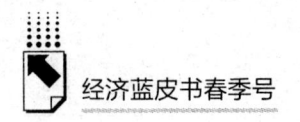

B.9 Analysis and Outlook of Financial Conditions in 2014

Chen Shoudong, Yi Xiaowei / 156

Abstract: This paper builds financial conditions index for China based on large Bayesian dynamic factor model with big data techniques. The financial conditions index accurately depicts risk stress conditions in the money market between January, 2001 and December, 2013. We further use regime analysis, correlation analysis and ARIMA (4, 1, 3) model to predict the financial conditions index in the short-run and in the long-run. The results show that China's money market operation conditions are obvious instable during 2014, the market faces a highly probability of downside risk.

Keywords: Financial Conditions Index; Instability

B.10 Analysis of Chinese Foreign Trade Data Since
the Reform of Exchange Rate

Pei Changhong, Shen Jia / 174

Abstract: This paper studies trends of China's foreign trade data since the exchange rate reform from 2005. From the RMB exchange rate, export competitiveness, the international market, foreign exchange liquidity situation, we analysis China's foreign trade data and the problem of the data overrated in 2005 −2012. Principle of China's trade statistics has limitations, to fundamentally solve the trade data overrated caused by the statistical pattern, we need to improve the foreign trade data of China's statistical system, reform RMB exchange rate mechanism, implement an appropriate monetary policy, punish false trade, and strengthen the capital and financial capital management at the same time.

Keywords: Reform of the Exchange Rate; Foreign Trade; Trade Statistics; Monetary Policy

B. 11   China's Financial Situation and Monetary Policy

Peng Xingyun, Dong Yun / 201

Abstract: Under the background of the impact of that the financial crisis is still in the real economy, the world economy remains in the doldrums, China is in a period of economic restructuring and the shifting, the first two months of 2014, M2 growth rates were 13.2% and 13.3%, equally with the first half of 2012. In 2013, China's money supply and monetary base, credit, financing scale, social financial institutions, money market, capital market, foreign exchange reserves and foreign exchange markets are directing to a certain good condition. In the case of downward pressure on economic growth, the 2013 Chinese monetary policy operations adhere to the overall tone while maintaining stability, monetary policy operations take a series of open market operations. By outlook of 2014, despite of high public debt in the United States and Japan, QE exiting and other problems, the overall situation in China is expected to slightly better than 2013.

Keywords: Financial Situation; Monetary Policy Outlook

B. 12   New Impetuses of China Commodity Market in 2014

Chen Kexin / 236

Abstract: Since 2014, new growth impetuses of Chinese commodity market, which support its recovery, have become obvious. The factors are as following. Firstly, economic recovery in developed countries has led to the positive trends of Chinese economy. Secondly, "hot money" exiting has slowed the pressure of RMB appreciation. Thirdly, decision-making departments issuing "steady growth" measure has resulted in the increase of domestic demand, while adjusting the economic structure has not changed the situation of growth in demand for commodities. Finally comprehensively improvement of labor, environmental, energy and other cost elements, has increased the economic demand and has raised the real economy bottom prices.

Keywords: Commodity Markets; New Impetus; Growth

B. 13　Ten Major Relations on China Foreign Trade

Jin Bosong, Liu Jianying / 244

Abstract: The experience of China's foreign trade development tells us: we should adhere to the development concept of equality and mutual benefit, adhere to the guiding principle of reform and opening-up, adhere to the strategic orientation of active participation in the process of economic globalization. The paper focuses on the ten important issues or ten major relations of China's foreign trade, and expounds how to be based in China, think globally, fully mobilize all direct and indirect positive factors at home and abroad, and create a new pattern of China's opening up.

Keywords: Global Trade; Ten Major Relations; Opening-up; Win-win Cooperation.

B. 14   Haste Brings No Success: How Might A Stimulation
        Policy Harm Labor Market?   *Cai Fang* / 276

Abstract: This paper asserts that the economic slowdown in China is caused by the short-term demandside shock but not by supplyside factors- namely, the disappearance of demographic dividend. Therefore, implementing stimulation policy is a wrong choice in the face of the slowdown. In addition to creating zombie firms and zombie financial institutions, resulting in overcapacity in real economy and infrastructure, and forming economic bubbles, stimulation policy also tends to harm labor market. That is, a growth rate exceeding growth capacity tends to distort labor market signals by weakening incentive for education and inflating wage rate in faster pace than that of the increase in labor productivity. The paper suggests that instead of implementing stimulation policy, reform of public policy can help enhance potential growth rate, balance demand factors of the growth, and ease the pressure of labor cost increase.

Keywords: Demographic Dividend; Reform Dividend; the Labor Market

B. 15   Should the Wages be Increased?
        —Observation on Changes of Employee's
        Compensation in China
                                Zhang Juwei, Zhao Wen / 295

Abstract: By estimating total number of employees and their total compensation, we calculate the wages of wage workers, analyzing the real change of wages in comparison of nominal wage growth with GDP growth, discussing the growth possibility of wages in terms of changes of enterprise profits. It concludes that the average wages in China are indeed ought to be increased while the lower the wage payer should be more increased. In terms of wages increase, non-state sector and the competitive industries are the priority areas. The key of increasing wages is to building-up market mechanism of rational growth of wages in China.

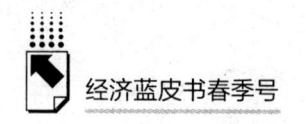

Keywords: Employee; Waged Workers; Profit; Increase of Wages

B. 16 Challenges of Resources and Environment during New Pattern Urbanization Process and Possible Solutions　　　　　　　　　*Pan Jiahua*, *Zhang Ying* / 331

Abstract: Rapid urbanization is faced with various resources constraint and environmental challenges, which restrict the future economic and urban sustainable development. Some severe problems are already created during China's urbanization process, including overload of resource carrying capacity, significant environmental pollution, increased ecological risk and uncertainty of climate change. The nature of new pattern urbanization should be resources conserving, environmental friendly and sustainable. To solve these problems in the future urbanization process, all the development should comply with the nature; some ecological redline should be determined and protected; the urbanization planning should be scientific; the public resources should be equally distributed; government and market should appropriately direct the relevant activities. Some practical ways, including building clean and liveable cities, encouraging the development and application of environmental technologies, supporting environmental industries, establishing pioneer communities and building low-carbon resilient cities, should be adopted to settle various severe resources shortage and environmental pollutions.

Keywords: New Pattern Urbanization; Resources and Environment

B. 17 Situation Analysis of China's Energy-saving Emission Reduction and Environmental Protection

Qi Jianguo, You Wan / 357

Abstract: Since the "Twelfth Five Year Plan", China has made great achievements in energy-saving emission reduction and environmental protection, but the energy-saving emission reduction situation is still on great pressure, and new problems appear in the energy-saving emission reduction and environmental protection. At present, our country is still in the development period of industrialization and urbanization. Economic growth, improve the standard of living and the energy consumption and the environmental protection contradiction is in the intensification stage. The pollution reduction pressure is caused by resource consumption continued growth. In order to effectively promote pollution reduction, we suggest propose long-term measurement combines with the short-term measures, deepen the innovation and growth of culture, achieve the same environmental protection law in different regions, intensify the development of recycling economy and environmental protection industry, so that change the environment pollution situation fundamentally.

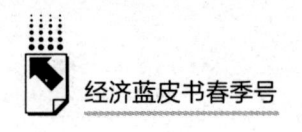

Keywords: Energy-saving Emission Reduction; Environmental Protection; Situation Analysis

B. 18　To Carry out Reform with More Opening
　　　—The Review and Prospect of Shanghai Pilot
　　　Free Trade Zone

Li Liuyang, Zhu Pingfang / 373

Abstract: The Shanghai Free Trade Zone was officially on board from Sep 2013. Many administration rules such as the negative list released at the same day. On December, PBOC announced its own financial policies for Shanghai Free Trade Zone. The Zone will undertake full range of reform the current public administration system, investment, trade and financial administration. If we look forward to 2014, with the releasing of CNY cross-boarder policy of Shanghai FTZ, the zone will take more experience for the deeper nationwide reform.

Keywords: Free Trade Zone; Financial Reform; Expand Opening

中国皮书网

www.pishu.cn

发布皮书研创资讯，传播皮书精彩内容
引领皮书出版潮流，打造皮书服务平台

栏目设置：

- □ 资讯：皮书动态、皮书观点、皮书数据、皮书报道、皮书新书发布会、电子期刊
- □ 标准：皮书评价、皮书研究、皮书规范、皮书专家、编撰团队
- □ 服务：最新皮书、皮书书目、重点推荐、在线购书
- □ 链接：皮书数据库、皮书博客、皮书微博、出版社首页、在线书城
- □ 搜索：资讯、图书、研究动态
- □ 互动：皮书论坛

中国皮书网依托皮书系列"权威、前沿、原创"的优质内容资源，通过文字、图片、音频、视频等多种元素，在皮书研创者、使用者之间搭建了一个成果展示、资源共享的互动平台。

自2005年12月正式上线以来，中国皮书网的IP访问量、PV浏览量与日俱增，受到海内外研究者、公务人员、商务人士以及专业读者的广泛关注。

2008年、2011年中国皮书网均在全国新闻出版业网站荣誉评选中获得"最具商业价值网站"称号。

2012年，中国皮书网在全国新闻出版业网站系列荣誉评选中获得"出版业网站百强"称号。

权威报告　热点资讯　海量资源

当代中国与世界发展的高端智库平台

皮书数据库　　www.pishu.com.cn

皮书数据库是专业的人文社会科学综合学术资源总库,以大型连续性图书——皮书系列为基础,整合国内外相关资讯构建而成。该数据库包含七大子库,涵盖两百多个主题,囊括了近十几年间中国与世界经济社会发展报告,覆盖经济、社会、政治、文化、教育、国际问题等多个领域。

皮书数据库以篇章为基本单位,方便用户对皮书内容的阅读需求。用户可进行全文检索,也可对文献题目、内容提要、作者名称、作者单位、关键字等基本信息进行检索,还可对检索到的篇章再作二次筛选,进行在线阅读或下载阅读。智能多维度导航,可使用户根据自己熟知的分类标准进行分类导航筛选,使查找和检索更高效、便捷。

权威的研究报告、独特的调研数据、前沿的热点资讯,皮书数据库已发展成为国内最具影响力的关于中国与世界现实问题研究的成果库和资讯库。

皮书俱乐部会员服务指南

1. 谁能成为皮书俱乐部成员?
- 皮书作者自动成为俱乐部会员
- 购买了皮书产品(纸质皮书、电子书)的个人用户

2. 会员可以享受的增值服务
- 加入皮书俱乐部,免费获赠该纸质图书的电子书
- 免费获赠皮书数据库100元充值卡
- 免费定期获赠皮书电子期刊
- 优先参与各类皮书学术活动
- 优先享受皮书产品的最新优惠

卡号:8155073826109547
密码:

3. 如何享受增值服务?

(1) 加入皮书俱乐部,获赠该书的电子书

第1步　登录我社官网(www.ssap.com.cn),注册账号;

第2步　登录并进入"会员中心"——"皮书俱乐部",提交加入皮书俱乐部申请;

第3步　审核通过后,自动进入俱乐部服务环节,填写相关购书信息即可自动兑换相应电子书。

(2) 免费获赠皮书数据库100元充值卡

100元充值卡只能在皮书数据库中充值和使用

第1步　刮开附赠充值的涂层(左下);

第2步　登录皮书数据库网站(www.pishu.com.cn),注册账号;

第3步　登录并进入"会员中心"——"在线充值"——"充值卡充值",充值成功后即可使用。

4. 声明

解释权归社会科学文献出版社所有

皮书俱乐部会员可享受社会科学文献出版社其他相关免费增值服务,有任何疑问,均可与我们联系

联系电话:010-59367427　　企业QQ:800045692　　邮箱:pishuclub@ssap.com

欢迎登录社会科学文献出版社官网(www.ssap.com.cn)和中国皮书网(www.pishu.cn)了解更多信息

社会科学文献出版社　　　皮书系列

"皮书"起源于十七、十八世纪的英国，主要指官方或社会组织正式发表的重要文件或报告，多以"白皮书"命名。在中国，"皮书"这一概念被社会广泛接受，并被成功运作、发展成为一种全新的出版形态，则源于中国社会科学院社会科学文献出版社。

皮书是对中国与世界发展状况和热点问题进行年度监测，以专业的角度、专家的视野和实证研究方法，针对某一领域或区域现状与发展态势展开分析和预测，具备权威性、前沿性、原创性、实证性、时效性等特点的连续性公开出版物，由一系列权威研究报告组成。皮书系列是社会科学文献出版社编辑出版的蓝皮书、绿皮书、黄皮书等的统称。

皮书系列的作者以中国社会科学院、著名高校、地方社会科学院的研究人员为主，多为国内一流研究机构的权威专家学者，他们的看法和观点代表了学界对中国与世界的现实和未来最高水平的解读与分析。

自20世纪90年代末推出以《经济蓝皮书》为开端的皮书系列以来，社会科学文献出版社至今已累计出版皮书千余部，内容涵盖经济、社会、政法、文化传媒、行业、地方发展、国际形势等领域。皮书系列已成为社会科学文献出版社的著名图书品牌和中国社会科学院的知名学术品牌。

皮书系列在数字出版和国际出版方面成就斐然。皮书数据库被评为"2008~2009年度数字出版知名品牌"；《经济蓝皮书》《社会蓝皮书》等十几种皮书每年还由国外知名学术出版机构出版英文版、俄文版、韩文版和日文版，面向全球发行。

2011年，皮书系列正式列入"十二五"国家重点出版规划项目；2012年，部分重点皮书列入中国社会科学院承担的国家哲学社会科学创新工程项目；2014年，35种院外皮书使用"中国社会科学院创新工程学术出版项目"标识。

法 律 声 明

"皮书系列"(含蓝皮书、绿皮书、黄皮书)由社会科学文献出版社最早使用并对外推广,现已成为中国图书市场上流行的品牌,是社会科学文献出版社的品牌图书。社会科学文献出版社拥有该系列图书的专有出版权和网络传播权,其LOGO( )与"经济蓝皮书"、"社会蓝皮书"等皮书名称已在中华人民共和国工商行政管理总局商标局登记注册,社会科学文献出版社合法拥有其商标专用权。

未经社会科学文献出版社的授权和许可,任何复制、模仿或以其他方式侵害"皮书系列"和LOGO( )、"经济蓝皮书"、"社会蓝皮书"等皮书名称商标专用权的行为均属于侵权行为,社会科学文献出版社将采取法律手段追究其法律责任,维护合法权益。

欢迎社会各界人士对侵犯社会科学文献出版社上述权利的违法行为进行举报。电话:010-59367121,电子邮箱:fawubu@ssap.cn。

社会科学文献出版社